中国

Electric Power and Energy
in China

电力与能源

刘振亚 ◎ 著

中国电力出版社
CHINA ELECTRIC POWER PRESS

图书在版编目（CIP）数据

中国电力与能源／刘振亚著. —北京：中国电力出版社，2012.2
ISBN 978-7-5123-2667-5

I. ①中… II.①刘… III.①电力工业－能源战略－研究－中国 IV.①F426.2

中国版本图书馆CIP数据核字（2012）第017497号

审图号：GS（2012）55号

中国电力出版社出版、发行

（北京市东城区北京站西街19号 100005 http://www.cepp.sgcc.com.cn）
北京瑞禾彩色印刷有限公司印刷
各地新华书店经售

*

2012年3月第一版 2012年5月北京第五次印刷
787毫米×1092毫米 16开本 22.5印张 365千字
定价 76.00 元

前 言

　　能源是经济增长和社会发展的重要物质基础。能源的使用给人类社会带来了革命性变化，使人们的生产、生活更加便利和舒适。纵观人类社会发展的历史，人类文明的每一次重大进步都伴随着能源的改进与更替。与此同时，能源的开发利用也改变了人类赖以生存的自然环境，环境破坏、气候变化、资源枯竭等给人类发展带来巨大挑战。建立一个安全、高效、清洁、经济的能源供应体系，是人类社会的共同梦想。

　　能源可持续发展是关系到我国经济社会发展全局的重大战略问题。改革开放以来，我国能源工业飞速发展，有力地支撑了经济社会发展。在这一过程中，经济增长、能源发展和资源、环境之间的矛盾也日益显现。我国能源资源丰富，但人均占有量低于世界平均水平。能源结构中，煤炭长期占主导地位，油气等优质能源和清洁能源比重低，电气化水平不高。近年来，我国能源需求持续快速增长，化石能源大量消耗，由此产生的污染物和温室气体排放对生态环境造成严重影响。受资源禀赋限制，石油对外依存度的不断增加，给国家能源安全带来潜在风险。发展方式不科学导致的煤、电、油、气、运紧张局面反复出现。未来，随着我国经济社会持续发展，能源需求不断增长，国际能源形势和气候变化问题愈加复杂，我国能源发展面临的各种约束和矛盾将越来越突出，保障能源安全的压力也将越来越大。

解决我国能源问题，必须立足国内、放眼国际、总揽全局。本书从分析全球和我国能源状况入手，研究了我国能源发展面临的问题和深层次原因，并基于能源问题的复杂性和大能源观，提出了解决我国能源问题的基本思路，即统筹推进经济发展方式转变、能源发展方式转变和国际竞争格局转变，走中国特色的新型工业化道路和能源现代化道路，营造相对宽松有利的国际环境。能源发展方式转变的过程，也是我国能源战略转型的过程。能源战略转型包含多个维度，即能源结构由高碳型转向低碳型，能源利用由粗放型转向集约高效型，能源配置方式由就地平衡型转向大范围优化配置型，能源供应由国内资源保障型转向国际国内资源统筹利用型，能源服务由单向供给型转向智能互动型。

2003年是我国能源发展进入战略转型期的标志年份。科学发展观的提出，使中国特色社会主义理论体系进一步完善，以此为指导，我国能源政策也出现新的调整和变化，推动能源发展方式转变和战略转型。在这一年，我国人均GDP突破1000美元，经济社会发展进入新的阶段，工业化、城镇化进程加快，能源供需矛盾加剧，对转变发展方式提出紧迫要求。在各方面的共同努力下，近年来我国能源发展方式转变取得了一定成效，但未来依然任重道远。

本书分析了解决我国能源问题的基本思路和能源发展方式转变路径，阐述了能源战略应坚持以电力为中心、电力发展的核心任务是实施"一特四大"战略的观点。在此基础上分别针对能源开发利用、能源输送和配置、能源终端消费、能源市场、能源预警与应急、能源科技创新、能源可持续发展保障等问题进行了系统论述。

全书共分为九章：

第一章分析了全球能源态势，总结了全球能源特征，并结合中国能源概况及面临的重大问题，着力分析了影响我国能源发展的原因。

第二章提出了解决我国能源问题的基本思路，提出了我国能源战略实施的基本路径，分析了能源战略的中心环节，阐述了坚持以电力为中心、实施"一特四大"战略的基本思路及内涵。

第三章提出了我国能源开发利用的总体思路，分别阐述了煤炭、石油、天然气、水能、核能和风能、太阳能等新能源、可再生能源开发利用涉及的重要问题，提出了开展国际能源合作、积极利用海外资源的思路和重点。

第四章分析了构建现代能源综合运输体系的意义和原则，论述了坚持输煤输电并举、加快发展输电以优化能源配置方式，大力推进以特高压为骨干网架的坚强智能电网建设，完善油气输送管网等战略问题。

第五章分析了我国能源消费面临的挑战和绿色能源消费模式构建问题，对实施节能优先战略、提高电气化水平、发展电动汽车三项战略措施进行了重点阐述。

第六章研究了能源市场建设问题，对煤炭市场、电力市场和油气价格机制建设中的重点问题进行了分析，并就创新能源市场监管问题进行了探讨。

第七章研究了能源预警与应急问题，分析了加强能源预警与应急建设的重大意义，阐述了完善能源预警机制、健全能源应急体系、加强能源储备建设的思路和重点。

第八章分析了我国能源科技创新面临的挑战，提出了能源科技创新的基本原则、重点领域和目标，探讨了完善能源科技创新体系的有效措施。

第九章从法规政策、标准体系建设、企业发展等方面论述了促进能源发展方式转变的措施，分析了发挥政策导向作用、增强国际能源标准领域的话语权、支持大型能源集团发展等重要问题。

　　展望未来，我国能源发展面临的形势严峻、挑战很多、任务艰巨。要摆脱困境，为经济社会发展提供有力的能源保障，需要以科学发展观为统领，发扬改革创新的精神，深入推进能源发展方式转变，调整能源开发利用方式，优化能源输送和配置方式，构建绿色能源消费模式，完善能源市场机制，提高能源预警与应急能力，综合发挥能源科技的支撑引领作用、法规政策标准的规范导向作用和能源市场主体的积极主动作用，脚踏实地，锐意进取，坚持不懈地做出努力。

　　本书所论述的能源发展方式转变的思路及观点，是基于作者40年的能源行业工作实践和对我国能源战略问题的思考，同时也参考了一些专家学者的著述。作为一家之言，难免有不足之处。出版的目的，是希望能够对我国能源战略研究有所裨益。

作　者

2012年3月

目 录

前 言

第一章　能源概况　　　　　　　　　　　　　　　　1

第一节　全球能源概况　　　　　　　　　　　　2
　　一、全球能源态势　　　　　　　　　　　　2
　　二、全球能源特征　　　　　　　　　　　　9

第二节　中国能源概况　　　　　　　　　　　18
　　一、能源禀赋　　　　　　　　　　　　　18
　　二、能源生产　　　　　　　　　　　　　19
　　三、能源消费　　　　　　　　　　　　　23
　　四、国际能源合作　　　　　　　　　　　27

第三节　中国能源面临的重大问题　　　　　　29
　　一、可持续供应问题　　　　　　　　　　29
　　二、输送和配置问题　　　　　　　　　　36
　　三、发展质量问题　　　　　　　　　　　38

第四节　影响中国能源发展的原因　　　　　　42
　　一、经济发展方式　　　　　　　　　　　42
　　二、能源发展方式　　　　　　　　　　　43
　　三、国际竞争格局　　　　　　　　　　　44

第二章　能源战略思路　　　　　　　　　　　　　45

第一节　解决能源问题的基本思路　　　　　　46

一、能源问题的复杂性 　　　　　　　　　46

二、大能源观 　　　　　　　　　　　　48

三、能源问题解决思路 　　　　　　　　48

第二节　转变能源发展方式的路径 　　52

一、中国能源战略转型期 　　　　　　　52

二、能源发展方式转变路径 　　　　　　55

第三节　能源战略的中心环节 　　　　58

一、电力在能源战略中的地位 　　　　　58

二、能源战略以电力为中心的意义 　　　59

第四节　"一特四大"战略 　　　　　　65

一、电力发展的核心任务 　　　　　　　65

二、实施"一特四大"战略的必要性 　　65

三、实施"一特四大"战略的关键 　　　68

第三章　能源开发利用 　　　　　　　71

第一节　能源开发利用总体思路 　　　72

一、能源开发利用存在的主要问题 　　　72

二、能源开发利用原则 　　　　　　　　75

三、能源开发利用重点 　　　　　　　　75

第二节　煤炭资源开发利用 　　　　　76

一、煤炭资源开发利用的统筹规划 　　　77

二、西部和北部地区大型煤电基地建设 　79

三、煤炭的清洁利用与综合利用 　　　　87

四、科学发展煤化工产业 　　　　　　　90

第三节　水能资源开发利用 　　　　　91

一、大型水电基地建设 　　　　　　　　91

二、小水电开发 95

三、抽水蓄能电站规划与建设 96

四、生态保护和移民安置 98

第四节　核能开发利用 99

一、大型核电基地建设 100

二、核电技术进步 101

三、核能安全体系建设 102

四、核燃料供应 103

第五节　新能源和可再生能源开发利用 104

一、大型可再生能源发电基地建设 104

二、各种形式的可再生能源开发 112

三、分布式能源发展 114

四、新型能源开发利用 117

第六节　油气资源开发利用 120

一、石油资源勘探开发 120

二、天然气资源开发利用 122

第七节　海外能源资源开发利用 125

一、海外油气资源开发与进口 125

二、海外煤炭与电力进口 129

第四章　能源输送和配置 131

第一节　现代能源综合运输体系 132

一、构建现代能源综合运输体系的意义 134

二、现代能源综合运输体系的构建原则 135

第二节　煤炭运输方式优化 137

一、煤炭运输现状 138

二、未来煤炭运输格局 143

三、输煤输电并举 144

第三节　坚强智能电网建设 151

一、电网发展概况 151

二、未来电力流格局 156

三、坚强智能电网发展思路 158

四、特高压及各级电网发展 161

五、电网技术研发和应用 172

第四节　"三华"特高压同步电网构建 175

一、国外同步大电网发展情况 175

二、构建"三华"特高压同步电网的必要性 177

三、"三华"特高压同步电网的安全性 179

第五节　电网智能化 180

一、智能电网的内涵和特征 181

二、智能电网的战略意义 182

三、智能电网发展重点和实践 183

四、智能电网发展原则 190

第六节　油气输送管网 192

一、油气输送管网现状 192

二、油气输送管网存在的主要问题 194

三、油气输送管网建设思路 195

第五章　能源终端消费 197

第一节　绿色能源消费模式 198

一、能源消费面临的挑战 198

二、绿色能源消费模式的构建 199

第二节　节能优先战略　　　　　　　　　　　　201

一、节能优先战略思路　　　　　　　　　　201

二、节能优先战略重点　　　　　　　　　　203

三、实施节能优先战略的保障措施　　　　208

第三节　经济社会建设中的电气化　　　　　210

一、终端能源消费的电能替代　　　　　　210

二、工业领域电气化　　　　　　　　　　212

三、交通领域电气化　　　　　　　　　　213

四、商业和城市居民用能电气化　　　　　215

五、农村电气化　　　　　　　　　　　　216

第四节　电动汽车发展　　　　　　　　　　　217

一、发展电动汽车的重要意义　　　　　　218

二、发展电动汽车的关键环节　　　　　　219

三、电动汽车的能源供给模式　　　　　　222

四、发展电动汽车的政策保障　　　　　　225

第六章　能源市场　　　　　　　　　　　　　227

第一节　能源市场概况和发展思路　　　　　228

一、能源市场发展概况　　　　　　　　　228

二、能源市场化的基本思路　　　　　　　230

第二节　煤炭市场建设　　　　　　　　　　　231

一、煤炭市场秩序治理　　　　　　　　　231

二、煤炭市场交易　　　　　　　　　　　234

三、煤炭市场调控　　　　　　　　　　　235

第三节　电力市场建设　　　　　　　　　　　237

一、国际电力市场化改革　　　　　　　　237

　　二、中国电力市场化改革的原则　　　241

　　三、中国电力市场体系建设思路　　　243

　　四、电价体系和电价机制建设　　　245

第四节　油气价格机制建设　　　251

　　一、成品油定价机制改革　　　252

　　二、天然气价格改革　　　254

　　三、国际油气定价话语权　　　257

第五节　能源市场监管　　　259

　　一、大能源监管格局的构建　　　259

　　二、能源市场监管思路创新　　　262

　　三、能源市场配套制度建设　　　264

第七章　能源预警与应急　　　265

第一节　能源预警与应急建设的重要性　　　266

　　一、能源安全面临的风险　　　266

　　二、加强能源预警与应急建设的意义　　　269

第二节　能源预警机制　　　270

　　一、能源预警的重点　　　271

　　二、能源预警组织体系和管理制度　　　275

第三节　能源应急体系　　　277

　　一、能源应急组织管理体系　　　277

　　二、能源突发事件应急预案　　　278

　　三、能源应急物资储备　　　279

　　四、能源应急宣传和应急演练　　　280

　　五、能源应急处置的科学管理　　　282

第四节　能源储备　　　284

　　一、中国能源储备现状　　　284

　　　　二、国际能源储备经验　　　　　　　　286

　　　　三、中国能源储备建设思路　　　　　　289

第八章　　能源科技创新　　　　　　　　　　293

　　第一节　能源科技创新形势　　　　　　　294

　　　　一、国际能源科技创新　　　　　　　294

　　　　二、中国能源科技创新情况　　　　　296

　　第二节　能源科技创新的原则和重点　　　300

　　　　一、能源科技创新的基本原则　　　　300

　　　　二、能源科技创新的重点领域　　　　301

　　　　三、能源科技创新的目标　　　　　　305

　　第三节　能源科技创新体系建设　　　　　306

　　　　一、能源科技创新资源整合　　　　　306

　　　　二、能源科技创新机制建设　　　　　307

　　　　三、能源科技创新队伍建设　　　　　308

　　　　四、能源科技创新策略　　　　　　　309

第九章　　能源可持续发展保障　　　　　　　311

　　第一节　能源法律法规与政策　　　　　　312

　　　　一、能源法制建设　　　　　　　　　312

　　　　二、政策引导与保障　　　　　　　　316

　　第二节　能源标准体系建设　　　　　　　320

　　　　一、能源标准体系建设的意义　　　　320

　　　　二、能源标准的制定　　　　　　　　321

　　　　三、国际能源标准制定的话语权　　　323

　　第三节　大型能源集团　　　　　　　　　324

　　　　一、发展大型能源集团的意义　　　　325

二、支持大型能源集团发展   329

三、大型能源集团的市场地位   333

四、大型能源集团的社会责任   335

内容索引   337

参考文献   340

后　记   343

第一章
能源概况

世界经济政治形势的不断演变，以及新一轮能源技术革命的孕育发展，推动全球能源格局发生深刻变化。在经济全球化的大背景下，全球能源格局的变化必将对我国能源发展产生重要影响。我国能源事业在取得巨大成就的同时，也面临一系列挑战。深刻认识国内外能源形势，深入分析中国能源面临的重大问题及原因，是科学制定我国能源战略的前提。

第一节　全球能源概况

近年来，受经济社会、资源环境、科学技术等多方面因素影响，遵循能源发展的内在规律，全球能源呈现出一系列新的趋势和特征。

一、全球能源态势

当今世界，经济社会发展对能源的依赖程度不断增加，生态和环境对能源发展的约束越来越强，能源安全问题受到国际社会的普遍关注，新一轮能源技术革命正在全球范围孕育和发展。

1. 经济社会发展对能源的依赖程度前所未有

能源的开发利用是人类进步的标志。从历史发展看，人类文明的进步总是伴随着能源利用技术的革命。在农业经济时代，能源只是满足人们生活需要的一般性要素，薪柴等生物质能是人们使用的主要能源。18世纪后半期，蒸汽机的广泛应用标志着人类历史上第一次工业革命的开始，机器生产逐步替代手工劳动，对能源的需求大大增加，煤炭逐渐取代薪柴等生物质能，成为世界主要能源消费品种。能源开始在人类经济社会发展中发挥重要作用，成为现代化生产的要素和建设现代物质文明的基础。从19世纪到20世纪初，由于内燃机、电力两项革命性技术的诞生，能源在现代经济社会中的基础性地位进一步巩固，对化石能源的需求量开始飞速上升。第二次世界大战后，随着汽车工业的发展和跨国石油公司的出现，石油消费快速增长，在能源消费结构中的比重逐步超过煤炭。大量天然气田的发现，使得天然气的开发利用驶入了快车道。到21世纪初，石油、煤炭、天然气三大化石能源成为世界能源供应的主角，占全球能源消费总量的比重达到80%以上，提供了几乎全部的运输能源和65%以上的发电用一次能源。能源资源的开发利用，促进了人类社会进步和世界经济发展。现代化的农业、工业和服务业都需要能源的支撑才能维持运转。

可以说，如果没有了能源，一切现代文明也将随之消失。

随着人类社会对能源依赖程度的不断加深，能源已成为经济社会可持续发展的关键要素。能源供应的充裕程度及供应成本对经济社会发展的影响越来越大。20世纪70年代发生的两次石油危机，沉重打击了严重依赖石油的世界经济。进入21世纪，以石油为代表的能源资源价格大幅攀升，加大了经济社会发展的成本，廉价能源时代宣告终结。对于处在工业化阶段的发展中国家来说，能源对经济社会发展的制约作用表现得更加突出。发达国家在早期大量利用优质廉价的能源资源完成了工业化，经济得到高速发展；而发展中国家进入经济高速发展阶段时，却已经难以从国际市场获得大量优质廉价的能源资源，无法简单复制发达国家的经济发展模式，必须依靠创新，推动发展方式转型，实现可持续发展。

2. 能源生产与消费格局正在发生深刻变化

第一次工业革命之后，化石能源就一直在人类能源生产和消费中占据主导地位。在人类能源利用技术出现大的突破、找到足够代替化石能源的新能源之前，化石能源仍将是世界经济发展的基础性能源，人类社会以化石能源为主导的消费结构在较长时期内不会发生根本性改变。2009年，全球一次能源消费量共计约173.3亿吨标准煤，其中，煤炭、石油和天然气三种化石能源消费量占80.9%。

在化石能源长期占据能源供应主导地位的同时，世界能源生产与消费的格局正在悄然发生深刻的变化。出于对能源供应安全和全球气候变化的担忧，世界各国纷纷开始寻找传统化石能源的替代能源，降低化石能源特别是石油在能源消费中的比重。石油在世界一次能源消费中的比重在1973年达到峰值，随后开始持续下降。到2009年，石油在世界一次能源消费中的比重下降到32.9%，比1973年下降了13个百分点。在终端能源消费中，石油所占比重也从峰值的48.1%（1972年）下降到2009年的41.6%。与此同时，天然气和非化石能源在一次能源消费中所占比重总体呈现上升态势。1971～2009年，天然气在世界一次能源消费中的比重提高了4.7个百分点，非化石能源比重提高了5.8个百分点。世界一次能源消费量及构成情况见表1-1。

石油比重的下降和非化石能源比重的提升在发达国家中体现得尤为明显。1973年，经济合作与发展组织（Organisation for Economic Co-operation and Development, OECD）国家石油消费占一次能源消费比重达到52.5%，非化石能源所占比重只有5.9%。到2009年，石油比重已经下降到37.4%，而非化石能源比重则提升到了19.0%。

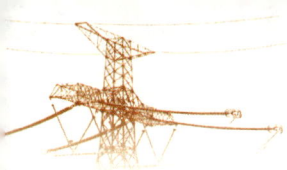

表1-1　　　　　　　　　　世界一次能源消费量及构成

能源品种	1971年	1980年	1990年	2000年	2005年	2009年
煤炭	26.1%	24.8%	25.3%	22.9%	25.3%	27.2%
石油	44.0%	43.0%	36.7%	36.5%	35.1%	32.9%
天然气	16.2%	17.1%	19.1%	20.8%	20.7%	20.9%
核电	0.5%	2.6%	6.0%	6.7%	6.3%	5.8%
水电	1.9%	2.0%	2.1%	2.2%	2.2%	2.3%
其他	11.3%	10.5%	10.8%	10.9%	10.4%	10.9%
合计（亿吨标准煤）	79.04	103.27	125.16	143.12	163.22	173.31

注　表中数据来源于国际能源署（International Energy Agency, IEA）。

从终端能源消费看，化石能源比重持续下降，而电力比重大幅提高，越来越多的煤炭、天然气等化石能源被转换成电力。1971～2009年期间，煤炭、石油、天然气等化石能源在世界终端能源消费中的比重下降了9个百分点，而电力所占比重几乎翻了一番，2009年达到17.3%。世界终端能源消费量及构成情况见表1-2。

表1-2　　　　　　　　　　世界终端能源消费量及构成

能源品种	1971年	1980年	1990年	2000年	2005年	2009年
煤炭	14.6%	13.0%	12.1%	7.6%	8.4%	9.8%
石油	46.8%	45.3%	41.4%	44.2%	43.5%	41.6%
天然气	14.2%	15.4%	15.2%	16.1%	15.6%	15.2%
电力	8.8%	10.9%	13.3%	15.4%	16.4%	17.3%
热力	1.6%	2.2%	5.3%	3.5%	3.4%	3.0%
其他	14.0%	13.2%	12.7%	13.2%	12.7%	13.1%
合计（亿吨标准煤）	60.80	76.88	89.90	100.53	112.55	118.99

注　表中数据来源于IEA。

工业、交通运输业是最主要的终端用能行业。从1998年开始，交通运输业终端用能超过了工业。但随着国际油价的上涨以及发展中国家工业化进程的推进，到2008年，工业终端用能再次超过交通运输业，重新成为最大的终端用能行业。2009

年，工业和交通运输业的终端用能总量几乎相等，在世界终端能源消费中所占比重均为27.4%。

世界能源消费的地理格局也在发生深刻变化。发展中国家经济的快速发展加大了对能源的需求。2004年，以发展中国家为主的非OECD国家能源消费量首次超过了以发达国家为主的OECD国家，世界能源消费的重心开始向发展中国家偏移。其中，中国、印度、俄罗斯、巴西、南非五国能源消费占世界能源消费的比重从1990年的26.7%提高到2009年的32.8%，其能源消费年均增速是世界平均水平的2.1倍。

亚太地区是近40年来世界能源消费增长最快的地区。在1971～2010年全球新增一次能源消费中，亚太地区占55.2%，其占世界能源消费的比重从15.3%上升到38.1%（见图1-1）。2003年，亚太地区超过欧洲，成为世界上能源消费量最多的地区。

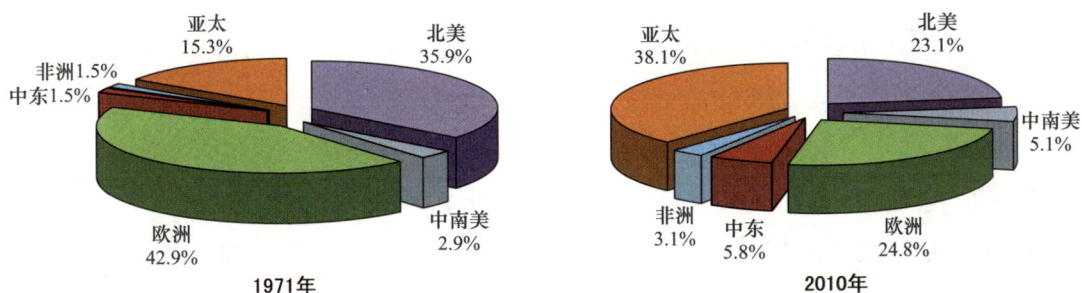

图 1-1　世界一次能源消费分布状况

数据来源：英国石油公司（British Petroleum，BP），Statistical Review of World Energy, 2011。

从人均能源消费量看，发达国家依然远远高于发展中国家。2009年，OECD国家人均能源消费量为6.11吨标准煤，而非OECD国家为1.70吨标准煤，仅为OECD国家的27.8%。

3. 资源和环境对能源发展的约束越来越强

全球化石能源资源总体较为丰富。截至2010年底，煤炭剩余探明储量为8609亿吨，储产比[1]为118年；石油剩余探明储量为1888亿吨，储产比为46.2年；天然气剩余探明储量为187.1万亿米³，储产比为58.6年。化石能源剩余探明储量居世界前五位的国家见表1-3。

---

[1] 储产比是指资源剩余可采储量与年开采量的比值，代表在当前开采力度下资源可供开发的年限。

表1-3　　　　　　　　　化石能源剩余探明储量居世界前列的国家

排序	煤炭		石油		天然气	
	国家	储量（亿吨）	国家	储量（亿桶）	国家	储量（万亿米³）
1	美国	2373	沙特阿拉伯	2645	俄罗斯	44.8
2	俄罗斯	1570	委内瑞拉	2112	伊朗	29.6
3	中国	1145	伊朗	1370	卡塔尔	25.3
4	澳大利亚	764	伊拉克	1150	土库曼斯坦	8.0
5	印度	606	科威特	1015	沙特阿拉伯	8.0

注　表中数据来源于BP，Statistical Review of World Energy 2011。数据截至2010年。

资源的可持续供应问题成为约束世界能源发展的重要因素。虽然化石能源的剩余储量尚未对全球能源供应构成实质性约束，但化石能源的不可再生性、开发成本的不断升高，使得如何保障能源的可持续供应成为人们关注的问题。进入21世纪以来，全球化石能源资源特别是石油资源供应总体趋于紧张。由于地区政治、局部战争、投资减少、油田老化、需求增加等诸多原因，世界石油供需平衡较为脆弱，未来石油能否稳定供应引起世界各国的普遍担忧。对大多数国家特别是处于工业化进程中的发展中国家来说，在新能源和可再生能源尚无法充分替代化石能源的情况下，能源供应的可持续性对经济社会发展的约束作用正日益凸显。

化石能源消费引起的温室气体排放问题也越来越受到人们的关注。据统计，全球化石能源燃烧产生的二氧化碳占全球人类活动温室气体排放的56.6%和二氧化碳排放的73.8%（见图1-2）。2009年，全球化石能源燃烧产生的二氧化碳达到290.0亿吨，是1971年的2.1倍；人均排放量也由1971年的3.74吨增长到2009年的4.29吨。

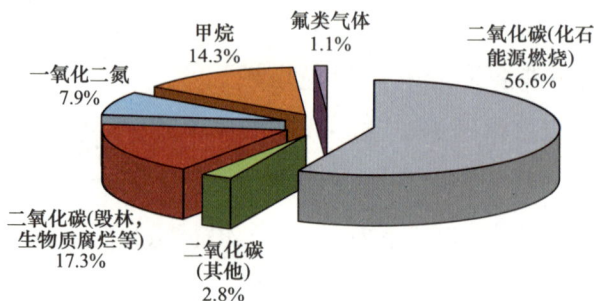

图 1-2　2004年全球人类活动温室气体排放构成

数据来源：政府间气候变化专门委员会（Intergovernmental Panel on Climate Change, IPCC），Climate Change 2007: Synthesis Report。

化石能源燃烧产生的温室气体排放是导致全球气候变化的重要原因。随着人们对气候变化问题认识的逐渐加深，国际社会必须携起手来共同应对气候变化带来的挑战已得到世界各国的广泛认同，气候变化问题成为国际政治、经济和外交的焦点议题。围绕气候变化问题所形成的各种协议正在成为继联合国宪章和世界贸易组织规则之后对未来世界发展、对全球能源发展有重大影响的约束机制。

在应对气候变化问题上，发展中国家面临双重压力。欧盟、日本、美国等发达地区和国家已实现了环境质量由恶化到好转，气候变化问题已取代传统的环境问题。而多数发展中国家仍处于工业化进程中，既面临能源开发利用引起的传统生态和环境压力，又面临减缓温室气体排放的压力，其挑战远大于发达国家。由于技术、资金以及话语权等方面的差距，在与发达国家的碳减排博弈中，发展中国家总体上处于劣势。

4. 能源安全问题受到国际社会普遍关注

能源安全是指能够以可承受的价格持续获得满足经济社会发展需要并符合生态环境要求的能源供应。随着世界各国经济相互联系和相互依赖程度的不断增强，促进世界能源供求平衡、维护世界能源安全，成为世界各国共同面临的紧迫任务[1]。能源安全问题受到国际社会的普遍关注，并成为重要的国际议题。国际社会对能源安全问题担忧的深层次原因主要包括：一是化石能源的不可再生性使得人们产生了对未来化石能源紧缺性的担忧。二是全球能源区域性供应和消费的失衡。化石能源尤其是油气资源剩余探明储量及生产能力集中在中东、俄罗斯等少数地区和国家，能源消费增长主要集中在亚太地区的新兴经济体，资源和消费地区分布的不均衡引发对能源持续稳定供应的担忧。三是能源生产区域和运输通道存在较多的不确定性因素。全球主要的油气产区和运输通道瓶颈区域大多存在各方利益关系错综复杂、政治局势不稳、地区关系紧张等问题，能源供应存在中断的风险。

由于能源供应安全的极端重要性以及全球能源安全面临的巨大挑战，世界各国均高度重视能源安全问题，并将确保本国能源安全作为能源战略的核心内容。美国奥巴马政府提出能源新政，计划通过提高燃油经济性、发展电动汽车、加强国内能源基础设施建设和改造、大力发展清洁能源等措施，进一步推动美国能源独立，并

---

❶ 习近平，在国际能源会议上的讲话，2008年6月。

成为未来绿色能源产业中的领导者。欧盟为确保获得长期稳定可靠和价格合理的能源供应，着手设计共同的能源政策，将节能、建立统一能源市场、发展可再生能源和智能电网、加强国际合作作为保障欧盟能源安全的主要举措。日本将能源政策作为其经济政策的核心内容，提出通过推广新能源汽车、普及节能技术、扩大太阳能和风能利用规模、发展新一代输电网等手段保障能源安全，计划到2030年使日本自主能源（包括传统意义上的国内能源资源以及日本在海外投资的可获得能源资源）比率由现在的38%提高到70%。

5. 新一轮能源技术革命正在孕育发展

为应对复杂的能源安全形势，解决能源开发使用带来的生态环境包括全球气候变化问题，进入21世纪以来，许多国家高度重视能源科技创新，积极开发新一代能源技术，以期通过能源技术的突破，促进新能源和可再生能源开发利用，提高能源开发利用效率，构建可持续供应的能源体系。

2008年爆发的国际金融危机，给全球经济造成重创。为摆脱危机影响，恢复经济活力，一些国家加大了对能源领域的投资，在保障能源供应、拉动经济增长的同时，着力打造后金融危机时代的新国际竞争优势，从而进一步推动了全球能源科技创新。现实表明，"国际金融危机催生新的科技革命，世界可能进入创新集聚爆发和新兴产业加速成长时期，绿色发展成为一大趋势。"❶能源技术的突破是实现绿色发展的重要前提和关键。新的科技革命必然是一场新的能源技术革命。

纵观全球能源和科技形势，新的能源技术革命正在孕育发展，脉络已清晰可寻。

在能源生产领域，各国积极推进传统化石能源的低碳高效开发和利用，寻找新能源替代传统化石能源。煤炭的绿色清洁利用技术、风能及太阳能等可再生能源的大规模开发利用技术、新一代核能利用技术、非常规油气开发利用技术，是新一轮能源技术创新中能源生产领域的热点。

在能源输送领域，各国大力加强资源的优化配置，提高能源运输系统的整体协调和互动能力，保障能源的安全输送。特高压等大容量输电技术、大电网安全稳定运行技术、可再生能源发电并网技术、智能电网技术是能源输送领域技术革命的核

---

❶ 李克强，深刻理解《建议》主题主线、促进经济社会全面协调可持续发展，2010年11月。

心内容。

在能源消费领域，各国不断提高能源使用效率，在交通等领域逐步实现电力对石油的替代。高效节能技术、以电动汽车为代表的新能源汽车技术具有广阔的市场前景。

新一轮能源技术革命，将是一次以技术创新为先导，以电力为中心，以能源系统智能化为方向，以优化能源结构、提高能源效率、促进节能降耗、共享社会资源、实现可持续发展为目标的深刻变革。总体来看，新能源和智能电网发展将成为新一轮能源技术革命的重要推动力量。

二、全球能源特征

经济社会的发展、国际格局的变化和科学技术的进步使得能源行业正在经历前所未有的深刻变革。在追求能源可持续供应、积极应对气候变化问题的大背景下，全球能源日益呈现出结构多元化、开发清洁化、配置远程化、消费电气化、系统智能化、资源金融化等六大特征。

1. 能源结构多元化

随着能源开发利用技术的进步、化石能源供应趋于紧张以及各国对能源供应安全的担忧和重视，实现能源结构多元化、降低对单一能源品种的依赖成为世界各国共同的战略选择。20世纪70年代初，石油是世界主要能源消费品种，在世界能源消费中的比重一度超过46%。两次石油危机爆发以后，主要发达国家大力发展核电和天然气，减少石油消费，导致石油在世界能源消费中的比重迅速下降，天然气、核电所占比重明显升高。1990年以后，新能源和可再生能源成为世界各国能源开发的重点，非化石能源比重不断升高，世界能源结构越来越呈现多元化发展趋势（见图1-3）。根据IEA对未来世界能源发展的预测，从2009到2030年，煤炭在全球一次能源消费中的比重将由2009年的27.2%下降到25.3%，石油由32.9%下降到28.1%，天然气由20.9%提高到22.8%，非化石能源由19.0%提高到23.8%。世界能源结构将呈现出煤炭、石油、天然气、非化石能源四分天下的格局。

能源结构多元化为满足能源需求提供了多种选择，对保障能源安全具有重要作用。20世纪70年代石油危机之后，西方发达国家正是通过实施能源多元化战略，成功

地降低了石油在能源消费中的比重以及对进口石油尤其是对中东石油的依赖。目前美国对中东石油的依赖程度仅为20%，欧洲对中东石油的依赖程度也只有40%左右。

能源结构多元化有助于突破资源环境约束，促进可持续发展。由化石能源向新能源和可再生能源过渡是世界能源发展的趋势，能源多元化是实现平稳过渡的必然选择。在能源消费结构中，煤炭、石油等传统化石能源比重的下降，新能源和可再生能源比重的上升是多元化趋势的标志性特征。

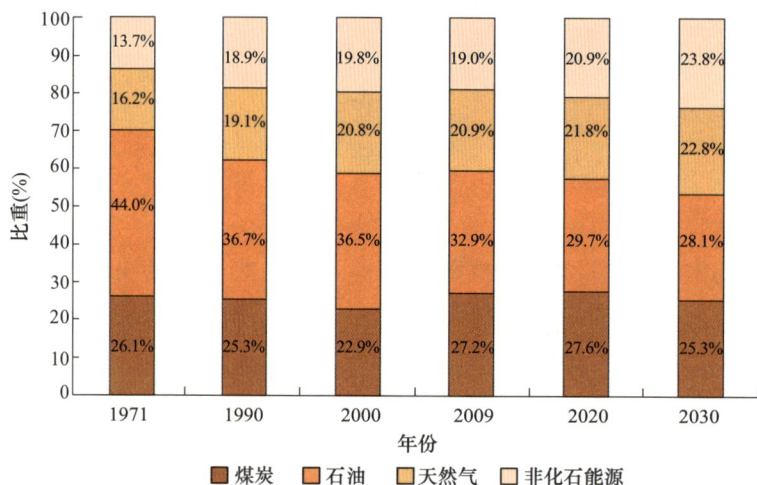

图 1-3 世界一次能源消费结构变化

数据来源：IEA，World Energy Outlook 2011。

2. 能源开发清洁化

国际社会对生态环境和气候变化问题关注的提升，使得各国不断提高能源开发的环保标准和排放标准，努力实现能源开发的清洁化。能源开发清洁化既包括提高清洁能源的比重，也包括化石能源的洁净化开发利用。

清洁能源是指在生产转换过程中不产生破坏大气环境的污染物、不排放温室气体的各种一次能源，包括水能、风能、太阳能等可再生能源以及核能。近年来，出于对能源安全和气候变化等因素的考虑，清洁能源发电尤其是风电、太阳能发电增长速度较快，如图1-4和图1-5所示。截至2009年底，包括核电、水电、风电、太阳能发电在内的清洁能源发电装机总容量约为16.5亿千瓦，约占世界发电装机总容量的33.2%；2009年清洁能源发电量约6.6万亿千瓦·时，约占世界发电总量的32.9%。清洁能源具有资源分布广、开发潜力大、环境友好等特点，各国都将发展清洁能源作为促进能源可持续发展的重要选择。风能等可再生能源已经成为一些发达国家能源供应体系中不可缺少的组成部分。据IEA预测，到2030年，世界清洁能源发电装机容量所占比重将提高到44.9%，发电量所占比重将提高到41.5%（见图1-6）。

图 1-4　世界风电装机总容量及增长情况

数据来源：全球风能协会（Global Wind Energy Council，GWEC），Global Wind Report 2010。

图 1-5　世界太阳能发电装机总容量及增长情况

数据来源：BP，Statistical Review of World Energy 2011。

化石能源洁净化开发利用的重点是煤炭的洁净化开发利用。煤炭洁净化开发利用技术包括煤炭洗选加工技术、清洁高效燃烧技术、资源综合利用技术及污染控制技术等。由于煤炭在世界范围内分布广泛、储量丰富，因此美国、欧盟、日本等发

达国家和地区均非常重视煤炭洁净化开发利用技术的开发和应用，并将之视为缓解能源供应压力、保护生态环境的重要措施。经过多年发展，超（超）临界发电、整体煤气化联合循环发电（Integrated Gasification Combined Cycle，IGCC）、循环流化床等技术日趋成熟，碳捕捉与封存（Carbon Capture and Sequestration，CCS）技术也开展了工业示范应用。

图1-6　未来清洁能源发电量及比重

数据来源：IEA，World Energy Outlook 2011。

3. 能源配置远程化

全球化石能源特别是石油供应的集中度较高，且生产和消费的地理分布并不均衡。2010年，中东地区和俄罗斯石油产量合计占全球总产量的43.2%，而其石油消费量只占全球消费总量的12.6%（见图1-7）。与此相反，北美、欧洲（不含俄罗斯）和亚太地区石油产量合计占全球总产量的35.7%，而其消费量却占全球消费总量的76.5%。

化石能源生产和消费的不均衡分布使得能源资源的大范围配置成为必然。国际能源贸易量占全球能源消费总量的比重不断升高。以石油为例，1980年国际石油贸易量占全球石油消费总量的51.4%，而2010年这一比重提高到了61.2%。

除化石能源外，风能、太阳能的集中规模化开发和远距离输送也成为重要趋势，这对能源资源规模化配置提出了更高要求。欧洲近年来加大了海上风电开发力度，采用以风电场群为单位的集中开发模式，经升压汇集后通过高压输电通道进行远距离输送和消纳。为充分利用北非、中东地区丰富的太阳能和风能资源，欧洲还计划在北非、中东建设大规模可再生能源发电基地，通过高压电缆将电力输送到欧洲。美国能源部的研究表明，美国陆上优质风能资源大多集中在中西部大平原地区，而用电负荷主要集中在东西部大洋沿岸地区，为实现未来风电开发目标，需要在风能资源区和负荷区之间进行大容量、远距离的电力输送。

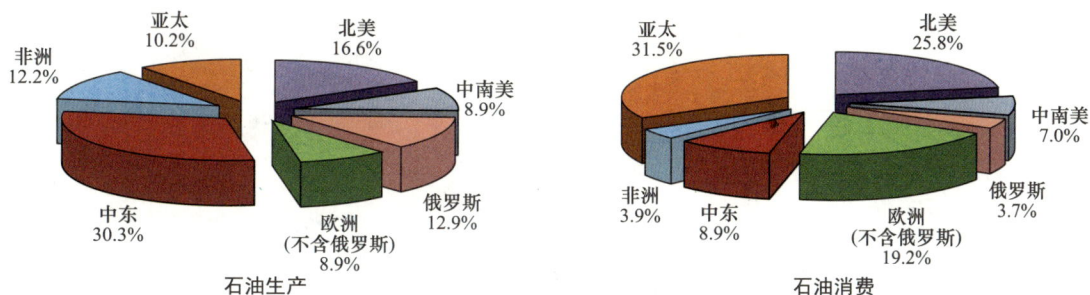

图 1-7　2010年世界石油生产和消费比重地区分布

数据来源：BP, Statistical Review of World Energy 2011.

作为能源大规模优化配置的重要载体，电网的建设受到重视，大电网互联成为世界各地电网的发展趋势。在北美、欧洲、南部非洲、中东等地区，跨国互联电网的规模逐步扩大。北美互联电网覆盖美国、加拿大大部及墨西哥部分地区，装机总容量超过10亿千瓦。欧洲互联电网覆盖30多个国家，装机容量近9亿千瓦，并正逐步向东欧、俄罗斯、中东及北非地区扩展。

4. 能源消费电气化

电能具有清洁、高效、便捷的优势。所有的一次能源都可以转换成电能，电能可以较为方便地转换为机械能、热能等其他形式的能源并实现精密控制。电能的这些特性使其在现代经济社会中得到了广泛的应用，电气化已成为现代化的重要标志之一。

从发达国家的发展历程看，伴随着经济社会的发展，电气化水平也处于一个不断提高的过程。电气化水平与一个国家的经济发展水平密切相关，经济发达程度越高，其电气化水平也就越高。主要发达国家人均国内生产总值（Gross Domestic Product, GDP）与人均用电量的变化关系见图1-8，虽然各国资源状况、气候条件和生活习惯各不相同，电力发展进程具有不同特点，但从图中可以看出，人均GDP与人均用电量基本呈正相关关系。

一个国家的电气化水平通常用两个指标来衡量：一是发电用能占一次能源消费的比重，二是电能占终端能源消费的比重。表1-4给出了世界主要国家电能占终端

13

能源消费比重的历史变化情况。由表1-4数据可知，无论是发达国家还是发展中国家，电能在终端能源消费中所占比重总体呈上升趋势。至2009年，多数发达国家电能占终端能源消费的比重在20%以上。从全球来看，发电用能占一次能源消费比重也呈明显上升趋势。1990年世界发电用能占一次能源消费比重为34.0%，2009年达到37.7%，增加了3.7个百分点。

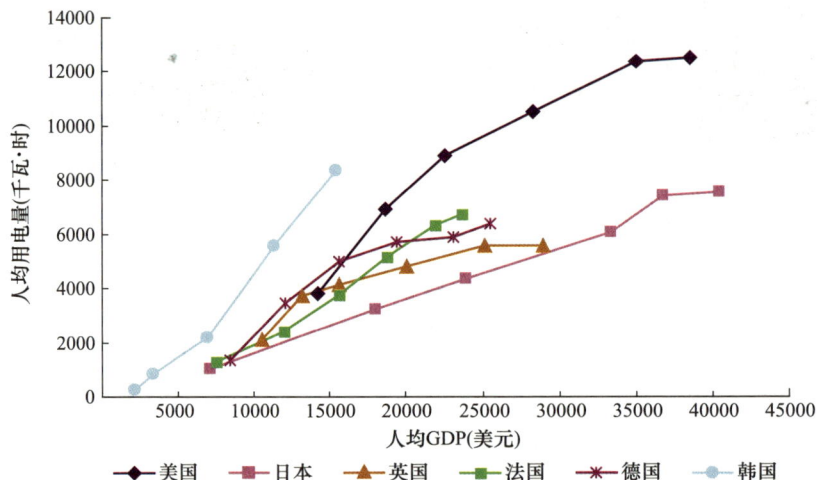

图1-8　主要发达国家人均GDP与人均用电量的变化关系趋势图[1]

数据来源：根据IEA统计资料计算整理。

表1-4　　　　　　世界主要国家电能占终端能源消费比重　　　　　　单位：%

国家	1971年	1980年	1990年	2000年	2005年	2009年
美国	10.1	13.3	17.5	19.5	20.3	21.4
日本	14.7	19.0	21.5	23.6	24.3	25.5
英国	13.4	15.4	17.0	18.8	19.9	21.0
法国	8.6	12.7	18.1	20.2	21.4	22.7
德国	10.7	13.6	16.2	17.9	18.5	19.0
印度	3.1	4.3	7.3	10.0	11.5	13.8
巴西	5.8	10.6	16.2	17.8	17.9	18.3
俄罗斯	—	—	11.4	12.4	13.4	13.9
中国	2.9	4.3	6.3	11.7	15.8	18.5

注　表中数据根据IEA统计资料计算整理，与我国统计数据略有差异。

---

[1] GDP按照2000年不变价美元折算。

随着新一轮能源技术革命的发展，可再生能源将得到更大规模利用，电动汽车等新兴用电产业在国民经济中将占据更为重要的位置，世界电气化程度将进一步提高，能源消费电气化趋势将更加明显。根据IEA对世界能源消费格局的预测（见图1-9），到2030年，发电用能占世界一次能源消费的比重将达到41.4%，比2009年增加3.7个百分点，其中美国、欧盟和日本分别达到44.7%、43.0%和49.5%；电能占世界终端能源消费的比重将达到22.0%，比2009年增加4.6个百分点，其中美国、欧盟和日本分别达到25.4%、23.0%和30.2%。

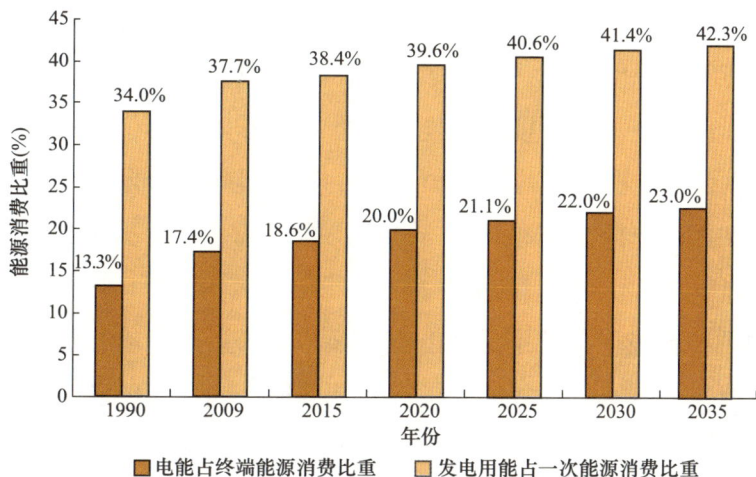

图 1-9　世界能源消费电气化趋势

数据来源：IEA，World Energy Outlook 2011。

5. 能源系统智能化

能源系统智能化是指将先进的通信、信息和控制技术与能源生产、运输、消费各环节结合，实现各能源品种协调互补、能源流和信息流高度一体化融合。全球性金融危机推动了能源科技创新，以智能电网为代表的智能技术成果在能源领域得到迅速推广应用。传统能源体系与先进的信息通信技术、网络技术、控制技术和管理理念的结合，不断推动能源产业向智能化方向发展。

发达国家着力推进以智能电网为主要内容的能源系统智能化建设。美国在2007年颁布的《能源独立与安全法案》中，以法律形式确立了智能电网在国家战略中的地位，并将智能电网作为能源战略的核心内容之一，加大了技术和资金投入力度。欧盟在《欧洲未来电网愿景与战略》等文件中构建了欧盟智能电网发展战略框架。各成员国在此框架指导下开展了自己的智能电网试验，如英国的"智能城市"建设

计划、德国的"E-Energy"示范工程计划、丹麦的"EDISON"示范项目建设等。日本将智能电网纳入《日本发展战略与经济增长计划》中，并在九州和冲绳地区的10个独立岛屿实施智能电网示范工程。韩国在《绿色能源工业策略》中提出了韩国版智能电网的设想，并加大投入推进智能电网商用化技术，在济州岛开展了示范项目建设。

智能电网在我国得到了高度重视，发展迅速。国家将智能电网作为战略性新兴产业予以积极扶持。2011年3月发布的《中华人民共和国国民经济和社会发展第十二个五年规划纲要》将智能电网作为能源建设重点工作之一。我国电网企业在智能电网建设方面进行了有益的尝试，实施了大批试点项目，并在大规模输电技术、智能电能表、大容量储能电池、新能源发电并网控制等方面取得了一批重大技术成果，使我国智能电网发展走在世界前列。2011年9月，智能电网国际论坛在北京举办，充分展示了我国在智能电网研究和建设方面取得的成就，扩大了我国在国际智能电网领域的影响力。

推动能源系统智能化，特别是智能电网及相关产业的发展，已经成为后金融危机时代世界主要发达国家拉动经济发展的重要手段。能源系统的智能化建设将带动全球产业升级，刺激经济发展，增强能源的可持续供应能力，并满足用户的多元化用能需求。

6. 能源资源金融化

能源资源金融化是指基于传统化石能源资源的有限性和不可再生性，能源资源的市场价格与其生产成本和供求关系逐渐脱节，呈现出越来越强的金融属性的现象，其中以石油价格最为典型。

能源资源金融化具体体现在三个方面：一是能源资源成为国际金融市场上一种金融投资和投机品种，能源市场成为金融市场的一部分。期货、远期、期权、掉期等各种能源金融衍生工具迅猛发展，能源期货交易量远远超过现货需求量。二是能源期货价格已经成为能源资源市场定价的主要依据。能源期货市场从20世纪70年代末开始出现，凭借其极高的透明度和市场流动性，成为价格发现、规避风险的有效工具，从而使得石油等能源价格的决定权由现货市场转移到期货市场。三是能源体系与金融体系的相互渗透和一体化趋势明显。能源企业一方面通过在金融资本市场中发行股票和债券来筹集资金，另一方面也利用能源金融市场的衍生工具，防范市场风险。

随着能源资源的金融化，金融投机行为对国际能源价格特别是原油价格的影响越来越大。1970年以来国际原油年均价格变化情况见图1-10。1970～2010年期间，全球原油消费年均增速只有1.9%，而原油价格在此期间却增长了6.9倍，其价格增速远远超过需求增速。在20世纪90年代以前，油价的波动主要是由石油生产国对石油产量的控制而引起。从20世纪90年代开始，金融资本市场对油价的影响力逐步显现。国际油价在2003年以后迅速走高，就与国际金融资本对石油市场的操控密不可分。

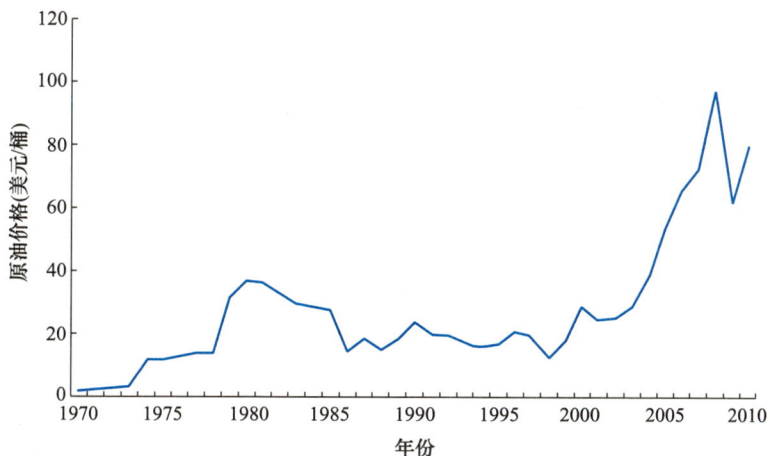

图 1-10　国际原油价格趋势图

数据来源：BP，Statistical Review of World Energy 2011。价格为当年价。

纵观国际油价的变化，虽然供求关系依然是油价变化的基本因素，但非供求因素对国际油价波动的影响越来越明显。石油金融市场中的投机者往往将国际上的一些突发事件作为题材，利用其对消费者心理造成的影响进行炒作，造成了国际油价的剧烈波动。某种意义上，油价波动已经逐渐偏离了石油本身的市场价值，体现出了金融工具的特征。

能源资源金融化有利于发挥能源市场功能，但是，也容易将金融市场风险引入能源市场，增加世界能源发展的不确定性。当前，我国能源金融化程度较低，在国际能源资源定价权方面缺乏影响力，只能被动接受国际金融市场博弈结果，受国际能源价格波动的影响较大。为应对能源资源金融化带来的风险，我国需要从战略高度入手，建立能源金融风险预警和防范体系，采取完善能源金融体系、建立风险规避机制、提升在国际能源市场的地位等防范手段。

第二节 中国能源概况

我国能源资源总量丰富，但人均占有量和优质能源相对较少。改革开放以来，能源产业发展迅速，生产和消费规模大幅增长，基本满足了经济社会发展的需要。自20世纪90年代成为能源净进口国以来，为更好地保障能源供应，国际能源合作不断取得重要进展。

一、能源禀赋

我国传统化石能源资源以煤为主，石油、天然气等优质化石能源相对不足。截至2009年，我国煤炭剩余经济可采储量为1636.9亿吨，石油为21.6亿吨，天然气为2.9万亿米³，三种化石能源剩余经济可采储量共计1238.6亿吨标准煤，其中煤炭占94.4%，石油占2.5%，天然气占3.1%。我国油气资源勘探处于早、中期阶段，未来还有资源储量增加的潜力，但总体来看，油气资源总量与我国经济社会发展需求相比有较大差距。

与世界资源丰富国家相比，我国主要化石能源虽然总量较为丰富，但储产比较低，资源的可持续供应能力不足。表1-5给出了我国与世界及部分国家化石能源储产比对比情况。虽然我国煤炭剩余储量居世界第3位，但由于开采量巨大，储产比仅为35年，相当于世界平均水平的29.7%，石油、天然气储产比仅相当于世界平均水平的21.4%和49.5%。

表1-5　　　　　　　　我国与世界及部分国家化石能源储产比　　　　　　单位：年

国家/地区	煤炭储产比	石油储产比	天然气储产比
世界	118	46.2	58.6
美国	241	11.3	12.6
俄罗斯	495	20.6	76.0
印度	106	30.0	28.5

续表

国家/地区	煤炭储产比	石油储产比	天然气储产比
巴西	＞500	18.3	28.9
中国	35	9.9	29.0

注 表中为2010年数据。为便于比较，数据统一采用BP，Statistical Review of World Energy 2011，与我国国土资源部发布的数据存在一定差异。

由于人口众多，我国人均化石能源资源占有量低于世界平均水平。2009年，我国人均煤炭、石油、天然气剩余探明可采储量分别为85.9吨、1.5吨和1840米³，仅分别相当于世界平均水平的70.0%、5.6%和6.6%（见表1-6）。

表1-6   世界及我国人均化石能源剩余探明可采储量

品种	中国	世界	中国/世界
煤炭（吨）	85.9	122.7	70.0%
石油（吨）	1.5	27.0	5.6%
天然气（米³）	1840	27843	6.6%

注 表中数据来源于BP，Statistical Review of World Energy 2011；国际货币基金组织（International Monetary Fund，IMF），World Economic Outlook Database。

我国可再生能源资源开发潜力巨大。水电技术可开发量为5.4亿千瓦，居世界第一位；生物质能年可利用资源量约为8.99亿吨标准煤；50米高度3级以上（风功率密度大于等于300瓦/米²）风能资源潜在开发量25.8亿千瓦，其中，陆上风能资源为23.8亿千瓦、海上风能资源为2.0亿千瓦，按年利用2000小时计算，年可利用资源量为6.34亿吨标准煤。按照5%的沙化土地面积安装太阳能发电设备估算，我国太阳能发电装机总容量可达34.6亿千瓦，按年利用1400小时计算，年可利用资源量约为5.96亿吨标准煤。

二、能源生产

改革开放以来，我国能源产业发展迅速，能源生产能力显著增强，有力支撑了经济社会的持续较快发展。2010年，我国能源生产总量达到29.7亿吨标准煤，相当

于1980年的4.7倍，年均增长5.3%，是世界第一大能源生产国。我国坚持立足国内保障能源供应，能源自给率长期保持在85%以上的较高水平。

我国已形成了以煤炭为基础，电力为中心，石油、天然气、新能源和可再生能源全面发展的能源生产供应体系。2010年我国能源生产总量中，煤炭占76.6%，石油占9.8%，天然气占4.2%，水电、核电、风电等一次电力占9.4%（见图1-11）。

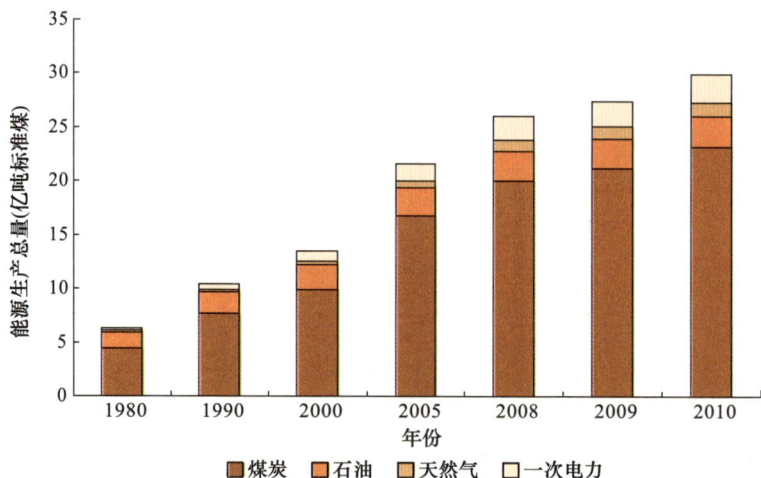

图 1-11　我国能源生产总量及结构

数据来源：国家统计局，中国能源统计年鉴 2011。

1. 煤炭生产

煤炭是我国的基础性能源，煤炭生产地区集中度高。2010年，我国煤炭产量达到32.4亿吨，是1980年的5.2倍，约占世界煤炭总产量的一半，居世界第一位。我国煤炭生产主要集中在山西、内蒙古、陕西、河南四省（自治区），2009年这四个省（自治区）的煤炭产量合计占全国总产量的58.3%。经济较为发达的京津冀、华东[1]和中南[2]地区煤炭产量合计只占全国总产量的17.8%。与2000年相比，晋陕蒙豫四省（自治区）煤炭产量占全国总产量的比重增加了16.9个百分点，京津冀、华东和中南地区煤炭产量所占比重下降了12.3个百分点，我国煤炭生产重心正逐步向西部资源富集地区转移（见图1-12）。

---

[1] 华东地区包括上海、江苏、浙江、安徽、福建、江西、山东等七省（直辖市）。
[2] 中南地区包括湖北、湖南、广东、广西、海南等五省（自治区）。

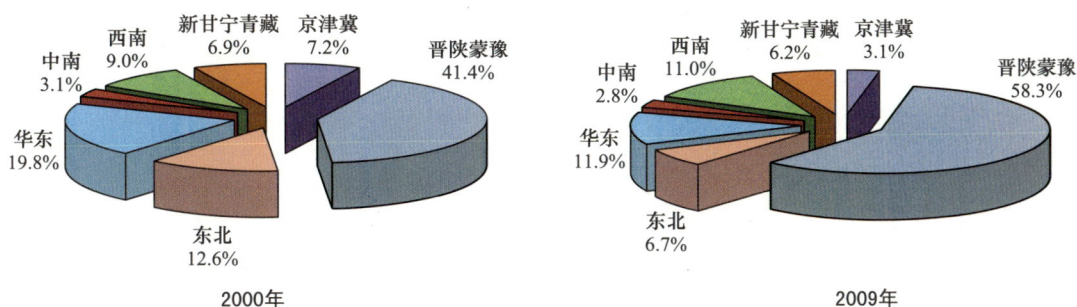

图 1-12　我国煤炭产量区域分布

数据来源：国家统计局，中国能源统计年鉴。

2. 石油生产

我国石油产量近年来保持平稳增长。2010年，我国原油产量2.03亿吨，是1980年的1.9倍，约占世界石油产量的5%，是世界第5大石油生产国（前4位分别是俄罗斯、沙特阿拉伯、美国和伊朗）。受资源条件限制，我国石油年产量已接近峰值水平，未来增长空间有限。

我国石油生产向西部和海上转移。经过多年勘探开发，东部陆上油田逐渐老化，产量持续下降。大庆、辽河等东部主要油田2009年产量分别只有2001年的77.7%和72.2%；西部和海上是我国未来石油开发的重点，处于勘探的早期和产量的上升期，是保持我国石油稳产的主要区域。

3. 天然气生产

我国天然气生产正步入快速发展阶段，产量增长较快。2010年，我国天然气产量948.5亿米^3，是1980年的6.6倍，约占世界天然气产量的3%，居世界第7位（前6位分别是美国、俄罗斯、加拿大、伊朗、卡塔尔和挪威）。我国天然气生产主要集中在川渝、塔里木、鄂尔多斯、柴达木、松辽、东海、渤海湾、莺—琼八大产气区，年产量占全国的95%。近年来，我国加大了天然气输送管网和沿海液化天然气（Liquefied Natural Gas, LNG）接收站的建设力度，天然气供应格局已呈现出"西气东输、海气上岸、北气南下"的局面。

我国煤层气、页岩气等非常规天然气资源丰富，但开发利用尚处于起步阶段。其中，埋深2000米以浅煤层气地质资源量约为36.81万亿米^3，居世界第3位。陆域页岩气地质资源潜力为134.42万亿米^3，可采资源潜力为25.08万亿米^3。2010年，我国煤层

气产量达到15亿米³，商品量12亿米³。大力开发利用煤层气和页岩气，有利于增加能源供应、减少环境污染。随着勘探开发技术的不断进步，煤层气、页岩气等非常规天然气的开发利用将在未来天然气供应中发挥重要作用，成为我国天然气产量不断增长的重要保证。

4. 电力生产

改革开放以来，我国发电装机容量和发电量保持快速增长，年均增速超过能源生产增速。截至2010年底，我国发电装机容量达到9.66亿千瓦，全年发电量4.23万亿千瓦·时，是世界第二大电力生产国。

我国电力生产以火电为主（见图1-13、图1-14）。截至2010年底，火电装机容量达7.10亿千瓦，年发电量3.42万亿千瓦·时，其中大部分是煤电，油电、气电比重很低。水电装机容量2.16亿千瓦，年发电量6867亿千瓦·时，均居世界第一位。核电发展逐渐形成规模，在运核电机组13台，装机容量1082万千瓦，年发电量747亿千瓦·时。风电装机规模快速增长，并网容量2958万千瓦，"十一五"期间风电开发规模连续5年实现翻番。太阳能发电步入规模化发展阶段，光伏发电并网装机容量26万千瓦。

我国电力生产结构与世界及部分发达国家存在较大差异。在发达国家发电量结构中，气电、核电占有较大比重；而我国以煤电为主，煤电占全部发电量的比重比世界平均水平高出近40个百分点（见表1-7）。

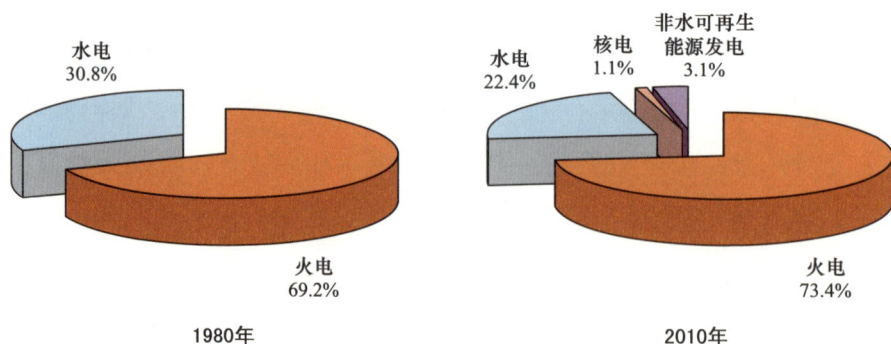

图1-13　我国发电装机结构

数据来源：中国电力企业联合会，电力工业统计资料汇编。

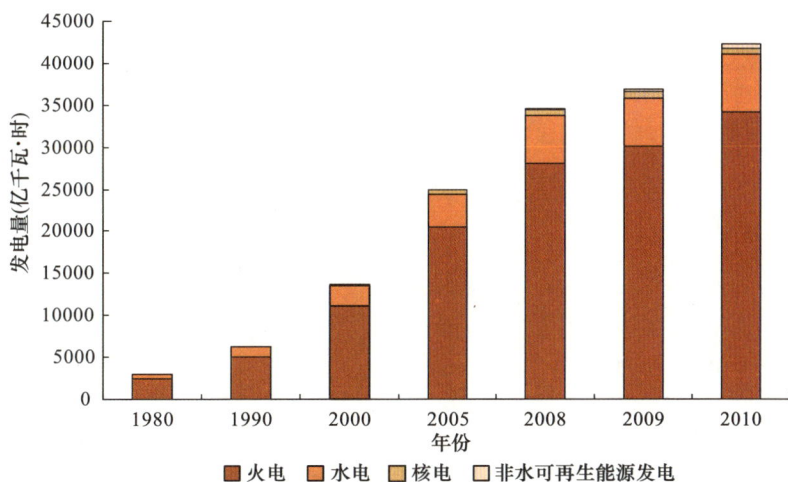

图 1-14　我国发电量变化情况

数据来源：中国电力企业联合会，电力工业统计资料汇编。

表1-7　　　　　我国与世界及部分国家发电量结构比较　　　单位：%

发电方式	世界	美国	日本	德国	法国	中国
煤电	40.5	45.5	26.8	43.9	5.3	78.7
油电	5.1	1.2	8.8	1.6	1.2	0.5
气电	21.5	22.9	27.4	13.4	4.0	1.6
核电	13.5	19.9	26.9	23.0	76.2	1.9
水电	16.2	6.6	7.2	3.2	10.6	16.5
非水可再生能源发电	3.2	3.9	2.9	14.9	2.7	0.8

注　表中数据来源于IEA，与中国电力企业联合会发布的数据略有差异。

三、能源消费

1. 一次能源消费

我国经济社会的快速发展对能源的需求持续增长。2010年，我国一次能源消费总量达到32.5亿吨标准煤（见图1-15），是1980年的5.4倍。我国已成为世界最大的能源消费国。

图 1-15　我国一次能源消费总量

数据来源：国家统计局。

　　我国能源资源禀赋以及立足国内满足需求的能源方针，决定了我国将长期保持以煤为主的一次能源消费结构。与发达国家相比，我国煤炭比重偏高，而油气及清洁能源比重偏低。2010年，煤炭在我国一次能源消费结构中的比重为68.0%，比美国高45个百分点，比日本高44.6个百分点；油气所占比重为23.4%，比美国低38个百分点，比日本低34.8个百分点；清洁能源所占比重为8.6%，比美国低7个百分点，比日本低9.8个百分点。改革开放以来，我国一次能源消费结构总体上朝着优质化方向发展。20世纪90年代以前，我国主要通过增加煤炭产量来满足不断增长的能源需求，煤炭在一次能源消费中的比重不断增加。此后煤炭比重逐步下降，特别是1995年到2002年间，我国能源供求紧张局面相对缓和，能源消费结构优化步伐较快，煤炭比重一度下降到68.0%。2003~2007年，我国经济进入新一轮快速增长通道，经济结构呈现重型化趋势，能源需求快速增长，国内能源供应出现全面紧张局面，能源消费结构出现逆转，煤炭比重重新上升，到2007年增加到71.1%。2008年，受国际金融危机影响，我国能源需求增速减缓，煤炭比重有所下降，清洁能源特别是风电产业快速发展，在一次能源中所占的比重快速上升。随着我国新能源发展步伐的不断加快，预计未来煤炭在我国能源消费结构中的比重将持续下降。近年来我国一次能源消费结构变化情况见表1-8。

表1-8 　　　　　我国一次能源消费结构

年份	能源消费总量（亿吨标准煤）	占比（%）			
		煤炭	石油	天然气	水电、核电、风电
1980	6.0	72.2	20.7	3.1	4.0
1990	9.9	76.2	16.6	2.1	5.1
2000	14.6	69.2	22.2	2.2	6.4
2005	23.6	70.8	19.8	2.6	6.8
2007	28.1	71.1	18.8	3.3	6.8
2008	29.1	70.3	18.3	3.7	7.7
2009	30.7	70.4	17.9	3.9	7.8
2010	32.5	68.0	19.0	4.4	8.6

注　表中数据来源于国家统计局，中国能源统计年鉴2011。数据按发电煤耗法计算。

我国能源消费总量很大，但人均水平较低。2010年，我国人均一次能源消费量为2.42吨标准煤，低于世界平均水平，不到美国的1/4，相当于日本的43%（见表1-9）。随着经济社会的发展，我国能源消费还有较大的增长空间。

表1-9　　　**我国与世界及部分国家人均能源消费量比较**　　单位：吨标准煤/人

国家/地区	1980年	1990年	2000年	2008年	2009年	2010年
美国	11.31	10.93	11.50	10.71	10.05	10.28
俄罗斯	—	8.49	6.03	6.91	6.51	—
法国	4.97	5.50	5.93	5.94	5.68	5.84
德国	6.51	6.33	5.86	5.83	5.56	5.79
日本	4.20	5.07	5.84	5.54	5.30	5.57
韩国	1.54	3.10	5.64	6.67	6.72	7.22
印度	0.43	0.54	0.64	0.77	0.84	—
巴西	1.34	1.43	1.56	1.84	1.77	—
中国	0.61	0.86	1.15	2.19	2.30	2.42
世界	2.33	2.39	2.36	2.61	2.57	—

注　中国数据根据中国国家统计局资料计算，其余国家数据来自IEA。

2. 终端能源消费

在我国终端能源消费中，优质能源消费需求的增长近年来明显加快，比重逐步增加。煤炭在终端能源消费结构中所占比重持续下降，特别是在20世纪最后十年，下降幅度较大；与此同时，由于交通运输业的快速发展及居民生活水平的提高，石油和电力在终端能源消费中所占比重大幅提升。进入21世纪，煤炭消费比重小幅下降；国际油价的上涨对石油消费起到了一定的抑制作用，石油所占比重也有所下降；终端用电依然保持了较快增速，所占比重接近20%。

2010年，我国终端能源消费总量为22.8亿吨标准煤，其中煤炭、石油、天然气、电能、热力所占比重分别为44.0%、25.5%、4.8%、21.3%和4.4%。煤炭比重比1990年下降约25个百分点，电能比重上升约12个百分点，终端能源消费结构优化成效显著（见图1-16）。

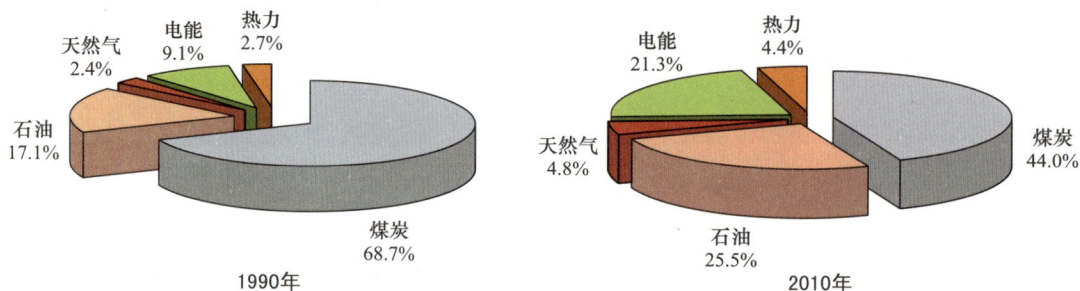

图 1-16 我国终端能源消费分品种结构

数据来源：国家统计局，中国能源统计年鉴。

分行业看，工业在我国终端能源消费中一直占有较大比重。2010年，在全部终端能源消费中，工业用能占68.5%，生活用能占10.8%，交通用能占10.6%（见图1-17）。

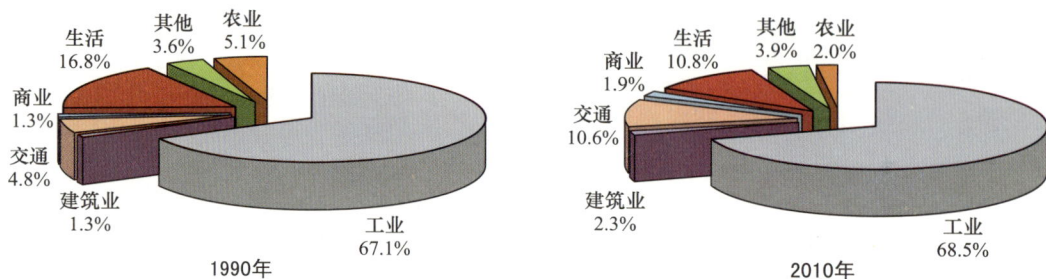

图 1-17 我国终端能源消费分行业结构

数据来源：国家统计局，中国能源统计年鉴。

终端煤炭消费逐渐向工业集中。从1990年到2010年，工业用煤在终端煤炭消费中的比重增加了27.9个百分点，达到87.3%；而生活用煤比重下降了20.3个百分点，降为7.4%。

交通行业是最大的终端石油消费行业。从2008年开始，交通运输业终端石油消费超过工业。2010年，交通运输用油比重为37%，而工业用油比重为35.3%。

居民用天然气增长较快，在终端天然气消费中的比重已超过1/4。工业用气比重不断下降，但仍然保持在50%以上。交通运输行业用气量比重也超过了10%。

工业用电结构呈现明显的重型化趋势。虽然工业用电在终端电力消费中的比重缓慢下降，但重工业在工业用电中的比重不断增加，2010年达到82.8%。

四、国际能源合作

随着国内能源需求的增长，我国由能源净出口国逐渐变为能源净进口国。1993年之前，我国煤炭、石油等资源除自给自足外还有一定余量出口。从1993年开始，我国成为石油净进口国，进口量迅猛增长，国际能源市场对我国能源安全稳定供应的影响凸显。2007年，我国煤炭供应趋紧，对进口煤炭的需求增加，加上煤炭出口关税政策的调整，我国煤炭净进口量首次"由负转正"。2010年煤炭净进口量达到1.46亿吨（见图1-18）。

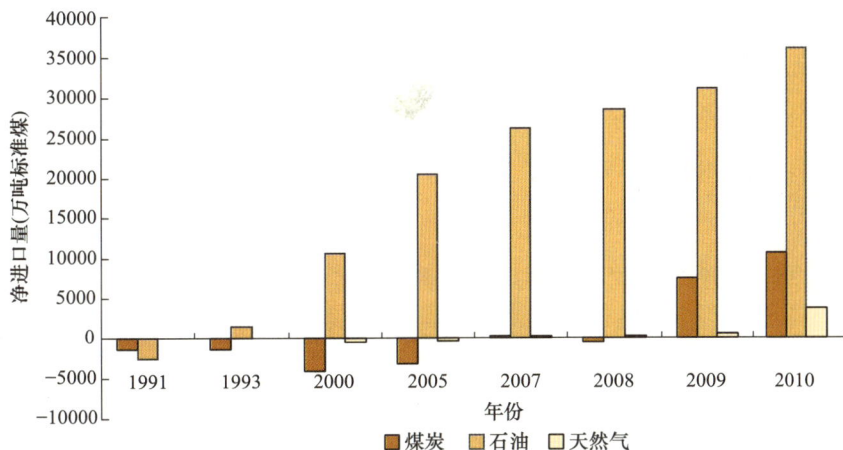

图 1-18　我国化石能源净进口情况

数据来源：国家统计局，中国统计年鉴。

能源进口的不断增加促使我国能源供应保障策略从自给自足逐步走向立足国内和利用国外资源并举，国际能源合作在我国能源发展中的作用越来越明显，地位越来越重要。我国开始更加积极地参与国际能源合作与对话，与世界主要能源生产国和消费国都建立了双边对话机制，不断深化与各国在能源领域的合作，积极实施"走出去"战略，鼓励能源企业走出国门，获取海外资源。

在油气领域，我国能源企业不断加快海外投资步伐，主要投资方式有三种：第一种是通过协议或竞标的方式直接获得油气资源的勘探开发权；第二种是通过企业并购的方式获得海外油气资产，如中石化收购瑞士Addax公司，中石油收购澳大利亚Arrow能源公司；第三种是通过贷款或其他援助方式获得资源国提供长期油气资源供应的承诺，如中国与俄罗斯、哈萨克斯坦、巴西等国家签订的"石油换贷款协议"。通过这些方式，我国的海外油气权益资产有了较大幅度的增加，缓解了国内油气资源储量不足的压力。

在煤炭领域，我国能源企业主要通过到投资开矿的形式获取海外煤炭资源。神华集团、中煤集团、兖州煤业等均开展了对澳大利亚煤矿项目的投资。神华集团还投资了印度尼西亚煤电项目。

在电力领域，我国能源企业积极开展跨国输电和电力贸易。国家电网公司分别与俄罗斯、蒙古、吉尔吉斯斯坦等国电力企业签署了有关电力进口的合作协议或意向书。2011年底，中俄直流联网黑河背靠背换流站工程建成投运，换流站容量75万千瓦，主要从俄罗斯向中国东北传输电力。南方电网公司也与东南亚国家开展了联网和电力交易。此外，我国能源企业还通过工程承包、企业并购、资产运营、技术装备出口、管理咨询等方式进入海外电力市场。华能集团、三峡集团等企业近年来先后在美国、欧洲等地区开展了发电资产收购活动。国家电网公司凭借资金、技术、管理等方面的优势，2008年竞得了菲律宾国家输电网特许经营权，2010年收购了巴西部分输电网特许经营权，2012年获得了葡萄牙国家能源网公司25%的股份；同时，还利用特高压输电及大电网安全稳定运行等方面的技术优势，先后与俄罗斯电网企业和美国电力公司签署合作协议，提供技术咨询等服务。

第三节　中国能源面临的重大问题

　　我国能源事业发展取得了举世瞩目的成就，同时也面临着诸多问题和挑战。经济社会的发展带动能源需求持续增长，资源环境的约束日益突出，能源对外依存度持续升高，保障能源稳定供应的压力越来越大。能源资源与能源需求分布不均衡的现实国情，对进一步增强能源远距离输送和大范围优化配置能力提出了客观要求。我国能源开发利用效率总体较低，能源结构有待优化，城乡能源发展不协调，能源发展质量亟待提高。

一、可持续供应问题

1. 能源需求在未来较长时期内将保持较快增长

　　改革开放以来，我国经济实现了持续快速增长。从1978年到2010年，GDP年均增速为9.9%。2010年，我国GDP达到40万亿元，经济总量仅次于美国，成为世界第二大经济体。

　　按照"新三步走"战略发展规划，到2020年，我国将完成建设全面小康社会的目标；到2050年，基本实现现代化，建成具有中等发达水平的富强、民主、文明、和谐的社会主义现代化国家。未来一段时期，我国经济仍然具有保持平稳较快增长的潜力，工业化、城镇化程度将快速提高；消费结构迅速升级，从过去的衣、食消费为主转向住、行消费为主；社会结构转型加快，社会主义市场经济体系不断完善，城乡二元化结构向城乡一体化格局转变。这些中长期变化趋势在未来二三十年中将持续存在。

　　从国际环境看，虽然在国际金融危机的影响下，世界经济增速有所放缓，发展格局发生了一定的变化，各种形式的贸易保护主义有所抬头，但世界多极化、经济全球化依然在深入发展，新一轮科技革命正在孕育。和平、发展、合作仍然是当今世界的主题，国际环境总体上有利于我国和平发展，从21世纪初开始的我国发展的重要战略机遇期仍然存在，甚至会延长。

从国内环境看，虽然存在产业结构不合理、城乡发展不协调、投资消费关系失衡、资源环境约束增强、收入分配差距加大等不利于经济发展的因素，但也要看到，国内市场潜力巨大、资金供应充足、劳动力素质提高、基础设施不断完善，经济社会发展还存在较大空间。

根据国际和国内环境分析，预计在未来较长一段时期内，我国经济将基本保持平稳较快发展的特征。表1-10是国内外研究机构对我国未来经济发展的预测。综合判断，预计2010～2020年期间，我国GDP年均增速为7.9%～8.1%，2020～2030年期间的年均增速为5.4%～5.6%，2030～2050年期间的年均增速为4.4%～4.6%。

表1-10　　　　**国内外研究机构对我国未来经济发展的预测**　　　　单位：%

IEA（2010）	2008～2020年	2010～2015年	2020～2035年	2008～2035年
	7.9	9.5	3.9	5.7
EIA（2010）	2007～2020年	2015～2020年	2020～2030年	2007～2030年
	7.4	6.4	4.7	6.3
IEEJ（2010）	2007～2020年	2020～2030年	2030～2035年	2007～2030年
	7.1	4.7	3.8	5.6
中国工程院	2010～2020年	2020～2030年	2030～2040年	2040～2050年
	8.4	7.1	5.0	3.6

注　表中数据来源于IEA，World Energy Outlook 2010，2010；美国能源信息署（Energy Information Administration，EIA），International Energy Outlook 2010，2010；日本能源经济研究所（Institute of Energy Economics，Japan，IEEJ），Handbook of Energy & Economic Statistics in Japan 2010，2010；中国能源中长期发展战略研究项目组，中国能源中长期（2030、2050）发展战略研究　综合卷，科学出版社，2011。

我国目前正处于工业化中期，高耗能产品在工业产品中占据较大比重。作为世界人口大国，我国城市化建设需要大量高耗能产品，且主要依靠国内生产满足。因此，工业化和城市化进程的发展使我国能源需求在未来较长时期内保持较快增长。表1-11是国内外研究机构对我国未来能源需求的预测情况。

综合判断，预计2020年我国一次能源需求为48亿～52亿吨标准煤，2030年为57亿～62亿吨标准煤，2050年为70亿～77亿吨标准煤。表1-12给出了2020年、

2030年和2050年一次能源需求总量分别为51.4亿、59.1亿、73亿吨标准煤情况下的一次能源结构。

表1-11　　国内外研究机构对我国未来能源需求的预测　　　单位：亿吨标准煤

机构	2015年	2020年	2030年	2035年	2050年
IEA（2010）	41.2	45.1	51.0	53.4	—
EIA（2010）	36.5	43.7	58.6	65.5	—
IEEJ（2010）	—	36.3	45.2	49.3	—
中国工程院	—	40.7～43.5	45.5～49.5	—	51.9～57.9
国家发展和改革委员会能源研究所	—	38.5～47.7	—	46.0～58.5	50.2～66.9

注　表中数据来源于 IEA, World Energy Outlook 2010, 2010； EIA, International Energy Outlook 2010, 2010；
　　IEEJ, Handbook of Energy & Economic Statistics in Japan 2010, 2010；中国能源中长期发展战略研究项目
　　组，中国能源中长期（2030、2050）发展战略研究 综合卷，科学出版社，2011；国家发展和改革委员
　　会能源研究所课题组，中国2050年低碳发展之路：能源需求暨碳排放情景分析，科学出版社，2010。

表1-12　　　　　　　　未来我国一次能源需求及结构

类别	2020年		2030年		2050年	
	能源需求（亿吨标准煤）	占比（%）	能源需求（亿吨标准煤）	占比（%）	能源需求（亿吨标准煤）	占比（%）
煤炭	30.0	58.4	30.9	52.3	31.7	43.4
石油	8.9	17.3	10.9	18.5	12.0	16.4
天然气	4.8	9.3	5.7	9.6	7.2	9.9
非化石能源	7.7	15.0	11.6	19.6	22.1	30.3
合计	51.4	100	59.1	100	73.0	100

2020年、2030年、2050年，预计我国发电装机总容量将分别达18.6亿～20.1亿千瓦、22.7亿～24.9亿千瓦和34.8亿～37.7亿千瓦。表1-13和表1-14分别给出了2020年、2030年和2050年装机总容量为19.34亿、23.8亿、36.3亿千瓦情况下的装机结构和发电量结构。

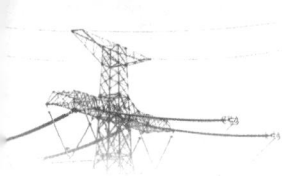

表1-13 未来我国发电装机容量及构成

类别	2020年		2030年		2050年	
	装机容量（万千瓦）	占比（%）	装机容量（万千瓦）	占比（%）	装机容量（万千瓦）	占比（%）
装机总容量	193400	100	238000	100	363000	100
其中：煤电	119000	61.5	127000	53.3	137000	37.8
燃气	7000	3.6	10000	4.2	17000	4.7
水电	34500	17.8	43000	18.1	47000	12.9
核电	8000	4.1	16000	6.7	43000	11.8
风电	16000	8.3	25000	10.5	52000	14.3
太阳能	2400	1.3	7500	3.2	34000	9.4
生物质能等	1500	0.8	2500	1.1	5000	1.4
抽水蓄能	5000	2.6	7000	2.9	28000	7.7

表1-14 未来我国发电量及构成

类别	2020年		2030年		2050年	
	发电量（亿千瓦·时）	占比（%）	发电量（亿千瓦·时）	占比（%）	发电量（亿千瓦·时）	占比（%）
总发电量	86801	100	102300	100	139450	100
其中：煤电	63070	72.7	66040	64.5	69870	50.1
燃气	2450	2.8	3500	3.4	5950	4.3
水电	11385	13.1	14190	13.9	15510	11.1
核电	5760	6.6	11520	11.3	30960	22.2
风电	3200	3.7	5000	4.9	10400	7.5
太阳能	336	0.4	1050	1.0	4760	3.4
生物质能	600	0.7	1000	1.0	2000	1.4

注 水电发电量中不含抽水蓄能。

2. 资源环境等因素对提升能源供应能力的约束越来越强

受生态环境容量、开发条件、技术能力等诸多因素的限制，未来我国国内能源供应提升潜力较为有限，保障能源供应的压力巨大。

煤炭产量的提升主要受到生态环境的约束。煤炭开发可能引发地面塌陷，破坏水资源。我国煤炭开采造成的地面塌陷面积已达到70万公顷，每年因采煤破坏地下水约22亿米^3。煤炭燃烧是我国二氧化硫、氮氧化物、烟尘、汞、超细颗粒物等污染物的主要来源。由于煤炭的大量消费，我国已成为世界上空气污染较为严重的地区，二氧化硫排放量居世界首位，酸雨现象时有发生。煤炭燃烧带来的汞排放问题近年来也引起了越来越多的关注。据估算，全球45%的人为汞排放来自煤炭燃烧。由于大气中的汞会随着气流迁移，因此汞排放的治理正逐渐成为一个国际性问题，世界上已有多个有关汞控制的国际或区域间协议，限制汞的排放已经成为全球大趋势。为减少汞排放，我国在2011年修订的《火电厂大气污染物排放标准》中增设了汞及其化合物的排放限值，并要求将防治汞污染纳入大型发电企业"十二五"规划之中。考虑生态环境和水资源约束，我国2020年和2030年煤炭产能的上限分别为40亿吨和42亿吨，与煤炭消费需求相比还有一定的缺口。

油气产量的提升主要受到资源条件的约束。我国油气资源总量丰富，但人均资源量远低于世界平均水平。虽然未来我国油气可采资源量还有较大的增长潜力，但资源赋存条件较差，开发和生产的成本较高。目前我国多数主力油田已进入开发的中后期，未来石油大幅度增产的难度很大。研究表明，我国石油产能峰值在2亿吨左右，天然气产能峰值在3000亿米^{3}左右，与经济社会发展对油气资源的需求相比均存在较大缺口。

非化石能源开发主要受到生态环境、技术能力和成本约束。我国水能资源开发尚有一定的潜力，水电开发的主要困难是移民和环境问题；核电开发主要受到核电站选址、环境安全、核燃料供应的制约；风能、太阳能、生物质能等其他非化石能源开发主要受到开发成本、技术能力的约束。近中期，非化石能源要实现产能的大幅提升，还有许多困难需要克服。

在全球气候变化问题不断升温的情况下，碳排放问题也已成为能源供应能力提升的重要约束因素。在提供同等能源量的前提下，煤炭的二氧化碳排放量比石油高约30%，比天然气高约70%。此外，煤炭开采中释放的矿井瓦斯也是重要的温室

气体排放源。以煤为主的能源消费结构使得我国与以油气为主的发达国家相比，在碳排放控制方面处于极为不利的地位。据IEA统计，2009年我国化石燃料燃烧产生的二氧化碳占世界总量的24%，人均二氧化碳排放量也已超过世界平均水平（见图1-19）。可以预见，随着我国能源消费总量的持续增加，碳排放总量还将有较大增长。国际社会要求我国控制碳排放的呼声渐高，我国未来将面临巨大的温室气体减排压力。

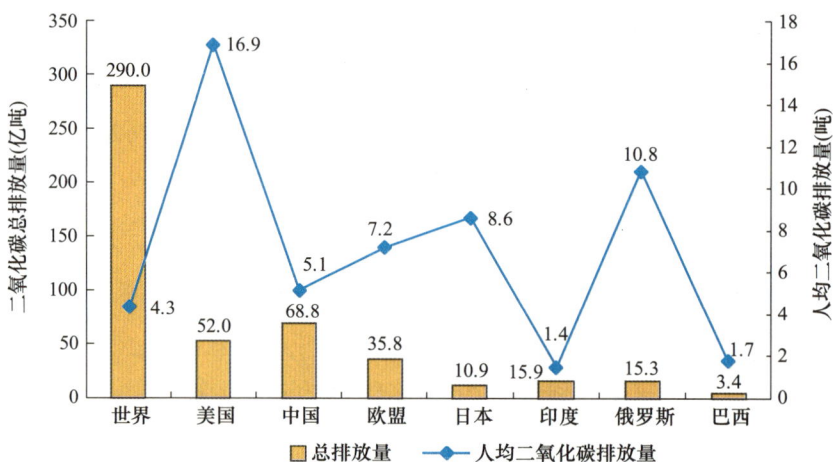

图1-19　2009年世界及主要国家化石能源燃烧产生的二氧化碳排放

数据来源：IEA，CO_2 Emissions from Fuel Combustion 2011。

随着经济社会发展和生活水平的提升，大气污染特别是城市空气质量成为人们日益关注的热点。2011年底以来，PM（Particulate Matter）2.5污染物问题备受社会各方关注。PM 2.5是指大气中直径小于或等于2.5微米的颗粒物，对人体健康和大气环境质量的影响较大。我国京津冀、长三角、珠三角等地区是PM 2.5污染的重点区域，这些地区的PM 2.5主要来源于煤炭燃烧、工业生产、汽车尾气排放等过程中经过燃烧而排放的残留物。为减少重点区域PM 2.5等大气污染物的排放，未来必须严格限制东中部地区的新增燃煤电厂建设，控制城市煤烟污染，并大力发展电动汽车代替燃油汽车。

3. 能源对外依存度持续走高

我国能源供应能力特别是油气供应能力远低于未来需求。要保障我国未来经济社会发展所需能源尤其是油气资源，必须依靠国际国内两个市场、两种资源。

未来我国能源对外依存度将达到较高水平。从2009年开始，我国原油对外依存度突破了50%，2010年达到54.8%（见图1-20）。按照目前发展趋势预测，我国未来原油需求量2020年为6.5亿吨左右，2030年为7.9亿吨左右。以国内原油产量峰值2亿吨计算，我国原油对外依存度2020年将达到69%，2030年将达到75%。天然气对外依存度2010年约为15%，随着未来天然气需求的不断增加，预计2020年将达到21%，2030年将达到27%。

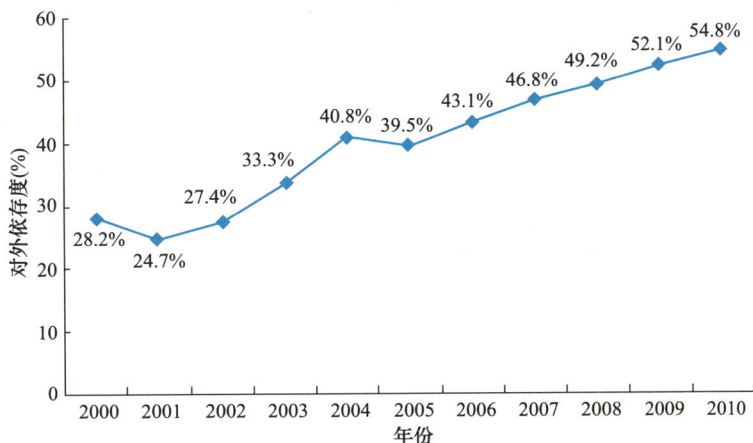

图 1-20　我国原油对外依存度

数据来源：国家能源局，中国能源统计年鉴2010；国土资源部，2010中国国土资源公报。

　　我国能源对外依存度特别是原油对外依存度的不断上升，将对我国能源安全造成巨大威胁。一是能源产地的社会动荡给我国能源稳定供应带来的风险。我国大部分进口原油来自中东和非洲地区。这些地区民族和宗教矛盾激烈，政局不稳，严重威胁着石油市场的稳定。冲突的爆发不仅会对我国在当地的能源基础设施造成破坏，还可能由于政权更迭等原因导致能源协议或合同无法履行。二是海外能源运输通道的安全保障风险。我国从中东地区进口的原油大部分需要通过霍尔木兹海峡，经印度洋和马六甲海峡运输；从北非进口的原油需要通过苏伊士运河及马六甲海峡运输；从西非进口的原油需要绕道好望角，经印度洋和马六甲海峡运输；从拉美地区进口的原油需要经过太平洋运输。可见，霍尔木兹海峡、印度洋航线、马六甲海峡对于我国进口原油运输至关重要。为保证海上能源运输通道的安全，需要进一步增强我国的政治和军事影响力，任务十分艰巨。三是国际能源价格波动对我国经济发展造成冲击的风险。国际油价的上涨，将增加我国经济运行的成本。按照我国2009年原油进口量估算，国际油价每桶上涨1美元，我国就需要多支出14亿美元用

于购买进口原油。原油价格的上涨还会造成交通运输、石化、轻工等相关产业成本的增加，并引发煤炭、电力、建筑等其他基础性产业以及众多终端消费品价格的升高，加大通货膨胀压力，压低企业利润和产品的国际竞争力。

二、输送和配置问题

1. 能源资源与能源需求逆向分布

我国能源资源同能源需求逆向分布，客观上需要大范围优化能源资源配置。分区域看，东部地区经济相对发达，能源需求量较大，但能源资源相对贫乏；中西部地区经济总量相对较小，能源需求量较小，但能源资源丰富。2010年，我国东部地区GDP所占比重为61.7%，一次能源消费所占比重为53.5%，用电量比重为57.1%，但煤炭资源只占10.5%，水电资源只占7.3%（见表1-15）。随着我国经济的发展，经济发达地区能源需求将进一步大幅增加，能源生产重心随着资源开发的深入将逐步西移，能源生产、消费区域的逆向分布将更加明显，这决定了能源资源大规模、跨区域长途调配难以避免。未来我国能源总体流向将呈现"北煤南运、北油南运、西气东输、西电东送"的格局，这对能源资源配置能力提出了更高要求。

表1-15　　　　我国能源资源、电力消费及GDP分布情况*　　　　单位：%

项目	东部	中部	西部
水电（技术可开发量）比重	7.3	11.2	81.5
煤炭基础储量比重	10.5	38.2	51.3
电力装机比重	46.0	22.7	31.3
火电装机比重	52.4	23.1	24.5
电力消费量比重	57.1	19.3	23.6
一次能源消费量比重	53.5	21.7	24.8
GDP比重	61.7	19.7	18.6

注　表中数据根据全国水能资源2003年复查成果、中国统计年鉴2011、中国能源统计年鉴2011等资料计算整理。

*　水电技术可开发量为2003年数据，其余为2010年数据。东部地区包括黑龙江、辽宁、吉林、河北、北京、天津、山东、江苏、上海、浙江、福建、广东、海南等13个省（直辖市）；中部地区包括山西、河南、湖北、安徽、湖南、江西等6个省；西部地区包括新疆、西藏、内蒙古、青海、甘肃、宁夏、陕西、四川、重庆、云南、贵州、广西等12个省（自治区、直辖市）。

2. 能源大范围优化配置能力不足

我国目前的能源运输体系还无法满足能源大范围、远距离配置的要求，导致我国煤、电、运紧张局面反复出现。铁路是我国煤炭最主要的运输方式。煤炭铁路运输总量约占全国煤炭产量的60%，煤炭运输需求约占全国铁路货运需求的50%（见图1-21）。新中国成立以来，我国铁路事业虽然有了很大发展，但仍然不能满足快速增长的煤炭运输需求，铁路运输能力不足对煤炭输送的瓶颈约束日益严重。未来东部煤炭资源逐渐枯竭，而消耗量不断增大，加上煤炭生产建设重点西移，铁路煤炭运输任务将更加繁重。

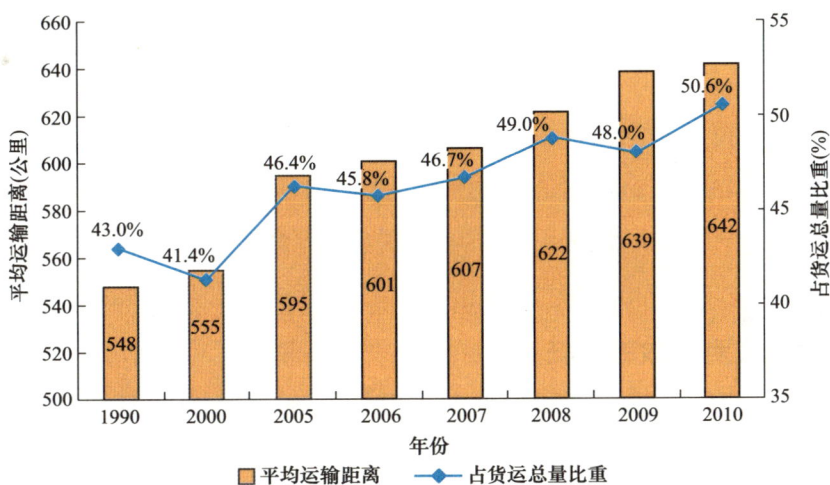

图 1-21 我国铁路运输煤炭情况

数据来源：国家统计局，中国统计年鉴。

我国能源投资长期偏重于生产环节，对运输环节投入不足。以电力为例，改革开放以来，我国电力供应大部分时间处于偏紧状态。长期缺电形成了严重的"重发轻供不管用"倾向，电力投资向电源倾斜，导致电源、电网投资比例失衡，电网建设长期滞后，资源优化配置能力没有得到充分发挥。近年来我国电源、电网投资占电力投资比重见图1-22。作为一种重要的能源输送方式，电网远距离输电能力的不足客观上也加大了煤炭运输的压力。近年来，由于受铁路运力不足以及电网跨区配置资源能力不强等影响，局部地区用电紧张局面时有发生。

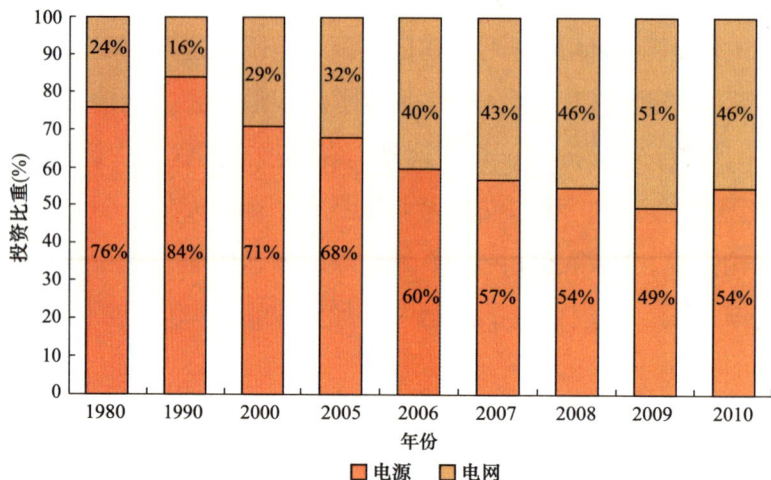

图 1-22 我国电源、电网投资占电力投资的比重

数据来源：中国电力企业联合会，电力工业统计资料汇编。

三、发展质量问题

1. 能源开发利用效率较低

我国能源行业能耗指标与国际先进水平相比偏高。2010年，我国煤炭开采和洗选综合能耗为20.8千克标准煤/吨，原油生产综合能耗160千克标准油/吨，分别比国际先进水平高3.8千克标准煤/吨和45千克标准油/吨。火电厂发电煤耗333克标准煤/（千瓦·时），高出国际先进水平23克标准煤/（千瓦·时）；发电厂厂用电率为5.43%，电网综合线损率6.53%，分别高出国际先进水平1.63和1.53个百分点。

我国主要耗能产品能耗水平也普遍高于国际先进水平。2010年，我国吨钢可比能耗（大中型企业）为697千克标准煤/吨，水泥综合能耗为139千克标准煤/吨，乙烯综合能耗976千克标准煤/吨，分别高出国际先进水平87、21、347千克标准煤/吨；电石电耗3395千瓦·时/吨，高出国际先进水平395千瓦·时/吨；合成氨能耗1591千克标准煤/吨，高出国际先进水平591千克标准煤/吨。

我国单位能源的经济产出效益与世界发达国家相比存在一定差距。单位GDP能耗在一定程度上反映了一个国家能源利用效率的高低。按照国际可比口径统计，

2009年我国单位GDP能耗为1.03吨标准煤/千美元❶，是世界平均水平的2.3倍，美国的3.8倍，日本的7.4倍（见图1-23）。我国GDP仅占世界的约8%，而能源消费却占到世界总量的约19%。

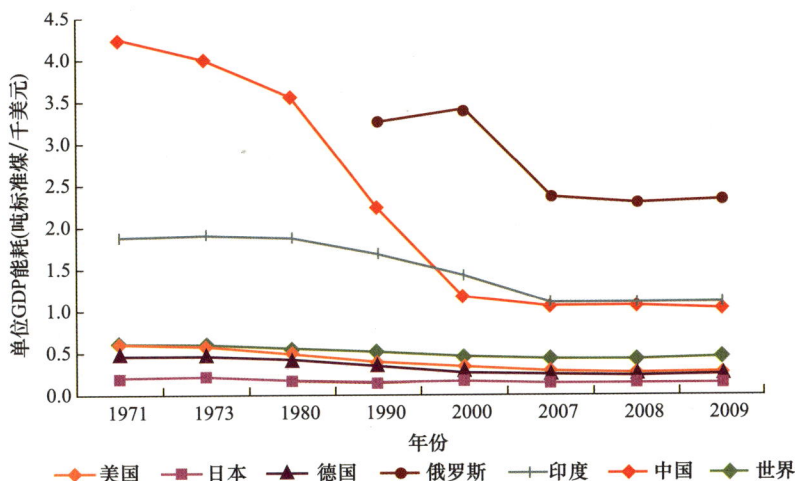

图 1-23　世界及主要国家单位GDP能耗比较

数据来源：根据IEA统计数据计算。

2. 能源结构亟待优化

与发达国家相比，我国煤炭消费比重偏高，而油气及清洁能源比重偏低。按照国际可比口径统计，2009年，我国一次能源消费结构中煤炭所占比重比美国高约45个百分点，比日本高约46个百分点，比世界平均水平高约40个百分点；油气所占比重比美国低约42个百分点，比日本低约39个百分点，比世界平均水平低约34个百分点（见表1-16）；清洁能源所占比重比美国低约3个百分点，比日本低约7个百分点，比世界平均水平低约7个百分点。终端能源消费结构中，我国煤炭所占比重比美国高约34个百分点，比日本高约28个百分点，比世界平均水平高约26个百分点（见表1-17）。

---

❶ GDP按照2000年不变价美元折算。

表1-16　　　　我国与世界主要国家和地区一次能源消费结构对比　　单位：%

国家/地区	煤炭	石油	天然气	水电、核电、风电等
美国	22.5	37.1	24.7	15.7
欧盟	16.4	34.9	25.0	23.7
日本	21.4	42.4	17.1	19.1
俄罗斯	14.7	21.3	54.0	10.0
印度	41.9	23.8	7.3	27.0
中国	67.2	16.9	3.4	12.5
世界	27.2	32.9	20.9	19.0

注　表中数据来源于IEA，与中国国家统计局发布的数据略有差异。2009年数据。

表1-17　　　　我国与世界主要国家和地区终端能源消费结构对比　　单位：%

国家/地区	煤炭	石油	天然气	电力	热力及其他
美国	1.6	50.7	21.3	21.4	5.0
欧盟	3.9	44.1	21.2	20.9	9.9
日本	8.3	54.8	10.2	25.5	1.2
俄罗斯	4.3	25.1	30.5	13.9	26.2
印度	13.8	29.7	4.8	13.8	37.9
中国	36.0	23.6	3.5	18.5	18.4
世界	9.8	41.6	15.2	17.3	16.1

注　表中数据来源于IEA，与中国国家统计局发布的数据略有差异。2009年数据。

以煤为主的能源消费结构带来了环保压力大等多方面问题。调整和优化能源结构，降低煤炭比重，提高天然气、核电、可再生能源等低碳和无碳能源比重，实现能源结构的多元化和清洁化，是我国能源工业面临的重大课题。

3. 城乡能源协调发展任务艰巨

受历史、体制等诸多因素影响，我国经济社会发展呈现城乡二元结构，农业和农村相对工业和城镇处于弱势地位。2010年，城镇居民人均可支配收入与农村居民人均纯收入比例为3.23∶1。如果把各种福利性保障计算在内，实际差距可能更大。

城乡二元结构导致农村能源发展大幅落后于城镇。在农村生活用能中，商品能源所占比重较低，许多地区仍然把薪柴和秸秆等作为主要能源，大量木材被直接燃烧，不仅造成污染，也导致森林资源破坏和水土流失。农村能源设施建设滞后，电网结构薄弱、输电损耗较高，主要用电器具普及率、人均生活用能和用电等指标仍然远远低于城镇水平（见表1–18）。高品位能源的缺乏和能源利用水平的低下直接影响了农村经济社会发展，导致许多现代化的生产、生活方式无法开展，就业机会难以增加，贫困局面长期难以改变，并在环境及人民健康等方面带来许多负面影响。

表1–18　　　　我国城乡居民生活水平及能源消费情况

指标		1990年	2000年	2005年	2009年	2010年
人均收入①（元/人）	城镇	1510	6280	10493	17175	19109
	农村	686	2253	3255	5153	5919
主要耗能器具普及率（台/百户）	冰箱 城镇	42.3	80.1	90.7	95.4	96.6
	冰箱 农村	1.2	12.3	20.1	37.1	45.2
	彩电 城镇	59.0	116.6	134.8	135.7	137.4
	彩电 农村	4.7	48.7	84.1	108.9	111.8
	洗衣机 城镇	78.4	90.5	95.5	96.0	96.9
	洗衣机 农村	9.1	28.6	40.2	53.1	57.3
	空调 城镇	0.3	30.8	80.7	106.8	112.1
	空调 农村	—	1.3	6.4	12.2	16.0
人均生活用能（千克标准煤/人）	城镇	298	210	279	325	315
	农村	83	76	132	190	204
人均生活用电（千瓦·时/人）	城镇	90	202	319	439	442
	农村	25	65	146	296	318

注　表中数据来源于国家统计局，中国统计年鉴2011、中国能源统计年鉴2011；中国电力企业联合会，中国电力工业统计资料汇编2010。

①　城镇居民人均收入指人均可支配收入，农村居民人均收入指人均纯收入。

　　我国城乡二元结构的客观现实使得城乡能源统筹发展任务艰巨。农村电网等能源基础设施建设投入不足，改造资金缺口较大，投资回收困难，缺乏可持续发展机制。迫切需要加大对农村电网等基础设施的资金支持力度，完善资金统筹使用机制，按照城乡统筹发展要求，实现城乡居民用电同网同价，实施电力普遍服务，提

高供电能力和服务水平。

第四节　影响中国能源发展的原因

作为关系国计民生的重要基础产业，我国能源产业的发展与经济社会发展密切相关，并受到国内、国际多种因素的综合影响。当前，影响能源产业发展的原因可以从经济发展方式、能源发展方式、国际竞争格局三个方面来分析。

一、经济发展方式

纵观现代化发展史，经济社会的现代化与工业化紧密结合。发达国家传统工业化道路的特征之一是以资源（特别是不可再生资源）的高消耗来支撑经济的高速增长，重工业化是主要发达国家工业化进程的必经之路。这种发展模式片面强调增长优先，追求利润最大化而忽视自然资源的损失。对于自然环境的破坏，一般采用"先污染、后治理"的方式加以处理。主要发达国家在其工业化进程中，都曾经不同程度地发生过对人们身心健康造成损害的环境污染事件，如美国的洛杉矶光化学烟雾事件、英国的"雾都劫难"、日本的"水俣病"。直到工业化后期，发达国家才凭借科技和资本上的优势将大量高耗能、高污染产业向发展中国家转移，转而依靠技术创新推动自身经济发展，减轻了对环境的破坏。

相对于发达国家，我国工业化进程起步晚、起点低。为了缩小与发达国家的差距，我国遵循传统工业化道路的一般规律，通过加大资金、劳动力、自然资源等生产要素的投入来推动经济发展。因循传统的工业化发展道路，我国产业结构呈现出资源消耗型、劳动密集型、出口导向型三大特征。这些产业结构特征的形成，除了受工业化发展一般规律的制约外，也与我国自身条件密不可分。我国是世界人口第一大国，劳动力资源和自然资源丰富，但科技发展水平和资本存量水平较低。因此，在工业化发展初期，必须利用在人力和资源方面的优势承接国际产业转移，发展技术含量较低的制造和加工产业，生产大量低附加值的产品，利用成本优势抢占国际市场，并承受由此带来的环境破坏。一段时期以来，我国经济增长方式是粗放型的，特点是高投入、高消耗、高污染和低效率。粗放型经济增长方式决定了现阶段我国能源需求的持续快速增长和较低的能源利用效率。

随着我国工业化进程的深入，传统工业化发展道路所带来的弊端越来越明显，国内外环境也决定了我国无法再按照传统工业化发展道路实现现代化。从国际环境看，西方发达国家在其工业化阶段，对环境问题的认识远远低于当今水平，环境容量也要比现在丰裕得多。随着环境问题国际共识的形成，碳排放等指标制约了发展中国家的发展空间。如果继续按照传统的工业化道路发展，发展中国家势必面临着越来越大的国际压力。此外，发达国家利用其先发优势，占据和掌握了国际优质资源和市场，致使发展中国家获取质优价廉资源的难度越来越大，成本越来越高。从国内环境看，我国人均资源占有量低，生态环境薄弱，不足以支撑以自然资源高消耗为特征的发展模式。改革开放初期，制约我国经济发展的主要是资金和技术；而现阶段，制约我国经济发展更多的是资源和环境因素。实现我国能源可持续发展，利用有限的能源资源支撑我国现代化建设，客观上需要调整经济发展战略，加快转变经济发展方式。

二、能源发展方式

长期以来，受到发展阶段、体制机制等方面因素的影响，我国能源产业发展缺乏统一的战略指引，各环节之间分散发展，缺乏统筹，能源与经济社会发展之间也缺乏协调，能源结构和布局不合理，发展速度与发展质量不够统一。能源供需以局部地区自求平衡方式为主，大范围优化配置资源能力不足。能源增长主要依赖外延式的规模扩张，科技进步、管理创新和劳动者素质提高等因素对增长的贡献不足。能源投入主要侧重能源资源开发，特别是常规能源的开发，对新能源开发、能源输送和配置等方面的投入不足。实施"走出去"战略，统筹利用国外能源资源起步较晚，在国际能源市场上的话语权有待提高。能源价格机制有待完善，市场配置资源的基础性作用有待加强，尚未形成有利于促进能源结构优化、安全供应、节能减排、保护环境和城乡能源统筹发展的体制机制。

近年来，我国能源发展的结构性矛盾越来越突出，能源安全保障和可持续发展

的压力越来越大，能源发展方式不科学是重要原因。加快转变能源开发利用、输送配置和消费方式，已经刻不容缓。

三、国际竞争格局

化石能源资源的有限性以及现代经济社会发展对能源的依赖性，使得油气等资源成为世界各国竭力争夺的战略性物资。控制更多的油气资源，往往意味着在国际事务中拥有更大的话语权和影响力。为实现掌控能源资源、获取国际竞争优势的目的，世界主要大国都将能源外交作为其外交战略的重点，个别国家甚至把能源问题当作政治谈判的筹码。剑桥能源研究协会主席丹尼尔·尤金曾形象地说过："石油，10%是经济，90%是政治。"

美国、欧盟、日本、俄罗斯等国家和地区利用先发优势，较早涉足国际能源市场，在国际能源竞争格局中处于优势地位。美国凭借其强大的经济、政治和军事实力，不断加强对能源储产区及主要能源运输通道的影响和控制力，通过维护美元作为全球石油结算货币的地位，对世界能源市场进行战略控制。欧盟在加强内部整合的基础上，推行多层次、全方位的对外能源政策，并重视与美国在国际能源问题上的合作。日本历来重视能源外交，善于利用经济援助、技术支持、合作开发等方式争取稳定能源供应。俄罗斯作为世界能源出口大国，其能源外交政策一方面是拓展能源出口市场，另一方面则是致力于将资源优势转化为战略优势。相对来说，我国能源国际化战略起步较晚，在国际能源市场上获取资源、参与国际能源定价的能力较弱，加大了我国能源安全的压力。

近年来温室气体排放导致的全球气候变化问题受到普遍关注。制定怎样的减排目标和路线图，如何确定各国的温室气体减排责任与义务，对各国能源和经济社会发展影响重大，因而也成为博弈的焦点。我国以煤为主的能源结构，工业化、城镇化快速推进的发展阶段，在国际分工中处于产业链较低端的定位，决定了我国在优化能源结构、应对气候变化方面面临更加沉重的压力。贯彻互利合作、多元发展、协调保障的新能源安全观，增强与主要大国之间围绕能源及相关领域的博弈能力，争取在国际竞争格局中的有利位置，是我国能源可持续发展的迫切要求。

第二章
能源战略思路

　　解决中国能源问题，需要以中国特色社会主义理论体系为指导，从经济社会发展全局出发，树立大能源观，确立科学的解决思路，选择合适的实施路径。要着力转变能源发展方式，推动能源战略转型，走中国特色能源现代化道路。转变能源发展方式，必须坚持以电力为中心。实施"一特四大"战略是当前重要而紧迫的任务。

第一节　解决能源问题的基本思路

能源问题涉及面广，影响因素多，非常复杂。树立大能源观，统筹推进经济发展方式转变、能源发展方式转变和国际竞争格局转变，是解决中国能源问题的基本思路。能源发展方式转变的过程，也是能源战略转型的过程。

一、能源问题的复杂性

1. 综合性

能源问题关系国家经济社会发展全局，能源的发展涉及国家的科学技术、发展阶段、消费习惯、生态环境、外交军事等各个方面。第一，能源与科技进步密切相关。科技进步是推动能源发展的根本力量，能源开发与使用的每次重大变革，无不源于能源技术的突破。第二，能源与经济发展密切相关。能源工业是重要的基础产业，随着新能源、智能电网等的蓬勃发展，新形势下的能源工业正成为催生战略性新兴产业的策源地。第三，能源与社会发展密切相关。能源是满足现代人的基本需要和服务的前提，能源供应和质量的均衡配置是反映社会公平与和谐的重要因素。第四，能源与环境保护密切相关。能源的大规模开发利用带给人们生活便利的同时，也对自然环境造成影响，环境污染、气候变化、生态恶化成为挥之不去的阴影。第五，能源与国家安全密切相关。随着我国能源对外依存度的不断提高，随着国际能源形势和温室气体减排问题对我国能源发展的影响日益加剧，能源外交已成为我国外交的重要组成部分，确保战略能源运输通道安全不仅涉及商业利益、外交关系，同时还涉及军事保障能力。

2. 差异性

不同国家和地区，能源发展面临的问题和矛盾各不相同。从时间维度看，过去一百多年，发达国家先后利用煤炭和廉价的石油、天然气等化石能源完成了工业化，在国际能源竞争中占据了先发优势。当前，随着众多发展中国家步入工业化进程，化石能源资源日益紧缺，国际能源竞争日趋激烈，全球气候变化问题愈演愈烈，我国经济发展不再具备欧美国家工业化时宽松的能源条件。从空间维度看，受能源禀赋和能源政策的影响，我国能源结构长期以煤为主，而且在未来较长时期内都将延续这一格局，这与OECD国家以油气为主的能源结构不同，我国能源发展一直不曾经历所谓的石油时代。而且我国不同地区之间、城乡之间发展水平存在明显差异，能源发展面临的突出矛盾和主要问题不尽相同。解决我国能源问题必须立足我国的实际，因地制宜，走一条具有中国特色的全面、协调、可持续的发展道路。

3. 长期性

自人类社会诞生至今，能源问题就一直深刻影响着人类的生产生活和社会发展进步。能源技术的重大突破和能源结构的优化调整，从来就不是一蹴而就的，往往需要经历一个长期的、渐进的过程。当前我国能源面临的突出问题，都有深刻的历史和现实背景，有的是我国能源禀赋和发展阶段所决定的，有的是国际国内因素相互叠加形成的，有的是矛盾长期积累的结果，有的是新形势下的新挑战。解决这些问题，没有立竿见影的"速效药"，需要在清晰的能源战略指引下，有目标、有计划、有步骤地进行调整，坚持不懈地去努力。

4. 不确定性

回顾历史可以看出，能源发展历程存在着诸多不确定性。这些不确定性既可能是科学技术领域的重大突破或重大发现，也可能是政策法规的重大调整与变更，抑或是某次偶然的事故或危机。正是由于17世纪末蒸汽机的发明促进了煤炭的大规模开发利用，薪柴等传统可再生能源在世界能源中的主导地位被煤炭取代。石油之所以于20世纪60年代能够取代煤炭成为世界主要能源，则与19世纪末内燃机的发明有关。2008年的国际金融危机使全球经济遭受重创，危机之后很多国家把新能源作为刺激经济增长的重点领域，新能源和可再生能源的开发利用受到空前的重视。2011年日本福岛核电站核泄漏事件，引发了国际社会对核电安全性的重新思考，对全球近期核能的开发利用产生重要影响，长远影响犹未可知。历史表明，即使明确了能源发展的正确方向和合适路径，也往往不可能为其设定精确的发展进程。因此，在能源发展中，必须不断总结经验，提高认识，探索规律，与时俱进地调整能源战略

和发展思路。

二、大能源观

解决能源问题，必须以科学的世界观和方法论为指导。中国特色社会主义理论体系为分析我国能源战略问题提供了强大的理论武器。以中国特色社会主义理论体系为指导研究能源战略，关键是要树立一种大能源观。

所谓大能源观，是指以系统论的方法，以可持续发展的理念，以全局的、整体的、历史的、开放的、普遍联系的视角去分析和研究能源问题。结合我国实际来看，就是统筹考虑能源发展与经济、社会、环境、外交等各方面的关系；统筹考虑满足能源需求、保护生态环境与增强国际竞争力的关系；统筹考虑国际、国内能源资源开发利用的关系；统筹考虑煤、水、电、油、气、核等各种能源之间的关系；统筹考虑化石能源与非化石能源、传统能源与新能源之间的关系；统筹考虑能源开发、输送、消费等各个环节之间的关系。

三、能源问题解决思路

基于大能源观，可以看出解决我国能源问题，不能简单地采取"头痛医头、脚痛医脚"的办法，需要着眼现代化建设全局，充分考虑经济发展阶段、经济结构和增长方式问题，充分考虑能源禀赋、能源结构和发展质量问题，充分考虑国际关系、能源外交和气候变化等全球性问题，统筹推进经济发展方式转变、能源发展方式转变和国际竞争格局转变。

1. 推进经济发展方式转变，走中国特色新型工业化道路

能源问题是经济问题在能源领域的反映。经过改革开放以来的持续快速增长，我国经济建设成就显著，但发展不平衡、不协调和不可持续的问题也逐步累积，能源供应的持续紧张和日益严峻的环保压力是其重要表现。从根本上解决我国能源发展面临的突出问题，必须加快调整经济发展战略，转变以自然资源和资本投入为支撑的传统增长模式，改变片面追求高速度和粗放式发展的工业化道路。西方发达国家曾经走过的以大量消耗资源、牺牲环境为代价的工业化道路在我国难以再继续走下去。否则，

原有的竞争优势也将逐步丧失掉。

转变经济发展方式，要把加快转变经济发展方式，推动产业结构优化升级作为重大战略任务，坚持扩大国内需求特别是消费需求的方针，促进经济增长由主要依靠投资、出口拉动向依靠消费、投资、出口协调拉动转变，由主要依靠第二产业带动向依靠第一、第二、第三产业协同带动转变，由主要依靠增加物质资源消耗向主要依靠科技进步、劳动者素质提高、管理创新转变❶。积极推动信息化与工业化深度融合，以信息化带动工业化，以工业化促进信息化，努力走出一条科技含量高、经济效益好、资源消耗低、环境污染少、人力资源优势得到充分发挥的新型工业化路子❷。

要顺应发展低碳经济的新潮流，把推进我国经济战略转型和发展方式转变同低碳经济发展结合起来，同应对全球气候变化结合起来，推动经济、社会、环境协调发展。研究表明，人均温室气体排放量与经济社会的发展繁荣程度存在倒U形的曲线关系，即人类社会发展将依次经过贫穷且清洁、繁荣且污染、繁荣且清洁的过程，而我国正处于走向繁荣且高污染的阶段。如果不打破传统的发展模式，未来我国在碳减排方面将面临持续增大的国际压力。

要通过转变我国经济发展方式和走新型工业化道路，打破"先污染、后治理"的发展模式，提高资源利用效率和环境保护水平，降低能源消耗和能源强度，从而增加能源供应弹性，为我国能源结构调整提供更为宽松的条件。这也是适应全球需求结构重大变化、增强我国经济抵御国际市场风险能力的必然要求，是提高可持续发展能力的必然要求，是在后国际金融危机时期国际竞争中抢占制高点、争创新优势的必然要求，是实现国民收入分配合理化、促进社会和谐稳定的必然要求，是适应实现全面建设小康社会奋斗目标、满足人民群众过上更好生活新期待的必然要求❸。

实现经济发展方式的根本转变，关键在于创新。通过体制机制创新，消除各种体制机制障碍与束缚，逐步构建和完善推动科学发展、加快发展方式转变的制度环境；通过推进科技创新，加快创新型国家建设，充分发挥科技作为第一生产力对转变经济发展方式的促进、支撑和引领作用。

---

❶ 胡锦涛，在中国共产党第十七次全国代表大会上的报告，2007年10月。

❷ 江泽民，在中国共产党第十六次全国代表大会上的报告，2002年11月。

❸ 胡锦涛，在省部级主要领导干部深入贯彻落实科学发展观、加快经济发展方式转变专题研讨班上的讲话，2010年2月。

2. 推进能源发展方式转变，走中国特色能源现代化道路

无论从保障能源供应、促进节能减排、缓解能源安全和环保压力方面来看，还是从提高能源服务质量、增强能源产业国际竞争力方面来看，加快转变能源发展方式都已刻不容缓。推动能源发展方式转变，需要从我国能源工业发展的现实出发，把握国际能源发展特征，顺应低碳、智能发展的潮流，以体制机制创新和科技创新为动力，推动能源开发利用方式变革，优化能源配置格局，统筹推进各种能源发展和国际、国内资源开发利用，优化能源消费模式，实现能源清洁发展、高效发展、多元发展、智能发展，构建安全、高效、清洁、经济的现代能源体系。能源发展方式转变的过程，就是我国能源战略转型的过程。所谓能源战略转型，主要包括五个方面含义：

一是推动能源结构由高碳型转向低碳型。即遵循世界能源低碳化发展趋势，通过大力发展水能、风能、太阳能和天然气等无碳、低碳能源，稳步发展核能和其他清洁能源，逐步降低化石能源特别是煤炭在能源消费中的比重，实现能源结构低碳化。

二是推动能源利用由粗放型转向集约高效型。即通过变革能源开发利用方式和消费模式，实施能源资源集中规模开发，推进能源消费总量调节和节约利用，提高能源资源开采、转换、传输和利用效率，增加单位能耗的经济产出，使能源利用综合效益最大化。

三是推动能源配置由就地平衡型转向大范围优化配置型。即打破就地平衡的能源发展思路，从我国能源资源与能源需求逆向分布格局出发，通过加强能源输送网络和通道建设，完善能源运输体系，改善过度依赖输煤的能源配置格局，实施全国范围能源资源优化配置。

四是推动能源供应由国内资源保障型转向国际国内资源统筹利用保障型。即着眼于国际国内两个市场、两种资源，在坚持立足国内的同时，更加积极主动地参与全球能源竞争与合作，加大各种能源产品进口，弥补国内能源资源特别是油气资源不足的问题，形成内外互补的供应保障格局。

五是推动能源服务由单向供给型转向智能互动型。即在构建布局合理、结构坚强的能源网络的基础上，以建设智能电网为重点，全面推进能源系统智能化，有效支撑各种方式的能源输入与输出，构建供需双方便捷转换、双向互动的能源服务新模式。

3. 推进国际竞争格局转变，营造相对宽松有利的国际环境

进入21世纪以来，世界加速进入经济大动荡、格局大调整、体系大变革的新阶段。罕见的国际金融危机给全球政治经济格局带来深刻影响，我国的作用和地位凸显，面临的国际压力也骤然增加。这种压力不仅来自掌握国际话语权的主要发达国家，而且也来自同样处于崛起中的其他新兴大国。我国在总体实力增强、"走出去"机遇增多的同时，开始进入崛起的"麻烦多发期"，这使得我国能源外交运筹在空间增大的同时，难度也在增大。坚持走和平发展道路，以更加积极、更为务实、更具建设性的姿态参与国际事务，推动全球政治经济格局向有利于我国的方向演变，对保障我国经济社会和能源可持续发展意义重大。

要把能源外交摆在更加重要的位置，清醒认识国际能源形势，关注国际能源地缘政治变化，坚持互利合作、多元发展、协同保障的新能源安全观。积极开展双边、多边或是与国际组织的合作，与世界主要油气资源国和欧佩克等能源机构建立起更加密切的战略合作关系。更加重视与能源消费大国开展互利合作，共同抵御能源供应风险，维护国际能源市场稳定。本着互利共赢的原则，建立一个包括能源供应国、消费国、中转国在内的全球能源市场治理机制❶。从单纯重视能源供给安全转变为保障能源供给与稳定国际能源价格并重上来。统筹推进能源外交和环境外交，积极参与全球"碳政治"，坚持共同但有区别的温室气体减排责任。积极支持能源企业"走出去"，开展各种形式的公共外交，努力消除"中国能源威胁论"和"中国气候威胁论"等论调，为我国经济发展和能源战略转型争取尽可能宽松有利的国际环境。

4. 三个转变之间的关系

经济发展方式转变统领能源发展方式转变，能源发展方式转变保障经济发展方式转变。经济发展方式转变和能源发展方式转变对国际竞争格局转变提出了要求，国际竞争格局转变对经济发展方式转变和能源发展方式转变提供了支撑。三者之间相互影响、相辅相成（见图2-1）。如果没有经济发展方式转变和国际竞争格局转变的配合，我国能源发展方式转变和能源战略转型不可能取得真正意义上的成功。

---

❶ 温家宝，中国坚定走绿色和可持续发展道路——在世界未来能源峰会上的讲话，2012年1月。

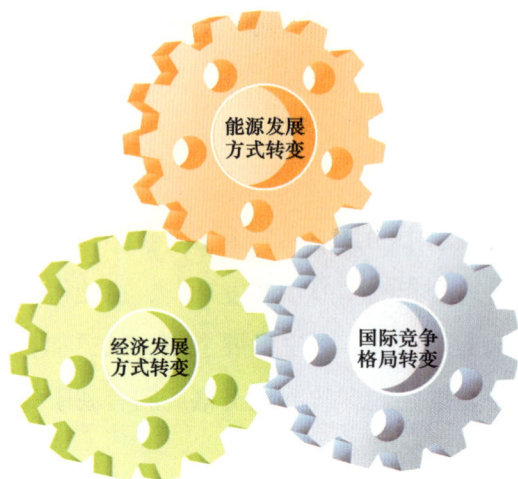

图 2-1　三个转变之间的关系

第二节　转变能源发展方式的路径

从2003年开始，我国能源发展进入战略转型期，转变能源发展方式成为重大战略任务。在国家政策指引和各方面努力下，近年来能源发展方式转变和能源战略转型已取得一定成效，但未来依然任重道远。深入推进能源发展方式转变和能源战略转型，应坚持能源开发与能源节约并举、传统能源开发与新能源开发并举、利用国内资源与利用国外资源并举、优化能源布局与优化能源输送方式并举、科技创新与体制创新并举。

一、中国能源战略转型期

新中国能源工业发展历程，大致可以分为三个阶段。

第一个阶段是1949～1978年，即计划经济时期。这一阶段能源工业发展的突出特点是以生产为导向，重在开发，以煤为主，自给自足。煤炭在终端能源消费中的比重长期保持在70%以上，石油和电力合计25%左右。

第二个阶段是1979～2002年，即从改革开放到党的十六大。这一阶段能源工业发展的突出特点是以效率为导向，开发与节约并重，能源开发以电为中心、煤为基础、多元发展。煤炭在终端能源消费中的比重逐步降到50%左右，石油和电力合计达到40%左右。期间，我国于1993年由石油净出口国变为净进口国。

第三个阶段是2003年至今。这一阶段能源工业发展的突出特点是以可持续发展为导向，节能减排的要求贯穿能源开发、转换、输送、消费的全过程，新能源开发和国际能源合作受到高度重视，能源开发、利用、配置、消费等方式发生深刻变化，能源结构不断调整优化。这是我国能源发展的重要战略转型期。未来，这一阶段还将持续较长时间。

2003年后我国能源发展进入战略转型期，主要有以下两方面标志。

1. 发展阶段的变化

2003年，我国人均GDP首次突破1000美元，达到1090美元。以此为标志，我国现代化建设进入了一个新的发展阶段。这是一个消费结构逐步升级，投资结构和产业结构持续调整变化，工业化、城镇化全面加快发展的阶段。经济增长的内在动力强劲，国民经济有望在一个较长时期内保持较快增长速度。近年来的实践也证明了这一点。从2003年到2008年，我国只用5年时间就实现了人均GDP从1000美元到3000美元的跨越。实现同样的跨越，发达国家一般需要10～15年时间，比如德国用了15年，日本用了11年。2010年，我国人均GDP为29941元，经济规模超过日本，成为全球第二大经济体；城市化率达到49.7%，经济发展处于工业化中期的后半阶段。

经济的持续发展必然带来能源需求的快速增长，能源供应紧张成为经济社会发展的重要制约因素。经济社会发展和消费结构的升级带来了能源需求的持续快速增长，能源供需矛盾和资源环境压力日益凸显。2003年，我国能源消费增长速度达15.3%，创下1980年以来的新高，2004年增速进一步攀升到16.1%。2003年，我国石油消费总量超过日本，成为继美国之后的全球第二大石油消费国。全国煤、电、油、气供应全面紧张，19个省（自治区、直辖市）出现拉闸限电，人民生产生活受到严重影响。2004年，全国能源供需矛盾更为突出，拉闸限电的省份进一步扩大到24个。与能源发展相关的资源、环境等问题也越来越突出。2003年，全国二氧化硫排放总量达到2158.7万吨，同比增加12.0%。严峻的形势对我国能源发展方式转变和能源战略转型形成倒逼之势。

目前，国内研究机构对如何评价工业化水平以及我国完成工业化的时间进度

等问题认识并不统一。中国社科院的一份研究报告预测，2015～2018年我国将基本实现工业化，2021年将全面实现工业化。也有专家认为，从非农产业就业人口比重来看，我国工业化进程还有很长的路要走。综合分析发达国家工业化进程和我国发展状况，预计2025年前我国将实现工业化目标，之后进入后工业化发展阶段。预计2030年，我国城市化率将达到65%左右（比2003年的40.5%提高24.5个百分点），其后，国民经济和能源需求将进入低速平稳增长的阶段。

2. 能源政策的变化

2003年10月召开的党的十六届三中全会明确提出，要坚持以人为本，树立全面、协调、可持续的科学发展观。在2007年召开的党的十七大上，科学发展观被正式写入党章。科学发展观进一步丰富和完善了中国特色社会主义理论体系，是我国经济社会发展的重要指导思想。以中国特色社会主义理论体系为指导，我国能源政策方针也出现了新的调整和变化。

从2003年开始，我国先后出台了一系列有关能源发展的法规、政策、标准，发展新能源和可再生能源、实施节能减排、优化能源结构、加强国际能源合作等理念受到重视。单位GDP能耗和主要污染物排放指标作为约束性指标，被纳入经济社会发展规划。非化石能源在能源消费中的比重到2020年将达到15%左右，成为能源结构调整的重要目标。2006年7月，胡锦涛主席在八国集团同发展中国家领导人对话会议上提出了以互利合作、多元发展、协调保障为主要内容的新能源安全观。2007年12月发布的《中国的能源状况与政策》白皮书对我国的能源方针作了系统阐述，即坚持节约优先、立足国内、多元发展、依靠科技、保护环境、加强国际互利合作，努力构筑稳定、经济、清洁、安全的能源供应体系，以能源的可持续发展支持经济社会的可持续发展。2009年11月，我国正式向国际社会做出到2020年实现单位GDP二氧化碳排放比2005年下降40%～45%的承诺。

在国家政策的指引下，能源企业和社会各方面共同努力，2003年以来，我国能源发展方式转变和能源战略转型取得了一定成效。新能源和可再生能源取得快速发展，特高压输电和智能电网技术研发走到了世界的前列，以油气为主的国际能源合作不断取得积极进展。2010年我国非化石能源占一次能源消费比重约为8.6%，比2003年提高2.1个百分点。总体来看，我国能源发展方式转变和能源战略转型取得的成绩还是初步的，能源结构还有待进一步调整，能源布局有待优化，影响和制约能源可持续发展的体制机制因素亟待破除，还没有形成科学的能源开发、转换、配置和消费方式，实现能源发展方式转变和能源战略转型依然任重道远。

二、能源发展方式转变路径

1. 坚持能源开发与能源节约并举，提高能源开发利用效率

发展是第一要务。满足我国持续快速增长的能源需求，必须大力加强能源建设，不断推进能源资源勘测和开发。未来较长时期内，能源都将是我国重要的投资领域，特别是新能源产业发展，需要大量的资金投入，需要国家层面出台相应的投资引导政策。在发展节奏上，既要充分考虑经济社会发展状况即需求侧的情况，又要充分考虑能源建设的周期性，避免出现大起大落的现象。要着眼整个产业链条，以统一规划为指导，统筹利用市场调节和宏观调控手段，推动能源资源开发、输送、配售等各环节协调发展，做好供需平衡和产、供、销的衔接，切实增强能源供应能力。

在加强能源开发的同时，必须坚持资源节约的基本国策，把节能摆在更加重要的位置，坚持不懈地实施节能优先战略。落实节能优先战略，一方面要推进能源资源集约高效开发，着力提高包括开发、转换、输送、储存等各环节在内的能源系统整体效率；另一方面要优化调整产业结构、增长方式和消费模式，着力提高需求端的能源使用效率。把节能减排作为推动经济发展方式转变的重要举措，通过经济发展方式转变不断降低能源强度。倡导节约型消费理念，综合运用经济法律手段和各种有效措施，严格实施节能法规、政策和标准，在全社会、各领域全面推进能源节约，使我国经济社会实现高效低耗发展。

2. 坚持传统能源开发与新能源开发并举，推动能源结构多元化、低碳化

我国的能源结构也以传统能源为主，风能和太阳能等新能源在一次能源结构中的比重不足1%。受经济结构、技术水平、资源条件等因素的影响，在未来较长的一段时期内，以煤炭、石油、天然气为代表的传统化石能源仍将是我国能源供应的主力。特别是煤炭，2030年以前在我国一次能源消费结构中的比重将不会低于50%。相对于煤炭和石油，天然气单位热值能源利用的二氧化碳排放量更低，是低碳能源；核电和可再生能源则是清洁的无碳能源，未来加快发展天然气和核电、可再生能源发电，符合我国能源结构优质化、低碳化、多元化的要求。

目前，发达国家已经完成了化石能源的优质化，现在又开始大力发展低碳能源，向更高层次的能源优质化推进。我国也高度重视能源结构的优化调整，并确定了2020年非化石能源占一次能源消费的15%左右的战略目标。虽然我国天然气、水电、常规核电仍然具有较大的开发潜力，但其可开发规模远不足以支撑巨大的能源需求。要实现我国能源战略转型，推动能源结构向清洁低碳转变，促进我国经济、社会、环境协调发展，必须大力发展新能源和可再生能源。我国风能、太阳能、生物质能、地热能、海洋能等可再生能源资源丰富，目前在发展上主要受制于技术和成本问题，下一步需要采取更为有效地措施，加快关键技术攻关，加大开发力度。特别是要大力加强风能、太阳能的开发利用，建设一批大型风能、太阳能发电基地，与分布式开发相结合。此外，对致密油、致密气、煤层气、页岩气、可燃冰等非常规油气资源和核聚变能、氢能等新型能源的开发利用也要予以足够重视。

3. 坚持利用国内资源与利用国外资源并举，构建内外互补的能源供应格局

解决我国能源问题，必须立足国内、面向全球。开发利用好国内能源资源，是保障我国能源安全的基本前提。这既是促进国民经济发展、维护国家经济和能源安全的内在需要，也是复杂的国际政治经济格局下的现实选择。从能源安全角度来看，1吨埋在国外的石油与1吨埋在国内的石油具有不同的意义，因为只有国内的能源才是价格和数量最终可控的。任何时候，立足国内的能源方针都丝毫不能动摇。

从另一方面分析，全球能源资源分布并不均衡，我国人均占有的煤、油、气资源仅为世界人均水平的70.0%、5.6%和6.6%。长远来看，随着我国经济发展和深入参与全球分工，仅靠国内能源生产难以保障我国能源供应，能源对外依存度持续提高是可以预见的必然趋势。在加强国内能源资源开发，努力增加国内能源供给的同时，以油气为重点，以煤炭、电力和天然铀为补充，进一步加强能源进口和国际能源互利合作，是我国能源可持续发展的战略选择。要以国有大型能源企业为主体，积极实施能源"走出去"战略，加强对国外能源资源的投资，不断提高我国海外能源资源的权益产量。要充分利用并参与制定国际贸易规则，优化贸易布局，努力发展多元稳定的能源贸易体系。

坚持新能源安全观，综合采取经济、外交、政治等各种手段，巩固和发展同主要能源资源国的关系，加强与能源消费大国的合作，全面提升我国参与全球能源开发和能源贸易竞争的能力，确保经济、稳定、可靠地获得境外能源资源，把我国能

源供应体系从一个主要依靠国内资源的供应系统，逐步转变为一个充分利用国内国外资源、面向全球的能源和资源供应系统。同时，深刻认识国际能源竞争的复杂形势和地缘政治因素，通过参与全球能源安全保障机制、加强开展能源预警、建立能源储备体系等方式，切实增强抵御国际能源安全风险的能力。要在推进国际能源互利合作，增加我国能源供应能力的同时，为改善世界能源供给、保障全球能源安全作出积极贡献。

4．坚持优化能源布局与优化能源输送方式并举，促进能源大范围高效配置

优化能源布局与能源输送方式是我国能源战略转型的必然要求。要统筹考虑我国能源资源禀赋、境外能源进口情况、能源消费市场分布状况、地区生态环境特点、能源运输通道建设条件等因素，参照国家主体功能区规划，结合各区域经济发展水平和长远发展趋势，科学规划我国能源整体发展布局，合理确定东中西部能源发展的规模、重点，以及能源基地布局与发展模式。着力优化煤炭基地布局，推动大型煤电基地建设，实施远距离、大规模输电，切实扭转在土地资源紧张、环保形势严峻的东中部地区大量发展燃煤电站的发展格局。

要在优化能源基地布局的基础上，着眼于增强能源资源大范围优化配置，统筹推进铁路、公路、水路、管道、电网等各种能源运输能力建设，充分发挥特高压输电的优势，构建坚强智能电网，消除能源运输瓶颈，建设现代能源综合运输体系，形成结构合理、层次分明、系统优化的现代化能源资源配置平台，满足国民经济社会发展和优化配置资源的需要。

优化我国能源布局与能源输送方式，关键是要打破长期以来就地平衡、局部地区自求平衡的发展思路和远输煤、近输电的原有观念，树立全国范围优化配置能源资源的思路，充分发挥特高压等现代化电网在大范围优化配置能源资源方面的作用，提高能源远距离、大规模输送能力，推动形成开发布局合理、配置科学的现代能源产业体系。

5．坚持科技创新与体制机制创新并举，激发能源可持续发展的内在动力

解决我国能源发展的问题，根本在于创新。按照建设创新型国家的部署，建立健全符合我国发展需求和资源特色的能源科技创新体系，把握传统化石能源与新能源及可再生能源交替更迭的发展机遇，积极发挥企业创新主体作用，大力加强能源科技创新，突破重大技术难关，实现能源核心技术自主化，尽快缩短我国与国际先

进能源科技发展水平之间的差距，抢占国际能源科技制高点，发挥科技第一生产力的作用，支撑和保障我国能源战略转型和可持续发展。

按照建立社会主义市场经济体制的方向和生产关系必须适应生产力发展需要的方针，从我国能源发展阶段和现实国情出发，积极借鉴国际经验，优化调整我国能源产业管理体制和运行机制，不断深化国有能源企业改革，构建有利于我国能源发展方式转变和能源战略转型的法律法规框架、运行机制和监管体系，走有中国特色的能源市场化道路，为我国能源可持续发展创造良好的制度环境，激发我国能源产业的内在活力。

第三节　能源战略的中心环节

能源发展方式转变是一项宏大的系统工程，电力在其中居于中心地位。制定实施能源战略，促进能源发展方式转变，应坚持以电力为中心。坚持以电力为中心，对我国能源可持续发展意义重大，有利于保障能源供应，缓解能源供应压力；有利于优化能源结构，缓解环境保护压力；有利于提高能源效率，降低能源强度；有利于改善民生，服务和谐社会建设。

一、电力在能源战略中的地位

能源系统是一个复杂系统，涉及煤、水、电、油、气、核等各个品种及其开发、转换、输送、储存、消费等各个环节，以及资源禀赋、技术水平、产业结构、消费模式、国际合作等各个方面。电能在能源系统中居于中心地位（见图2-2）。早在1985年《中共中央关于制定国民经济和社会发展第七个五年计划的建议》中就提出"能源工业的发展要以电力为中心"。1996年发布的《中华人民共和国国民经济和社会发展"九五"计划及2010年远景目标纲要》中重申了"能源建设以电力为中心"的方针。2004年国务院常务会议讨论通过的《能源中长期发展规划纲要（2004～2020年）》（草案）进一步提出"坚持以煤炭为主体、电力为中心、油气和新能源全面发展的战略"。

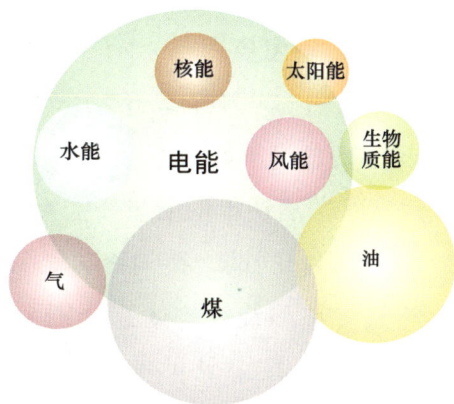

图 2-2   电力与其他能源品种的关系

近年来，全球能源安全和气候变化问题日益突出，国内煤、电、油、气、运紧张局面反复出现，生态环保形势日趋严峻，以新能源和智能电网为标志的新一轮能源技术革命不断孕育发展，电力在能源发展中的中心地位更加凸显。解决能源发展面临的突出矛盾和问题，推动能源发展方式转变，关键在于电力。抓住电力，就抓住了我国能源可持续发展的"牛鼻子"。

能源战略以电力为中心，是指制定实施能源战略、推进能源发展方式转变，要立足我国煤炭储量大、可再生能源资源丰富、油气资源相对不足的国情，顺应全球能源发展趋势，把电力平衡作为能源平衡的重要支撑，把发电作为一次能源转换利用的重要方向，把电网作为能源配置的重要基础平台，把提高电气化水平作为优化能源结构、提高能源效率的根本举措，通过电力工业的科学发展，促进一次能源资源的清洁高效开发和合理布局，促进能源结构和输送格局的优化调整，缓解日益突出的能源供应压力和生态环保压力，为我国经济社会发展提供可持续的能源保障。

二、能源战略以电力为中心的意义

将电力摆在能源战略的中心地位，客观上是由电力特性、资源禀赋和能源发展规律所决定的。无论从电力与其他能源品种之间的关系来看，还是从保障能源安全、优化能源结构、促进节能减排及和谐社会建设等方面来看，电力的作用都十分重要。电力对我国能源可持续发展的重要意义，突出体现在四个方面。

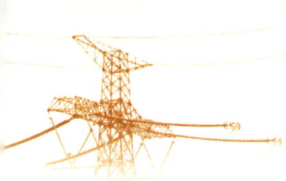

（一）保障能源供应，缓解能源安全压力

1. 满足能源需求需要重视电力发展

无论从全球还是从我国来看，电力都是近20年来增长最快的能源品种。1990～2009年，世界终端能源消费总量年均增长1.49%，其中终端电力消费年均增长2.91%，而煤炭、石油、天然气终端消费年均增速分别为0.33%、1.50%、1.57%，电力消费增速远远高于主要化石能源。同期，我国终端能源消费年均增速为4.13%，而电力、煤炭、石油、天然气终端消费年均增速分别为10.09%、2.65%、7.50%和9.45%，电力消费增速也高于其他能源品种。2010年，我国终端能源消费增长4.18%，电力消费增速则高达13.21%。随着城镇化和工业化水平的不断提高，预计到2020年和2030年，我国电力消费占终端能源消费的比重将达到28%和32%，分别比2000年提高12个百分点和16个百分点。

2. 实现煤炭高效开发利用需要优化发展煤电

保障我国能源供应，必须坚持贯彻立足国内的方针。从资源禀赋来看，在未来相当长的时间内，煤炭都将是我国的基础能源。从煤炭利用方式看，发电是我国煤炭利用的最主要方式，2010年发电及供热用煤占当年煤炭消费总量的比重为55.1%，占到半数以上（见图2-3）。因此，推进我国煤电的优化发展，有利于实现煤炭资源的高效开发利用，对保障我国能源供应安全意义重大。

从世界范围来看，煤炭的主要利用方式就是发电。2009年，用于发电的煤炭占世界煤炭消费量的65.1%，其中美国发电用煤占煤炭消费总量的比重超过90%，欧盟为78.7%，印度为72.5%（见图2-4）。无论是同世界平均水平相比，还是同欧美发达经济体相比，我国发电用煤占煤炭消费总量的比重都明显偏低。

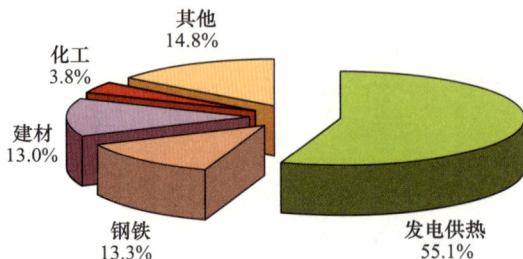

图 2-3　2010年我国煤炭消费结构

数据来源：煤炭工业研究中心。

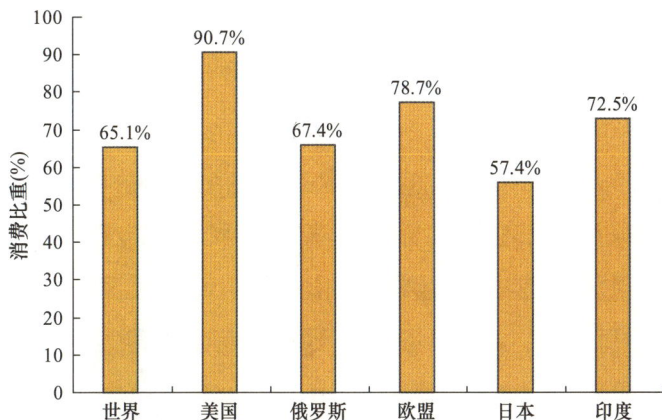

图 2-4   2009年世界及主要国家（地区）发电用煤占煤炭消费比重（不含中国）

数据来源：IEA。

3. 缓解石油供应压力需要发展电能替代

原油对外依存度不断提高是我国能源安全面临的最大挑战。受资源条件等因素限制，目前我国原油产量已经接近峰值水平，未来如果我国在资源勘探方面没有重大突破性发现，国内原油生产将主要以稳产为主。为满足快速增长的石油消费需求，加大原油进口成为重要选择，由此带来的问题就是对外依存度提高，能源安全潜在风险加大。一般认为，我国原油对外依存度的上限是70%～75%。为降低对进口原油的依赖，保障国家能源安全和经济安全，必须在节约用油的同时，积极实施多元替代战略，特别是在交通运输等领域实施以电代油，缓解石油供应压力。

（二）优化能源结构，缓解环境保护压力

1. 清洁能源需要转变成电力使用

解决我国能源发展面临的环保瓶颈，积极应对全球气候变化问题，必须大力发展清洁能源和可再生能源。目前开发利用技术已经非常成熟的水能和比较成熟的核能、风能等清洁能源都需要转换成电力以供便捷使用。我国水能资源的技术可开发量超过5.4亿千瓦，目前开发利用率仅为43%，远低于发达国家60%～70%的平均水平。近期和中期，水电将是我国可再生能源发展的主力，应加大水电开发力度。2011年底我国水电装机容量为2.3亿千瓦，居世界第一位，预计未来20年内还可以新增装机容量2亿千瓦。核能发电具有环境污染小、资源储量丰富、燃料成本低等优势，从中长期看，是实现大规模替代化石燃料的重要途径。风力发电在技术、成

本、市场上有着明确的发展预期，是继水电之后比较成熟的可再生能源发电技术，在我国是一种需要优先发展的能源。太阳能、生物质能、潮汐能等新能源的规模化利用方式也主要是发电。

研究表明，要实现2020年非化石能源占比达到15%左右、单位GDP二氧化碳排放比2005年下降40%～45%的目标，未来10年我国水电新增装机容量要达到1.2亿～1.4亿千瓦，核电新增装机容量要达到0.6亿～0.7亿千瓦，风电新增装机容量要达到0.8亿～1.2亿千瓦。没有水电、核电、风电等清洁能源发电的大规模发展，优化我国能源结构将会成为一句空话。

2. 电力行业是污染物减排的重点领域

2010年，电力行业的二氧化硫排放量占全国排放量的比例为42%，烟尘排放量占全国排放量的19%，是我国污染物减排的重点领域。全面抓好电力减排工作，强化对燃煤电厂污染物排放的集中治理，积极开发利用洁净煤技术，对实现国家减排目标意义重大。作为清洁的二次能源，电力的大规模应用和替代其他能源（包括电代油、电代煤等），除具有经济效率、能源安全等方面的意义外，对减少大气污染物排放也具有重要的作用。

（三）提高能源效率，降低能源强度

1. 电力是经济效率最高的能源品种

不同能源品种具有不同的经济效率。相对于其他能源品种，电力的经济效率最高。有学者根据我国1978～2003年间的数据研究发现，电力的经济效率是石油的3.22倍、煤炭的17.27倍，即1吨标准煤当量的电力创造的经济价值与3.22吨标准煤当量的石油、17.27吨标准煤当量的煤炭创造的经济价值相同。这就意味着，实现同样的经济产出，多用电更有利于节能。

2. 提高电气化水平有利于降低能源强度

国际经验表明，一个国家的电气化水平与经济发展水平和能源强度[①]密切相关。随着经济不断发展，电气化水平不断提高，能源强度将不断下降，即电气化水平与能源强度呈现明显的负相关关系。根据1970～2000年英国、美国、日本、德

---

❶ 能源强度是指一定量的经济产出所需要消耗的能源投入量，常用一次能源消费总量与GDP的比值来表示。

国、法国五国的历史数据计算，发电能源占一次能源消费的比重每提高1个百分点，能源强度下降2.4%（见图2-5）；据1970～2004年英国、美国、日本、德国、法国五国的历史数据计算，电能消费占终端能源消费比重每提高1个百分点，能源强度下降3.7%（见图2-6）。因此，在工业化、城镇化的过程中，从国家层面统筹部署推进电气化，对提高我国能源效率、缓解能源供应压力具有积极意义。

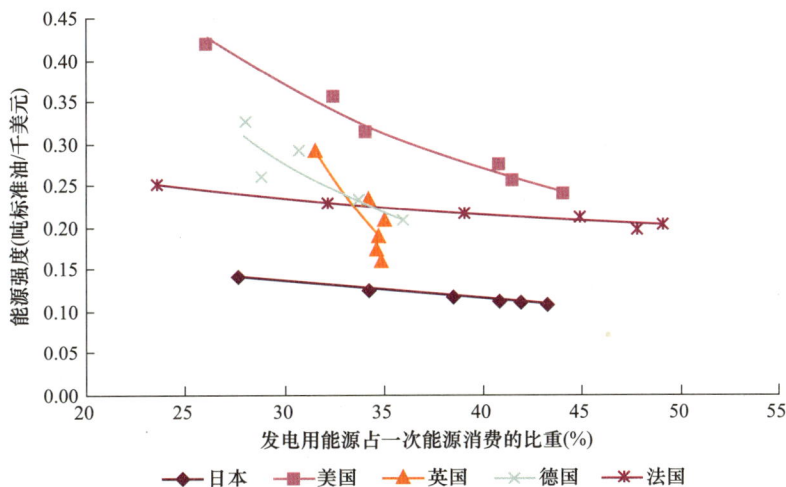

图 2-5　主要发达国家能源强度与发电用能比重的关系趋势图

数据来源：IEA。

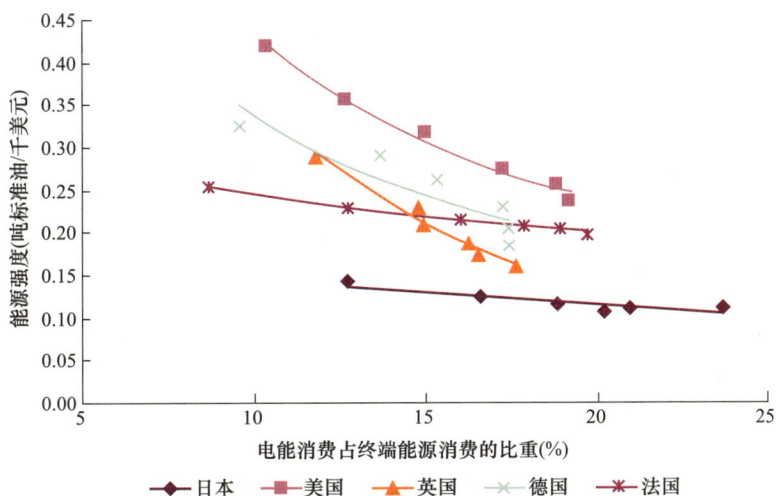

图 2-6　主要发达国家能源强度与电能占终端能源比重的关系趋势图

数据来源：IEA。

（四）改善民生，服务和谐社会建设

1. 电力发展影响到经济社会各个领域

电力是清洁高效、使用便捷、应用广泛的二次能源，是现代社会不可或缺的生产和生活资料。所有的一次能源都能转换成电力，而电力又可以方便地转换成动力、光、热以及电物理、电化学作用；电力可以在导体中以光速传输，在分配系统中无限划分，而且可以进行远程和精密控制，实现生产过程的自动化。电力的这些特性使其成为现代社会使用最广泛的能源。相对于其他终端能源品种，电力的网络覆盖面更广、用户数量更多、电力消费在产业部门的分布更均衡，具有更突出的基础性和公共性。电力发展不仅关系经济发展，而且关系社会的和谐与进步。

2. 电力发展是解决农村能源问题的关键

电力发展对和谐社会建设的意义还体现在农村能源建设上。优质能源和商品能源供应不足是制约我国农村经济社会发展和"三农"问题解决的重要因素。目前，我国农村生活用能需求的很大一部分是靠薪柴、秸秆等传统生物质能源的直接燃烧来满足，不仅效率低，而且导致大量林木被砍伐，森林植被遭到破坏，水土流失加剧。加快农村电力发展，深入推进农村电气化建设，是解决农村能源供应问题的重要途径。"十一五"期间，国家电网公司大力实施农村"户户通电"工程，为老少边远地区的134万无电户解决了通电问题。通电后的地区，生产生活面貌都焕然一新。

3. 电力安全出现问题波及面广、影响大

电力发展的重要性和全局意义还可以从重大电力事故特别是大电网停电事故的惨痛教训上得到反证。现代社会对电力的依赖程度不断加深，一旦突发大面积停电事故，将严重影响社会秩序，甚至产生灾难性后果。近年来，国际上先后发生过一些大停电事故，如2003年的美加大停电事故、2005年的莫斯科大停电事故、2006年的西欧大停电事故等，造成了巨大损失。相对来说，最近20年来，我国电网运行控制水平不断提高，电网运行情况良好，没有发生造成重大影响的大面积停电事故。

第四节　"一特四大"战略

实施"一特四大"战略，是电力发展的核心任务，是实现能源发展方式转变的战略基点，对保障电力供应、集约化开发能源资源、优化能源输送格局、提高能源配置效率、保护生态环境、应对新一轮能源技术革命都具有重要意义。实施"一特四大"战略的关键在于发展特高压电网。发展特高压电网是大型能源基地建设的前提与保障，能够充分发挥特高压在远距离输电方面的优势，构建结构坚强、功能强大的智能化能源配置平台，并为国际能源合作提供技术支撑。

一、电力发展的核心任务

以电力为中心推动我国能源发展方式转变，当前重要和紧迫的任务是加快实施"一特四大"战略。所谓"一特四大"战略，是指建设以特高压电网为骨干网架、各级电网协调发展的坚强智能电网，加快空中能源通道建设，实施输煤输电并举，促进大煤电、大水电、大核电、大型可再生能源发电基地的集约高效开发，实行大规模、远距离输电和全国范围优化配置能源资源，为我国经济社会发展提供可持续的电力保障。特高压技术是指电压等级为交流1000千伏及以上和直流±800千伏及以上的输电技术，是当今世界电压等级最高、最先进的输电技术。

实施"一特四大"战略可以有效解决我国能源供应保障、利用效率、资源配置、环境约束、技术创新等方面存在的突出问题，对我国能源可持续发展意义重大、影响深远，是当前和今后一个时期我国电力工业发展的核心任务。

二、实施"一特四大"战略的必要性

要实现电力工业科学发展，进而推动能源发展方式转变和能源战略转型，实施"一特四大"战略是必由之路，其意义可以体现在六个方面：

1. 保证电力供应的需要

根据我国经济社会发展情况分析，未来20年我国电力需求将保持持续增长态势。预计到2020年，全社会用电量将达到8.6万亿千瓦·时，用电负荷将达到14.1亿千瓦，分别是2010年水平的2.0倍和2.1倍；到2030年，全社会用电量将达到11.8万亿千瓦·时，用电负荷将达19.4亿千瓦，分别相当于2010年水平的2.8倍和3.0倍。

满足如此大规模的电力需求，保证电力可持续供应，对加快电力工业发展、实施"一特四大"战略提出了紧迫要求。预计2020年和2030年底，全国发电装机容量将分别达19.34亿千瓦和23.8亿千瓦，是2010年的2.0倍和2.5倍。其中：煤电装机容量将分别达11.9亿千瓦和12.7亿千瓦，是2010年的1.8倍和2.0倍；水电装机容量将达3.45亿千瓦和4.3亿千瓦，是2010年的1.6倍和2.0倍；核电装机容量将达0.8亿千瓦和1.6亿千瓦，是2010年的7.4倍和14.8倍；风电等可再生能源发电装机容量将达2.0亿千瓦和3.5亿千瓦，是2010年的6.7倍和11.7倍。相对来说，核电和可再生能源发电装机规模的增速更加迅猛。

2. 集约化开发能源资源的需要

结合我国发电能源资源分布及生产力布局情况，建设大电源基地，实现集约高效开发，是实现我国电力可持续发展的现实选择。从煤电发展看，随着煤炭资源开发的不断深入，未来我国煤炭开发重心将逐步西移和北移。在煤炭资源富集地区建设大型煤电基地，提高煤炭就地转化比例，有利于提高我国电煤稳定供应的保障水平，统筹利用全国环境资源，促进煤炭的高效清洁转换利用。从水电发展看，我国水能资源丰富，且集中分布在长江、金沙江、怒江、黄河等大江大河上，具有良好的集中开发和规模外送条件，建设大型水电基地是未来开发利用我国水能资源的主要形式。从核电发展看，建设大型核电基地，有利于适应核电单机规模不断大型化的发展方向，高效利用宝贵的站址资源，取得核电开发的规模效益。从可再生能源发展看，我国风能、太阳能资源分布集中，适合进行大基地集中式开发。按照"建设大基地、融入大电网"的发展思路，在资源富集地区建设大型风电基地、大型太阳能发电基地，是大规模开发利用我国可再生能源的重要途径。综合分析表明，未来20年我国2/3以上的新增发电装机容量将来自大型煤电基地、大型水电基地、大型核电基地和大型可再生能源发电基地。

3. 优化能源输送格局的需要

电网大规模远距离输电能力不足、能源输送过于依赖输煤，是我国能源发展面临的突出问题。近年来，我国煤、电、运紧张局面反复出现，能源输送格局不合理是重要根源。通过实施"一特四大"战略，积极发展特高压输电，构建起坚强的特高压骨干网架，能够显著增强电网大规模、远距离输电能力，促进煤、电就地转化，变输煤为输电，逐步改变过度依赖输煤的能源输送格局。根据国家电网公司的规划，如果"一特四大"战略能够顺利实施，预计到2020年，"三西"地区（含宁东）❶输煤输电比例约为3.7∶1，新疆输煤、输电比例为0.8∶1；到2030年，"三西"地区（含宁东）输煤、输电比例约为2.2∶1，新疆输煤、输电比例为1∶2，能源输送格局将得到极大的优化。

4. 提高能源配置效率的需要

实施"一特四大"战略，有利于促进电网互联，获得多方面的联网效益。通过建设坚强智能电网，形成华北—华中—华东特高压交流同步电网，可以减少全网装机总容量，节省电力建设资金；通过电网互联，可以发挥大电网调剂余缺、水火互济、跨流域补偿、减少弃水电量、错峰调峰、互为备用、事故救援等多方面的作用，提高能源综合利用效率。预计到2020年，通过建设坚强智能电网，发挥联网效益，可减少新增装机容量超过3000万千瓦，节约投资超过1000亿元，每年减少弃水电量超过343亿千瓦·时，减少弃风电量372亿千瓦·时，相当于节约煤炭约3100万吨。同时，坚强智能电网的发展将为开发利用需求侧资源提供有利条件。通过电网与用户的双向互动，可以引导用户有序用电行为，促进节能降耗、削峰填谷，提高系统运行水平和能源利用效率。预计到2020年，通过智能用电，提高用电效率，电力用户可实现节电量近4000亿千瓦·时。

5. 保护生态环境的需要

大型水电、大型核电、大型可再生能源发电作为清洁能源，其开发利用可以直接优化我国能源结构，推动我国能源低碳化进程，取得显著的环保效益。而且规模化开发利用水能、核能和风能、太阳能等可再生能源，还有利于统筹处理和解决好这些能源资源全寿命周期开发利用对生态环境的影响问题。建设大型煤电基地，一

---

❶ "三西"地区指山西、陕西、内蒙古西部，宁东指宁夏东部。

方面可以通过集中治理，有效降低燃煤发电带来的污染和排放；另一方面，可以推进煤电一体化开发，发展循环经济，实现煤炭开发利用与经济社会和生态环境协调发展。特高压的发展，为大型电源基地发展提供了支撑，同时也为东中部地区提高电气化水平、促进电力替代其他能源、降低城市大气污染提供保障。近年来，我国东中部地区土地资源日趋紧张，环保形势日趋严峻，继续在东中部地区大规模建设火电厂满足用电需求的办法已经行不通。实施"一特四大"战略，从西部、北部向东中部负荷中心远距离输电成为必然选择，可能也是唯一选择。

6. 应对新一轮能源技术革命的需要

面对正在全球范围孕育发展的新一轮能源技术革命，许多国家都加大了新能源和智能电网方面的投入，有的国家还将其上升为国家战略，意图打造国际能源和经济技术竞争的新优势。对我国而言，实施"一特四大"战略，可以更好地促进新能源和坚强智能电网发展，更好地应对以新能源和智能电网为标志的新一轮能源技术革命带来的挑战，抢占国际能源技术发展的制高点，在未来的国际竞争中把握主动。目前，我国新能源与主要发达国家基本处于同一条起跑线，智能电网技术处于领先地位，要把握机遇，加快发展。实施"一特四大"战略，建设坚强智能电网，还将带动节能环保、高端装备制造、新能源汽车、新一代信息技术等战略性新兴产业的快速发展，提高我国电力装备等相关行业的技术水平和国际竞争力。

三、实施"一特四大"战略的关键

实施"一特四大"战略，关键是加快建设特高压电网。发展特高压电网，是电力工业科学发展的内在要求，是发挥特高压的技术优势和功能作用，保障大型电源基地集约化开发和电力安全、高效、经济外送与顺利消纳，实现全国范围能源资源优化配置，促进国际能源合作的客观需要。

1. 发展特高压电网是大型电源基地建设的前提与保障

大型煤电、水电基地大多远离东中部负荷中心，送电距离在1000～3000公里之间，必须通过特高压输电才能经济高效地送出。"三北"❶大型风电基地也需要通

---

❶ "三北"指东北、华北、西北地区。

过发展特高压为骨干网架的坚强智能电网，实现大规模送出和大范围消纳。大型核电基地的发展，需要以坚强电网为支撑。相对来说，以500千伏交流和±500千伏直流为主构成的电网存在远距离输电能力不足、跨大区联网能力和效益有限、短路电流超标等问题，已不能满足电源大规模集约开发、能源大范围优化配置的现实需要，必须发展电压等级更高、资源配置能力更强的特高压电网。

2. 发展特高压电网能够充分发挥特高压在远距离输电方面的优势

与现有500千伏输电相比，特高压输电在远距离输电方面具有显著的技术经济优势。从交流输电看，1000千伏交流输送能力是500千伏交流的4～5倍，经济输电距离约为500千伏交流的3倍，线路损耗率为500千伏交流的1/4～1/3，单位走廊宽度的输送容量为500千伏输电线路的2.5～3.1倍。从直流输电看，±800千伏、±1100千伏直流输电能力分别是±500千伏直流的2.3、2.9倍，±800千伏直流经济输电距离约为±500千伏直流的2.7倍，线路电阻损耗是±500千伏直流的2/5，单位走廊宽度输送容量约为±500千伏输电线路的1.6倍。发展特高压电网可以克服500千伏电网在远距离输电方面的不足，促进电力工业安全发展、节约发展、高效发展。

3. 发展特高压电网有利于构建结构坚强、功能强大的智能化能源配置平台

长期以来，电网的功能被简单地定位于电能输送载体。随着特高压技术的发展及其与智能化技术的融合应用，我国电网的功能、形态正在发生深刻变化。一个以特高压为骨干网架、以智能化技术覆盖各个环节的坚强智能电网，不仅仅是电能输送的载体，而且是现代能源综合运输体系的重要组成部分，是具有强大能源资源配置功能的智能化的基础平台。没有以特高压为核心的坚强网架做支撑，智能电网发展就会缺乏根基，优化配置能源资源的功能将受到极大影响。随着与互联网、电视网、广播网等网络全面融合，坚强智能电网的功能定位还将进一步向社会综合服务平台的方向升级。未来的坚强智能电网，将集能源输送、网络市场、公共服务等功能于一体，在保障能源安全、促进节能减排、推动经济社会发展方面发挥显著的作用。

4. 发展特高压电网可以为国际能源合作提供技术支撑

我国周边国家具有丰富的煤炭、水能等能源资源，具备开展跨国输电的潜力，输电距离远是主要的制约因素。特高压输电是解决这一问题的现实选择。通过发展特高压电网，提高远距离、大容量输电技术水平，可以为我国深化同周边国家的能

源合作，积极利用周边国家的发电资源，向我国远距离输电，更好地保障国内电力供应和能源安全，提供重要的技术支撑。从远景来看，随着具有超远输电能力的±1100千伏特高压直流输电的发展，以及可再生能源技术和储能技术的突破，理论上我国新疆、青海地区还具备与中亚乃至欧洲国家进行电网互联的可行性。届时，特高压电网优化配置资源的范围，不仅可以跨省、跨区、跨国，而且还可以跨洲，形成横跨欧亚大陆的电力通道及网络。

第三章
能源开发利用

当前，我国能源开发利用方式总体较为粗放，能源资源开采和转换利用效率有待提高，布局和结构亟待优化，对生态环境的影响日益突出，安全生产形势严峻。未来，要加快能源发展方式和能源战略转型，实现可持续发展，必须转变能源开发利用方式，贯彻安全、集约、高效、多元、清洁的原则，着力推进煤炭的高效清洁开发利用，积极开发利用水能资源，安全高效开发利用核能，大力发展新能源和可再生能源，统筹开展常规和非常规油气资源开发，积极利用海外能源资源，保障我国能源安全和可持续供应。

第一节 能源开发利用总体思路

转变能源发展方式，需要转变能源开发利用方式。要针对当前能源开发利用存在的主要问题，确立科学的能源开发利用原则，明确能源开发利用重点，理清能源开发利用思路，为转变能源开发利用方式提供路径指引。

一、能源开发利用存在的主要问题

1. 能源开发利用效率不高

我国能源资源开发规模化水平不高。截至2010年，全国各类煤炭生产企业多达上万家，企业年均产能不足30万吨。前4家和前8家煤炭企业产量占全行业产量比重仅为22.0%和31.9%，按照产业组织结构划分理论分析，产业集中度偏低。与世界主要产煤国相比，我国煤炭产业集中度存在较大差距。2010年我国前10大煤炭企业产量所占比重不到36%，而美国为46%，澳大利亚为50%，印度为90%。过低的产业集中度阻碍了我国能源产业规模化效益、安全生产水平及可持续发展能力的进一步提升。

能源资源开发效率较低，资源浪费严重。中小煤矿较多，先进生产技术和开采设备使用率不高，煤炭开采过程中存在着"吃肥丢瘦"、"采厚弃薄"等现象。国有重点煤矿的资源采出率一般在50%左右，国有地方煤矿和乡镇煤矿不到30%，有的仅为10%～15%，远低于世界60%的平均水平。风能等可再生能源的开发由于资源评估等相关基础研究薄弱、技术管理水平较低、大规模集中开发机制缺失、与电网协调建设运行机制不健全等原因，年发电利用小时数偏低，开发效率低于欧美等发达国家水平。

能源转换利用效率偏低。我国煤炭消费占终端能源消费的比重高出世界平均水平近40个百分点。相当比例的煤炭通过中小锅炉直接燃烧利用，不仅降低了能源利用效率，而且使得污染物排放分散，增加了处理的难度和成本。机动车辆油耗水平平均比日本高20%，比美国高10%。

2. 能源开发利用布局和结构亟待优化

煤炭开发布局亟待优化。我国东中部资源贫乏地区长期超强度开发。京津冀鲁、华中东四省[1]和华东地区[2]煤炭资源开发强度系数[3]分别达到2.3、3.8和2.3（见表3-1），高于全国平均水平；陕西、内蒙古、宁夏、新疆等煤炭富集地区的煤炭资源开发强度系数均在0.6以下，其中新疆仅为0.1。在多年的超强度开采下，东中部地区开采条件较好的资源开发殆尽，多数大型矿井已进入生命周期的中晚期，未来难以大幅增产。

表3-1　　　　　2009年我国主要煤炭生产与消费地区的开发强度

地区	资源量（亿吨）	占全国资源总量的比例（%）	煤炭资源开发强度系数
晋陕蒙宁新	8570.66	77.7	0.7
京津冀鲁	443.17	4.0	2.3
华中东四省	311.28	2.8	3.8
华东地区	311.31	2.8	2.3

注　表中数据根据各地区煤炭储量和2009年产量数据整理。

电力开发布局亟待优化。长期以来，我国在发电能源资源相对缺乏、用电负荷较大的东中部地区建设了大量燃煤电厂，造成东中部地区环境容量紧张、能源运输过度依赖输煤等问题，电荒、煤荒等现象反复出现。

能源开发利用结构亟待优化。我国能源结构中煤炭等高碳能源所占比重偏高，低碳和清洁能源比重偏低。2010年我国能源总产量中，煤炭、石油、天然气所占比重合计为91.4%，非化石能源比重仅为8.6%。能源结构不合理给我国节能减排目标的实现和能源供应安全的保障带来了较大压力。

---

[1] 华中东四省指河南、湖北、湖南、江西。

[2] 本书中除特别注明外，华东地区均指华东电网覆盖地区，包括江苏、上海、安徽、浙江、福建。

[3] 煤炭资源开发强度系数=煤炭产量占全国的比例/煤炭资源量占全国的比例。

3. 能源开发利用对生态环境的影响日益突出

煤炭开采利用给我国生态环境带来了较严重的影响。煤矿矿井废水排放不仅污染地表水，还深入地下水系，造成地下水的严重污染。据统计，全国每年煤矸石排量约4亿吨，其中山西省煤矸石堆存量已超过8亿吨。煤矸石在堆积过程中容易发生自燃，会产生大量有害气体。更为严重的是，煤矸石经雨淋，渗透污染地下水资源。我国主要煤炭产区水土流失和土地荒漠化严重，植被覆盖率低，生态环境非常脆弱。煤炭储、装、运过程中的煤尘飞扬对矿区及运输线沿途两侧生态环境的污染，严重影响了煤炭开发和区域经济的发展。煤炭燃烧过程中产生的二氧化硫、氮氧化物、烟尘、汞等污染物也对生态环境造成了较为严重的破坏。大量的能源消费及以煤为主的能源消费结构使得我国成为世界上空气污染最严重的国家之一。

油气资源的开发对生态环境也有影响，例如，挥发性成分对大气的污染，含油污水泄漏对水环境的污染，落地原油对自然植被的影响等。我国陆上油气田基本位于生态承载能力较低的地区，随着石油天然气资源勘探开发的不断深入，生态环境对油气资源开发的约束也将日益显现。海上石油开采过程中一旦发生事故，污染物极易随着海流扩散，引发生态灾难。2011年6月，渤海湾海上油田发生漏油事故，给我国沿海地区的生态环境造成了严重影响。

4. 能源安全生产形势较为严峻

近年来，我国能源行业安全生产总体稳定、持续好转，但事故总量仍然很大，重特大事故仍然时有发生，违法、违规、违章生产经营和建设行为屡禁不止，能源安全生产形势依然严峻。

2010年，我国煤矿百万吨死亡率为0.7，远高于世界其他主要产煤国水平。美国2008年煤矿生产百万吨死亡率为0.028，南非为0.06，印度为0.15，而澳大利亚自2002年以来已实现了零死亡。

随着开采力度的加大，我国油气安全生产也面临着较为严峻的形势。近年来，由于生产规模急速扩张、生产经验不足、监督管理措施不力等原因，我国接连发生了多起油气生产企业起火爆炸并造成人员死伤的严重安全事故。

我国电力安全生产形势也不容乐观。自然灾害、外力破坏和设备质量等对电力安全事故的影响日益突出。2011年日本福岛核电站泄漏事故给我国核电发展敲响了警钟。

二、能源开发利用原则

我国能源开发利用应坚持安全、集约、高效、多元和清洁的原则。

（1）**安全**。在能源开发利用的全过程，坚持安全第一、预防为主的方针，通过各种技术和管理手段，防范和化解重大安全风险，提升应急处置和抢险救援能力，保证能源安全开发、安全利用、安全发展。

（2）**集约**。积极推进能源资源整合和规模化开发，加强大型能源基地建设，实现能源资源集约化开发和全国范围优化配置；加强各类能源资源开发之间的衔接，合理优化能源开发布局，提高能源资源就地加工转化比例，延长能源基地产业链条，推动能源基地建设与经济社会协调发展。

（3）**高效**。通过采用先进技术和管理创新，着力提高能源资源开采效率、加工转换效率和输送配置效率，推进能源资源综合利用，降低能源开发利用过程中的损耗。

（4）**多元**。推进能源品种的多元化，着力增加优质能源和清洁能源在新增能源供应中的比重，尽快摆脱主要依靠煤炭、石油增加能源供应的局面，并逐步推进清洁能源对传统化石能源的替代，优化调整能源生产结构；同时，还要推进能源来源的多元化，统筹利用国际国内两个市场、两种资源，大力开发利用国外能源资源。

（5）**清洁**。大力开发利用清洁能源和可再生能源，着力提高清洁能源在能源结构中的比重；加强对煤炭等化石能源的清洁利用，最大限度地降低化石能源开发利用对环境的影响和破坏；在各种能源开发利用过程中全面贯彻保护生态环境的要求。

三、能源开发利用重点

我国能源开发需要全面考虑能源需求、资源条件、环境保护和经济效益等因素，加快推动能源开发利用方式从粗放型向集约型转变，在科学规划的基础上，统筹推进传统能源和新能源、化石能源和非化石能源开发，以电力为中心，以大型煤电基地、大型水电基地、大型核电基地和大型可再生能源发电基地建设为重点，高效清洁开发利用煤炭，积极开发利用水能，安全开发利用核能，大力发展新能源和可再生能源，加强油气资源勘探开发，充分利用海外能源资源，切实保障能源可持续供应。

我国能源开发利用的重点领域是：

（1）**煤炭**。加强资源整合和统筹开发力度，优化开发布局，在资源富集地区建设大型煤电基地，实现低质煤就地加工转化发电，控制东部地区煤电建设规模；积极推进煤炭绿色清洁利用技术的研发与应用，提高煤炭综合利用水平。

（2）**石油**。充分认识国内石油供应的基础地位，加强国内勘探，合理控制产量，保持稳定供给；加强海上资源勘探开发，积极开展非常规石油资源开采。

（3）**天然气**。加大常规天然气勘探开发力度，实现煤层气、页岩气等非常规天然气的规模化开采，提高国内天然气供应能力；适度发展天然气调峰电源；优化天然气消费结构，提高居民用气比重。

（4）**水电**。科学规划水电资源开发，在保护生态与加强移民安置的基础上，积极建设大型水电基地，抓好大中型水电站建设，有序开发利用小水电，加强抽水蓄能电站建设。

（5）**核电**。将安全放在核电开发的首要位置，统筹规划东部沿海核电基地布局和建设时序；加快先进核电技术的吸收与研发；加强核电安全标准体系和监督管理体系建设；加大铀资源勘探力度，推动核燃料加工技术进步，保障核燃料供应。

（6）**新能源**。在资源富集地区，统一规划并有序建设大型风电基地、太阳能发电基地，着力解决新能源开发的并网和消纳问题；积极有序开发生物质能；因地制宜推进分布式能源的开发利用；加强对可燃冰、海洋能、核聚变能、氢能等新型能源品种开发利用技术的研究，实现接续发展。

（7）**海外能源资源**。继续实施"走出去"战略，积极开发国际能源资源，采取多种方式推进国际能源合作，实现海外能源获取渠道的多元化，保障我国能源供应安全。

第二节　煤炭资源开发利用

煤炭是我国的基础能源。开发利用好煤炭，对我国能源可持续发展具有决定意义。对煤炭资源的开发利用，要加强统筹规划、合理布局，积极推进大型煤炭基地建设，突出抓好西部、北部大型煤电基地开发，加大煤炭就地转化力度，依靠科技进步推进煤炭绿色清洁利用，积极发展煤炭综合利用和现代煤化工产业，充分发挥煤炭对我国能源供应的基础保障作用。

一、煤炭资源开发利用的统筹规划

（一）我国煤炭资源禀赋特点

我国煤炭资源总量丰富。除台湾地区外，我国垂深2000米以浅的煤炭资源总量为5.6万亿吨，垂深1000米以浅的煤炭资源总量为2.9万亿吨。

我国煤炭资源与地区经济发展程度呈逆向分布。全国含煤总面积达60多万公里²，除上海外，各省（自治区、直辖市）都有煤炭资源赋存，但煤炭资源区域分布不均衡。经济发达的东部10省份（包括辽宁、河北、北京、天津、山东、江苏、上海、浙江、福建、广东），煤炭保有资源储量不到全国的8%，而新疆、内蒙古、山西、陕西、宁夏、甘肃、贵州等7个西部和北部省区的煤炭资源储量则占到全国的近76%。

我国煤炭资源总体赋存条件和煤质相对较差。煤层埋藏深、构造复杂，适宜露天开采的煤炭资源量只占6%左右（美国、澳大利亚分别占到60%和76%）。高含灰、高含硫、高含水的低质煤约占煤炭资源总量的40%。

（二）我国煤炭资源的开发利用布局和规模

很长一段时期内，我国对煤炭资源的开发利用是本着先近后远、先易后难的原则进行的。受到运输形式单一、运输力量不足等条件的限制，我国优先通过大区内的煤炭调节来实现区域煤炭供需平衡，全国供需平衡主要通过"三西"地区（含宁东）煤炭外运来调节。

随着原有东中部煤炭产区濒临枯竭或者由于过度开发产能增长受限，未来我国煤炭开发重心将进一步西移和北移，山西、陕西、内蒙古、新疆、宁夏5省（自治区）将是我国煤炭资源开发的重点。国家规划建设的神东、晋北、晋中、晋东、陕北、冀中、河南、鲁西、两淮、蒙东、云贵、黄陇、宁东、新疆等14个大型煤炭基

地中，9个位于上述5省（自治区），未来我国煤炭产量的增加将主要依靠这9个基地。

煤炭资源开发利用受到多种因素的影响和制约。综合考虑资源情况、地质开采条件、水资源、生态环境等多方面因素，2020年、2030年我国综合有效煤炭供应能力分别为40亿吨和42亿吨，其中，晋陕蒙宁地区的供应能力占50%，新疆占27%。

（三）转变煤炭资源开发利用方式

1. 合理调整不同地区煤炭开发节奏

着眼于全面范围配置煤炭资源，以神东、晋北、晋东、晋中、陕北、蒙东、黄陇、宁东和新疆等9个煤炭基地为重点，加强大型煤炭基地建设，除满足区域内自身需要外，供给全国其他需要调入煤炭的省份。与此同时，适当调整东中部地区煤炭开发节奏，在煤炭储备的框架下把东部煤炭产区资源留作战略储备；对中部煤炭产区煤炭进行限制性开采，产量不再扩张，使其产煤在满足自身需求的情况下供应邻近缺煤省区。此外，继续坚持煤炭出口限制政策，对稀缺煤种的开采开发方式、数量、使用进行严格限定，确保不同煤种各尽其用。

2. 加大煤炭就地转化比例

将优化电源布局与煤炭基地建设相结合，加大煤炭主产区，特别是大型煤炭基地的煤炭就地转化率，延长产业链，增加煤炭附加值，带动当地经济社会发展，实现煤炭资源增值最大化。特别要大力发展坑口电厂，扩大就地转化成电力的煤炭比例。适度发展煤化工业。消除传统煤化工业产能结构性过剩、重复建设的现象，在煤基烯烃、煤制氢、煤制油、煤制甲醇、煤制天然气等新型煤化工领域确立世界领先地位。

3. 强化对煤炭资源的综合转换利用

推广应用煤炭绿色高效转换利用技术，推出和培育一系列新项目或新产业，在煤炭开发利用的全过程中，尽可能减少资源浪费，提高资源使用效率，为发展循环经济做好产业衔接和准备。解决煤层气与煤炭矿业权重叠问题，积极推进煤层气与煤炭资源同步开发。提高燃煤发电效率，推进工业锅炉（窑炉）高效清洁改造、发展煤气化多联产、区域热电（冷）联产等。对煤炭生产、加工和使用过程中出现的伴生物，如煤矸石、煤泥、粉煤灰、煤渣、矿井水、矿井地热等进行再利用。

二、西部和北部地区大型煤电基地建设

（一）推动新增煤电更多地向西部和北部地区布局

受一次能源资源条件的限制，未来几十年内，燃煤发电厂仍将是我国的主力电源，煤电发展关系我国能源和电力供应安全。未来我国煤电发展的总体规模和具体布局应综合考虑地区煤炭资源、水资源与生态环境承载能力、地区经济社会发展、能源综合运输能力等多方面因素，以节约资源、降低成本、保护环境、促进区域经济协调发展，促进安全、可靠、经济、高效的现代能源综合供应体系建设为目标，对全国范围内的煤电发展进行优化布局，重点是在西部和北部主要煤炭产区建设大型煤电基地，合理控制东部地区新增煤电规模，推动新增煤电更多地向西部和北部地区布局。优化我国煤电发展布局，对保障能源供应、促进区域协调发展、推动节能减排等都具有重要意义。

1. 缓解煤炭运输压力，保障东中部电力和能源供应

长期以来，我国煤电机组主要分布在东中部用电负荷中心地区，而这些地区煤炭资源相对匮乏，所需煤炭大部分需要从区外调入，导致铁路长期忙于大规模的煤炭运输。随着未来经济社会的快速发展，东中部地区对能源和电力的需求将持续增长，但受资源条件限制，区内煤炭产量逐渐下降，煤炭调入量和运输量将进一步加大。而我国煤炭开发重心将逐步西移、北移，从煤炭产地到东中部地区的调运距离将进一步加大，给东中部地区电力供应带来越来越大的压力。在这种形势下，将新增煤电更多地向西部和北部煤炭富集地区布局，并通过特高压等先进输电技术将电能输送至东中部负荷中心，可以在保障东中部电力供应安全的同时，有效缓解我国煤炭运输压力。

2. 促进西部大开发战略的实施，推动区域经济协调发展

我国西部和北部地区煤炭主产区经济发展相对落后，而且长期以来，局限于传统的煤炭输出观念，这些地区基本上是将开采的原煤直接或经部分洗选后运往需求地区，这是对煤炭资源的初级加工，开发利用程度较低，对当地经济社会发展的带动作用相对较小。通过在西部和北部的煤炭资源富集地区建设大型煤电基地，可以加大煤炭就地转化力度，延伸煤炭利用产业链，按照循环经济发展要求，对煤炭开

发利用过程中产生的各类废弃物实行减量化、资源化和再利用，提高对煤炭资源的开发利用程度；同时，还可以创造大量的就业机会，吸纳大量的劳动力就业，为当地带来更多的税收，经济效益和社会效益都十分明显。因此，新增煤电更多地向西部和北部地区布局，有利于促进西部大开发战略的实施，推动西部资源优势转化为经济优势，拉动西部和北部地区经济社会的发展，减轻国家财政转移支付的负担，促进我国东西部地区经济社会的协调发展。

3. 缓解东中部地区的环境压力，实现污染排放的集中治理

目前全国一半以上的燃煤装机容量分布在东部地区，长江沿岸平均每30公里就建有一座发电厂，南京到镇江段电厂平均间隔仅10公里。据环保部门统计，我国酸雨情况较严重的区域主要集中在东部地区，华东地区、华中东四省、京津冀地区以及南部沿海的广东省大气污染都比较严重。长三角地区每平方公里年二氧化硫排放量达到45吨，是全国平均水平的20倍。东部地区已基本没有剩余环境容量，难以承受燃煤电厂大规模建设带来的环境压力。因此，新增燃煤电厂更多地向环境容量相对较大的西部和北部地区布局，既可以缓解东中部地区的环境压力，又可以通过煤电基地的集约高效开发和集中治理，减少污染物排放，减轻全国总的环境损失。

（二）加快大型煤电基地建设

根据我国煤炭资源分布状况，未来我国煤电开发的重点是在西部和北部主要煤炭产区推进大型煤电基地建设。目前来看，已基本具备开发条件的大型煤电基地主要有山西（含晋北、晋中、晋东南）、陕北、宁东、准格尔、鄂尔多斯、锡盟、呼盟、霍林河、宝清、哈密、准东、伊犁、彬长、陇东、淮南、贵州等16个基地（见图3-1）。其中，除淮南煤电基地位于安徽以外，其余大型煤电基地都分布在山西、陕西、内蒙古、新疆、宁夏、甘肃等西部和北部煤炭主产区。

从发展条件看，我国西部和北部地区煤炭资源丰富、供应充足，未来煤电基地建设规模主要受到当地水资源供应能力的约束。为满足煤电基地大规模开发需要，可以从"节流"和"开源"两方面入手来解决水资源供应问题。一方面，通过大规

图 3-1　我国主要煤电基地

模集约开发、采用空冷发电技术等方式，大大减少煤电基地的用水量[1]；另一方面，通过建设水库和引水工程、水权置换、充分利用城市中水、废水循环利用等方式，提高全社会水资源利用效率，增加水资源供应量。

1. 山西煤电基地

山西是我国传统煤炭产区，包括晋北、晋中、晋东三个国家规划建设的大型煤炭基地，已探明保有储量2663亿吨。结合煤炭资源储量、生态环境等方面因素考虑，山西煤炭产区生产规模可达9亿吨/年。

山西水资源总量为123.8亿米³/年，多分布在盆地边缘及省境四周。未来山西煤电基地用水主要通过水利工程、城市中水和矿坑排水利用等方式满足，原则上不取用地下水。在采取节水、充分利用二次水源等措施后，预计2020年发电可用水量可达到7.10亿米³/年。

综合考虑煤炭和水资源，晋东南、晋中、晋北三个煤电基地可开发电源装机容量约1亿千瓦。在满足本地电力需求的前提下，山西煤电基地外送规模2015年约2620

---

[1] 大型空冷机组平均水耗仅为同容量湿冷机组的1/6左右。按照目前成熟的工艺和水务管理水平，大型空冷机组耗水指标可控制在0.12米³/（秒·百万千瓦）。考虑净水装置损耗和输水损失等因素，燃煤电厂空冷机组净耗水指标平均约为0.15米³/（秒·百万千瓦）。

万千瓦，2020年约4100万千瓦。

2. 陕北煤电基地

陕北煤炭产区煤炭储量丰富，煤质优良，已探明保有储量1291亿吨，包括神东、榆神、榆横、府谷四个矿区，煤炭规划生产规模合计可达到4.55亿吨/年。随着煤炭资源勘探的进一步深入，各矿区生产规模还可进一步加大。

陕北地区位于我国西北黄土高原，河川径流较小，供水设施缺乏。综合规划水利工程、城市中水利用、矿井排水利用、黄河干流引水工程等水源供给能力分析，结合各项节水措施，陕北煤炭产区未来水资源供需可以得到平衡。煤电基地用水近期以区内水源为主，远期通过黄河干流引水工程解决。预计2020年发电可用水量为1.48亿米^3/年。

综合考虑煤炭和水资源，陕北煤电基地可开发电源装机容量约4380万千瓦。在满足本地电力需求的前提下，陕北煤电基地外送规模2015年约1360万千瓦，2020年约2760万千瓦。

3. 宁东煤电基地

宁东煤炭产区煤炭已探明保有储量309亿吨，储量较为丰富，主要矿区煤质优良，开采技术条件较好。根据现有矿区资源条件，宁东煤炭产区规划生产规模达到1.35亿吨/年。

宁东煤炭产区位于银川市黄河以东，取水较为方便，宁东供水工程可以为用水企业提供可靠的水资源供应。宁东煤炭产区工业项目用水指标主要通过水权转换方式取得。根据宁夏回族自治区黄河水权转换规划，引黄灌区向工业可转换水量指标主要用于宁东基地项目，其中配置到电力的转换水量指标可达1.67亿米^3/年，煤电基地建设所需水资源可以得到保证。

综合考虑煤炭和水资源，宁东煤电基地可开发电源装机容量约4880万千瓦。在满足本地电力需求的前提下，宁东煤电基地外送规模2015年约1400万千瓦，2020年约1840万千瓦。

4. 准格尔煤电基地

准格尔煤炭产区煤层平均厚度达29米，已探明保有储量256亿吨，大部分为褐煤和长焰煤。根据各矿区的生产能力规划，准格尔煤炭产区生产规模可达到1.4亿吨/年。

准格尔地区水资源总量为3.6亿米³/年。煤电基地用水主要通过地下水开采、黄河干流引水、城市中水利用解决。根据对全社会水资源供需平衡分析，准格尔煤炭产区发电可用水量2020年可达到1.78亿米³/年。

综合考虑煤炭和水资源，准格尔煤电基地可开发电源装机容量约6000万千瓦。在满足本地电力需求的前提下，准格尔煤电基地外送规模2015年约3000万千瓦，2020年约4340万千瓦。

5. 鄂尔多斯煤电基地

鄂尔多斯煤炭产区煤炭已探明保有储量560亿吨，水资源总量25.8亿米³/年，发电可用水量2020年可达到1.81亿米³/年。综合考虑煤炭和水资源，鄂尔多斯煤电基地可开发电源装机容量约6000万千瓦。在满足本地电力需求的前提下，鄂尔多斯煤电基地外送规模2015年约240万千瓦，2020年约480万千瓦。

6. 锡盟煤电基地

锡盟（锡林郭勒盟）位于内蒙古中部，煤炭资源储量丰富，已探明保有储量484亿吨。煤质以褐煤为主。锡盟煤田普遍具有煤层厚、结构稳定、开采条件好的特点，适合大规模露天开采，开发成本较低。根据资源条件估算，锡盟煤炭产区生产规模可达3.4亿吨/年。

锡盟煤炭产区水资源总量26.1亿米³/年。未来，通过建设水利工程、加大城市中水和矿区排水利用等措施，锡盟地区可供水量可望有较大增加。根据对全社会水资源供需平衡分析，预计2020年发电可用水量可达到1.52亿米³/年。

综合考虑煤炭和水资源，锡盟煤电基地可开发电源装机容量约5000万千瓦。在满足本地电力需求的前提下，锡盟煤电基地外送规模2015年约1692万千瓦，2020年约3012万千瓦。

7. 呼盟煤电基地

呼盟（原呼伦贝尔盟）煤炭产区煤炭已探明保有储量338亿吨，以褐煤为主，大部分资源适合露天开采，具备成为大型煤电基地的条件。根据现有资源条件估算，呼伦贝尔煤炭产区生产规模可达到1.56亿吨/年。

呼伦贝尔地区水资源较为丰富，水资源总量127.4亿米³/年。发电可用水量较为充足，2020年预计可达到1.24亿米³/年。

综合考虑煤炭和水资源，呼盟煤电基地可开发电源装机容量约3700万千瓦。在

满足本地电力需求的前提下，呼盟煤电基地外送规模2015年约1100万千瓦，2020年约1900万千瓦。

8. 霍林河煤电基地

霍林河煤炭产区煤炭已探明保有储量118亿吨，以褐煤为主，埋藏浅、煤层厚、构造简单，适合露天开采，煤炭生产规模可达到8000万吨/年以上。

霍林河煤炭产区水资源总量约2.4亿米³/年。通过加强水资源保护开发、兴修水利工程、坚持开源和节流并重、充分利用矿区疏干水等措施，预计2020年发电可用水量可达到0.42亿米³/年。

综合考虑煤炭和水资源，霍林河煤电基地可开发装机容量约1420万千瓦。在满足本地电力需求的前提下，霍林河煤电基地外送规模2015年约360万千瓦。

9. 宝清煤电基地

宝清煤炭产区是黑龙江省重要的资源产区，已探明保有储量52亿吨，均为褐煤。根据各矿区煤炭资源条件和建设规划估算，宝清产区煤炭生产规模可达到6500万吨/年。

宝清地区水资源总量34.6亿米³/年，可为宝清煤电基地供水1.5亿米³/年，区域外松花江干流水资源可利用量为0.73亿米³/年，发电可用水量较为充足，水资源供给能力完全能够满足煤电基地建设要求。

综合考虑煤炭和水资源，宝清煤电基地可开发装机容量约1200万千瓦。在满足本地电力需求的前提下，宝清煤电基地外送规模2015年约800万千瓦。

10. 哈密煤电基地

新疆哈密地区煤炭资源丰富，已探明保有储量373亿吨，煤层浅，开采技术条件好，未来哈密地区煤炭生产规模可达到1.8亿吨/年，并有进一步增产潜力。

哈密地区水资源总量5.7亿米³/年。根据当地水资源利用规划，到2020年前哈密将建设乌拉台等多个水库增加供水。水资源经全社会综合配置平衡后，2020年发电可用水量可达到0.62亿米³/年。

综合考虑煤炭和水资源，哈密煤电基地可开发电源装机容量超过2500万千瓦。在满足本地电力需求的前提下，哈密煤电基地外送规模2015年约2100万千瓦。

11. 准东煤电基地

新疆准东地区煤炭已探明保有储量789亿吨，煤层赋存浅、瓦斯含量低，开采技术条件较好。根据准东能源基地建设规划，2020年煤炭生产规模可达到1.2亿吨/年。

准东地区水资源总量13.9亿米³/年。通过引额（额尔齐斯河）济乌（乌鲁木齐）工程及"500"水库东延供水工程进行跨流域调水，可以解决准东煤电基地的用水问题。2020年发电可用水量约0.84亿米³/年。

综合考虑准东煤炭产区经济社会的可持续发展及煤炭资源、水资源的合理利用，准东煤电基地可开发装机容量约3500万千瓦。在满足本地电力需求的前提下，准东煤电基地外送规模2015年约1000万千瓦，2020年约3000万千瓦。

12. 伊犁煤电基地

新疆伊犁煤炭产区煤炭已探明保有储量129亿吨，煤层埋藏浅，易于开采。根据煤炭产区的资源条件，可以建成年产量上亿吨的煤炭采区。

伊犁煤炭产区水资源总量170亿米³/年，水资源丰富。考虑全社会各行业用水需求后，发电可用水量2020年可达到3亿米³/年。

综合考虑煤炭和水资源，伊犁煤电基地可开发电源装机容量约8700万千瓦。在满足本地电力需求的前提下，伊犁煤电基地2015年后开始向外送电，2020年外送规模约1000万千瓦。

13. 彬长煤电基地

彬长煤炭产区位于陕西省咸阳市西北部，已探明保有储量88亿吨。根据资源禀赋、开发现状及技术条件，彬长煤炭产区煤炭生产规模可达4000万吨/年。

彬长地区水资源总量为15.1亿米³/年。根据陕西省对省内河流流域水资源的开发利用规划，未来将建设多个水资源工程，主要用于解决居民生活和彬长矿区的工业用水。考虑矿区排水的循环利用，彬长地区发电可用水量2020年能够达到0.42亿米³/年。

综合考虑煤炭资源和水资源，彬长煤电基地可开发装机容量约1400万千瓦。在满足本地电力需求的前提下，彬长煤电基地外送规模2015年约800万千瓦。

14. 陇东煤电基地

甘肃陇东地区位于鄂尔多斯盆地西南边缘，区域内煤炭资源丰富、煤质优良、分布集中、赋存条件好，已探明煤炭保有储量142亿吨，规划产能超过1亿吨/年。

陇东地区水资源总量为12.5亿米³/年，属相对缺水地区。为解决水资源匮乏问题，甘肃省计划结合陇东能源基地煤炭开发，修建多项水利供水工程，并充分利用城市污水处理厂的中水及煤矿疏干水，科学合理配置水资源，保障火电、化工项目

用水需求。预计到2020年，发电可用水量能够达到0.79亿米³/年。

综合考虑煤炭资源和水资源，陇东煤电基地可开发装机容量约2660万千瓦。在满足本地电力需求的前提下，陇东煤电基地外送规模2015年约400万千瓦，2020年约800万千瓦。

15. 淮南煤电基地

淮南煤炭产区煤炭已探明保有储量139亿吨，具有煤层厚和分布集中的特点，可采煤层厚度平均20~30米。矿区内水系丰富，水资源总量58.0亿米³/年，煤电基地用水主要来自淮河干支流，发电可用水量较为充足。

综合考虑煤炭和水资源，淮南煤电基地可开发电源装机容量约2500万千瓦。在满足本地电力需求的前提下，淮南煤电基地外送规模2015年约1320万千瓦。

16. 贵州煤电基地

贵州煤炭产区煤炭已探明保有储量549亿吨，水资源总量超过1000亿米³/年，发电可用水量充足。随着贵州用电需求的快速增长，贵州煤电基地所发电力主要在本省范围内消纳。

上述煤电基地的可开发规模总计超过6亿千瓦（见表3-2），能够较好地满足全国煤电发展的需要。未来，随着我国加快推进西部和北部地区大型煤电基地建设，全国2/3以上的新增煤电容量将布局在西部和北部地区，有力地支撑我国经济社会的发展。

表3-2　　　　我国大型煤电基地各水平年建设及外送规模

煤电基地	煤炭保有储量（亿吨）	水资源量（亿米³/年）	可开发电源装机容量（万千瓦）	外送规模（万千瓦）	
				2015年	2020年
山西	2663	123.8	10000	2620	4100
陕北	1291	48.4	4380	1360	2760
宁东	309	3.2	4880	1400	1840
准格尔	256	3.6	6000	3000	4340
鄂尔多斯	560	25.8	6000	240	480
锡盟	484	26.1	5000	1692	3012
呼盟	338	127.4	3700	1100	1900

煤电基地	煤炭保有储量（亿吨）	水资源量（亿米³/年）	可开发电源装机容量（万千瓦）	外送规模（万千瓦）	
				2015年	2020年
霍林河	118	2.4	1420	360	360
宝清	52	34.6	1200	800	800
哈密	373	5.7	2500	2100	2100
准东	789	13.9	3500	1000	3000
伊犁	129	170.0	8700	0	1000
彬长	88	15.1	1400	800	800
陇东	142	12.5	2660	400	800
淮南	139	58.0	2500	1320	1320
合计	7731	670.5	63840	18192	28612

三、煤炭的清洁利用与综合利用

实现煤炭的清洁利用与综合利用，是我国煤炭产业发展的必然选择，也是实现我国能源清洁、低碳、高效发展的关键。未来应通过提高煤炭洗选加工比例、推广煤炭清洁燃烧、积极发展煤炭资源综合利用、控制燃煤污染物及温室气体排放等多种途径，提高煤炭开发利用效率，减少对环境的负面影响。

1. 提高煤炭入洗率

以排矸降灰和脱硫为目的的煤炭洗选加工技术，可以从源头上控制煤炭污染，对煤炭清洁利用具有重要意义。近年来，我国加强了煤炭洗选，煤炭入洗率有较大提高，但与国际先进水平相比依然偏低。美国、南非、俄罗斯等国家原煤入洗率均超过55%，动力煤入洗率为40%左右，而我国2009年原煤入洗率为43%，动力煤入洗率为20%，分别比国际先进水平低12个和20个百分点。大力发展煤炭洗选加工，提高原煤入洗率，是我国煤炭工业发展的必然要求。未来除了进一步提高原煤入洗规模和比例外，还应着力提高大型选煤设备的国产化率和可靠性，推进模块化洗煤技术的产业化发展。针对我国煤炭产地的区域特点，推广节水型和干法洗煤等先进适用技术。

2. 发展煤炭清洁燃烧技术

（1）**推广超超临界发电机组**。超超临界发电技术上较为成熟，效率比同容量的常规超临界机组可以提高5%以上，污染物排放率较低，是提高煤炭发电效率的现实而有效的途径。目前超超临界机组的发展方向是提高蒸汽参数，进一步降低发电煤耗。新一代超超临界机组蒸汽温度将提高到700℃，热效率达到50%～55%，二氧化碳排放量将比目前投运的超超临界发电机组减少15%左右。"十二五"期间，我国将研发具有自主知识产权的超超临界60万千瓦等级和100万千瓦等级各系列机组设计、制造和运行技术，逐步开展120万～150万千瓦等级的超超临界机组研究。

（2）**推广循环流化床技术**。循环流化床技术具有燃料适应性广、燃烧效率高、污染物易于处理和调节特性好等优点，可以燃用煤矸石、煤泥、洗中煤等劣质燃料，是国际公认已商业化的洁净煤燃烧技术。世界上单机最大容量循环流化床锅炉发电机组已达到60万千瓦，我国自主研发的60万千瓦超临界循环流化床示范工程也已于2011年7月开始建设。发展更大容量和超临界蒸汽参数的循环流化床锅炉技术将成为下一步研究的主要目标。循环流化床技术的广泛应用，将使我国西北、东北、西南等地区的煤矸石、洗中煤、褐煤以及高硫煤资源得到更有效的利用。

（3）**发展IGCC发电**。IGCC发电是将煤气化和燃气—蒸汽联合循环发电相结合的一种洁净煤发电技术。IGCC实现了能量的梯级利用，能够大幅度提高热效率，在目前技术条件下，热效率已达43%～45%，今后可望达到更高。同时IGCC机组的环保特性良好，污染物的排放量仅为常规燃煤电站的1/10。世界范围内，大型IGCC机组已经运行10年以上，我国也已经开始了首座IGCC示范电站的建设，预计到2020年左右，国内40万千瓦级IGCC发电设备将实现商业示范运行，在总结运行经验后，IGCC在我国西北、东北、西南地区将进入大规模发展的阶段。

3. 积极发展煤炭资源综合利用

实现煤炭资源综合利用的技术包括热电（冷）联产、余热余压发电、煤炭废弃物循环利用等。

（1）**发展热电（冷）联产**。热电联产机组在发电的同时，利用做过功的蒸汽对用户供热，可以大大提高机组的整体热效率。在有冷负荷的情况下，以热电联产的供热为能源，通过吸收式或压缩式制冷技术，还可以实现热、电、冷三联产，进一步提高煤炭等燃料的利用效率和热电机组的经济性。未来在城镇集中供热区、工业园区及大型楼宇住宅区等热（冷）负荷较为稳定的区域，热电联产技术存在广阔的发展前景，可以大量替代单纯用于供热的小型燃煤锅炉。

（2）**推广余热余压发电**。余热余压发电是指将生产过程中产生的多余的热能或各种压差转换为电能。钢铁、建材等行业是我国煤炭消耗大户。在这些行业的生产过程中，会产生大量低品位余热，如水泥窑排放的低温废气，或是产生各种压差，如炼钢高炉生产过程中的炉顶压力。充分利用这些余热、余压发电，有助于提高煤炭的综合转化利用效率，具有良好的经济效益。余热余压技术适合在炼钢厂、水泥厂等煤炭用量较大的企业中推广使用。

（3）**实现煤炭废弃物循环利用**。煤炭开采加工及利用过程中产生的废弃物有煤矸石、粉煤灰、脱硫石膏等。这些废弃物中含有多种有用成分，应当按照发展循环经济的要求加以循环再利用。含碳量较高的煤矸石可以直接用于煤矸石电厂发电；热值较低的煤矸石可以用做生产建材的原料；含有特定矿物质的煤矸石可以用做生产无机复合肥、微生物肥料的载体。粉煤灰是生产水泥的良好原料，也可用于改善土壤结构。脱硫石膏可以用于生产建筑材料，还可用于改造苏打盐碱地。促进煤炭废弃物的再生资源化利用，既可以减少长期堆积对环境造成的危害，又可达到变废为宝的目的，具有非常广阔的前景。

4. 控制燃煤污染物及温室气体排放

（1）**加强污染物排放控制**。煤炭燃烧产生的微小颗粒物、硫/氮化合物、汞等重金属等污染物对生态环境具有较大影响，应当通过各种先进技术加以控制。加快推动和完善袋式除尘、电除尘技术的应用以清除微小颗粒物。同时在继续推动烟气脱硫工艺的基础上，进一步完善和推广火电厂脱硝和脱汞技术。

（2）**开展CCS技术研究**。CCS技术是燃煤电厂减少温室气体排放的一项重要前沿技术。目前，世界发达国家都在开展各种形式的CCS技术的研发和示范工作，二氧化碳封存的安全性、可靠性，以及对生态环境的影响也在积极探索之中。我国也初步开展了CCS技术的研究。低能耗、低成本的新型CCS技术是未来研发的重点，预计2030年以后，CCS技术有可能得到规模化的推广应用。我国应积极跟踪相关技术进展，开展攻关研究并进行技术储备，更好地满足低碳经济发展需要。

四、科学发展煤化工产业

除了用于发电和终端直接燃烧外，煤炭也是重要的化工原料。在石油资源日趋紧张的情况下，发展煤化工产业具有良好的市场前景。煤化工主要包括煤气化、煤液化和煤焦化三条技术路线。根据技术发展情况及市场发展趋势，我国煤化工产业未来应大力发展煤气化多联产，适度发展煤液化，控制煤焦化产能增长。

（1）**大力发展煤气化多联产**。煤气化是生产各类煤基化学品的关键技术，也是煤化工产业链延伸的关键技术。在引进消化吸收国外先进技术的基础上，我国煤气化技术已逐步成熟，合成氨、甲醇等主要产品产量居世界前列。未来我国应以煤气化多联产技术为重点，大力推动煤气化产业发展。煤气化多联产技术将煤气化得到的合成气净化、变换后产生高附加值的化工产品、燃料等，再将尾气送入联合循环发电机组发电，实现整体煤气化联合循环发电技术与煤化工技术的耦合。煤气化多联产技术可以生产电力、化工、热、气等多种产品，且在生产过程中可以更容易地实现硫、氮等污染物和二氧化碳的分离，在大大提高煤炭综合利用效率的同时，降低了对环境的污染，是煤气化技术的发展方向。未来我国应依托若干骨干企业，加大煤气化多联产基础研究投入，开展关键技术研究和试点示范工作，尽早实现产业化应用。

（2）**有序适度发展煤液化**。我国是世界上唯一掌握百万吨煤直接液化关键技术的国家，煤炭间接液化技术也有较好的基础。发展煤液化，实现对石油的部分替代，是提高我国能源自主能力，减少石油对外依存度的有效措施。但是，在现有技术条件下，煤液化成本较高，并且生产过程中要消耗大量的煤炭和水，二氧化碳排放量高，对生态环境有较大的影响。因此，煤液化产业应在全面评估技术经济性和社会效益的基础上，有序适度发展。在煤炭资源丰富、水资源有保证和环境条件许可的地区，可以适度建设煤液化项目，作为煤制油的技术储备。

（3）**严格控制煤焦化产能**。我国是世界最大的焦炭生产和消费国，2010年全国焦炭产量3.88亿吨，煤焦化技术处于世界先进水平。近年来，我国焦炭产能迅猛扩张，产能过剩问题较为突出。随着我国产业结构的升级，特别是钢铁工业技术水平的提高及电炉炼钢比重的不断增加，焦炭产能大于需求的局面将更加凸显。因此，未来我国煤焦化产业应严格控制产能，将发展重心从单纯的扩大规模转到结构调整上来，加快产业结构升级，淘汰落后焦炉，严格控制新增焦炉，提高产业集中度和竞争力，促进煤焦化行业的健康发展。同时，要利用好炼焦过程中的各类副产品，实行"焦化并举"，提高经济和社会效益。

第三节　水能资源开发利用

我国水能资源居世界首位。改革开放以来，我国不断加大水电建设力度，水电开发规模不断迈上新台阶。截至2011年底，我国水电装机容量达到2.3亿千瓦，是世界上水电装机容量最大的国家。相对其他清洁能源而言，水电成本低，技术成熟，出力特性较好，是实现2020年15%非化石能源目标的首选能源。

一、大型水电基地建设

（一）建设大型水电基地有利于加快我国水能资源开发利用

目前我国水能资源开发利用程度较低。根据2005年全国水能资源复查的结果，我国水电经济可开发装机容量为4亿千瓦，技术可开发容量为5.4亿千瓦。发达国家水电开发率一般在60%以上，而截至2011年底，我国水电开发率仅为43%左右，未来开发潜力巨大。

建设大型水电基地是开发利用我国水能资源的主要形式。我国水能资源丰富，集中分布在长江、金沙江、怒江、黄河等大江大河上，具有很好的集中化开发和规模化外送的条件。我国水电技术能力不断增强，水电站设计和施工水平处于世界领先地位，水电机组的制造和安装技术达到世界先进水平，三峡、龙滩等一批自主设计制造的70万千瓦机组已投运多年，建设大型水电基地面临的技术障碍较小。

长江干流上游、金沙江、大渡河、雅砻江、乌江、南盘江红水河、澜沧江、黄河上游、黄河北干流、东北、湘西、闽浙赣和怒江等13个大型水电基地（见图3-2）规划装机容量合计约3.2亿千瓦，约占我国水电技术可开发装机容量的60%；

截至2011年7月，这些大型水电基地已开发装机容量近8000万千瓦（见表3-3）。

图 3-2　我国大型水电基地分布示意图

表3-3　　　　　　　　　　我国大型水电基地开发情况

序号	水电基地	规划装机容量（万千瓦）	已装机容量（万千瓦）	开发程度
1	长江干流上游	3441	2117	61.5%
2	金沙江	7652	120	1.6%
3	大渡河	2673	630	23.6%
4	雅砻江	2906	330	11.4%
5	乌江	1127	358	31.8%
6	南盘江红水河	1374	613	44.6%
7	澜沧江干流	3198	897	28.0%
8	黄河上游	2083	797	38.3%
9	黄河北干流	640	120	18.8%
10	东北	1869	617	33.0%
11	湘西	610	610	100.0%
12	闽浙赣	1093	695	63.6%
13	怒江	3639	0	0

注　表中数据截至2011年7月。

（二）大型水电基地优化开发重点及时序

我国未来水电开发重点地区主要是西南的四川、云南和西藏地区。从我国13个大型水电基地的开发程度看，闽浙赣、湘西、长江干流上游等主要位于东中部地区的大型水电基地开发程度较高，未来新增水电装机容量有限；而金沙江、雅砻江、大渡河、怒江、澜沧江等水电基地开发程度较低，这些水电基地均分布在西南地区，未来我国需要在这些流域上加快建设大型水电基地。另外，雅鲁藏布江流域技术可开发容量8966万千瓦，是我国水电的重要战略后备基地。随着四川、云南、西藏等地区河流流域开发，我国水电开发重心将逐步向西南地区转移。

1. 金沙江水电基地

金沙江流域面积47.32万公里²，约占长江全流域面积的26%。金沙江水力资源极为丰富，理论蕴藏量约占长江总蕴藏量的42%，占全国总量的16.7%。

金沙江流域共规划25级电站，装机总容量7652万千瓦。其中上游13级电站，规划装机容量1392万千瓦；中游8级电站，规划装机容量2090万千瓦；下游4级电站，规划装机容量4170万千瓦。根据金沙江水电基地建设规划，预计2020年投产装机规模达到6160万千瓦，2030年达到7352万千瓦。

2. 雅砻江水电基地

雅砻江地处青藏高原东南部。流域面积约13.6万公里²，天然落差3830米，蕴藏水能资源丰富，技术可开发容量3461万千瓦。雅砻江水能资源具有水量丰沛、大型电站多、水电开发淹没损失小、整体调节性能好等特点，开发前景较好。

雅砻江流域共规划22座电站，装机总容量2906万千瓦。其中上游11级电站，规划装机容量280万千瓦；中游6级电站，规划装机容量1156万千瓦；下游5级电站，规划装机容量1470万千瓦。根据雅砻江水电基地建设规划，预计2020年投产装机容量达到2460万千瓦，2030年达到2606万千瓦。

3. 大渡河水电基地

大渡河是长江上游岷江水系的最大支流，流域面积约7.7万公里²，干流全长1062公里，天然落差4175米，蕴藏水能资源丰富。

大渡河流域共规划27级电站，装机总容量2673万千瓦。预计2020年投产装机容量达到2300万千瓦，2030年达到2673万千瓦。

4. 怒江水电基地

怒江发源于西藏唐古拉山南麓，经我国西藏和云南后进入缅甸。我国境内流域面积13.8万公里²，干流天然落差4848米，水量丰沛稳定，水电开发的地形地质条件好，移民较少。

怒江流域共规划25级电站，装机总容量3639万千瓦。其中上游12级，规划装机容量1464万千瓦；中游9级，规划装机容量1843万千瓦；下游4级，规划装机容量332万千瓦。预计2020年投产装机容量达到468万千瓦，2030年达到2639万千瓦。

5. 澜沧江水电基地

澜沧江发源于唐古拉山北麓，流经我国青海、西藏、云南后进入老挝。我国境内流域面积16.4万公里²，天然落差约4695米。

澜沧江流域共规划22级电站，装机总容量3198万千瓦。其中上游13级，规划装机容量1552万千瓦；中游5级，规划装机容量811万千瓦；下游4级，规划装机容量835万千瓦。预计2020年投产装机容量达到2600万千瓦，2030年达到3158万千瓦。

6. 雅鲁藏布江水电基地

雅鲁藏布江是西藏最大的河流，也是世界上海拔最高的河流，干流全长2057公里，流域面积约24.0万公里²。雅鲁藏布江干流水电/水能资源技术可开发量8966万千瓦，其中下游河段占95%。预计2030年前后进入集中开发阶段。

结合我国大型水电基地建设规划及主要河流流域开发规划，预计到2020年，我国大中型水电装机容量将在2010年的基础上翻一番，达到2.7亿千瓦左右，西南地区水电基地将初具规模，雅砻江和大渡河干流水电开发基本完毕。

预计到2030年，我国大中型水电装机容量将在2020年基础上新增7000万千瓦，西南地区规划的水电基地将全面建成，各河流龙头水库全部投产运行。除怒江、雅鲁藏布江外，主要河流干流水电开发基本完毕。

预计到2050年，我国大中型水电装机容量将在2030年基础上新增3000万千瓦，怒江干流水电开发基本完毕，雅鲁藏布江下游截弯取直各梯级电站基本开发完毕。

（三）大型水电基地的电力外送与消纳

大型水电基地所发电力大部分需要远距离输送到东中部地区消纳。未来我国新增水电装机主要集中在西南水电基地。西南水电基地所处地区经济相对落后，用电负荷较小。为最大限度减少弃水，大型水电基地应在满足本地区电力需求的基础上，将所发电力输送到市场需求空间大的东中部负荷中心地区消纳。综合一次能源平衡、输电距离及资源使用效率等因素考虑，金沙江下游水电主要送往华中、华东地区消纳，雅砻江水电主要送往华东地区消纳，大渡河水电在满足四川省负荷发展需求的基础上，富余部分送往重庆、华中东四省和华东地区消纳，怒江、澜沧江水电主要送往华南地区消纳。

西南水电基地与我国东中部用电负荷中心之间的距离在2000～3000公里之间，从经济性和电网运行安全性等方面考虑，必须通过特高压输电线路进行输送。为确保我国大型水电基地开发的顺利开展，要统筹电源和电网规划，在东中部地区预留水电消纳市场空间的同时加强特高压电网输送通道的建设，实现我国水电在全国范围内的资源优化配置。要充分考虑水电基地梯级开发时序和开发规模，预留好输电容量空间，避免重复建设和资源浪费。

二、小水电开发

我国具有丰富的小水电资源。有序推进小水电开发，可在解决农村地区无电缺电问题、推动农村经济社会发展和保障应急供电等方面发挥重要作用。

（一）小水电资源及开发现状

我国小水电资源分布广泛，技术可开发容量达1.28亿千瓦，居世界首位。西部地区小水电可开发容量为8022万千瓦，占全国的62.7%。其中，西南部的广西、重庆、四川、贵州、云南和西藏6省（自治区、直辖市）是我国小水电资源最丰富的地区，可开发容量6205万千瓦，占全国的48.5%。西北部的内蒙古、陕西、甘肃、宁夏、青海和新疆6省（自治区）小水电资源分布相对集中，可开发容量1817万千瓦，占全国的14.2%。东北和中部地区小水电资源主要集中在吉林、黑龙江、湖南及湖北山区，可开发容量2574万千瓦，占全国的20.1%，东部地区小水电资源主要集中在浙江、福建及广东地区，可开发容量2209万千瓦，占全国的17.3%。

截至2010年，我国已经拥有小水电站45000余座，装机总容量约5600万千瓦，年发电量约1600亿千瓦·时，占全国水电装机容量的比重达到26%左右。其中，福

建、四川、湖南、浙江、江西等省小水电装机规模较大，从当前小水电分布情况可以发现，小水电的开发仍主要集中在小水电资源比较丰富且人口分布较为稠密的地区。

（二）未来开发重点地区

综合考虑小水电资源条件和国民经济发展对电力的需求，我国小水电的开发总体上呈现先快后慢的格局，2030年以前小水电投产规模较大，是小水电开发的重点时期，之后投产规模将呈递减趋势。从小水电资源的分布来看，西部地区是小水电发展的重点地区。

预计到2020年，我国小水电装机容量将达到7500万千瓦，开发率达到58.6%，主要集中在四川、云南、福建、湖南、广东等地，其中四川省装机容量接近1000万千瓦。

预计到2030年，我国小水电装机容量将达到9300万千瓦，小水电开发率达到72.7%。西部地区预计新增装机容量1400万千瓦。

由于我国建设条件较好的小水电资源在2030年之前已经开发完毕，因此2031～2050年之间小水电装机容量增加较少，仅为700万千瓦，其中西部地区新增装机容量500万千瓦。

我国小水电的开发，应该因地制宜、科学规划，避免无序建设。要统筹考虑小水电规划与河流流域开发规划，在保护生态环境的前提下，搞好小水电的开发和建设，实现小水电资源的可持续利用。同时，按照就近消纳的原则，将小水电开发与当地电网规划紧密衔接，依托农网升级改造成果，保证小水电的并网消纳。

三、抽水蓄能电站规划与建设

抽水蓄能电站具有运行方式灵活和反应快速等特点，在电力系统中可以发挥削峰填谷、调频、调相、紧急事故备用和黑启动等多种功能。合理规划抽水蓄能电站建设，对保证供电质量、促进新能源消纳，保障电力系统安全稳定和经济高效运行有着重要意义。截至2010年底，我国抽水蓄能电站装机容量1693万千瓦，仅占全国装机总容量的1.7%，不能满足日益增大的系统调峰需求，需要加速发展。

1. 抽水蓄能电站建设布局

我国抽水蓄能电站站址资源丰富，全国抽水蓄能电站前期选址总量超过1.3亿千瓦。经济发达的负荷中心地区以及西部、北部等新能源开发规模较大的地区，是未来我国抽水蓄能电站发展的重点区域。

（1）**在负荷中心地区规划建设一批抽水蓄能电站。** 由于东中部地区能源资源比较匮乏，需要依靠西部和北部地区丰富的水电和煤电资源满足用能需求。为提高远距离输电线路的利用率及适应西部和北部风电的打捆外送需求，远距离输电的调节幅度相对较小。此外，未来我国核电将主要分布在东中部地区，出于经济性和安全因素的考虑，核电基本不参与调峰。由于东中部地区抽水蓄能电站站址资源丰富、建设条件较好，为维护电网的稳定经济运行，需要在东中部负荷中心地区规划建设一批抽水蓄能电站，以提供调峰、填谷、调频、调相及事故备用等服务，保障系统安全经济运行。

（2）**在西部和北部地区适度建设一批抽水蓄能电站。** 风能、太阳能等可再生能源发电出力具有随机性、间歇性特点，大规模可再生能源发电并网对电力系统的灵活调节能力提出了很高的要求。我国调峰性能好的油、气电源比重较少，水电中径流式水电占有较大比例，系统的调峰手段十分有限。抽水蓄能电站具有明显的削峰填谷的效益，有利于改善负荷特性，提高系统接纳风电、太阳能发电等可再生能源的能力。为适应可再生能源的大规模发展，提高风电、太阳能发电的就地消纳能力，在东北和西北地区需要加快抽水蓄能电站站址的普查，对站址条件好、单位投资相对较低的抽水蓄能电站，应加快开发建设。

综合考虑系统整体经济性、系统调峰调频需求、可再生能源开发、核电发展等因素以及抽水蓄能电站项目前期工作深度分析，预计到2020年，我国抽水蓄能电站规模将达到6000万千瓦，2030年将达到7500万千瓦。

2. 促进我国抽水蓄能电站的可持续发展

发展抽水蓄能电站对推动我国清洁能源发展、保障电力系统安全稳定运行具有重要意义。为促进我国抽水蓄能电站的可持续发展，需要从建设规划、经营机制、技术创新等方面入手，制定有针对性的措施，解决我国抽水蓄能电站发展中面临的突出矛盾。

一是制定科学的抽水蓄能电站发展规划。 抽水蓄能电站在电力系统中具有分散

布局的特点，其合理装机规模及布局与电网结构、电源结构、负荷特性等因素密切相关。为实现抽水蓄能电站的合理布局，需要进一步加强抽水蓄能电站的统一规划工作，根据电力系统需求，充分考虑各种影响因素，优选站址，确定抽水蓄能电站的合理比重和建设时序，充分发挥抽水蓄能电站的效益。

二是构建合理的抽水蓄能电站经营模式。目前我国抽水蓄能电站运营成本纳入电网运行维护费用统一核算，并未明确成本核定和回收的具体方式，且容量电价偏低，投资回报率不足，限制了抽水蓄能电站自我发展能力。长期来看，必须按照"谁受益、谁负担"的原则，将抽水蓄能电站建设和运行成本由发电企业、电网企业和电力用户共同合理分摊，以保证投资主体的合理收益。同时采取上网侧峰谷分时电价和两部制电价形式，通过价格杠杆促进抽水蓄能电站充分发挥作用，提高运营效益。

三是加大抽水蓄能电站技术创新力度。我国抽水蓄能电站设备设计制造水平与世界先进国家相比还有较大差距，未掌握核心控制技术，国产设备可靠性和稳定性较差。未来应从资金和政策方面加大对抽水蓄能设备制造企业的扶持力度，鼓励技术创新，提高国产设备的制造水平，降低抽水蓄能电站建设成本，满足发展需求。针对抽水蓄能电站与常规电站的差异性，制定相应的建设运营标准，保障我国抽水蓄能电站的可持续发展。

四、生态保护和移民安置

虽然未来我国水电大规模开发具有资源潜力和开发技术优势，但也面临着如土地淹没、生态环境保护、移民安置等诸多方面的问题与挑战。未来我国水电的大规模开发，需要进行统筹规划，协调好与移民安置、生态环境等多方面的关系，实现和谐发展。

1. 加强生态环境保护

水能资源的开发与利用，总体上对生态环境是有利的，可以通过对传统化石能源的替代，减轻对生态环境的污染，还具有防洪、航运等综合效益。但是，如果不重视生态环境保护，过度开发利用水电也会引发一些生态问题。

水电开发与生态环境保护并不矛盾。只要尊重客观规律，在保护生态的基础上有序开发水电，就完全有可能实现水电开发与环境保护的协调发展。必须坚持"在开发中保护、在保护中开发"的原则，在水电规划、勘测、设计、建设、运行的全过程中，强化和落实环境保护措施。将水电开发规划与流域规划、生态保护规划相协调，将水电规划环评作为水电开发的基本依据，在水电建设过程中，统筹考虑水电工程目标与社会发展目标、生态保护目标，采取合理的工程措施和运行方案，尽可能减少对河流生态体系的不利影响，更好地发挥防洪、补水、灌溉、库区保护等方面的积极作用。

2. 妥善做好移民安置工作

大型水电站的开发建设不可避免地会引起移民问题。移民安置是一项复杂的系统工程，涉及政治、经济、社会、人文、资源、环境等多个方面。为保证我国水电的顺利开发，必须适应时代的要求，妥善做好移民安置工作。

一是加强移民安置的总体规划工作。保证移民安置规划设计与工程设计同步出台。移民安置规划要统筹兼顾地方政府、水电企业、移民及安置区居民之间的利益关系，把水电开发与促进地方经济发展、移民安稳致富结合起来，把移民搬迁安置、安居乐业与社会主义新农村建设、小城镇建设结合起来，保障移民生计和长远发展，改善生产条件，提高生活水平。

二是加强对移民安置工作的管理力度。在政府层面设立移民安置工作的专门机构，统一协调移民安置中的移民补偿、生产扶持、人员培训、移民点基础设施建设等工作。建立移民安置工作的后评估制度，总结经验教训，不断提高管理水平。

三是贯彻以人为本原则，健全和完善移民安置工作的公众参与机制。在制定移民安置规划时注意听取多方意见，特别是移民工作相关利益方的意见，增加移民实施方案的透明度，注意加强宣传和正确引导，减少移民工作中的纠纷，保证移民安置工作的顺利实施。

第四节　核能开发利用

我国人口众多，能源需求总量巨大，但人均能源资源较为缺乏。大力发展核电是缓解我国能源供应紧张局面、提高自主供应能力、应对气候变化的必然选择。目

前我国正处于核电积极发展阶段，未来20年核电新增装机规模较大。推进我国核电发展必须吸取国际几次重大核电事故的经验教训，在确保安全的基础上实现核能的高效开发。

一、大型核电基地建设

目前，单机容量大型化是世界核电技术发展的主要趋势，有利于减少单位千瓦投资，提高核电的经济效益。第三代核电机组的单机规模一般在百万千瓦以上。而且，为了保障核电运行安全，核电站选址非常苛刻，需要综合考虑地震、地质、水文、交通、气象等多方面的因素和条件。因此，我国核电建设需要顺应世界核电技术发展的潮流，充分利用宝贵的核电站址资源，发挥规模效应，推进核电建设与运营的规模化、批量化、标准化，提高核电发展的质量和效益。

我国可选的核电站站址较多，并已经在前期勘察等方面取得了大量的数据与成果，有的站址已经通过了预可行性评审，具备建设大型核电站的条件。通过进一步选址工作，可以满足未来建设3亿～4亿千瓦核电装机容量的需要。核电站站址是不可多得的宝贵资源，在对已有站址和备选站址进行比选、优化和综合评价的基础上，统筹考虑国民经济发展、能源需求和环境保护的要求，有序推进核电站建设，实现核电发展的合理布局。此外，核电建设周期较长，需要预先加强站址保护，处理好核电建设与站址所在地区经济发展规划的关系。未来我国还需进一步加强核电发展规划的研究与制定，充分发挥"群堆建设、群堆管理、群堆效益"的优势，在做好安全评估工作的前提下，优先安排在用电负荷增长快且资源缺乏的东部沿海地区发展核电，审慎研究内陆核电发展问题。截至2011年7月，我国大陆地区在运、在建核电站分布情况见图3-3。

图 3-3　我国大陆地区在运、在建核电站分布情况示意图

二、核电技术进步

近年来，我国通过技术引进消化吸收再创新，自主建设了多座核电站。这些核电站的建设为未来我国建设大核电基地奠定了坚实的技术基础，积累了丰富的运行管理经验。

在核电设计领域，我国已形成了一支专业配套、结构合理的核电设计队伍，具备自主设计30万千瓦、60万千瓦和百万千瓦级压水堆核电站能力，以及同时承接多个项目的设计力量，也具有成套出口30万千瓦压水堆核电机组的能力。

在核电设备制造方面，我国已形成上海、哈尔滨和四川三大核电设备制造基地，具备了自主设计制造百万千瓦级压水堆核电机组大部分设备的能力。但我国目前仍未掌握核电设备制造的部分核心技术，核电设备先进技术的研究设计能力与发达国家相比仍有相当的差距。

为适应我国核电的大规模建设需求，必须加快我国核电技术进步。坚持"热

堆—快堆—聚变堆"的技术发展路径。在适度发展二代改进型压水堆核电站的基础上，加快引进和消化吸收第三代核电技术；持续推进快增殖中子反应堆等第四代核电技术研发与示范项目，确定我国第四代核电技术的发展方向；积极参与核聚变的国际合作研究工作，掌握自主知识产权。加强关键设备的科研攻关，尽快做到设计自主化和制造自主化，提高批量化生产能力，保证主要原材料和关键零部件采购的国产化。加强对核废料处理技术的研究，自主研发先进的乏燃料后处理技术，实现核资源最大化利用、核废物最小化处置和防核扩散，降低核电发展对环境的负面影响。

三、核能安全体系建设

核安全是核电发展的生命线。核电是可以大规模替代化石能源且具有较好经济性的清洁能源，但核电利用也蕴藏着巨大风险。历史上，1979年发生的美国三里岛核电事故曾引起巨大的社会恐慌，1986年发生的苏联切尔诺贝利核电站事故导致了重大人员财产损失，使世界核电由大发展陷入低谷。2011年3月，日本福岛核电站发生严重核泄漏事故，造成严重的自然生态灾害，使刚出现复苏苗头的世界核电发展遭遇重挫。这些核电事故的经验和教训表明，核安全是核能发展的根本保证，对核电安全性的高度关注必须贯穿于核电设计、制造、运行和退役的全过程。

加快我国核电发展，要求加强核电安全标准体系建设，循序渐进，逐渐积累经验，始终把安全、质量放在头等重要的位置，积极稳步推进核电建设，切实抓好在建核电工程安全管理。为确保核电站运行安全，还应加强核电发展与其他类型电源发展、电网发展的相互协调，加强电网互联互通和跨区电网建设，为核电发展提供有力的支撑和保障，并在事故情况下提供相互备用，防止核事故的扩大或衍生事故的发生。

与世界核电发达国家相比，我国的核能安全管理体制、法规制度、标准规范、信息公开等方面存在一定的差距，迫切需要建立完整的核能安全体系，为核电大规模发展提供保障。在管理体制方面，需要通过理顺政府核能管理的体制机制，进一步明确核能管理部门的权限范围，实现政企职能分离；在法规制度方面，需要加快原子能法的制定和出台，加强核安全监管力量，完善国家三级核辐射事故应急响应体系，建立健全核安全考核制度；在标准规范方面，需要在总结工程实践经验的基础上，逐步建立我国独立的核能工业技术标准体系；在信息公开方面，需要增加核安全信息的透明度以及对公众的核安全知识宣传力度，争取公众对发展核电的支持和理解。

四、核燃料供应

我国幅员辽阔，具有良好的铀成矿地质条件，是铀资源较为丰富的国家之一。我国的铀矿勘察历史短、程度低，具有良好的勘探潜力和前景。目前已探明的铀矿床较为分散，矿床规模以中小型为主（占总储量的60%以上），矿石以中低品位为主，0.05%～0.3%品位的矿石量占总资源量的绝大部分。在可查面积范围内，勘察工作开展程度极低或空白的地区还超过360万公里^2，已探明的铀矿体埋深多在500米以内，深部勘探程度不够。综合广度和深度两方面因素考虑，我国铀资源储量还有较大增长潜力。

从我国目前已查明经济可采的铀资源含量及各环节生产能力看，我国铀资源储量和产量能够满足2020年前核电发展的需要，但与核电中长期发展需求预测量相比还有一定差距。要保证未来核电大发展，必须保障核燃料的充足、安全供应，需要在以下几个方面开展相关工作。

一是继续加强国内铀矿资源的勘察工作。力争勘探出数万吨级乃至十万吨级的超大型矿床作为骨干矿床，稳步提高国内铀资源探明储量。

二是加强与铀资源丰富国家的开发合作。积极参与国际铀资源市场交易，立足国际国内两个市场、两种资源，提高我国核电发展的燃料供应能力。通过与铀资源丰富国家签署核能合作协议，加强国家间铀资源的勘察开发和技术合作；通过开展国际贸易等方式，在国际市场购买铀产品或取得铀矿开采权，提高国内天然铀供应保障能力。

三是加快核燃料生产各环节技术创新。在铀矿采冶方面，尽快开展采冶工艺技术的超前试验研究，突破采冶技术难关，提高铀矿资源利用率，增加经济可采铀资源量；在铀浓缩方面，加快建设更大规模的离心机制造厂和国产离心铀浓缩厂，形成与核电大发展需求相配套的铀浓缩生产能力。

103

四是着力提高铀资源的利用率。加快推进快增殖中子反应堆的研发，建立先进的核燃料闭合循环体系，减少放射性废物排放，促进我国核能利用的可持续发展。

第五节　新能源和可再生能源开发利用

随着化石能源资源供应的日益紧张以及人们对气候变化等全球性环境问题关注的不断升温，通过发展新能源和可再生能源促进能源可持续发展成为世界各国的共识。我国作为世界能源消费大国，大规模开发利用新能源和可再生能源，对保障能源稳定供应、调整优化能源结构、保护生态环境、减少温室气体排放、带动经济转型和产业升级具有重要意义。

我国新能源和可再生能源资源丰富，开发潜力巨大。实现新能源和可再生能源大规模开发的主要途径是发电。近期和中期，我国要大力发展风能、太阳能等可再生能源，在资源集中、开发利用条件较好的地区采取集约化基地式开发方式，建设大型可再生能源发电基地，在优先考虑本地消纳的基础上，融入大电网，实现全国范围的消纳；同时，因地制宜开发建设小型风电、太阳能发电、生物质能发电等，就近并入电网消纳。远期来看，要加强可燃冰、核聚变能等新型能源开发利用技术的研究，为保障我国未来能源可持续供应奠定基础。

一、大型可再生能源发电基地建设

（一）建设"三北"及东部沿海大型风电基地

1. 我国风能资源及风电发展状况

我国风能资源主要集中在陆上的"三北"地区及东部沿海地区（见图3-4）。根据2009年中国气象局开展的最新风能资源勘察与评价分析成果，我国风能开发潜力逾25亿千瓦。其中，陆地50米高度3级以上（风功率密度大于等于300瓦/米²）的风能资源潜在开发量约为23.8亿千瓦；近海5～25米水深区50米高度3级以上的风能资源潜在开发量约为2亿千瓦。我国风能资源总的技术可开发利用量为7亿～12亿千瓦。其中，陆地实际可开发量可达6亿～10亿千瓦。根据海洋区域规划，在水深小于20米的近海海域，如果按20%面积可用计算，可开发潜力约1.5亿千瓦。蒙东、蒙西、新疆哈密、甘肃酒泉、河北坝上、吉林西部、江苏沿海、山东沿海等地区是我国风能资源最丰富的地区，50米高度3级以上风能资源潜在开发量约18.5亿千瓦，占全国陆上风能资源的77.7%。

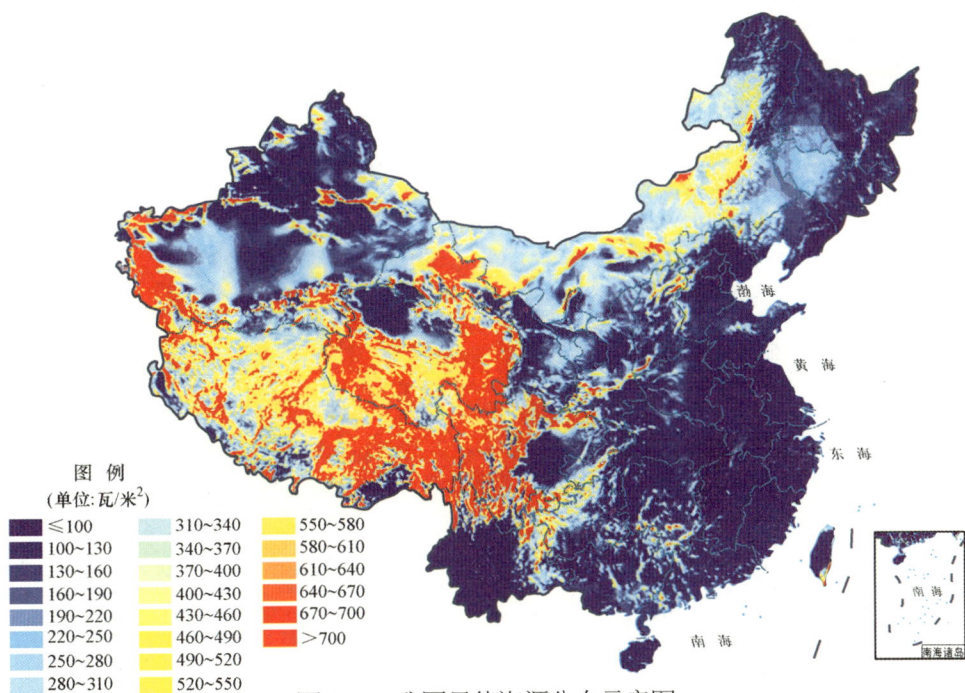

图3-4　我国风能资源分布示意图

图片来源：中国气象局风能太阳能资源评估中心。

近年来，我国风电开发规模持续快速增长。"十一五"期间，风电装机容量年均增速接近100%。截至2011年底，我国风电并网装机容量达到4505万千瓦，是2005年的49倍，占我国发电装机容量的4.3%。其中国家电网公司经营区域内风电并网装机容量约4200万千瓦。2011年我国风电发电量732亿千瓦时，占全国发电总量的1.6%。我国已建成多个连片开发，装机规模达到数百万千瓦的风电基地，规模化开发格局初步形成。

2. 我国大型风电基地布局

我国风能资源分布集中，且多处于西部、北部及沿海地区，非常适合进行大

基地集中式开发。根据"建设大基地、融入大电网"的发展思路，我国可集中建设酒泉、哈密、河北、蒙西、蒙东、吉林、江苏沿海、山东沿海等千万千瓦级风电基地（见图3-5）。由于风电出力具有波动性和随机性，大规模风电并网需要电力系统具有较强的调峰平衡能力。而我国西部、北部地区电力系统规模较小，且热电机组比重高，调峰能力不足。要实现风电大规模开发与高效利用，需要加强风电消纳研究，统筹考虑风电基地与外送通道建设，预留消纳市场，同步建设跨区特高压输电工程，将西部和北部地区的风电输送到华北、华中、华东等用电负荷中心地区消纳。

图 3-5　我国千万千瓦级风电基地分布示意图

（1）**酒泉风电基地**。酒泉地区风能资源丰富，风能技术可开发规模约4000万千瓦，主要集中在瓜州、玉门和马鬃山地区。规划到2015年酒泉风电基地装机容量达到1300万千瓦，2020年达到2000万千瓦，2030年达到3200万千瓦。酒泉风电在充分利用西北主网风电消纳能力后，部分需要外送东中部负荷中心地区消纳。

（2）**哈密风电基地**。哈密风电基地位于新疆三塘湖—淖毛湖风区和哈密东南部风区，技术可开发量约6500万千瓦。规划到2015年哈密风电基地装机容量达到500万千瓦，2020年达到1000万千瓦，2030年达到2000万千瓦。哈密风电除小部分在本地消纳外，大部分需要外送到东中部负荷中心地区消纳。

（3）**河北风电基地**。河北省风能资源主要分布在张家口、承德坝上地区和沿海秦皇岛、唐山、沧州地区。规划到2015年，河北风电基地装机容量达到1100万千瓦，2020年达到1600万千瓦，2030年达到1800万千瓦。河北风电优先考虑在京津唐电网及河北南网消纳，剩余部分考虑在更大范围内消纳。

（4）**蒙西风电基地**。蒙西风电基地主要位于内蒙古自治区的乌兰察布市、锡林郭勒盟、巴彦淖尔市、包头市、呼和浩特市等地，技术可开发量约为1.07亿千瓦。规划到2015年，蒙西风电基地装机容量达到1300万千瓦，2020年达到2700万千瓦，2030年达到4000万千瓦。蒙西风电优先在蒙西电网和华北电网消纳，剩余部分在更大范围内消纳。

（5）**蒙东风电基地**。蒙东风电基地位于内蒙古自治区的赤峰市、通辽市、兴安盟和呼伦贝尔市境内，技术可开发量约为4300万千瓦。规划到2015年，蒙东风电基地装机容量达到700万千瓦，2020年达到1200万千瓦，2030年达到2700万千瓦。蒙东风电优先送电东北电网，剩余部分在更大范围内消纳。

（6）**吉林风电基地**。吉林省风能资源主要分布在中西部平原的白城（含通榆）、四平、松原等地区。规划到2015年，吉林风电基地装机容量达到600万千瓦，2020年达到1000万千瓦，2030年达到2700万千瓦。吉林风电首先在省内和东北电网范围内消纳，剩余部分在更大范围内消纳。

（7）**江苏沿海风电基地**。江苏省风能资源储量主要集中在沿海滩涂和近海海域。规划到2015年，江苏沿海风电基地装机容量达到600万千瓦，2020年达到1000万千瓦，2030年达到2000万千瓦。考虑华东电网调峰支援，江苏风电主要在本省范围内消纳，剩余部分在更大范围内消纳。

（8）**山东沿海风电基地**。山东省风能资源丰富区主要分布在东部海岸带及部分岬角、岬岛、岛屿、高山山脊风口等处。规划到2015年，山东沿海风电基地装机容量达到800万千瓦，2020年达到1500万千瓦，2030年达到2500万千瓦。山东风电主要在本省范围内消纳，剩余部分在更大范围内消纳。

综合考虑风电基地资源条件、开发条件、跨区电网建设规划及输送能力研究情况，预计到2020年，我国千万千瓦级风电基地开发规模将达到12000万千瓦，2030年达到20900万千瓦（见表3-4）。

表3-4	我国主要风电基地未来开发规模	单位：万千瓦
风电基地	2020年装机容量	2030年装机容量
酒泉	2000	3200
哈密	1000	2000
河北	1600	1800
蒙西	2700	4000
蒙东	1200	2700
吉林	1000	2700
江苏沿海	1000	2000
山东沿海	1500	2500
合计	12000	20900

3. 着力解决好我国风电大规模开发中存在的问题

风电是除水电以外技术最成熟、开发成本最低的可再生能源。建设大风电基地，实现我国风电规模化发展，对完成我国能源结构调整优化和温室气体排放控制目标有着非常重大的意义。

在全社会的共同努力下，近年来，我国风电发展取得了令人瞩目的成就。风电开发规模连续几年实现翻番式增长，风电设备制造能力快速提升，各项管理制度逐步完善。但同时也要看到，我国风电发展依然面临着巨大的挑战。为实现未来我国风电发展目标，必须下大力气解决好风电发展面临的各种问题。

一是加强统一规划。我国风电发展缺乏统一规划，开发布局和建设时序难以把握，大型风电基地存在"化整为零"、"分拆审批"的现象，造成风电送出和消纳困难。为促进风电有序发展，必须强化全国风电规划的调控作用，严格按照统一规划确定分区、分省的开发规模和时序，做到全国规划与地方规划的有效衔接；建立风电项目与配套电网工程同步规划、同步投产的机制，确保风电及时送出；结合风电消纳方案，同步制定调峰电源规划。

二是大力加强电网建设。电网作为经济社会发展的重要基础设施和资源优化配置的重要载体，在促进我国风电发展过程中具有不可替代的重要作用。第一，风能资源特点决定了我国风电规模化开发必须走"建设大基地、融入大电网"的发展道路。我国风能资源主要分布在"三北"和沿海地区，在规划建设的八大千万千瓦级风电基地中，大部分基地所在地区无法实现风电就地消纳，必须依托更高电压等级电网、远距离大规模输送，在全国范围内实现消纳。另外，大电网可以充分利用不同地区风能的互补性，平滑风电出力波动，减少对电网造成的冲击，以利于电力系统安全稳定运行。第二，提高电网的运行管理水平可以显著提高风电的开发和消纳规模。风电具有不同于传统电源的出力特点，大规模并网将增加电力系统的运行难度。通过提高电网的运行管理水平，对风电出力进行准确的预测，实现高度智能化的电网调度，增强电网运行的灵活性，建设风电友好型电网，可以有效提升电网接纳风电的能力。目前，我国电网还不能够适应风电大规模并网消纳需求，必须加大电网建设力度，实现风电与电网的协调发展。

三是努力提高风电技术水平。与风电发达国家相比，我国风电企业在技术积累、研发投入等方面基础较为薄弱，核心技术与关键零部件性能还存在较大差距。必须健全风电技术研发的长效投入机制、创新激励机制和成果转化机制，进一步加大对风电设备技术自主研发的支持力度，加强风电设备关键技术的研究，提高我国风电设备技术水平和自给能力。

四是完善相关标准体系和政策制度。我国风电标准制定工作明显滞后于风电发展，造成我国风电产业进入门槛过低、发展质量不高、技术进步缓慢。要提高对风电标准建设工作重要性的认识，本着对行业发展高度负责的态度，将标准化工作摆在首要位置。不仅要重视风机制造标准的建设，还要重视风电场建设和并网标准的建设；不仅要重视单台风机的设计问题，还要重视风电场整体的设计和系统运行问题。风电标准的制定要有利于淘汰落后产能，有利于促进技术进步，有利于促进行业的健康发展。要进一步完善风电发展配套政策，加强监测能力建设，制定有利于风电消纳的上网侧和用户侧峰谷电价制度，完善风电配套送出工程定价补偿机制及抽水蓄能电站的电价形成机制，促进我国风电科学发展。

（二）建设大型太阳能发电基地

1. 我国太阳能资源及太阳能发电基地建设

我国太阳能资源十分丰富。据估算，我国陆地表面每年接受的太阳辐射能相当于4.9万亿吨标准煤，约等于上万个三峡工程年发电量的总和。我国太阳能资源的

约70%主要分布在西藏、青海、新疆中南部、内蒙古中西部、甘肃、宁夏、四川西部、山西、陕西北部等西部和北部地区（见图3-6）。

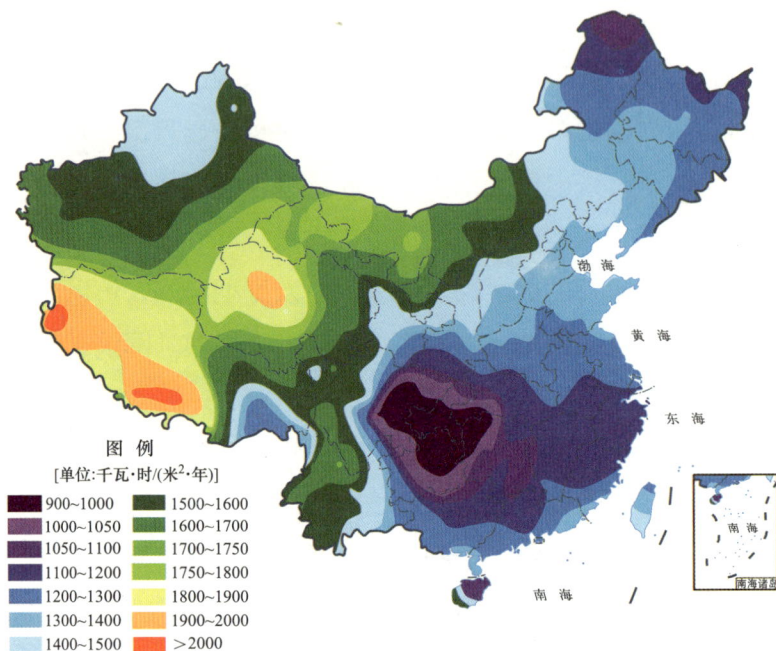

图3-6　我国太阳能资源分布示意图

图片来源：中国气象局风能太阳能资源评估中心。

　　从开发潜力看，截至2009年底，我国沙化土地面积为173.11万公里²，占全国总面积的18.03%，主要分布在光照资源丰富的西北地区。按利用我国沙化土地面积5%的比例计算，太阳能发电装机容量可达34.6亿千瓦，年发电量可达4.8万亿千瓦·时。在这些地区建设大型太阳能发电基地，具有良好的土地、太阳能资源等条件。

　　近年来，我国加快了太阳能发电集中开发利用步伐，已在甘肃、青海等地开工建设了1万～10万千瓦级的太阳能并网光伏发电基地，1万千瓦级的太阳能热发电试验示范项目也已经开工建设。截至2011年底，我国太阳能发电并网装机容量达到214万千瓦，是2010年底的8.2倍。太阳能发电由起步阶段走向规模化发展阶段。

　　我国太阳能发电基地建设应在国家统一规划指导下，分阶段有序推进。太阳能资源能量密度较低，大规模利用将占用较大的土地面积。结合我国太阳能资源分布情况，未来我国主要在新疆、青海、内蒙古、甘肃的荒漠和戈壁等太阳能资源富集地区，集约化建设更大规模的太阳能发电基地。在发展初期，太阳能发电站应以

1万～10万千瓦级为主,逐步积累建设和运行经验,摸索建立相关标准体系,成熟后再逐步向百万千瓦级和千万千瓦级基地发展。

推动太阳能发电基地建设,应高度重视太阳能发电与电网的协调发展。太阳能发电基地位于荒漠、戈壁等人烟稀少地区,所发电力通常需要远距离大容量输送。未来应结合太阳能发电基地建设,加强对太阳能发电站出力特性和控制调节技术的研究,减少大规模太阳能发电站并网对电网安全稳定运行的不利影响。同步规划建设从太阳能发电基地到"三华"❶负荷中心的特高压输电通道,扩大太阳能发电基地电力消纳范围,实现太阳能资源的大规模集中高效开发和利用。

2. 我国大型太阳能发电基地建设的技术路线选择

太阳能发电方式主要有太阳能光伏发电和太阳能热发电两种,我国目前以光伏发电为主。

太阳能热发电主要是通过集热器收集太阳辐射能,产生热蒸汽或热空气,再推动传统的蒸汽发电机或涡轮发电机来产生电能。太阳能热发电也是较有发展前景的太阳能大规模利用方式之一。与光伏发电相比,热发电具有出力调节性能好的优点。太阳能光伏发电出力具有显著的间歇性和不确定性。白天阴晴变化会引起光伏发电出力大幅波动;阴雨天和夜间无法运行。而太阳能热发电可以配置技术上相对成熟、成本较低的大容量储热装置,实现出力的平稳性和可控性,使出力性能接近常规火电厂,不但不需要额外配置调峰电源,且自身可以作为调峰电源为风电、光伏发电等提供辅助服务。此外,太阳能热发电电源一般还具有机组的惯性,对电力系统的稳定运行有良好作用。

目前,太阳能热发电由于在集成优化设计、高温部件制造维护等方面存在瓶颈,仅建设了一些试验示范项目,还未真正进入大规模商业化建设阶段。从经济性看,根据美国能源部、美国太阳能产业协会等机构的发展计划和研究成果,未来太阳能热发电成本下降潜力大于光伏发电。从太阳能热发电的特点和电力系统的运行特性考虑,我国应更加重视太阳能热发电的战略地位,把其作为我国大型太阳能发电基地建设的技术选择之一,加大相关研究力度,加快其产业化、规模化应用进程。

综合太阳能光伏发电和热发电的性能特点分析,近期我国大型太阳能发电基

---

❶ "三华"指华北、华中、华东地区。

地建设可以光伏发电为主；中长期来看，我国发展太阳能发电应坚持光伏发电和太阳能热发电并举的技术路线，在条件适宜的地区，开展大规模太阳能热发电站的建设。下一步，要在推进太阳能光伏发电建设的同时，加大对太阳能热发电技术和设备的研发投入，开展试验示范电站建设，尽早启动太阳能热发电市场，推动技术和设备的进一步成熟，使太阳能热发电在我国能源结构调整和节能减排中发挥积极作用。

二、各种形式的可再生能源开发

1. 开发建设中小型风电场

在加快建设千万千瓦级风电基地的基础上，应积极推进内陆分散风能资源的开发利用。在我国"三北"以外的内陆地区，加强风能资源评价开发工作，鼓励在风能资源相对丰富的东中部地区，利用距离负荷中心近、电网接入条件好的优势，因地制宜建设1万～5万千瓦级中小型风电场，支持风电机组在配电网分散接入，电力就地消纳。积极鼓励风电分布式开发应用，解决偏远地区、山区、岛屿的用电问题，形成集中开发与分散发展并进的局面。

2. 促进太阳能的广泛利用

除太阳能光伏发电和热发电以外，供热也是太阳能重要的利用方式。在太阳能热利用方面，最广泛应用的技术是太阳能热水器。我国是世界太阳能供热利用大国。截至2009年底，我国太阳能热水器总集热面积运行保有量约14500万米²，年生产量达4200万米²，使用量和年产量均占世界总量的一半以上，居世界第一。太阳能供热未来发展的重点是扩大技术应用领域和市场范围，将太阳能集热系统与建筑物的结合，实现太阳能热水、供暖、空调在建筑物中的综合利用。

建筑光伏直接安装在用户终端，利用建筑物光照面积发电，是在城市中利用太阳能的一种有效方式。据估计，我国现有建筑屋顶面积总计约400亿米²，假如1%安装光伏系统，可安装光伏发电装机容量3550万～6620万千瓦，年发电量287亿～543亿千瓦·时。

此外，还可以发挥太阳能与风能资源在地理和资源特点上的互补性，建设风光互补发电系统。我国大部分风能资源集中地区，太阳能资源也比较丰富。风能发电和太阳能发电在出力特性上存在一定程度的互补，将两者相结合有利于平滑风能和太阳能发电装置的功率输出曲线，减少对电网运行的冲击，降低对调峰电源的需求，并提高土地资源的利用效率。

3. 积极开发利用生物质能

我国生物质能资源丰富，具有大规模开发利用的物质基础。据估算，随着经济社会发展和技术不断进步，我国可利用的废弃生物质能资源潜力到2030年将达到约5亿吨标准煤/年。生物质原料可以用于发电，也可以转化为液体、气体、固体燃料后再进行利用。

生物质能发电在我国有较为广阔的发展前景。我国是农业大国，秸秆、林业废弃物等生物质能资源十分丰富。长期以来，农村大量无法处理的剩余秸秆往往在田间直接焚烧，不仅浪费资源，而且带来严重的烟尘污染和火灾隐患。在农村地区建设生物质发电厂，既能有效利用无法处理的剩余秸秆，保护环境；又能显著改进农村用能方式，改善农村生活条件；同时，也有利于增加农村就业机会，提高农民收入，对服务"三农"和新农村建设具有重要意义。在我国北方农村，建设一座2.5万千瓦的生物质发电厂，可以消纳方圆50公里以内的可利用秸秆，为大约40万户农村家庭提供一年的生活用电。除在农村利用秸秆和林木枝丫、林业废弃物等发电外，在城市地区结合垃圾集中处理，建设垃圾发电站，也是利用生物质能发电的重要形式。建设垃圾发电站，可以减少垃圾填埋对土地的占用，减轻对地下水和周边环境的污染，促进城市垃圾的资源化利用，具有较好的发展前景。预计2020年我国生物质发电装机容量将达到1500万千瓦，2030年将达到2500万千瓦。

生物质燃料作为石油替代品，在巴西、美国等国得到较为广泛的应用，我国也已在多个地区推广使用乙醇汽油，未来具有一定的发展空间，但人多地少的国情决定了我国发展生物质燃料的空间不会太大。利用农林废弃物制沼气，既有利于资源循环利用，也有利于环保和提高农村居民生活质量，在我国广大农村地区具有广阔的发展前景。将生物质原料固化成型后制成固体燃料，便于存储和运输，也有利于提高燃烧效率，可以替代煤炭作为城市供热燃料和电厂燃料，是开发利用生物质能的方式之一。

总的来看，作为重要的可再生能源，生物质能的积极开发和利用，有利于优化我国能源结构，提高能源安全保障水平，促进城乡协调发展和生态环境保护。同时

也要注意到，我国是人口大国，人均耕地面积少，开发利用生物质能应坚持"不与人争粮、不与粮争地"的原则，将保障粮食安全作为发展生物质能的前提和底线，而且在发展的过程中要统筹做好生态环境保护工作，避免引发水土流失、生态恶化等新的问题。

4. 加大地热能开发力度

地球内部蕴藏着丰富的热能资源。据估算，地球内部的总热能量约为全球煤炭储量的1.7亿倍，每年从地球内部经地表散失的热量，相当于1000亿桶石油燃烧产生的热量。

人类利用地热已经有了很长的历史，但目前利用的地热资源集中在浅层地热，热电冷联产、先供暖后养殖等综合开发方式是浅层地热能开发的主要方向。在地表千米以下还蕴藏着大量的深层地热能，开发利用的主要方法是利用增强型地热系统将其转换为电能利用。

我国地热能资源丰富，开发利用潜力巨大。在浅层地热利用方面，到2010年底，全国浅层地温能供暖（制冷）面积达到1.4亿米^2，地热供暖面积达到3500万米^2，高温地热发电装机总容量2.4万千瓦，各类地热能总贡献量合计500万吨标准煤。在深层地热利用方面，我国资源开发条件较好，特别是在西南和东南沿海地壳高温异常地带，是开发深层地热资源的有利地区。未来应组织力量，在深层地热开发方面开展专门研究，重点解决深层地热资源评估与开发选址技术，为深层地热能的开发利用奠定基础。

三、分布式能源发展

1. 分布式能源的概念与分类

分布式能源在国际上还没有统一的定义。IEA、美国能源部、世界分布式能源联合会（World Alliance for Decentralized Energy, WADE）等机构和组织都开展过对分布式能源的研究。综合国内外研究情况，分布式能源是指位于用户侧，优先满足用户自身需求，独立运行或接入低压配电网的可再生能源、资源综合利用发电设施或有电力输出的能量梯级利用多联供系统。

按照燃料类型来划分，分布式能源系统可以分为以天然气或柴油等传统一次能源为燃料的分布式能源系统；以风能、太阳能等可再生能源为一次能源的分布式能源系统；以氢等二次能源为燃料的分布式能源系统以及包括蓄电池等在内的储能系统。

按所提供的产品来划分，分布式能源系统可以分为单纯提供电力的分布式发电系统，提供热能和电力的热电联产系统（Combined Heat and Power, CHP）以及提供热、电、冷能的热电冷三联产系统（Combined Cooling Heating and Power, CCHP）。

分布式能源系统与可再生能源发电、热电联产等概念既有联系又有区别。大型可再生能源项目（如风力发电厂和光伏发电基地等）和大型的并网热电联产机组，都不属于分布式能源的范畴（见图3-7）。

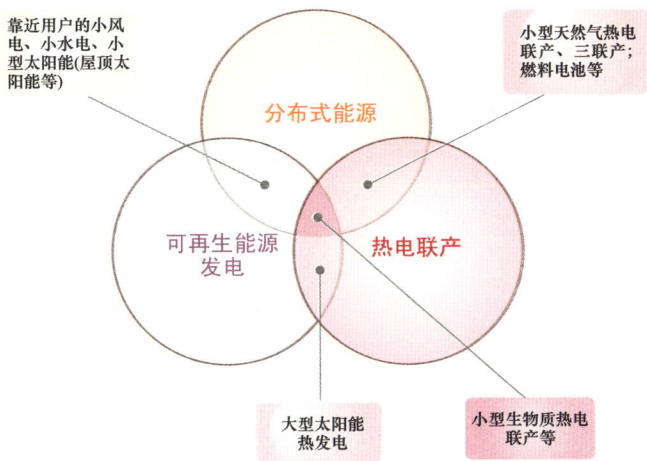

图 3-7　分布式能源、可再生能源发电和热电联产的关系示意图

2.　分布式能源的发展定位

我国能源资源与生产力分布格局决定了能源资源必须在全国范围内优化配置，集中供能系统是我国能源供应的主要方式。分布式能源的发展并不能取代传统的供能方式，而是定位为集中供能系统的有益补充。我国应建立以集中式能源供应为主、分布式能源供应为辅的能源供应体系。分布式能源在我国能源供应体系中的主要作用，一是提高能源利用效率，促进可再生能源的开发利用，实现节能减排；二是解决偏远农村和海岛地区的电力和能源供应问题；三是在大电网发生事故和故障情况下提供紧急备用支持。

根据能源资源条件和能源利用现状，我国分布式能源发展的重点是具有节能减

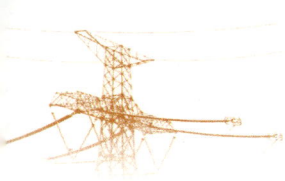

排效益的天然气热、电、冷三联产系统和分布式可再生能源系统。天然气热、电、冷三联产系统、分布式可再生能源系统中的建筑光伏等主要在能源负荷密集的大中型城市中发展，用于提高能源利用效率和能源供应的可靠性；分布式可再生能源系统中的小水电、分布式风电和太阳能光伏发电、生物质发电等，主要在负荷密度较低的农村和偏远地区发展，用于改善农村能源供应和解决偏远地区的用能问题。

3. 引导我国分布式能源科学发展

在小水电、资源综合利用、可再生能源利用等政策的推动下，我国分布式能源总体发展势头良好。截至2009年，我国分布式能源发电装机容量超过4500万千瓦，居世界前列，占发电装机总容量的比重接近5%。目前我国分布式能源在技术装备自主制造、运营效率、发电并网等方面还面临着一些突出问题，需要制定有针对性的发展策略，引导我国分布式能源的科学发展。

一是要统筹规划发展。分布式能源直接布置在用户侧，与城市发展规划、电源电网规划、热力规划、天然气规划等密切相关。分布式能源发展规划需要与上述各专项规划相互呼应、有效衔接。特别是天然气分布式能源应充分考虑天然气供给能力、天然气管网布局等因素，统筹安排项目建设。要注意协调分布式能源发展与配电网发展、电源发展的关系，充分考虑分布式能源对电力需求、系统备用、配电网规划运行的影响，减少重复建设。推进可再生能源和天然气分布式能源发展，应首先通过试点方式积累经验，探索解决办法，在试点成功的基础上，考虑各类分布式能源技术的成熟程度，分阶段推广应用。

二是要规范有序并网。为了提高运行可靠性和运行效率，在有条件的情况下，分布式能源应尽可能并入公共电网。分布式能源并网将对电力系统的规划设计、电能质量、调度运行等方面带来深刻影响，因此要注重对分布式能源系统进行必要的规范，制定相关技术标准和管理规定，在遵循一定的规程的条件下有序并网，避免对公共电网的安全稳定运行产生冲击。

三是要加强技术研发。我国在分布式能源的核心技术方面与发达国家存在较大差距，关键设备如燃气轮机等基本依赖进口，自主制造能力不足，系统设计和优化经验欠缺，导致分布式能源投资运行成本较高，影响了经济效益。迫切需要加快技术研发和引进消化吸收工作，提高设备国产化水平。同时，需要制定适合我国国情的相关技术标准，推动我国分布式能源的技术进步和产业升级，尽快形成具有自主制造和创新能力的产业体系。

四、新型能源开发利用

未来具有较好开发利用前景的能源品种，在一次能源方面主要是可燃冰、海洋能、核聚变能和空间太阳能，在二次能源方面主要是氢能。我国应加强对新型能源开发利用的跟踪研究，为应对能源短缺、实现能源升级替代做好技术和资源储备。

1. 可燃冰

可燃冰又称为天然气水合物，具有储量丰富、能量密度大、燃烧利用污染排放少等优点，通常分布在海洋大陆架外的陆坡、深海、深湖及永久冻土带上。可燃冰的成分以甲烷为主（含量大于90%），1米^{3}可燃冰可产出甲烷气体164米^3，其能量密度相当于煤炭的10倍。据估算，全球可燃冰资源中甲烷总量约为2.0×10^4万亿米^3，含碳量相当于已探明化石燃料的2倍。

我国有丰富的可燃冰资源，具有广阔的开发利用前景。从1991年开始，我国对可燃冰资源进行了调查和研究，先后在南海、东海及青藏高原冻土带发现可燃冰。仅南海北部的可燃冰储量，已相当于我国陆上石油储量的一半。陆上可燃冰远景储量在350亿吨油当量以上。但目前可燃冰的开发技术尚未成熟，商业化利用还需要较长时间。

未来我国应加强可燃冰勘察力度及开发技术的研究，并将可燃冰开发利用纳入国家能源发展战略规划，加大资金和人员投入，尽快掌握可燃冰的开采技术。鉴于海底可燃冰的开采技术难度和复杂度均高于陆上开发，可燃冰的勘察和开发利用可从陆上起步，逐步积累经验后再将开采领域向近海和深海发展。

2. 海洋能

海洋能是指海洋中的各种物理或化学过程中产生的能量，主要来源于太阳辐射及天体间的引力变化。海洋能可分为潮汐能、波浪能、潮流能和温差能等，具有可再生、资源量大和对环境的不利影响小等优点，同时也存在不够稳定、能量密度较小、运行环境较为恶劣和开发利用经济性较差等劣势。海洋能的主要利用形式为发电，一些海洋资源丰富的国家陆续建设了波浪能、潮汐能和温差能的发电试验装置，装机容量一般在500千瓦以下。随着各国对海洋能资源开发重视程度的不断提

高，海洋能利用技术将不断趋于成熟，海洋能有望在未来成为人类能源供应体系的重要组成部分。

我国海岸线广阔，蕴藏着丰富的海洋能资源，主要分布在东部和南部沿海地区，可开发利用量约10亿千瓦。目前我国已在浙江、山东、福建、广西等地建设运行了一批潮汐能发电站；波浪能和潮流能技术研究也取得了一定成果，开展了示范试验项目建设；温差能技术研究处在实验室原理阶段。

未来我国应加强对各类海洋能利用技术的研发和引进工作，加大技术创新投入，提升技术成熟度。建立有效的海洋能源开发管理机制，开展资源的普查和保护工作，制定中长期发展战略规划，并注意与港口、码头的建设规划及海岛开发规划相结合。进一步推动各种海洋能发电技术试验示范工程的建设，提高海洋能发电的竞争力。

3. 核聚变能

核聚变能是除核裂变能之外的另一种核能形式，是由质量较轻的原子核（氘和氚）结合成较重的原子核（氦），同时释放出能量的过程。核聚变能是清洁安全的核能，与目前的核裂变反应相比，几乎不会产生放射性物质和核废料，安全性更高。核聚变所需的原料在地球上含量也非常丰富。1升海水中所含的氘用于核聚变产生的能量相当于300升汽油所含的热量。海水中总量达40多万亿吨的氘如果都用于核聚变，能够满足人类今后几十亿年的能源需求。

目前人类已实现了不可控核聚变（氢弹），但要有效利用核聚变能，还必须实现对核聚变反应速度和规模的控制，使得能量能够连续平稳地输出。从20世纪50年代开始，人类就开始了对可控核聚变的研究。美国、欧洲、日本及我国都建设了通过磁约束方法实现可控核聚变的实验装置。由于可控核聚变研究技术难度高，资金投入大，世界各国逐步走向联合研究的道路。2006年5月，来自美国、日本、欧盟、中国、俄罗斯、韩国和印度的7方合作代表签署共同协议，合作开展国际热核聚变实验反应堆（International Thermonuclear Experimental Reactor, ITER）的研究建设工作，共同验证核聚变发电的工程可行性。国际核聚变界预计，要实现核聚变商业化发电尚需要50年。

核聚变能是一种战略能源资源。我国应提早对核聚变的开发应用进行长远的战略性安排，全面参与ITER计划，承担研究任务，积累设计制造经验，紧跟国际先进水平。同时，也要充分利用国内的实验装置，加强基础技术研究和人才队伍建设，掌握核聚变反应堆设计、制造和建设的关键技术。

4. 空间太阳能

太阳能是人类开发利用的绝大部分能源的最初来源。太阳能主要以电磁波的形式向宇宙空间辐射，其中能到达地球的仅占太阳辐射能总量的二十二亿分之一。如果能够将太空中的太阳能充分利用起来，人类几乎可以掌握取之不尽、用之不竭的能源。

与地球上的太阳能利用方式相比，空间太阳能利用有许多优点，它可以实现24小时不间断地发电，可利用的太阳能更多更广，发电设备在失重状态下可以做得更大，设备在太空中可以保持清洁、减少维护，能量可以传送到不同的地面接收站，更好地满足不同地区的高峰用能需求。但空间太阳能利用也还面临着许多挑战，建设空间太阳能电站是一项巨大的工程，需要将数万吨的设备发射到太空，要求开发更大规模的太空运载技术，太阳能电池板需要采用特殊材料制造，对空间太阳能发电站的设备可靠性及在轨维护技术的要求较高，并要防范其他飞行器及太空垃圾可能带来的危害。

尽管面临着诸多困难，随着人类向外太空探索步伐的不断加快，这些难题并非不可突破，空间太阳能发电站将为人类更加充分地利用太阳能开辟一条崭新的途径。我国航天技术处于世界前列，在空间太阳能利用方面应及早部署，提出我国的发展路线图，逐步开展关键技术的研究攻关，以空间太阳能发电站发展及建设为契机，实现我国在新能源、新材料等多个科技领域的重大创新突破。

5. 氢能

氢是一种清洁的能源载体，既可以通过燃料电池转换为电力使用，也可以用做交通和生活燃料，具有资源丰富、热值高、无污染等优点。氢可以从化石燃料中制取，但需要消耗能源，并排放温室气体，不适合大规模应用；也可以通过分解水来制取，所需能源可以来自风能、太阳能和核能等清洁能源，对环境几乎没有污染，是今后氢制取技术的发展方向。此外，生物制氢也是未来氢制取的重要方向之一。

欧美等发达国家均非常重视氢能的开发利用。美国是氢能经济的倡导者，规划到2040年实现全面向氢能社会的转变。欧洲加大燃料电池及氢燃料交通工具的研发力度，计划到2050年实现向氢能经济的过渡。日本将氢能的供给、输送和利用作为

其"新阳光计划"的重要组成部分。我国氢能研究也已经起步，开展了多个氢能开发利用科技课题的研究及氢燃料汽车的示范项目建设工作。

面对制氢和储氢技术未成熟、成本较高、燃料电池也还未实现商品化等问题，我国应尽早明确氢能发展的技术路线图，为氢能的研发和利用指明方向。未来应加强非化石能源制氢技术的研究工作，改进和完善现有制氢工艺，寻找新的制氢技术，利用资源优势，开发高性能稀土储氢材料，在试点示范项目的基础上，逐步推动氢动力交通工具、加氢站、氢气输送管网等基础设施的整体规划和建设工作。

第六节　油气资源开发利用

我国常规石油资源总量不少，但丰度与品位相对较差，未来应加大勘测力度，增加储量供应。我国具有一定的非常规石油资源，但品位偏低，当前处于勘探起步阶段，估计到2030年乃至2050年都只能对常规石油供应起补充作用。我国大多数已开发主力油田已进入产量递减期，且储量大规模增长的可能性较小，从长期石油安全看，未来应合理控制我国原油高峰产量。

我国天然气勘探处于早期阶段，储量增长潜力较大，但当前九大盆地气田探明率相对较低，应加强勘探开发水平。非常规天然气储量比较丰富，是常规天然气的有益补充，但非常规天然气的开发技术水平还不够成熟，需要国家加大投入，并鼓励自主创新，提升开发利用水平。天然气优先满足民用需求，在气源有保障的地区适度发展燃气调峰电源。

一、石油资源勘探开发

1. 加大常规石油资源勘探力度

全国油气资源动态评价结果显示，截至2009年，我国石油地质资源量为881亿吨，累计探明地质储量为299.5亿吨，其中东北、东部沿海、中西部、海上所占的比重分别为32.6%、27.0%、30.4%和10.0%（见表3-5）。

表3–5　　　　全国石油探明储量地区分布状况　　　　单位：亿吨

地区	累计探明地质储量			剩余技术可采储量	剩余经济可采储量
	合计	已开发	未开发		
东北	97.7	75.4	22.3	8.8	6.1
东部沿海	80.9	61.7	19.2	6.4	4.6
中西部	90.9	55.7	35.2	9.7	6.9
海上	30.0	15.9	14.1	3.9	3.5
全国	299.5	208.7	90.8	28.8	21.1

注 表中数据根据国土资源部数据整理。

我国常规石油资源探明程度不高。根据国土资源部发布的数据，我国石油资源探明程度仅为34%，勘探处于中期阶段，待发现资源潜力较大。

我国待发现石油资源主要分布在西部地区及海上。未来需要进一步加大石油勘探开发力度及投入，从陆上和海上两方面入手，努力寻找优质石油资源，保障我国石油的稳定供应能力。陆上石油勘探主要是加强对松辽、鄂尔多斯、塔里木、准噶尔等四大盆地的勘探开发；海上石油勘探主要是加强对渤海湾及南海地区的资源勘探，大力发展深海石油勘探开发技术，实现深海勘探设备的自主制造，加快建设深海油田，掌握南海石油勘探的主导权。

2. 加强非常规石油资源勘探与开发

非常规石油资源是指在现今经济、技术条件下，不能完全用常规方法和技术手段进行勘探、开发与加工利用的石油资源，主要包括页岩油和油砂油。

根据全国新一轮油气资源评价，我国非常规石油可采资源量为536.1亿吨，其中页岩油地质资源量为476.4亿吨，油砂油地质资源量为59.7亿吨。从资源总量来看，我国非常规石油资源潜力非常可观，但与目前世界上能够商业性开发利用的非常规石油资源相比，我国油页岩、油砂的含油率普遍较低，而且层薄、单体规模小，埋藏较深，开采难度大。

根据国内资源条件和未来技术发展趋势分析，预计国内页岩油和油砂油产量到2030年可达到850万吨，到2050年可达到2500万吨。总体来看，虽然我国非常规石油供给能力有限，至2050年前都只能对我国常规石油供应起补充作用，但对缓解我国石油供应紧张局面，减少对进口石油的依赖有着重要意义。

为推进我国非常规石油资源的开发利用，首先应加强油页岩、油砂资源的勘

察与评价。要切实摸清我国非常规石油资源家底，尽快建立起我国油页岩、油砂资源评价和储量计算标准。其次，应加大技术攻关研究和开采试验力度。要重点开展油页岩采掘、运输新技术研究、油砂油分离和合成油技术研究以及油砂干馏和其他改质技术研究。最后，还需对非常规石油资源的开发利用实行扶持政策。我国页岩油、油砂油开采难度大，生产成本高，需要国家出台包括减税、补贴等形式的鼓励政策，才能使非常规石油资源实现微利开采，推进非常规石油资源的开发利用。

3. 合理控制石油产量，保持稳定供给

我国石油资源分布具有多样性，储量增长趋势总体以稳定为主，周期很长。我国石油资源开采目前处于中期阶段和石油储量稳定增长阶段，未来稳定发展期还可以保持一定时间，估计有可能超过30年。但我国现有主力油田大多已进入"高含水和高采出程度"的"双高"开采阶段，其产量将不断递减，如果没有相当数量的新储量投入，全国石油产量的稳定和增长面临严峻挑战。

根据我国石油储量的未来走势分析，我国石油探明可采储量的增长在未来相当长时期内可保持高基值稳定发展。大致在2035年以前年增探明石油可采储量规模保持在2.0亿吨左右，之后增长有所降低。到2050年前后，我国年增探明石油可采储量的规模有望保持在1.5亿吨左右。

分析我国油气资源分布特征、原油储量增长趋势、已开发老油田的生产形势，从可持续发展角度，适当控制原油高峰产量，在较长时期内保持原油产量的稳定，对国家石油安全更有利。综合看，我国原油产量以现有水平或略高于现有水平的1.8亿～2亿吨，长期稳产为好。

二、天然气资源开发利用

1. 加快常规天然气资源勘探与开发

我国天然气资源丰富，目前探明率较低，未来应加强勘探开发。根据全国油气资源动态评价结果，截至2009年，我国天然气地质资源量52万亿米³，累计探明地质储量7.04万亿米³，其中东北、东部沿海、中西部、海上所占的比重分别为6.5%、2.3%、83.8%和7.4%（见表3-6）。资源探明程度为18%，明显低于美国等天然气工业发达国家当前的资源探明水平，大体相当于美国天然气储量快速增长阶段的初

期，我国未来天然气储量增长潜力较大。

表3-6　　　　　　全国天然气探明储量地区分布状况　　　　　单位：万亿米^3

地区	累计探明地质储量			剩余技术可采储量	剩余经济可采储量
	合计	已开发	未开发		
东北	0.46	0.09	0.37	0.19	0.12
东部沿海	0.16	0.10	0.06	0.05	0.01
中西部	5.90	2.06	3.84	3.00	2.40
海上	0.52	0.18	0.35	0.28	0.23
全国	7.04	2.43	4.62	3.52	2.76

注　表中数据根据国土资源部全国油气矿产储量通报整理。

2000年以来，我国天然气储量开始进入快速增长阶段，连续10年天然气新增探明可采储量保持在2600亿米^{3}以上，平均达3006亿米^3。未来我国天然气产量有望持续快速增长，在2030年左右将进入产量高峰期，届时天然气年产量有望达到2500亿米^3，并可持续到2050年以后。

2.　加快非常规天然气资源勘探与开发

非常规天然气资源是指在现有经济技术条件下，不能完全用常规方法和技术手段进行勘探、开发和利用的天然气资源，主要包括煤层气、页岩气、致密气、可燃冰等。我国煤层气、页岩气等非常规天然气资源非常丰富，具有很好的勘探开发前景。埋深2000米以内的浅层煤层气可采资源量为36.81万亿米^3，陆域页岩气可采资源潜力为25.08万亿米^3。如果给予合理引导开发，非常规天然气有望成为未来我国天然气供应的重要组成部分，缓解我国优质能源资源相对不足的局面。因此，我国应积极开展非常规天然气资源的勘察工作，尽快摸清非常规天然气资源潜力及其分布，并将煤层气、页岩气等纳入矿产资源序列，实行国家一级管理。由于非常规天然气开发投资大、单井产量低、见效慢、收益低，可适当给予非常规天然气生产企业一些优惠与支持政策。

（1）**煤层气**。煤层气是我国近中期非常规天然气中最为现实的气源，具有巨大的开发潜力。经过十几年的勘探实践和理论研究，煤层气开发已进入了规模化开发阶段。但我国煤层气开发中还面临着煤层气矿业权与煤炭矿业权重叠、配套输送和利用设施缺乏、行业管理规范缺失等问题，需要国家出台相关产业政策予以解决。

如果促进煤层气开发的各项措施能够落实到位，预计2020年煤层气产量将达到500亿米^3，成为我国天然气供应的重要组成部分。

（2）**页岩气**。国际上页岩气开采技术已逐渐趋于成熟。美国已进入了页岩气快速发展阶段，页岩气产量已接近其天然气总产量的1/5。通过大力开采页岩气，美国实现了天然气产量的持续增长，并在2009年成为世界最大的天然气生产国，大大减少了对进口天然气的需求。与美国等国家相比，我国页岩气开采的一些关键性技术还有待突破。虽然在钻机等装备制造方面已经具备较强的技术和生产能力，但在系统成套技术和一些单项配套技术方面还存在差距。我国页岩气普遍埋藏较深，开采难度也较大。为推动我国页岩气开发，应合理借鉴美国等国家模式，选择成熟矿区，通过与国外公司开展技术合作，开展先导试验，构建页岩气技术开发体系，尽快掌握符合我国页岩气藏特点的勘探开发配套技术。同时，在资源普查、矿权管理、财税等配套政策等方面给予一定的扶持，加快我国页岩气开发进程，力争2020年产量达到600亿～1000亿米^3。

3. 适度发展燃气调峰电源

天然气主要用于城市燃气、发电、化工原料和工业燃料。随着城镇化的推进和燃气管网的不断发展，未来居民生活等城市燃气需求将持续快速增长。相对于煤炭，天然气具有更好的环境效益，但资源相对匮乏，供气保障及气价不确定因素大。因此我国天然气发展应优先照顾民生，以满足民用、工业燃料和化工原料为主，在此基础上，适度发展天然气发电。

近年来，我国对调峰电源的需求快速增长。随着我国经济结构调整步伐的加快及城乡居民生活用电比重的不断上升（尤其表现为夏季空调负荷的增加），华北、华东等负荷中心地区的电网日均最小负荷率呈现持续下降的趋势，电网的峰谷差逐年加大，系统的调峰压力也逐年增加，迫切需要增加调峰电源。风电、太阳能发电等间歇性能源的大规模开发利用，进一步加大了对调峰电源的需求。燃气发电由于具有灵活的调节能力和良好的调峰性能，能够适应电力系统运行调峰的需要，未来应适度进行发展。

考虑到资源条件、发电成本等方面因素，我国天然气发电应主要定位于调峰电源。预计2020年我国天然气发电装机容量将达到7000万千瓦左右，2030年达到1亿千瓦，2050年达到1.7亿千瓦。

第七节　海外能源资源开发利用

当前国际环境对我国扩大海外能源开发既存在有利因素，也存在不利因素。有利因素在于：国际金融危机导致世界经济增长放缓，部分国家的企业发展遭遇严重问题，有的市场价值大大缩水，有的为了缓解资金紧张，不得不将部分优质资产在市场上抛售，其中包括不少能源类资产。为了吸引外国投资，拉动经济复苏，一些国家降低了投资门槛，扩大了允许投资领域，一些过去国外资本难以涉足的能源基础性产业也开始对国外企业开放。这为我国能源企业并购海外资产，参与国际能源合作提供了难得的机遇。同时，我国经济继续保持稳步增长，外汇储备充足，也为我国企业走出去收购海外优质资产提供了强大的保障。不利因素在于：我国进入国际能源市场较晚，优质的能源资源大多已被其他国家控制，我国获取海外能源资源的难度和风险较大；来自印度等新兴国家和日本、韩国等传统资源进口国的竞争压力不断加大，也在无形中推高了我国获取海外能源资源的代价。从总体上来看，有利因素大于不利因素，今后一段时期，将是我国扩大海外能源资源利用规模的重要战略机遇期。我国能源企业应充分抓住这一有利时机，积极利用海外能源资源，提高我国能源安全保障程度。

一、海外油气资源开发与进口

自20世纪90年代以来，我国积极开展国际能源合作，在油气资源合作方面取得了一系列显著进展。我国通过国有石油企业在全球多个国家开展了国际油气合作项目，涉及非洲、中东、中亚、俄罗斯、美洲、亚太等多个区域，初步形成了国际油气合作的全球性区域格局。

在两次石油危机后，主要石油消费国都强烈认识到过分依赖某一个地区资源的风险，积极实施多元化的石油获取战略。当前及今后较长一段时间，我国将处于油气消费增长期，在国内资源有限、供需缺口不断增大的发展形势下，多元化油气资源海外投资与获取方式，进一步丰富进口来源，是提高我国油气供应保障度的战略

选择。

（一）油气资源进口来源多元化

世界油气资源集中分布在从北非到波斯湾、里海、俄罗斯的环形地带。这一地带周边的国家和地区成为世界油气资源供应的中心。根据2010年对全球原油出口来源地的统计，中东地区出口量占全球的44.2%，非洲占18.7%，俄罗斯及中亚地区占17.0%。

我国石油进口来源集中在中东和非洲地区。2010年我国原油进口量约2.3931亿吨，前十大进口来源国进口量占79%。在前十大进口来源国中，中东地区国家有5个，非洲地区国家有2个（见表3-7）。近年来，来自中东和非洲地区的进口原油比例一直保持在70%左右。过于集中的进口结构以及主要进口地区复杂的政治形势，给我国能源安全带来了较大风险。

表3-7　　　　　　　　　　　我国原油进口十大来源国　　　　　　　　　单位：万吨

排序	2009年		2010年	
	国家	进口量	国家	进口量
1	沙特阿拉伯	4195.3	沙特阿拉伯	4464.2
2	安哥拉	3217.2	安哥拉	3938.1
3	伊朗	2314.7	伊朗	2131.9
4	俄罗斯	1530.4	阿曼	1586.7
5	苏丹	1219.1	俄罗斯	1524.0
6	阿曼	1163.8	苏丹	1259.9
7	伊拉克	716.3	伊拉克	1123.8
8	科威特	707.6	哈萨克斯坦	1005.4
9	利比亚	634.4	科威特	983.0
10	哈萨克斯坦	600.6	巴西	804.7
全年进口量	20379		23931	

注　表中数据根据中国海关总署数据整理。

　　为减少石油进口风险，我国需要积极扩展进口来源，形成多元化进口格局。结合世界油气资源分布、国际油气竞争形势以及我国已进行的国际合约合作情况，未来我国油气进口的目标区域主要为中东、非洲、中亚、俄罗斯、美洲等地区和国家，发展战略为：稳定中东，巩固非洲，扩大中亚、俄罗斯，开拓美洲；主要以资源开发和市场贸易为合作重点，实现互利合作，促进共同发展。

1. 稳定中东地区油气进口

　　中东地区的石油和天然气资源都非常丰富，也是我国石油进口的主要来源地。中东地区的油气资源出口国为降低出口风险，保证较为稳定的出口收益，正在积极寻找新的油气出口市场，以抵消西方发达国家需求不振对其油气出口的影响。我国应充分利用这一有利因素，加大与沙特阿拉伯、伊朗等石油出口大国之间的能源开发合作力度，更多地参与中东地区油气资源的上游勘探开发，建立油气生产供应基地，稳定中东地区的油气进口量。

2. 巩固非洲地区油气进口

　　非洲地区在我国油气进口中所占比例呈上升趋势，也是未来我国油气进口潜力最大的地区之一。我国应借助与非洲大多数国家良好的政治关系，扩大合作范围，增加对安哥拉、苏丹、尼日利亚等非洲主要产油国的基础设施投资，加大人才培训力度，巩固我国在非洲地区油气开发生产领域的地位，积极应对西方国家加快非洲油气勘探开发所带来的挑战。

3. 扩大中亚、俄罗斯地区油气进口

　　中亚、俄罗斯地区位于我国周边，其油气资源距离我国相对较近，具有地缘优势。这一地区国家从发挥资源优势、加快经济恢复的角度考虑，具有较强的对外能源合作意愿。目前，我国与这一地区国家的政治关系友好，具备良好的油气开发合作基础。未来应重点加强与哈萨克斯坦、土库曼斯坦等国的油气开发合作，将中亚地区建成保障我国油气稳定供应的重要战略基地。

4. 开拓美洲地区油气进口

　　美洲地区油气资源储量较为丰富，出口量在全球占据一定比例。未来应逐步扩大我国在美洲地区的政治经济影响，为开展深入的油气开发合作创造条件，重点与巴西、委内瑞拉、墨西哥、加拿大等国家开展油气开发合作，将美洲地区作为我国油气进口的重要补充。

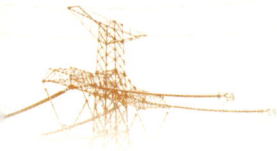

（二）油气资源进口运输渠道多元化

我国油气资源进口运输通道安全面临较高风险。目前除了从中亚、俄罗斯等周边国家具有少量的管道和铁路运输进口外，我国进口石油的90%以上通过海上运输获得，且其中的绝大部分要经过霍尔木兹海峡—印度洋—马六甲—南海航线。无论是从中东还是非洲地区的进口石油，其海上运输通道都处于美国、印度等国家军事力量的控制或影响之下，一旦发生突发事件，我国进口原油通道的安全很难得到保障。同时，我国石油海运运力总体能力不足，特别是超大型油轮严重缺乏，油气进口的海上船运大部分由外轮承运，在市场条件发生变化的情况下，极易受制于人。

为保障进口油气资源运输的安全，必须加强我国海外能源资源运输渠道的多元化建设。一方面，要加强对海上运输通道的保护和控制能力，积极与有关国家开展海上安全合作，建立运输通道安全保障机制；同时加强我国超级油轮船队建设，扩大进口油气中我国船队承运的份额。另一方面，要积极发挥地缘政治优势，拓展陆路进口渠道，积极推进周边油气资源丰富国家与我国之间的油气运输管道建设，减少对海上运输通道的依赖。

（三）油气资源进口贸易方式多元化

为规避石油进口风险，我国应注重油气资源进口贸易方式的多样性，并采取合理的组合比例，增加长期供应合同所占比重，积极利用期货贸易方式。国际石油贸易方式主要有长期供应合同贸易、现货贸易、准现货贸易和期货贸易等方式。长期供应合同在一定程度上排除了现货交易的偶然性和不确定性，特别是对于我国这样一个对国际油价话语权较小的石油消费大国而言，有利于保障石油供应的稳定性和可靠性。石油期货贸易已成为全球期货市场最大的商品期货品种，大力发展石油期货贸易，有利于规避价格波动风险，增加我国对全球石油价格的影响力。

在石油交易结算方式上，我国应逐步扩大石油交易结算货币的非美元化，积极尝试使用人民币结算。在美元持续贬值的情况下，国际石油结算货币多元化趋势明显，石油出口国要求以非美元进行石油贸易结算的呼声高涨，伊朗等国家已开始使用欧元、日元进行出口结算，俄罗斯也正凭借其石油出口大国的地位推进卢布的国际化。随着我国在世界石油贸易中地位的不断提高，以人民币作为石油贸易结算货币的条件逐渐成熟。使用人民币进行石油贸易结算，可以避免汇率波动对我国造成的损失，也有利于我国掌握国际油价结算的主动权。

二、海外煤炭与电力进口

1. 扩大煤炭进口量

煤炭是世界上分布最广，储量最大的化石能源品种，其储产比远高于石油和天然气。世界煤炭储量的75%分布在美国、俄罗斯、中国、澳大利亚、印度5个国家。

近年来，世界煤炭产量不断增长。2010年，世界煤炭生产总量53.3亿吨标准煤，中国占48.3%，美国、澳大利亚、印度、印度尼西亚、俄罗斯、南非6个国家合计占39.8%。世界主要产煤国（不含中国）2010年煤炭生产和消费情况如表3-8所示。澳大利亚、印度尼西亚、俄罗斯、南非等国家煤炭储量丰富，国内煤炭需求不大，是世界主要的煤炭出口国。

表3-8 世界主要产煤国（不含中国）2010年煤炭生产和消费量 单位：亿吨标准煤

序号	国家	生产量	消费量
1	美国	7.89	7.49
2	澳大利亚	3.36	0.62
3	印度	3.09	3.97
4	印度尼西亚	2.69	0.56
5	俄罗斯	2.13	1.34
6	南非	2.04	1.27
7	哈萨克斯坦	0.80	0.52
8	波兰	0.79	0.77
9	哥伦比亚	0.69	0.05
10	德国	0.62	1.09

注 表中数据来源于BP, Statistical Review of World Energy 2011。

受到资源条件、环境容量等因素的约束，未来我国煤炭产量增长较为有限。为满足经济社会发展需要，必须积极开拓国际市场，扩大国际煤炭进口量。

当前，我国煤炭进口主要来自澳大利亚、印度尼西亚、越南、俄罗斯，以海运和陆路运输为主，2010年我国煤炭进口1.65亿吨，其中80%以上来自上述4个国家。综合考虑世界煤炭出口国的地理位置、资源状况、煤炭生产及发展趋势、出口政策等因素，未来，我国应选择运输距离短、资源丰富、出口量将会较大增长的澳大利亚、蒙古、俄罗斯、印度尼西亚等国作为我国煤炭进口的主要目标货源地。

2. 大力推动电力进口

我国周边许多国家具有煤炭、水能等丰富的发电资源，在满足本国能源需求的基础上，具有建设发电基地向我国输电的潜力。在价格合理的情况下，按照经济可行、供应可靠的原则，有规划、有步骤地开展国际电力合作，引进国外清洁的电力能源，能够有效改善我国能源供应结构，减轻国内能源资源开发和生态环境保护压力，促进节能减排，更好地保障我国能源安全。

相关研究成果表明，我国北部周边的俄罗斯、蒙古、哈萨克斯坦等国家，发电资源丰富，电力出口潜力较大。综合能源资源、水资源、到我国的距离、开发经济性等因素分析，预计到2020年，俄罗斯远东和西伯利亚地区具有向我国输送煤电的潜力约3100万千瓦，输送水电的潜力约300万千瓦；蒙古具有向我国输送煤电的潜力约4000万千瓦；哈萨克斯坦具有向我国输送煤电的潜力约3000万千瓦。

总体而言，我国与俄罗斯、蒙古、哈萨克斯坦三国开展跨国电力合作的前景良好，预计2020年前后上述三个国家电源基地向我国输电的潜力可达1亿千瓦以上。从地理区位上考虑，俄罗斯远东和西伯利亚地区适宜向东北、华北送电，蒙古适宜向华北送电，哈萨克斯坦适宜向华中送电。

第四章
能源输送和配置

　　我国能源资源与能源需求逆向分布的国情，决定了能源大规模、远距离运输和大范围优化配置不可避免。未来，要消除我国能源运输瓶颈，提高能源配置效率，优化能源配置格局，实现经济、社会、环境综合价值最大化，必须下决心转变能源配置方式，充分发挥各类运输方式的比较优势，构建分工协作、优势互补、连续贯通的一体化现代能源综合运输体系。要通过输煤输电并举、加快发展输电，优化煤炭运输方式，改变过度依赖铁路输煤的局面；大力推进以特高压为骨干网架的坚强智能电网建设，建设网架结构合理、资源配置能力强大的能源资源配置平台；加强油气管网建设，优化布局和结构，实现输配网络化和上下游协调发展。

第一节　现代能源综合运输体系

我国能源运输的对象主要包括煤炭、石油、天然气和电能。水能、核能、风能和规模化开发的太阳能都通过转换成为电能进行输送和利用。煤炭的运输方式主要有铁路、公路、水路及不同运输方式的组合等；石油和天然气的运输方式主要有管道、铁路、公路、水路及不同运输方式的组合等；电能（煤电、水电、核电、风电、太阳能发电等）的传输通过电网进行（见图4-1）。

目前我国煤炭消费的一半以上用来发电，电煤运输问题是影响我国能源发展的突出问题。从技术上分析，"三西"地区（含宁东）煤炭基地的电煤从煤矿到东部终端电力用户之间的运输，既可以选择通过铁路或铁路、水路联运将电煤运到东部地区的燃煤电厂，发电后再通过电网输送到终端电力用户的方式；也可以选择在煤炭基地建设坑口电站就地发电，然后通过电网将电能远距离输送到东部沿海地区的方式。从这个意义上说，电网也是煤炭运输的一种重要方式。

近年来，我国频繁出现能源供应紧张问题，能源布局和能源运输方式匹配不合理、输煤输电比例失调、能源运输能力不足等是重要的原因，这些问题都与能源运输体系建设有关。随着我国经济的发展，经济发达地区能源需求进一步大幅增加，能源供需区域的逆向分布将更加明显，这决定了能源资源大规模跨区域长途调配难以避免，未来我国能源总体流向将呈现自西向东、自北向南的总体格局，能源流规模显著扩大。其中，煤炭流向一方面仍呈西煤东送、北煤南运的格局，另一方面西电东送、北电南送的规模大幅上升；石油流向延续自西向东、自北向南格局，陆海石油进口流入规模持续增长；天然气输送呈西气东输、北气南送、海气登陆格局。能源运输的规模将越来越大，对能源运输的要求将越来越高，建立一个高度现代化的能源综合运输体系成为重大战略任务。

现代能源综合运输体系是指符合国家经济地理特征和能源禀赋与生产力发展布

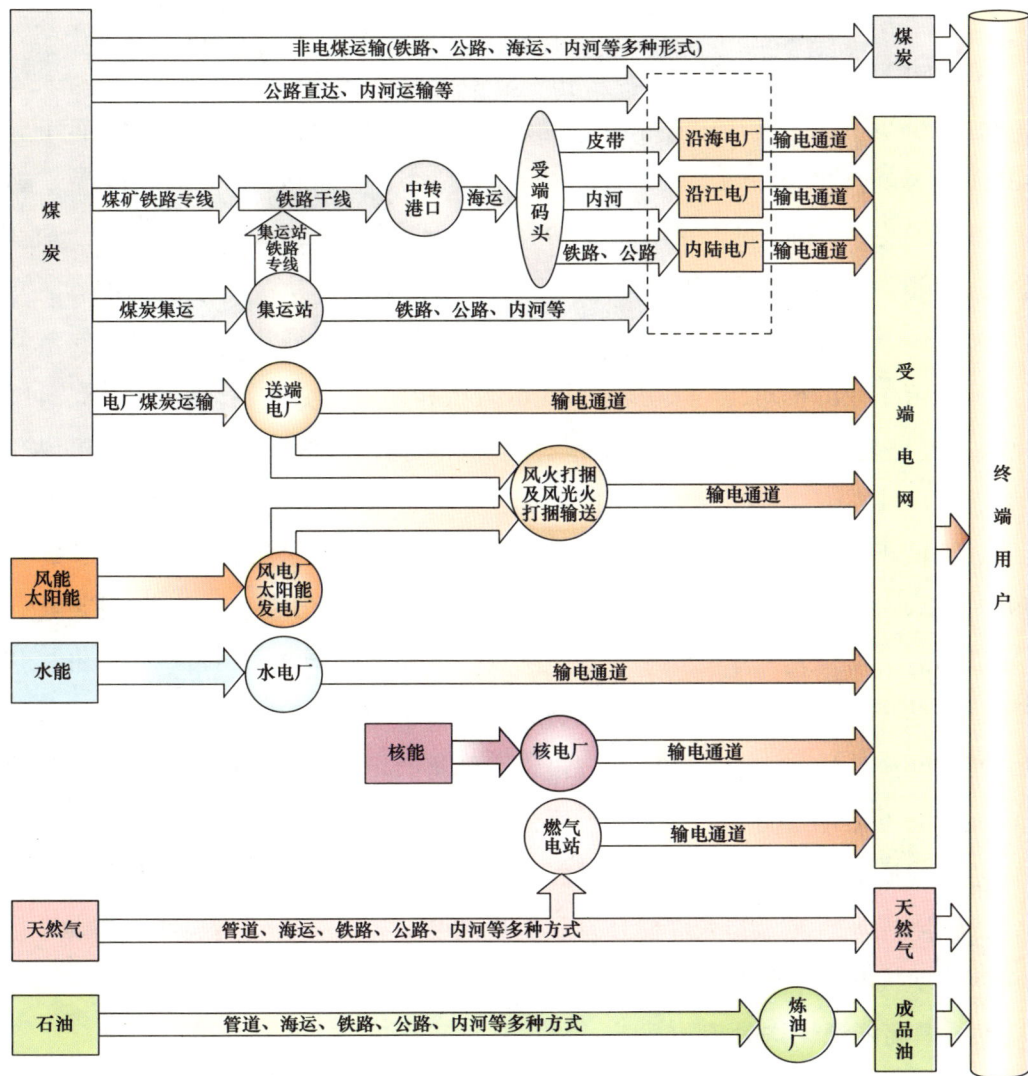

图 4-1 能源运输体系示意图

局，采用现代先进技术，以实现能源安全高效传输为目标，各种能源运输方式分工
协作、优势互补、连续贯通的一体化能源运输系统的总称，由铁路、公路、水路、
管道、电网等各种运输方式及其线路、站场等优化布局、合理匹配构成。

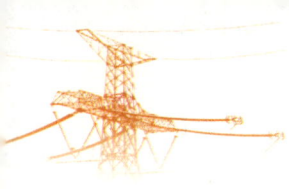

一、构建现代能源综合运输体系的意义

1. 保障能源安全可靠供应

我国煤炭资源主要集中在华北、西北地区，其中华北地区占37.7%，西北地区占33.1%，其他地区占29.2%[1]；水能资源主要集中在西部的云、贵、川、渝、藏地区，占全国的66.7%；90%的石油资源分布在西北、华北、东北地区和海洋大陆架；天然气资源主要分布在四川、西北和海洋大陆架地区。从经济发展情况看，东部沿海的辽宁、河北、北京、天津、山东、江苏、上海、浙江、福建、广东等10个省（直辖市）经济相对比较发达，GDP、人口和用电量分别占全国的57%、41%和54%；但这些地区能源资源相对贫乏，水能资源比重不到8%，煤炭资源比重只有8%左右。这一现实国情，决定了我国能源运输具有运输方向集中（自西向东、自北向南）、运输距离长（2010年铁路煤炭平均运输距离为622公里、油品平均运输距离为917公里、水路煤炭平均运输距离为1255公里）等特点，对能源运输体系建设的要求很高。未来，无论开发利用西部北部煤炭资源、西南水电资源、"三北"风电资源，还是开发利用内陆、海洋油气资源，或者进口煤、油、气、电等各种能源资源，都需要统筹加强能源运输体系建设，否则将严重影响我国能源供应。近年来由于电煤运力不足导致的煤、电紧张矛盾，给我们敲响了警钟。作为具有较大发展潜力的重要优质能源，天然气开发利用面临的主要制约因素是运输通道和管网建设。风能、太阳能等新能源的大规模开发利用也需要结构坚强、运行灵活、资源配置能力强大的现代电网作支撑。

2. 提高能源输送效率

目前，除水电、核电、风电等一次电力以外，我国大部分煤、油、气等能源产品从资源开发企业到终端用户的运输，都是由两种以上的运输方式联合完成。不同的运输方式组合会带来不同的运输效率。即使可由单一运输方式完成运输任务，也面临不同运输方式的优化选择问题，或者通过技术进步和科学管理提高输送效率问题。长期以来，我国在能源运输方面缺乏综合性的发展规划，能源资源开发与运输

---

[1] 指煤炭基础储量，根据国土资源部2009年全国矿产资源储量通报计算。华北地区包括河北、北京、天津、山西、山东5省（直辖市），西北地区包括新疆、内蒙古、宁夏、甘肃、青海5省（自治区）。

环节之间、不同的能源运输方式之间缺乏统筹，而且对电网在能源运输方面的功能认识不足，导致能源运输体系不够完善、效率有待提高，难以适应能源可持续发展的需要。在科学规划的基础上建设现代能源综合运输体系，发挥各种运输方式的比较优势，进行优化组合、相互补充，实施科学的调度安排，能够最大限度地挖掘能源运输潜力，有效提高能源运输效率。现代能源综合运输体系是各种先进技术得到充分应用的能源运输体系，是能源生产、运输、配送无缝衔接的能源运输体系，而技术和管理的进步必然带来能源运输效率的提高。以远距离输电为例，一条技术先进的1000千伏特高压交流输电线路的输送能力是500千伏交流线路的4～5倍，而单位输电损耗仅是500千伏交流线路的1/4~1/3。

3. 实现综合价值最大化

我国土地资源日益紧张，建设现代能源综合运输体系可以充分利用宝贵的能源运输通道资源，减少土地资源占用。而且，加强运输体系建设、引导能源合理布局可以促进西部资源富集地区加大一次能源就地加工转换比例，延伸当地能源产业链条，带动地方经济社会发展，也有利于减轻一次能源运输过程的污染和在东部负荷中心地区实施一、二次能源转换面临的严峻环保压力。通过建设现代综合运输体系，消除水能、风能、太阳能发电等清洁能源规模化开发利用面临的电网瓶颈制约，对保护生态环境、应对全球气候变化具有深远的意义。近年来，从"三西"到华东的电煤成本构成中，50%以上来自中间环节。建设现代能源综合运输体系，有利于减少能源运输特别是电煤运输的中间环节，有效抑制由于产、供、销衔接不畅导致的电煤加价压力。

二、现代能源综合运输体系的构建原则

构建能源综合运输体系是一个庞大的系统工程，需要在统一规划指导下有序推进。

1. 发挥比较优势

建设现代综合能源运输体系，需要根据资源分布和需求情况，对各种运输方式发展进行准确定位、科学布局、合理匹配，发挥每种运输方式的优势，实现运输资源的充分利用。铁路具有运量大、全天候、可以实现"门对门"运输等

优点，是煤炭中长途运输的主力和石油中长途运输的重要补充。管道在油气大规模、长距离运输方面优势突出，城市燃气也主要依靠燃气管网进行。公路运输灵活、方便，但主要适应于短途运输或与铁路、水路集运。水路在沿海、沿江、沿河地区能源运输中具有重要作用，其中，海运是能源进出口的重要运输方式。电网输电的环节少、效率高、覆盖面广，随着特高压输电技术的快速发展，其输电能力越来越强、经济输电距离越来越远，在现代能源综合运输体系建设中具有十分重要的作用：一是优化电煤运输格局，改变电煤运输对铁路的过度依赖；二是实现清洁能源和可再生能源高效送出，推动能源结构向绿色低碳转型；三是获取大范围联网效益，促进能源资源的优化配置。

2. 坚持系统优化

建设现代能源综合运输体系，要切实做好各种能源运输方式在布局、能力和建设时序等方面的衔接，同一运输方式的各个环节也要统筹规划、协调发展，配套的基础设施、控制系统等相关工程建设要一并协调推进，使能源运输全过程无缝衔接，实现运输体系整体高效用和高效率。同时，要把能源运输体系纳入整个能源系统，充分考虑不同能源资源分布状况、物理特征和需求格局，通过建设现代能源综合运输体系，优化能源资源配置，实现能源开发利用整体效率的提升。比如，由于风电具有间歇性和波动性的特点，西北风电大规模开发外送需要与煤电、水电的开发外送统筹考虑；华中地区水电比重大，华北、华东地区煤电比重大，建设"三华"特高压同步电网可以取得水火互济、共享事故备用和调峰容量、减少发电装机容量等联网效益，并形成科学的电网结构。

3. 坚持安全环保

现代能源综合运输体系建设必须有利于防范和化解能源运输过程中的各种风险。从目前来看，电煤运输中的输煤输电比例失衡和石油进口对马六甲海峡的依赖是我国能源运输面临的主要系统风险，也是建设现代能源综合运输体系需要面对和解决的问题。此外，自然灾害、外力破坏和运输系统自身的各种风险因素也需要在现代能源综合运输体系建设中通过技术进步等手段予以防范和化解。同时，现代能源综合运输体系必须是环境友好的，在建设过程中要贯彻节能减排的要求，减少土地占用，减少各种跑冒滴漏造成的污染，最大限度地减轻对生态环境的影响。同时，要充分考虑运输沿途和送、受两端地区的环保形势和生态修复能力，通过合理布局并采取各种技术措施，尽可能降低能源开发利用和运输造成的环境成本。

4. 坚持挖潜与新建并举

建设现代能源综合运输体系，一方面需要进一步加大基建投资，新建、扩建现代化的能源运输工程，优化运输格局，扩大能源运输能力；另一方面要积极应用现代先进技术，改造升级现有的能源运输体系，解决瓶颈环节，理顺各环节关系，深入挖掘现有运输体系的潜力。"十一五"期间，铁路通过6次大提速提高运输能力50%以上，国家电网公司通过技术改造累计提高现有电网输送能力1.54亿千瓦。

5. 坚持适度超前建设

能源运输工程是国家重要的基础设施，是连接能源资源开发与能源用户之间的中间环节，一旦建设滞后，不仅影响能源资源的开发利用，降低能源开发环节的投资效率，而且严重影响经济社会发展。由于后果影响大，而且工程涉及的因素多、建设周期长，因此现代能源综合运输体系建设应坚持适度超前的原则。历史上，我国电网建设长期投入偏低，电网发展不仅没有适度超前，而且远远滞后于电源建设和经济社会发展需要，跨大区、远距离输电能力尤为不足，严重影响了电力安全稳定供应。加强特高压和各级电网建设，充分发挥电网在现代能源综合运输体系中的作用，已成为十分紧迫和艰巨的任务。

第二节 煤炭运输方式优化

煤炭是我国能源运输的主要能源品种。就地平衡的电力发展方式加剧了我国煤炭生产和消费地区分布的不均衡，跨区煤炭调运规模连年增加，导致煤、电、运紧张局面反复出现。随着我国煤炭开发重心的继续西移和北移，煤炭运输需求进一步增加。为解决我国煤炭运输中存在的瓶颈问题，未来应加快发展输电，实现输煤输电并举。与输煤方式相比，输电方式在经济性、生态环境影响、土地占用、促进区域经济协调发展等方面具有较强的互补性优势。大力发展输电，充分发挥电网在资源优化配置方面的作用，有利于优化我国煤炭运输总体格局，从根本上解决我国煤、电、运矛盾。

一、煤炭运输现状

（一）我国煤炭生产与消费总体格局

我国煤炭资源分布极不平衡，大部分煤炭资源分布在西部和北部。目前，晋陕蒙宁地区已经成为我国主要能源生产基地和煤炭主要调出区，煤炭产量及其占全国比重均快速上升。2010年全国生产原煤324000万吨。其中，晋陕蒙宁地区生产181000万吨，占总产量的55.9%；与2000年相比，煤炭产量增加119200万吨，占全国的比重上升了14.1个百分点（见表4-1）。

表4-1　　　　　　　　　　近年各地区原煤生产量及其比重

地区	2000年		2005年		2010年		2000~2010年年均增速（%）
	生产量（万吨）	比重（%）	生产量（万吨）	比重（%）	生产量（万吨）	比重（%）	
晋陕蒙宁	61800	41.8	98900	44.9	181000	55.9	11.3
京津冀	6800	4.6	9500	4.3	9400	2.9	3.2
东北	14100	9.5	18500	8.4	19600	6.0	3.3
华东	21700	14.7	29700	13.5	35000	10.8	4.9
中南	19400	13.1	26700	12.1	27700	8.5	3.7
西南	19400	13.1	29100	13.2	36500	11.3	6.5
新甘青	4700	3.2	8100	3.7	14800	4.6	12.0
全国	147900	100	220500	100	324000	100	8.2

注　根据中国统计出版社历年《中国能源统计年鉴》及煤炭工业研究中心数据整理。东北指辽、吉、黑3省，华东指沪、苏、浙、皖、闽、赣、鲁7省（直辖市），中南指豫、鄂、湘、粤、桂、琼6省（自治区），西南指渝、川、黔、云4省（自治区、直辖市）。

我国区域经济发展不均衡，煤炭消费中心主要集中在京津冀、华东、中南等东中部地区。2010年，全国煤炭消费总量达到322600万吨。其中，京津冀、华东、中南地区煤炭消费量合计占全国的56.8%，比2000年提高了1.2个百分点，见表4-2。

近年来，我国煤电装机容量及发电量快速增长，导致电煤消费需求快速增加。2010年，电煤（含供热）消耗量达17.79亿吨，占全国煤炭消费总量的55.1%，比

2000年上升了9.3个百分点（见图4-2）。

表4-2　　　　　　近年各地区煤炭消费量及其比重

地区	2000年		2005年		2010年		2000~2010年年均增速（%）
	消费量（万吨）	比重（%）	消费量（万吨）	比重（%）	消费量（万吨）	比重（%）	
晋陕蒙宁	23000	16.3	36900	15.9	61700	19.1	10.4
京津冀	16600	11.8	23400	10.1	29600	9.2	6.0
东北	18800	13.3	25000	10.8	35200	10.9	6.5
华东	36400	25.8	68900	29.7	93700	29.0	9.9
中南	25400	18.0	42900	18.5	60000	18.6	9.0
西南	15400	10.9	25500	11.0	31200	9.7	7.3
新甘青	5500	3.9	9300	4.0	11200	3.5	7.4
全国	141100	100	231900	100	322600	100	8.6

注　根据中国统计出版社历年《中国能源统计年鉴》及煤炭工业研究中心数据整理。东北指辽、吉、黑3省，华东指沪、苏、浙、皖、闽、赣、鲁7省（直辖市），中南指豫、鄂、湘、粤、桂、琼6省（自治区），西南指渝、川、黔、云4省（自治区、直辖市）。

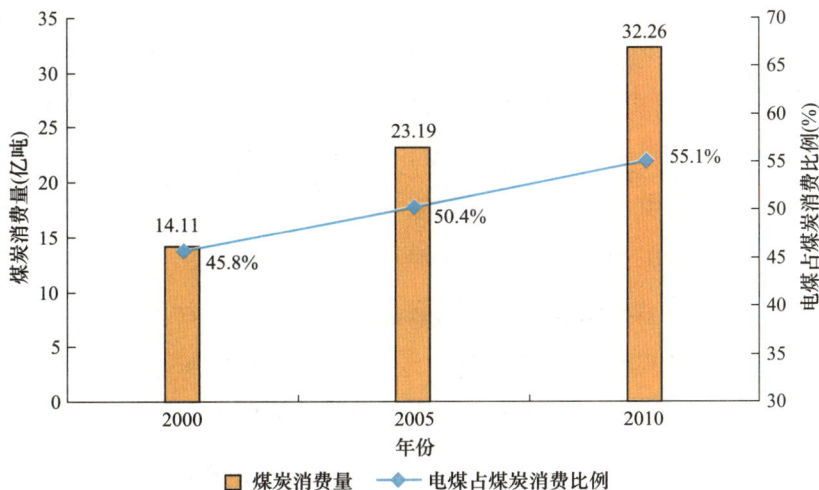

图 4-2　我国煤炭消费变化情况

（二）我国煤炭运输总体情况

我国煤炭生产与消费分布不平衡的状况，决定了西煤东运、北煤南运的煤炭运

输总体格局，以及以"三西"地区（含宁东）煤炭基地为核心，向东、向南呈扇形分布的运输网络结构。我国煤炭运输总体格局见图4-3。

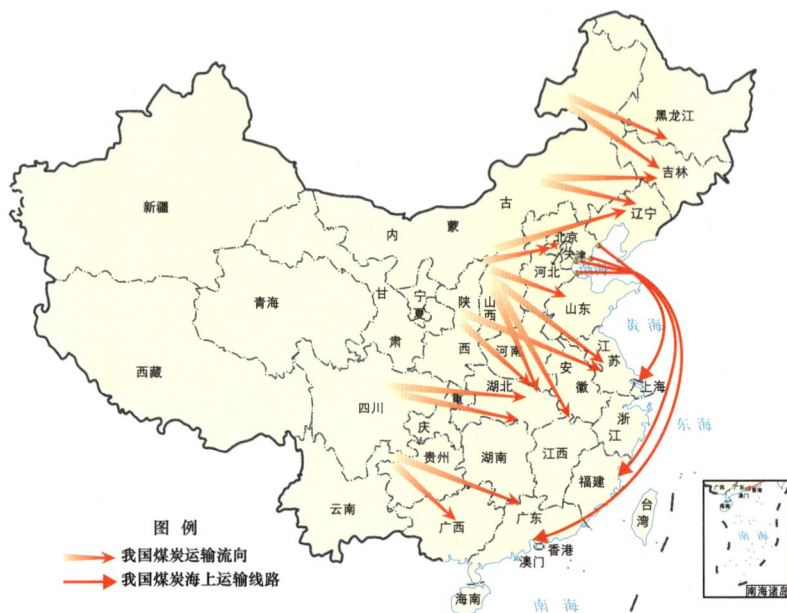

图 4-3　我国煤炭运输总体格局

　　随着我国煤炭生产和消费不均衡度的不断加剧，我国煤炭跨区调运总规模不断增加。2000年，我国大区之间净调出煤炭4.28亿吨，净调入煤炭3.60亿吨。到2010年，我国大区之间净调出煤炭12.82亿吨，是2000年的3.0倍；净调入煤炭12.68亿吨，是2000年的3.5倍❶。从煤炭调出来看，晋陕蒙宁地区是我国最主要的煤炭生产和调出地区，2010年净调出煤炭11.93亿吨，是2000年的3.1倍，占全国煤炭总调出量的93%；华东地区是我国最主要的煤炭消费和调入地区，2010年净调入煤炭5.87亿吨，是2000年的4.0倍，煤炭调入量占全国煤炭总调入量的46%。

　　我国煤炭运输以铁路为主，以水路和公路为辅，实际运输中多采用几种方式联合输送。据初步统计，2010年，我国公路、铁路和水路共完成煤炭运量66亿吨，煤炭周转量30900亿吨·公里。我国煤炭消运系数❷为1.64，其中公路消运系数为0.87，铁路消运系数为0.58，水路消运系数为0.19。这意味着，我国每消费1吨煤炭，平均

---

❶　由于进出口、煤炭库存等因素的影响，煤炭总调出和总调入的统计数据略有差异。

❷　煤炭消运系数是煤炭运输量与消费总量之比。

需要由公路、铁路和水路联合完成1.64吨运量，并运输467公里方可实现。

1. 铁路

铁路是我国最主要的煤炭运输方式，煤炭也一直是铁路运输的最主要的货种。据统计，2000～2010年全国铁路煤炭运输量年均增长10.6%，2010年约20亿吨。铁路煤炭运输量占铁路货运总量的比例从2000年的43.6%上升到2010年的55%。"三西"地区已形成了全国规模最大、最密集的铁路煤炭外运大通道，由大秦线等12条铁路组成，根据线路地理位置分为北、中、南三大通路（见图4-4）。其中，北通路包括集通、大秦、丰沙大、京原和朔黄5条铁路；中通路包括石太和邯长2条铁路；南通路包括侯月、陇海、太焦、宁西和西康5条铁路。据统计，2010年通过"三西"煤炭外运通道共调运煤炭9.2亿吨，占全国铁路煤炭发送量的46%。其中，大秦线外调煤炭约4亿吨，占"三西"地区铁路煤炭外运总量的43%，是我国最主要的煤炭外运通道。

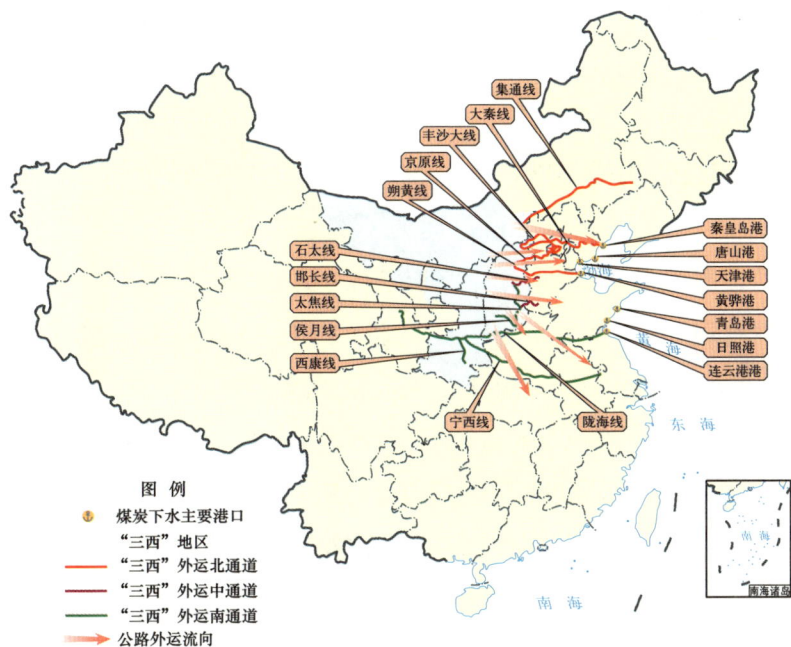

图 4-4 我国"三西"地区煤炭外运通道示意图

2. 水路

沿海水路运输是我国东南沿海地区煤炭运输的重要方式。内河水路运输是长江、京杭运河、淮河、珠江等内河流域煤炭运输的重要方式。

3. 公路

公路运输可以为铁路、水路煤运提供集运、疏运服务，是省际煤炭调运的重要补充。我国公路煤炭运输主要方向是"三西"煤炭外运、蒙东煤炭外运、华东煤炭调入和中南煤炭调入。近年来，在煤炭运输紧张的状况下，公路不得已承担了大量省际煤炭运输需求。根据初步调研情况，2010年"三西"地区通过公路跨省外运煤炭约4亿吨，比2005年翻了一番。

（三）目前煤炭运输存在的主要问题

1. 铁路煤炭运输能力不足，主要装船港口能力紧张

"十五"以来，我国加大了交通基础设施尤其是煤运通道的建设力度，但是在煤炭消费需求快速增长状况下，铁路主要运输线路能力饱和，集运铁路建设滞后，导致公路运输量过大；水路主要装船港口能力紧张，沿海船队船型老化、数量不足。而且，除大秦铁路、朔黄铁路和秦皇岛港、黄骅港和曹妃甸港为煤炭专用铁路和港口外，我国煤运通道还需兼顾其他客货运输功能，运力缺乏弹性并易受其他运输影响。

2. 公路煤炭运输规模不断增大，拥堵现象十分严重

近年来，在煤炭需求旺盛、铁路运力不足、申请手续烦琐、附加费较高等外部环境刺激下，在煤运车辆大型化、路况条件不断改善等内在动力促进下，公路省际煤炭调运量持续增长，特别是"三西"地区公路煤炭外运量保持了较高的增长速度。公路运煤大大增加了成品油消耗，是用高级能源换取低级能源，在我国石油资源紧缺的情况下，大量依靠公路输煤很不经济。而且公路主要煤运方向运输量过大，往往造成交通拥堵，如京藏高速、宣大—京张高速、109国道、108国道、55国道石太路段等经常出现车辆绵延数十公里的严重堵塞。公路运煤车辆几乎都是大型车辆，满载大多在60吨以上，有的加挂车辆甚至达到120吨以上。经过重载车辆碾压的路面，使用寿命大大缩短，桥梁和涵洞等设施的损坏也相当严重。同时，由于煤炭运输挤占了通道能力，还严重影响其他货物的运输。

3. 输煤输电比例不合理，电网作用尚未充分发挥

长期以来，我国煤电布局以分省分区就地平衡的发展方式为主，导致我国煤炭运输过度依赖输煤，跨区输电能力不足，输电比例严重偏低。2009年，"三西"地

区（含宁东）输煤与输电的比例约为20∶1，输电在煤炭能源输送中所占的比重不足5%。由于运力不足，煤炭运输已成为影响我国能源供应的主要瓶颈。特别是遇到恶劣天气、节假日客运高峰等情况，常常造成东中部地区煤炭及电力供应紧张，在每年春运前后表现得尤为突出。而且，煤炭运输规模大、距离长、中间环节多，成为导致东中部负荷中心地区电煤价格不断攀升的重要原因，致使发电成本剧增。

二、未来煤炭运输格局

1. 未来煤炭消费需求

根据我国煤炭资源分布特点和全国各地区煤炭开发约束，未来我国煤炭开发的战略思路是控制东部地区开发规模、稳定中部地区开发规模、扩大西部地区开发规模，煤炭开发重心将继续西移和北移，重点建设山西、鄂尔多斯、蒙东（含锡盟）、新疆等大型煤炭（煤电）基地。

根据煤炭未来发展思路和开发布局，考虑我国经济发展前景、能源结构调整和应对温室气体减排等因素，预计到2020年我国煤炭消费量将达到42亿吨，占一次能源消费总量的58.4%，比2010年下降9.6个百分点。预计到2030年我国煤炭消费量将达到43亿吨，占一次能源消费总量的52.3%，比2020年减少6.1个百分点（见表4-3）。

表4-3　　　　　　　　　未来我国煤炭消费需求

类别	2010年	2020年	2030年
煤炭消费量（原煤，亿吨）	32	42	43
煤炭占一次能源消费比例（%）	68.0	58.4	52.3

2. 未来煤炭运输需求

根据煤炭消费需求和生产供应格局分析，未来我国煤炭运输的需求将进一步增大，即输煤和输电的总规模将明显增加。结合未来我国能源运输体系发展情况，考虑煤炭基地生产能力与消费量、受端地区电煤消耗量等因素，分析未来我国跨区煤炭调运需求如下：

预计到2020年，我国"三西"地区（含宁东）的煤炭产量和本地煤炭消费需求将分别达到20.7亿吨和6.5亿吨，煤炭调出需求将保持在14.2亿吨水平；新疆煤炭

产量和本地煤炭消费需求将分别达到3.5亿吨和1.2亿吨，煤炭调出需求将达到2.3亿吨；蒙东褐煤调出需求将达0.6亿吨左右。

预计到2030年，国内煤炭产量在2020年水平上增产有限。随着煤炭产区煤炭消费量的不断增加，未来跨区煤炭调出规模会有所减小。届时，我国"三西"地区（含宁东）的煤炭调出需求约为12.8亿吨，新疆煤炭调出需求约为1.9亿吨，蒙东褐煤调出需求约为0.5亿吨。

三、输煤输电并举

当前我国煤炭运输中存在的运力瓶颈问题，主要是由于电源布局不合理，电网的资源优化配置能力没有得到充分发挥造成的。如果这个问题不能尽快得到解决，将严重制约我国经济社会的可持续发展。坚持输煤输电并举，在继续加强铁路等输煤设施建设的同时，大力加快发展输电，建设特高压电网，提高电网大规模、远距离输电能力，是优化调整我国能源结构和布局的战略选择。特别对优化我国煤炭运输方式，提高煤炭生产、转换、输送和利用效率，减少对生态环境的不利影响，减少土地资源占用，促进区域经济协调发展，增强能源供给的安全性、经济性和可靠性，具有十分重要的意义。

1. 加快发展输电有利于改变我国能源运输过度依赖输煤的格局

由于我国燃煤电厂大量布局在东中部地区，造成我国能源运输过度依赖输煤，铁路运输压力持续加大。尽管铁路部门采取了扩建改造等多种措施增加煤炭运输能力，但仍不能很好地满足东中部地区电源发展对煤炭运输的需求，煤炭运输紧张局面反复出现，不断加剧。同时，输电与输煤相比比例严重偏低，这种不平衡的发展格局致使东中部地区煤炭价格较快上涨，并且在客运高峰时段电煤供应难以得到切实保障。

按照铁路行业客货分流的发展方向，未来我国将新建和扩建煤炭运输大通道，将"三西"地区（含宁东）煤炭产区洗精煤或高发热量煤炭直接输送到东中部或运至港口，再通过铁路、水路联运方式输送到东中部，其中大部分煤炭用于供应东中部燃煤电厂发电，这是对现有煤炭运输方式的延续或扩充。如果继续延续东中部地区就地建设燃煤电厂、实现电力就地平衡的发展方式，则东中部地区煤炭的稳定供应就必须依赖铁路运输能力的不断扩张，实践证明这种模式存在严重弊端，必须切实加以调整。

经过多年研究和实践，我国已经全面自主掌握了特高压输电的核心技术，具备了开展大规模应用的条件。特高压输电技术的发展为煤炭的大规模远距离运输提供了一种安全、稳定、经济、清洁的全新途径。采用特高压输电技术将"三西"地区（含宁东）的煤炭就地转化成电力后输送到东中部地区，可以从根本上改变我国电力就地平衡的发展方式，实现煤炭资源在全国范围内的优化配置。

在经济社会持续快速发展的情况下，未来我国输煤、输电均有较大发展空间。铁路网和特高压电网在优化能源结构和布局等方面存在较大的功能差异，两者之间不是简单的替代关系，而是对电煤输送方式的合理分工和相互补充。与输电输送的全部是清洁、优质的电能不同，输煤输送的煤炭中，相当一部分是灰土石头和杂质。按全国煤炭运输规模估算，每年都要将几亿吨灰土石头和杂质作几千公里的大运输，造成巨大的浪费。因此，发热量较高的洗精煤适合铁路运输，而原煤、褐煤、洗中煤、煤矸石等低热值煤炭应就地发电，通过输电方式外送。通过建设特高压输电工程，构建科学合理的能源运输体系，可以改变能源运输过度依赖输煤的格局，彻底解决我国长期存在的煤、电、运紧张问题。同时，加快发展输电提高了能源运输系统的多元化程度，减少了中间环节，可显著分散和降低自然灾害对能源运输的影响程度，有效提升能源运输系统整体抵御自然灾害影响的能力，对提高我国东中部地区的电力供应安全保障具有重要意义。

根据对未来我国输煤、输电比例研究结果，预计到2020年，在输煤和输电并举、加快发展输电的情况下，"三西"地区（含宁东）直接调出煤炭约11.1亿吨，通过输电外送折合煤炭约3亿吨[1]，输煤、输电比例约为3.7∶1；新疆直接调出煤炭1亿吨，通过输电外送折合煤炭1.3亿吨[2]，输煤、输电比例为0.8∶1；东北地区需要与关内调剂部分煤炭品种，实现煤炭供需平衡；"三华"地区净调入煤炭11.7亿吨。

[1] 输电折合输煤时，煤电机组利用取5000小时，发电煤耗取300克标准煤/（千瓦·时），原煤热值"三西"地区（含宁东）按5000千卡/千克，"三西"地区（含宁东）1千瓦输电能力约合输煤2.1吨。
[2] 新疆外送电主要采用直流方式，煤电机组利用取5500小时，发电煤耗取300克标准煤/（千瓦·时），新疆煤田资源相对较好，原煤热值新疆按5500千卡/千克。新疆1千瓦输电能力约合输煤2.1吨。

届时，我国将基本形成输煤输电并举的能源运输格局。

预计到2030年，随着跨区输电的进一步发展及当地煤炭消费量的增加，"三西"地区（含宁东）直接调出煤炭规模下降到8.8亿吨，通过输电外送折合煤炭4亿吨，输煤、输电比例约为2.2∶1；新疆直接调出煤炭下降到0.66亿吨，通过输电外送折合煤炭1.3亿吨，输煤、输电比例约为1∶2；东北地区煤炭调入需求进一步增大，达到1.3亿吨；"三华"受端地区净调入煤炭13.1亿吨。

2. 加快发展输电有利于统筹利用全国环境资源

我国东中部地区缺少进一步发展燃煤电厂的环境容量。多年来，东中部地区大量发展煤电，大量煤炭燃烧导致酸雨等环境污染问题严重，付出了沉重的环境代价。据2010年中国环境状况公报，全国酸雨分布区域主要集中在长江沿线及以南、青藏高原以东地区，基本位于华东、华中、南方电网覆盖的负荷中心地区（见图4-5）。东中部地区单位国土面积的二氧化硫排放量为西部地区的5.2倍，长三角地区每年二氧化硫排放量达到45吨/公里^2，已基本没有煤电发展的环境空间（见图4-6）。

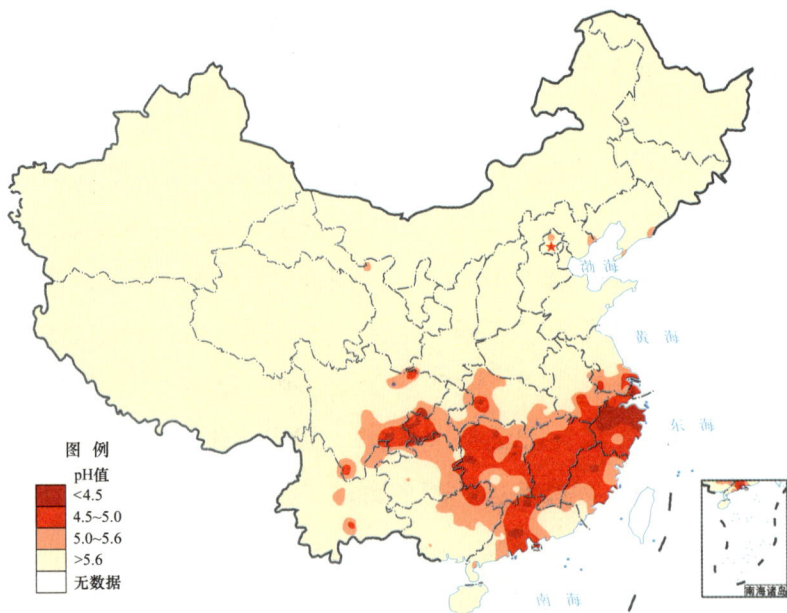

图 4-5 2010年全国酸雨分布图

资料来源：环境保护部，2010中国环境状况公报。

在西部煤炭资源产区发展坑口电厂，大力推进煤炭资源的循环利用，可以缓解煤炭开采导致的环境破坏。从水资源利用角度，煤矿与电厂联合开发、一体化运

作，可以综合利用矿井水资源，既消除了矿井水乱排放造成的水污染，又可以充分
利用宝贵的水资源。从煤炭资源利用角度，可以就地利用低热值煤和煤矸石，减少
堆放这些燃料造成的污染；从灰渣利用角度，发电产生的废渣可以输回煤矿回填采
空区，既减少电厂固体废弃物对环境的污染，又可以防止矿区塌陷；从土地利用角
度，不需要建设大型煤炭仓储基地，可以有效节约土地。

图4-6 我国煤电建设环境空间分布示意图

就环境经济损失而言，环境污染给东中部经济发达地区带来的经济损失远大于
西部、北部地区。大气污染造成的环境损失主要包括健康损失、农业减产和材料破
坏等，其与所在地区的人口密度、人均GDP呈正相关关系。以二氧化硫排放为例，
东中部地区单位二氧化硫排放造成的经济损失是西部和北部地区的4.5倍。

生态环境影响比较结果说明，输电比输煤更能促进我国环保空间优化利用和生
态环境保护，未来我国燃煤电厂应更多地建在环境空间较大的西部地区。

3. 加快发展输电有利于促进我国区域经济协调发展

与输煤相比，输电对西部地区经济发展综合拉动作用更加明显。煤炭运输仅是
初级资源的外流，对当地经济社会发展的带动作用相对较小。而在煤炭产区发展煤
电向外区输电，可以延长煤炭开发利用产业链，比单纯输煤更有利于促进当地经济
社会的发展。以山西省为例，据测算，输煤和输电两种能源输送方式对山西省GDP

的贡献比约为1∶6，对就业拉动效应比约为1∶2。

增大跨区输电规模，更有利于控制受端地区电力供给成本，促进能源消费结构的优化调整。引入成本相对较低的区外电力，有利于增加当地产业的竞争力，促进经济的发展。同时，还可以促进电力消费，使能源消费结构得到优化，能源经济效率得到提高。此外，增强跨区输电能力，扩大联网规模，除具有能源输送功能以外，还可以取得事故备用、减少装机容量、跨流域补偿、水火互济等增量效益。

跨区输电更有利于我国的区域合理分工。从促进送、受端地区经济发展的角度看，输电是一项双赢的战略选择。我国煤炭产区的比较优势在于自然资源丰富。受端地区工业化水平多处于工业化中、后期阶段，发展的重点在于产业结构调整和优化升级，发展高新技术产业和现代化服务业。在煤炭基地建设电厂，实现煤电就地转化，既可以发挥西部地区资源优势，又可以将受端地区原来用于电力建设的资源和资金用于其他优势产业的发展，促进地区产业结构的优化和升级，有利于东、中、西部经济的协调发展。

4. 加快发展输电有利于提高能源运输的经济性

输煤输电的经济性分析，可以通过比较不同方式下受端地区电价水平的高低来进行。输电方式是在煤炭产区建设坑口电厂，通过输电线路把电力输送到负荷中心地区，测算其落地电价；输煤方式是通过铁路或多种运输方式组合（如铁路、海运联运）将煤炭运输到负荷中心，发电后上网，测算其上网电价（见图4-7）。通过比较输电方式下的落地电价和输煤方式下的上网电价，可分析二者的经济性：如果输电方式的落地电价低，则输电更经济；反之，则输煤更经济。按照2011年6月的煤炭价格水平测算，从"三西"煤电基地输电到东中部负荷中心地区，输电方式下的

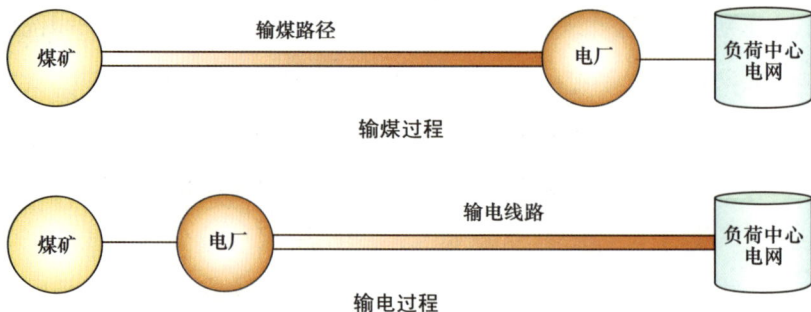

图 4-7 基于煤价差的输煤输电经济性比较示意图

落地电价比输煤方式下的发电上网电价低0.06～0.13元/（千瓦·时），输电方式的经济性明显优于输煤方式。

　　特高压输电的经济距离基本可以覆盖从我国主要煤电基地到受端负荷中心的大部分地区。特高压输电的临界经济距离与送受端煤价差之间呈正相关关系（见图4-8）。在送受端煤价差为200元/吨标准煤时，输送距离在800公里以内，采用特高压输电方式比输煤方式更经济；当煤价差超过450元/吨标准煤时，特高压输电的经济距离可提高到2000公里以上；当煤价差达到600元/吨标准煤时，特高压输电的经济距离可达3000公里左右。

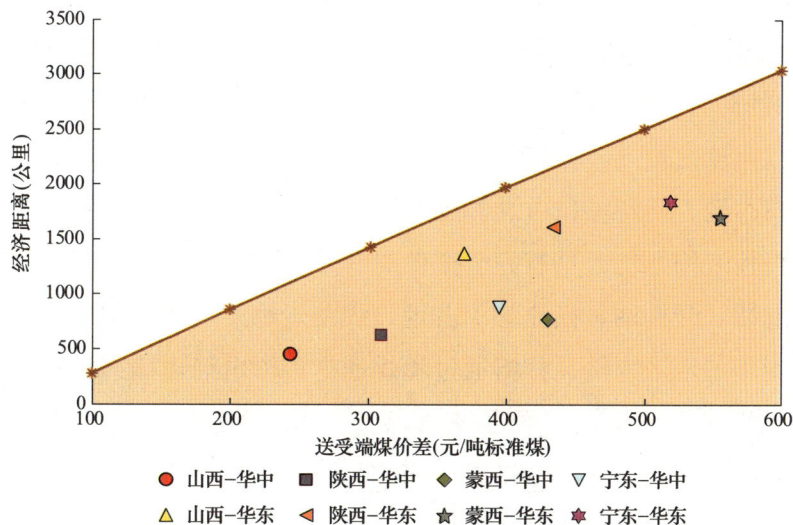

图 4-8　特高压输电的临界经济距离

　　输电方式更加有利于抑制能源运输价格波动。输电方式是"一站直达"的能源输送方式，中间环节少。输电工程成本中，投资成本所占比重较大，运行维护费用所占比例较小。输电工程建成投产后，在整个寿命期内，导致输电成本及价格发生变化的因素很少，能源运输价格相对比较稳定。相对而言，输煤方式链条较长，中间环节较多。输煤工程成本中，运行维护费用等变动成本所占比重较大，能源运输价格出现波动的可能性也较大。因此，相对于输煤方式，输电方式可以更好地抑制受端地区的电力供应成本波动。

5. 加快发展输电有利于提高我国土地资源的整体利用效率

　　我国土地资源特别是耕地资源紧缺，目前人均土地面积不到世界平均水平的

1/3。随着人口的不断增长，工矿、交通、城市建设用地不断增加，土地资源紧张的形势日益严峻。与输煤相比，输电更有利于提高我国土地资源的整体利用效率，缓解我国特别是东中部地区土地资源紧张局面。

加快发展输电，可以实现全国范围内土地资源的优化利用。我国西部地区地广人稀，土地资源相对较为丰富，而东中部地区经济相对发达，人口密集，土地资源十分稀缺。按2010年各地区GDP测算，东中部地区的单位土地面积GDP是西部地区的23倍。加快发展输电，逐步扩大跨区电力输送规模，将未来新增煤电主要布局在西部地区，能够为东中部地区腾出大量的土地资源，用于其他高附加值产业的布局和发展，可显著减少我国东中部地区高价值土地的占用。按照2020年东中部地区接受外来火电较2010年新增2.3亿千瓦考虑，可为中东部地区节省土地6000公顷。

加快发展输电，可以大量节约能源输送环节的占地。输煤通道和输电通道占用土地的方式存在较大差异。输煤通道的占地包括送端集运站占地、输煤铁路干线占地、中转港口占地、受端港口占地和受端电厂铁路专线占地，其中铁路是地面输煤通道，全线直接占用土地，具有完全排他的特点。输电通道是空中走廊，占地仅包括塔基和变电站、开关站（换流站）占地，线路走廊及塔基下土地还能加以利用。以"三西"到华东地区为例，分析通过输煤通道和输电通道输送相同电量到达受端的占地情况，即比较单位电量的占地情况。考虑两种运输方式的全过程占地因素后，从"三西"到华东地区，输煤占地面积是特高压交流输电的2～4倍。此外，通过煤电一体化发展，集约建设煤电基地，还可以减少煤场和煤矸石占地。

输煤和输电是我国两种重要的能源运输方式，其综合效益的比较受到诸多边界条件的影响。在电力发展过程中，曾出现过"远输煤、近输电"的说法。这一说法始于20世纪60年代，是基于当时煤炭价格、运输成本相对较低，而电网等级低、规模小、输电能力不足的状况提出的。近年来输煤成本大幅增加，同时，随着输电技术的快速发展，特别是特高压输电技术的逐渐成熟，电网结构和输送能力大大增强，经济输电距离有了很大提高，输电效率和经济性有了较大改善。综合安全、环境、经济、技术、土地资源利用等各方面因素考虑，在煤炭资源富集地区建设大型煤电基地，采用特高压输电方式将电力输送到用电负荷中心是科学合理的，有利于推动我国煤炭等能源资源的优化配置和高效利用。

第三节　坚强智能电网建设

电网是现代经济发展和社会进步的重要基础和保障。实现电网的科学发展，对于构建现代能源综合运输体系，在更大范围内优化能源资源配置，保障能源安全，推动技术创新，应对气候变化，服务经济社会可持续发展都具有重要的意义。当前，随着特高压输电技术的快速发展和智能化技术的广泛应用，加快坚强智能电网建设，构建安全、环保、高效、互动的现代电网体系，已成为实施"一特四大"战略、推进我国能源发展方式转变和能源战略转型的关键任务。

一、电网发展概况

（一）电网发展现状

改革开放以来，我国电网建设步伐不断加快，电网技术不断突破，资源配置能力明显增强，安全性、可靠性和经济性不断提高。

1. 电网规模持续快速扩大

我国经济社会的快速发展带动用电需求持续增长。2010年全社会用电量达到4.2万亿千瓦·时，是1980年的14.0倍。发电装机规模不断迈上新台阶（见图4-9）。1987年我国发电装机总容量突破1亿千瓦，2000年突破3亿千瓦，2005年突破5亿千瓦，2011年突破10亿千瓦。

为满足电源大规模集中投产和用电负荷增长的需要，我国电网规模不断扩大。截至2010年底，35千伏及以上输电线路回路长度133.7万公里，变电容量36.2亿千伏·安，分别相当于1980年的4.8倍和23.2倍；220千伏及以上输电线路回路长度44.56万公里，变电容量19.9亿千伏·安，分别相当于1980年的14.9倍和56.9倍（见图4-10）。

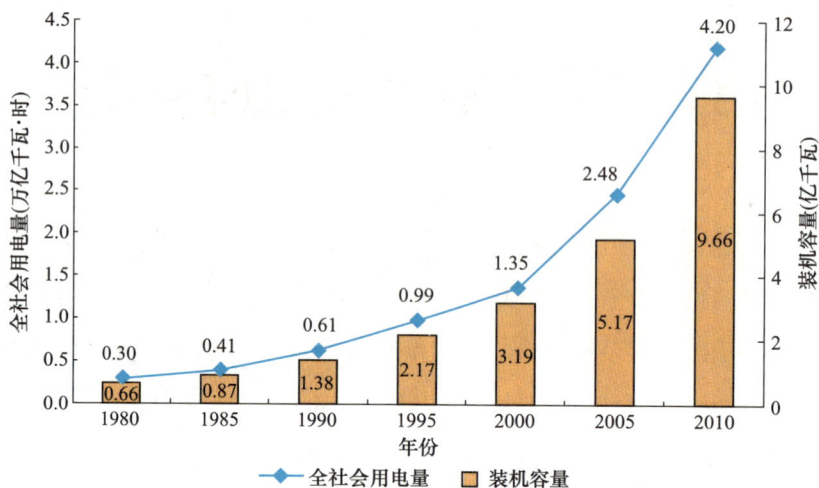

图 4-9　我国发电装机容量及全社会用电量增长情况

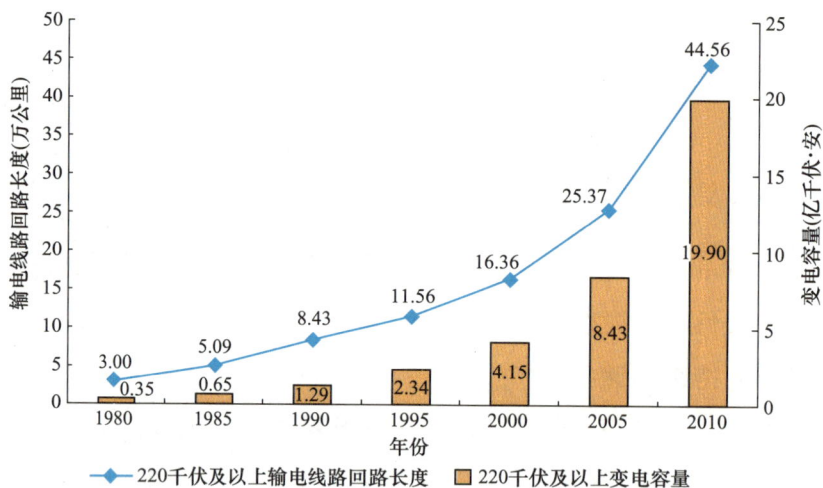

图 4-10　我国220千伏及以上电网规模增长情况

2. 输电电压等级不断提高

　　为适应资源优化配置需求，我国输电电压等级不断提高（见图4-11），最高输电电压从新中国成立初期的220千伏提高到了现在的1000千伏。随着电网建设的持续推进，各级电网功能定位逐步明确，电压等级水平日趋统一合理。目前，我国电网形成了110（66）、220、500（330）、750、1000千伏交流和±500、±660、±800千伏直流标准输电电压序列，正在研究±1100千伏直流输电电压等级。

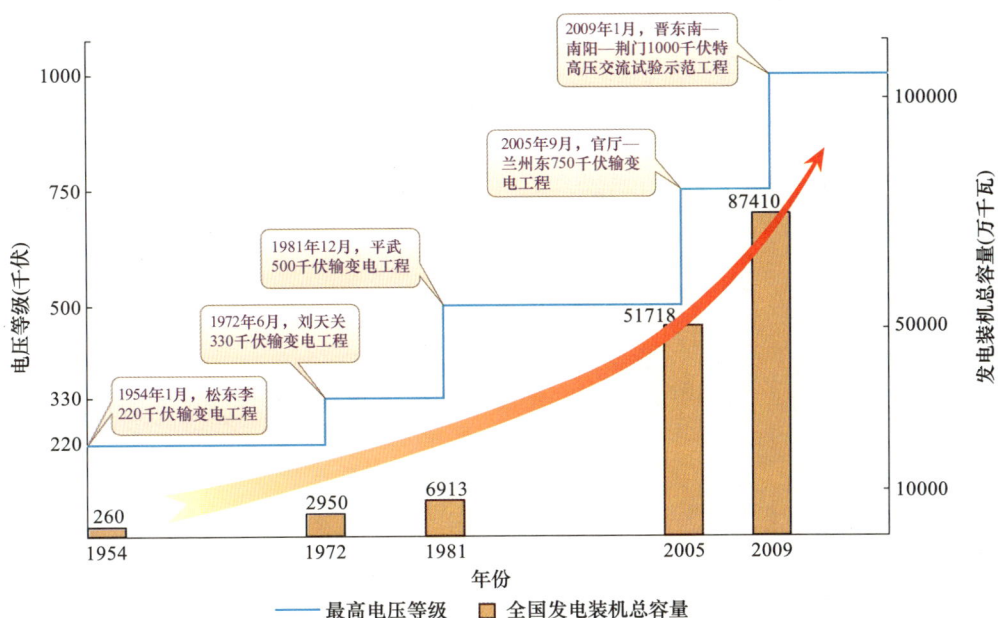

图 4-11　新中国成立以来我国输电电压等级发展情况

3. 全国联网格局基本形成

随着用电负荷的快速增长和电力系统规模的持续扩大，积极推进全国联网，在全国范围内优化配置电力资源，成为电力工业发展的内在需要。截至2011年底，除台湾地区外，我国各省级电网实现交直流互联，全国联网格局形成（见图4-12），并形成了华北—华中、华东、东北、西北、南方5个同步电网。东北电网与华北—华中电网通过高岭背靠背工程实现异步联网，华北—华中电网与华东电网通过葛洲坝—南桥、龙泉—政平和宜都—华新三回±500千伏直流以及向家坝—上海±800千伏直流实现异步联网，西北电网与华北—华中电网通过灵宝背靠背工程、德阳—宝鸡±500千伏直流、宁东—山东±660千伏直流实现异步联网，华北—华中电网与南方电网通过三峡—广东±500千伏直流实现异步联网。

4. 供电可靠性大幅提高

通过加快城乡电网建设和改造，我国电网供电能力显著增强，供电可靠性大幅提高。2010年，城市用户平均供电可靠率达到99.923%，比2000年提高0.034个百分点；用户年平均停电时间为6.72小时，比2000年缩短了3个小时。农村用户平均供电可靠率达到99.714%，比2005年提高0.321个百分点；年平均停电事件为25.06个小时，比2005年缩短28.14个小时。

图 4-12　全国电网联网格局

5. 电网技术水平实现突破

我国电网发展科技含量不断提高，形成了较为完整的科技研发体系和科技人才梯队。通过自主创新，我国相继建成1000千伏特高压交流试验示范工程及其扩建工程、±800千伏特高压直流示范工程，掌握了特高压输变电及其装备制造的核心技术，形成了一批具有国际领先水平的自主知识产权成果，占据了世界电网科技的制高点。

6. 跨区输电能力持续增强

为充分发挥电网的资源优化配置功能，我国近年来在加强和完善各省区主网架结构的同时，加快了区域间输电通道建设，跨区输电能力持续增强。截至2010年年底，跨区输电能力达4020万千瓦，比2005年增长了2.3倍；全年跨区交易电量1492亿千瓦·时，比2005年增长了85.9%。

（二）电网发展面临的问题与挑战

1. 电网建设整体滞后

我国电力建设长期"重发轻供"，电网建设滞后于电源建设。从投资规模看，新中国成立以来，我国电力工业投资累计6.9万亿元，其中，电网累计投资2.68万亿元，占38.8%，远远低于国际上50%～60%的平均水平。近年来，我国电网投资规模明显加大，"十一五"期间，电网累计投资1.46万亿元，电源累计投资1.69万亿元，电网投资占同期电力工业投资的比重为46.4%，电网电源发展之间的矛盾得到一定缓解，但电网建设总体滞后的局面尚未得到根本扭转。

电网建设投入不足导致我国特高压和配电网"两头薄弱"问题突出。一方面，从能源基地至负荷中心的大规模、远距离、高效率输电通道建设严重滞后，亟待加快建设。另一方面，配电网结构不合理，供电能力弱，"卡脖子"问题依然存在，供电可靠率有待提高。

2. 用电需求增长和电源发展对电网提出了更高要求

未来20年我国用电需求将保持持续快速增长，东中部地区是全国的用电负荷中心。研究表明，到2015年、2020年和2030年，我国最大用电负荷将达到10.1亿、14.1亿和19.4亿千瓦，分别相当于2010年的1.5倍、2.1倍和3.0倍，全社会用电量将分别达到6.3万亿、8.6万亿和11.8万亿千瓦·时，分别相当于2010年的1.5倍、2.0倍和2.8倍，其中华北、华东、华中用电量合计占全国总量的66.3%、65.1%和64.1%。

未来我国电源主要布局在西部和北部能源资源富集地区。根据资源分布、开发潜力及输送条件，我国需要继续加强西部及北部煤电基地、西南水电基地、沿海核电基地、各大风电基地和太阳能发电基地建设。预计"十二五"期间，新增煤电装机容量的65%将来自西部及北部煤电基地，新增水电装机容量的80%将来自西南水电基地、新增风电装机容量的80%将来自"三北"风电基地。

用电需求增长和新增电源布局表明，未来我国跨省跨区电力流规模将进一步增大，电力输送距离也将进一步增加。为保障全国电力供应，实现全国范围内的资源优化配置，必须加强电网输电能力建设，实现能源的高效运输。

3. 新能源发展和新型用电服务带来新挑战

风能、太阳能等新能源发电具有随机性和间歇性特点，其可控性和可预测性低于传统化石能源发电，大规模开发利用对电网的控制和协调能力带来巨大挑战，迫切要求运用先进的自动化技术、协调控制技术和储能技术，实现对包括新能源在内的各类能源的准确预测和精确控制，改善新能源发电的功率输出特性，并使电网能够满足大规模新能源发电并网需求，从而更好地推动能源结构优化调整，降低对传统化石能源的依赖。

同时，社会的进步和电动汽车、智能家电等新型用电业务的发展，对电能供应质量、电力服务内容也提出了更高的要求，需要电力供应企业提供更为安全可靠、经济优质、灵活互动、友好开放的电力供应方案，不断拓展电力服务的内容和范围，提供更加多样化、更加便捷和灵活的服务，实现用户与电网的双向互动，使用户获得更多的选择权和自主权。

二、未来电力流格局

1. 受端市场空间

我国京津冀鲁、华中东四省、华东、广东等地区经济相对发达，用电需求较大。未来这些地区的电力需求仍将继续保持较快增长，但资源匮乏，是我国重要的电力受端地区。

根据受端地区电力需求及新增装机需求，考虑受端地区在建、已批、规划的电源项目和外来水电、煤电项目以及退役装机，经电力平衡计算，可以得到受端地区的市场空间。2010~2015年，受端地区市场空间合计约为2亿千瓦，至2020年，市场空间将达到4亿千瓦。

2. 大型能源基地开发外送

根据我国能源资源分布特点，从实现我国能源与电力的可持续发展出发，未来我国将在资源富集地区，重点建设大型煤电基地、大型水电基地、大型核电基地和大型可再生能源发电基地，满足经济社会发展对电力的需求。从地理分布上看，未来我国大型核电基地主要分布在沿海地区和内陆缺能省份，靠近负荷中心，电力可就近消纳。而西部和北部大型煤电基地、风电等可再生能源基地以及西南大型水电基地远离负荷中心地区，电力需要远距离输送到负荷中心地区消纳。

大型煤电基地的外送方向为：蒙西、山西煤电主要送电华中和华北，锡盟煤电主要送电华北和华东，呼盟、宝清煤电主要送电东北和华北，陕西煤电主要送电华北和华中，宁夏煤电主要送电华北和华东，新疆煤电送电华中、华东地区。2015年，新疆、甘肃、"三西"、蒙东、黑龙江等地区主要煤电基地外送规模可达1.82亿千瓦，2020年将达2.86亿千瓦，2030年将达3.3亿千瓦。

大型水电基地的外送方向为：四川水电主要送电华中、华东地区；云南水电主要送电广东。2015年，西南水电外送规模将达到5450万千瓦；2020年，西南水电外送规模将达到7600万千瓦；2030年，西南水电外送规模将达到1.2亿千瓦。

大型风电基地的外送方向为：西北酒泉、哈密风电基地主要送电华中；蒙西（含锡盟）、河北风电基地主要送电华北、华中和华东，蒙东风电基地主要送电东北和华北，吉林风电主要在东北消纳，江苏、山东风电主要在本省消纳。预计到2015年我国风电跨省跨区外送规模达到3400万千瓦，2020年达到7400万千瓦，2030年达到1.1亿千瓦。

3. 电力流总体格局

综合考虑我国电力负荷分布及电源布局，未来我国将形成大规模的"西电东送"、"北电南送"的电力流格局（见图4-13）。其中西南水电、西部和北部的煤电及风电通过跨区电网送入华北、华中、华东及南方电网负荷中心地区；同时，周边发电能源资源丰富的俄罗斯、蒙古、中亚、东南亚等国家和地区也具有就近向我国负荷中心地区送电的潜力。

未来我国电力流格局对我国电网输电能力提出了更高的要求，迫切要求加强跨区域电力输送能力，实现更大范围的电网互联和资源优化配置。预计到2020年，我国跨区、跨国电网输送容量将达4.5亿千瓦，约占全国电力总负荷的30%。其中，东

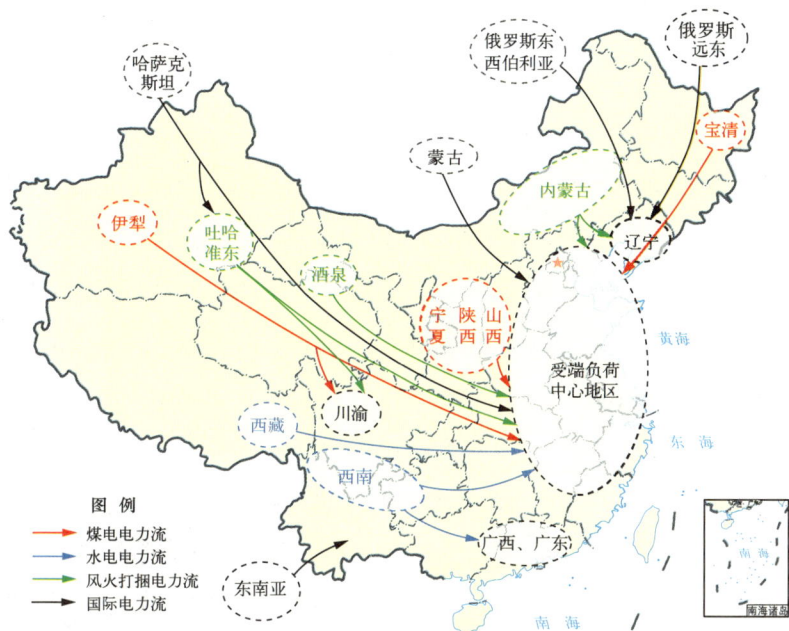

图 4-13 未来我国电力流总体格局

中部地区受入电力流达到3.5亿千瓦。预计到2030年，煤电、风电电力流规模将进一步增大；西藏水电开发并实现大规模外送；争取哈萨克斯坦实现向我国送电，跨国送电规模进一步扩大，特高压及跨区、跨国电网输送容量将增加到5亿千瓦左右。

三、坚强智能电网发展思路

1. 总体思路

根据电网的功能作用、发展现状和优化配置能源资源的需要，未来我国电网发展应紧紧围绕国家能源战略的总体部署，适应电源开发、用户需求和节能减排要求，大力推进"一特四大"战略，依托先进的特高压输电和智能电网技术，加快建设以特高压电网为骨干网架、各级电网协调发展的坚强智能电网，全面提升电网的资源配置能力、安全稳定水平和经济运行效率，构建安全、环保、高效、互动的现代电网体系，使电网成为优化配置能源资源的绿色平台、满足用户多元需求的服务平台、保障国家能源安全的基础平台。

2. 基本原则

我国坚强智能电网发展应坚持的基本原则是：

（1）**坚强与智能并重**。坚强网架与智能化的高度融合是我国电网发展的内在要求和方向。我国快速增长的用电需求以及发电能源与用电负荷逆向分布的特点，要求电网必须具备坚强的网架结构、强大和安全可靠的电能输送供应能力，满足大范围资源优化配置的需要。同时，为满足用户对电能质量的要求和日益多样化的用电服务需求，要求电网运行控制更加灵活高效，具有高度的自动化水平和自适应能力。因此，我国电网发展必须坚持"坚强"与"智能"并重的原则，为用户提供充足的电力供应和更加智能化的电力服务。坚强是智能电网的基础，智能是坚强电网充分发挥作用的关键，两者相辅相成，有机统一。

（2）**统筹协调发展**。电网发展要与社会经济发展相协调，纳入社会经济发展布局中统一考虑，适度超前建设，服务经济社会的可持续发展。电网发展要与电源发展相协调，以电网与电源的统一规划为前提，优化电源结构和布局，协同推进特高压电网与大煤电、大水电、大核电、大可再生能源发电基地的建设。各级电网间也要实现协调发展，有效衔接，形成结构清晰、功能明确、匹配合理的电网架构，做到输电与配电、有功与无功、一次与二次的协调发展。

（3）**高效集约发展**。加大科技创新力度，加强关键技术攻关和设备研制，大力推广应用新技术、新工艺、新设备和新材料。加强现有电网的升级改造，降低电网损耗。按照技术先进、设计优化、标准统一、节约土地等原则，推广应用典型设计，实施标准化、系列化建设。注重电网投入产出分析，注重企业效益与社会综合效益的统一，实现技术先进性与经济性的统一，避免重复投资，实现电网基础设施的综合效益最大化。

（4）**安全环保发展**。遵循电网发展的客观规律，优化电网结构和布局，满足安全稳定导则规定的各项安全稳定标准。加强安全自动装置建设，设立可靠的"三道防线"❶。加强故障应对措施的预先研究，开展差异化规划建设，提高电网快速应对能力和抵御严重自然灾害的能力，保障大电网的安全稳定运行。在电网规划建设中全面落实环境保护要求，严格遵守国家环保法规，规范环保管理，应用绿色施工工艺方法，加强噪声、污染物和废弃物等环保治理，努力实现电网建设与自然环境相协调。积极支持清洁能源发展，推广使用绿色电力。

3. 未来我国电网发展格局

未来我国电网发展需要在科学规划的基础上，以解决特高压和配电网"两头薄弱"问题为重点，加快发展特高压骨干电网，统筹各级电网发展，加强配电网建设，完善城市和农村电网，形成网架结构合理、资源配置能力强大的坚强智能电网。

预计2020年前，我国将形成"三华"特高压同步电网主网架，东北、西北、南方电网通过直流与"三华"同步电网实现异步连接（见图4-14）。满足大煤电、大水电、大核电和大可再生能源基地电力输送需求，为东中部负荷中心大规模接受电力构筑坚强的网络平台。特高压交直流并举、相辅相成，建成覆盖京津冀鲁、华中东四省和长三角地区等负荷中心的坚强受端电网，北方煤电和西南水电通过多回特高压交、直流输电通道分散送入受端电网，可满足大煤电、大水电、大核电和大可

---

❶ "三道防线"是我国电网安全稳定运行的保障。第一道防线是指电网发生出现概率较高的单一故障时，由继电保护装置快速切除故障元件，保持对用户的正常供电；第二道防线是指电网发生出现概率较低的单一严重故障时，采取稳定控制装置及切机、切负荷等措施，保证电力系统稳定运行；第三道防线是指电网发生出现概率很低的多重严重故障而稳定破坏时，将电网解列，并通过紧急控制装置防止系统崩溃，尽量减少负荷损失。

再生能源发电基地的电力输送。配电网得到较快发展，电网结构增强，供电能力和供电可靠性得到大幅提高。各电压等级电网功能定位更加明确，结构坚强、发展协调，智能化关键技术和设备得到广泛应用，电网各环节基本实现智能化，各项技术经济指标和装备质量全面达到或领先于国际水平。

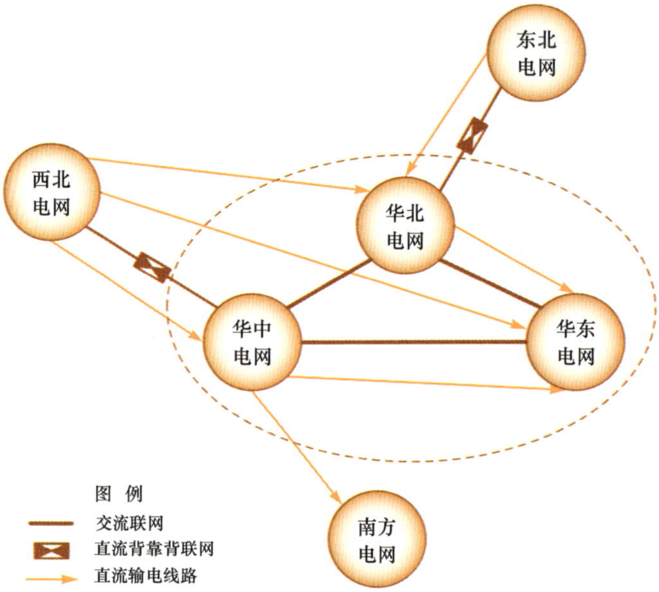

图 4-14 未来我国电网发展格局

预计到2030年前，特高压网架将形成更为坚强的"三华"受端电网和坚强的东北、西北送端电网，特高压电网承载能力强，能够实现电力大容量、远距离输送和消纳，保证系统安全稳定。新疆煤电和西藏水电可以通过特高压直流大规模外送。超导输电技术得到应用，分布式能源系统成为大电网集中供电的重要补充。全国输配电网在各大型电源基地、分布式电源及用户与负荷中心之间形成紧密连接，具备无阻塞输送能力，可以为电力市场交易提供畅通、高效、安全、稳定的基础和平台，能源资源在全国范围内得以充分的优化配置。城乡配电网结构得到进一步加强，电网结构合理，供电能力和供电可靠性提高到一个新高度，具备向终端用户提供安全、可靠、清洁、经济电能的能力。国家电网将实现西电东送、南北互供、全国联网，并在全国范围内实现电力供需平衡和互济，全国联网效益将得到充分展现。

四、特高压及各级电网发展

（一）加快建设特高压电网骨干网架

为满足不断增长的输电需求，提高输电能力和经济性能，世界电网的电压等级不断提高。以特高压为代表的超远距离、超大规模输电技术，是未来全球输电技术竞争的制高点，为实现更大范围内的能源资源优化配置提供了技术手段。我国能源资源与负荷中心逆向分布的国情，决定了特高压输电技术在我国具有广阔的应用空间。

20世纪60年代以来，美国、苏联、意大利、日本等国家先后开展过特高压输电技术的研究。从80年代起，苏联先后建设了1900公里长的1150千伏交流输电线路。由于苏联解体和送端电源未能按预定目标建设等原因，后来一直降压运行。日本于20世纪90年代建设了427公里的1000千伏同塔双回线路。由于电力需求增长减缓、核电建设计划推迟等原因，线路建成后也一直按照500千伏降压运行。总体来看，国外特高压发展处于试验研究和实践探索阶段，在商业应用上并未取得突破。

我国对特高压技术的跟踪研究始于20世纪80年代，集中力量开展大规模研究论证、技术攻关和工程实践则从2004年底开始。经过各方面的共同努力，我国特高压输电技术发展不断取得突破，攻克了一个又一个难关，先后建成投运了特高压交流试验示范工程、特高压直流示范工程并持续安全稳定运行，这标志着我国特高压技术已经成熟，为今后大规模应用创造了条件。

1. 发展特高压经过了科学的研究论证

2005年3月21日，时任国务院副总理曾培炎同志主持召开专题会议，听取国家电网公司特高压工作汇报。会议纪要指出，发展特高压电网是电力工业落实科学发展观的具体体现，是满足未来我国电力需求持续增长的重要保证，是优化我国能源配置的有效途径；发展特高压电网有利于促进电网与电源的协调发展，有利于大幅度提高电网自身的安全性、可靠性、灵活性和经济性，有利于增强电力科技自主创新能力，提升国内输变电设备制造企业的制造水平，实现我国交、直流输变电设备制造技术升级，提高国际竞争能力。这是对我国发展特高压电网必要性和意义的高度概括。

自2005年国家同意启动特高压工作以来，在国家发展和改革委员会、国家能源

局、国家科技部等部门的大力支持下，国家电网公司坚持"科学论证，示范先行，自主创新，扎实推进"的指导方针，联合国内各方力量，深入开展规划研究、技术论证、设备研发、工程建设等工作。在以往工作基础上，根据新的技术发展，围绕发展特高压的必要性、可行性、安全性、经济性、环境影响等重大关键技术问题，开展关键技术研究300多项，并通过召开特高压国际会议、专家咨询会、专题研讨会等形式，广泛听取各方面专家意见，特别是不同意见。先后有包括30多位院士在内的3000多名科研和工程技术人员以及国内外11家机构和组织参与了特高压论证，召开了240多次重要专题论证会；国内主要电力科研、设计单位和9所大学参与了特高压研究设计；500多家建设单位、10多万人参加了特高压工程建设；200多家设备厂商参与了设备研制和供货。论证结果表明，发展特高压经济上合理、技术上可行、安全环保有保证。发展特高压电网可以大幅度提高电网的安全性、可靠性、灵活性和经济性，促进结构调整、优化布局，解决能源可持续发展问题。特高压试验示范工程实际运行结果表明，特高压线路环境指标完全符合国家标准要求。中国工程院4个相关学部27位院士和7名专家组成的课题组研究提出的《关于我国特高压输电研究和工程建设的咨询意见》认为："由我国资源和负荷分布的特点决定，特高压输电技术有重要的工程应用前景，有必要加快特高压输电研究和工程应用的步伐。"

基于科学的研究论证，发展特高压被纳入国家多项规划。2005年以来，发展特高压先后被纳入《国家中长期科学和技术发展规划纲要（2006～2020）》（2005年）、《国务院关于加快振兴装备制造业的若干意见》（2006年）、《中华人民共和国国民经济和社会发展第十一个五年规划纲要》（2006年）、《中国应对气候变化国家方案》（2007年）和《中华人民共和国国民经济和社会发展第十二个五年规划纲要》（2011年）。

2. 发展特高压经过了实践验证

近几年来，经过各方面全力攻坚，我国特高压技术取得了重大突破，全面掌握了特高压核心技术和全套设备制造能力，实现了特高压变压器、电抗器、6英寸晶闸管、大容量换流阀等关键设备自主研发制造，并先后建成了晋东南—南阳—荆门1000千伏特高压交流试验示范工程及其扩建工程，云南—广东（500万千瓦级）、向家坝—上海（700万千瓦级）±800千伏特高压直流示范工程。特高压交流试验示范工程荆门变电站、特高压直流示范工程奉贤换流站分别见图4-15、图4-16。

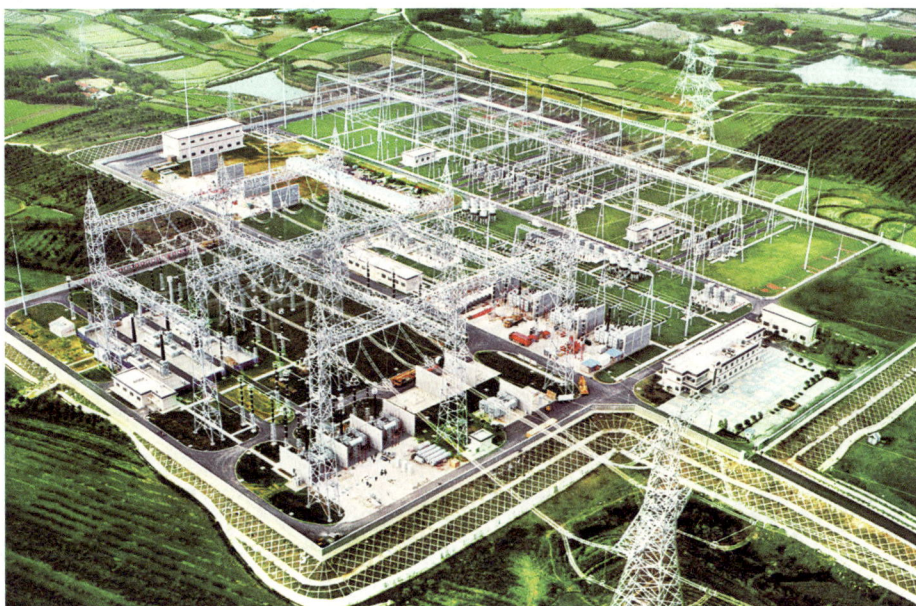

图 4-15　特高压交流试验示范工程荆门变电站

图 4-16　特高压直流示范工程奉贤换流站

晋东南—南阳—荆门1000千伏特高压交流试验示范工程于2006年8月获得国家核准，12月开工建设，2009年1月投入商业运行。截至2012年1月，已连续安全运行3周

年，输送能力达到了额定容量，经受了冰冻、雷击、暴雨、大风、高温等各种气象条件的考验，在大范围配置能源资源、促进华北煤炭基地集约化开发和华中水电资源充分利用、缓解华中地区电力紧张矛盾等方面发挥了重要作用，已成为我国南北之间的一条重要能源输送通道。随着2011年12月第二组变压器等扩建设备的投产，该线路的输送能力已达到500万千瓦。特高压交流试验示范工程分别通过了水利部、环保部、科技部、国家能源局组织的水土保持、环境保护、科研攻关、设备国产化等专项验收，并于2010年9月由国家发展和改革委员会组织完成了整体国家验收。工程先后被授予"中国工业大奖"、"国家优质工程金质奖"。

向家坝—上海±800千伏特高压直流示范工程全长1907公里，最大输送容量700万千瓦，于2007年4月获得国家核准，12月开工建设，2010年7月投入商业运行。截至2012年1月，已连续安全运行超过1年半，为上海世博会保电提供了重要保障。向家坝水电站全面建成后，每年可向上海输送350亿千瓦·时清洁水电。

特高压交、直流输电工程的成功建设和运行，全面验证了特高压的技术可行性、系统安全性、设备可靠性、工程经济性和环境友好性，标志着我国在世界输电领域真正实现了"中国创造"和"中国引领"。这也表明，无论是特高压试验研究能力、设备制造能力，还是建设运行能力，我国均达到了国际领先水平，具备了大规模应用特高压输电技术的条件。为更好地满足西南大水电基地、新疆大型煤电基地和风电基地的电力外送需求，我国正在进一步开展±1100千伏特高压直流输电技术的研究工作。未来，我国需要在特高压输电技术方面开展持续创新，为建设"三华"特高压同步电网，实现全国范围的资源优化配置提供技术支撑。

3. 特高压发展成就获得广泛肯定

我国在特高压技术研究和工程实践方面取得的成就在世界电工技术领域引起了广泛关注，国际电工委员会、国际大电网会议等国际组织和许多国际知名专家均给予高度评价，一致认为特高压交流试验示范工程和特高压直流示范工程的建成投运是世界电网技术发展的重要里程碑，我国已经成为特高压输电技术的全球领跑者。

2006年召开的特高压输电技术国际会议，集中展现了当时国内外特高压技术研究的最新进展和成果，肯定了我国取得的一系列重要突破。会议就发展特高压输电的可行性、安全性、经济性和技术优越性等方面达成了一系列共识，一致认为发展特高压输电具有显著的优越性和综合效益，特高压输电在中国具有广阔的发展空间。

2006特高压输电技术国际会议纪要

（2006年11月29日，北京）

2006年11月27日至29日，来自世界19个国家和地区的电力企业、研究咨询机构、协会组织、大学、金融机构、设备制造企业的代表，参加了在中国北京举行的2006特高压输电技术国际会议，深入讨论了电力工业发展面临的挑战，探讨了电网发展的目标和方向，交流了特高压输电技术研究的成果，达成广泛共识。

电的发现和应用是人类历史上最重要的成就之一。电能作为经济、方便的清洁能源，其消费水平的高低是社会文明程度的重要标志。电力工业是经济社会发展的重要基础，对推动世界经济发展和人类社会进步发挥了巨大作用。

技术创新是电力工业发展的动力源泉。人类有电100多年来，一代又一代的电力工作者，积极创新，不懈追求，推动了电力发展的伟大进程。电网规模不断扩大，电压等级不断提升，电力系统运行的经济性、可靠性不断提高，有力地支撑了经济社会发展。

20世纪中后期，人类社会开始面临资源与环境的双重压力，给电力工业带来新的挑战。为了满足持续快速增长的电力需求，世界有关国家先后开展了1000～1600千伏特高压输电技术研究，其中苏联、意大利和日本建成了特高压工业试验工程。

我们认识到，特高压输电具有输电容量大、送电距离长、线路损耗低、工程投资省、走廊利用率高和联网能力强等特点，是输电技术的重要发展方向，对推动世界电力工业的创新发展具有重要意义。

我们认为，已有研究成果和工程经验充分表明，特高压输电在技术上不存在无法逾越的障碍，已进入工程应用阶段，具有广泛的应用前景。

我们注意到，中国电力需求持续高速增长，能源资源和用电负荷分布极不均衡，需要建设大规模、远距离的交直流电网。建设特高压电网，可推动中国能源资源的高效开发与利用，促进中国能源工业的可持续发展。

我们赞赏中国国家电网公司在发展特高压输电方面所作的努力。近年来，中国积极推动特高压输电技术研究，取得了重要突破，进一步发展完善了特高压输电技术。中国建设1000千伏特高压交流、±800千伏特高压直流试验示范工程，加快发展特高压电网，不仅对于中国，而且对于世界许多国家和地区都具有重要意义。

建设电网，发展电力，服务全球经济增长和社会进步，是我们面临的历史任务。我们倡议，建立特高压输电技术的交流沟通机制，加强技术交流与合作，共享经验和知识，推动国际特高压输电技术的研究与应用，共同应对新世纪电力工业可持续发展的挑战。

165

2009年的特高压输电技术国际会议是在我国特高压交流试验示范工程成功建成并安全运行四个月后召开的，与会专家高度评价了国家电网公司和国内外合作伙伴在发展特高压输电方面取得的成果，认为中国已经在这一领域走在了世界前列，为国际电网技术发展作出了重要历史贡献，在高电压领域竖起了一座丰碑。与会专家普遍认为，在苏联、日本等国早期研究与实践的基础上，经过中国特高压工程的创新、研究、建设与运行，特高压输电技术已成为能够工程应用的成熟技术，中国的经验对世界许多国家都有借鉴作用。

2009特高压输电技术国际会议纪要

（2009年5月22日，北京）

2009年5月21日至22日，来自有关国际组织和世界21个国家和地区的政府部门、行业组织、电力企业、研究机构、设计单位、制造厂家、高等院校、金融机构等方面的代表，参加了在中国北京举行的2009特高压输电技术国际会议，深入研讨了电网技术发展的最新趋势，交流了特高压输电技术研究和应用的最新成果，取得了广泛共识。

能源是人类生存和发展的物质基础。电力是清洁高效的二次能源。进入21世纪以来，为满足经济社会发展的需要，世界各国在开发清洁能源、发展高效输电、保障电力安全、促进节能环保等方面不断遇到新的挑战，面临日益突出的资源和环境压力。实践证明，技术创新是有效应对这些挑战的根本措施，也是能源和电力可持续发展的内在动力。

特高压输电具有传输容量大、距离远、损耗低、占地少、投资省等优势，是国际输电技术的重要发展方向。特高压输电技术研究始于20世纪六七十年代

的苏联、美国、日本、意大利等国。近年来中国等相关国家加大了研究力度，加快了发展步伐。2009年1月6日，中国国家电网公司建成投运了1000千伏特高压交流试验示范工程，实现了具有里程碑意义的创新和突破。该工程是世界上目前商业化运营的、电压等级最高的输变电工程，验证了特高压输电的技术可行性、设备可靠性、运行安全性、环境友好性和相关设备生产供应的现实可行性，为特高压输电技术在世界范围内更广泛的应用积累了有益的经验。

由于能源资源与能源需求分布不均衡以及跨地区联网、节能环保的需要，中国发展特高压输电具有客观必然性，加快建设以特高压电网为骨干网架、结构坚强的电网，对于中国能源和电力的可持续发展，对于节约资源和保护环境具有重要的意义。我们赞赏中国国家电网公司和国内外合作伙伴在发展特高压输电方面卓有成效的工作和取得的丰硕成果，中国的经验对世界许多国家都有

借鉴作用。

智能化已成为世界电网发展的一个新趋势。鉴于发展智能电网对于保障能源安全、提高能源效率、改善能源结构、应对气候变化、提升服务水平都具有重要作用，有些国家已将其纳入国家能源战略，有的将其作为应对当前国际金融危机的重要举措。由于不同国家的国情不同，所处的发展阶段不同，发展智能电网的方向和重点也不同。中国国家电网公司建设坚强智能电网的成果给各方以重要启示。目前各国在智能电网研究与实践方面所取得的成果和经验，为进一步推进智能电网的发展创造了良好条件。

大会倡议，各国同行进一步加强在特高压输电技术和智能电网建设方面的交流与合作，共享经验、知识和成果，共同推动具有坚强网架结构和先进智能水平的现代电网建设，促进经济、社会、环境的和谐发展。

2011年召开的智能电网国际论坛，集中交流了国际智能电网领域的最新理论研究和实践成果，对特高压和大电网技术也进行了探讨。论坛代表普遍认为，大电网与智能化是世界电网发展的方向，而以特高压为代表的超远距离、超大规模输电技术，是未来全球输电技术竞争的制高点。论坛对我国特高压发展的成果同样给予了高度评价。

我国特高压技术的发展和实践，为特高压输电技术在世界范围内更广泛的应用积累了有益的经验和启示，带动了世界特高压技术的发展。印度、巴西、俄罗斯、南非等国家纷纷提出了利用特高压技术进行远距离大规模输电的规划或计划，美国、欧盟等国家和地区的企业或组织也加强了与我国在特高压输电技术方面的合作。

4. 发展特高压电网应坚持"强交强直"

交流输电和直流输电功能和特点各不相同。交流具有输电和构建网架的双重功能，类似"高速公路网"，中间可以落点，电力的接入、传输和消纳十分灵活，是电网安全运行的基础；交流电压等级越高，电网结构越强，输送能力越大。直流只具有输电功能，不能形成网络，类似"直达航班"，中间不能落点，适用于大容量、远距离输电。根据我国能源状况和负荷分布特点，特高压交流定位于主网架建设和跨大区送电，使特高压交流电网覆盖范围内的大型煤电、水电、风电、核电就近接入；特高压直流定位于大型能源基地的远距离、大容量外送，西南水电基地、西北及新疆等煤电、风电基地和跨国电力通过直流输送。

我国发展特高压应坚持交直流并重、同步协调发展。大容量直流输电采用交流电网换相原理，必须有稳定的交流电压才能正常工作，必须依托坚强的交流电网

才能发挥作用。国际大电网会议（CIGRE）研究成果❶表明，如果多直流馈入的交流电网不足够强，则在交流系统发生故障时，会引起多条直流同时换相失败，从而导致电压崩溃，发生大面积停电事故。国内大量的计算分析进一步说明，馈入交流电网的直流输电容量极限取决于交流电网结构及其规模，也就是说，受端电网越强大，能够输入的直流输电容量也越大。特高压直流输电与特高压交流电网两者之间就如同万吨巨轮与深水港口的关系，轮船吨位越大，对港口规模和水深要求越高。因此，无论从安全的角度还是从技术的角度看，均无法单纯依赖直流输电解决我国电网的可持续发展问题，需要在构建坚强特高压交流电网的基础上，发展特高压直流输电，形成强交流、强直流联合运行、相互补充、相互支撑、相辅相成的电网格局。通过构建"强交（流）强直（流）"混合电网，充分发挥两种输电方式的功能和优势，保证电网安全性和经济性。

5. 特高压网架建设目标❷

"十二五"期间是我国特高压电网发展的重要阶段，在特高压交流试验示范工程的基础上，将加快"三华"特高压同步电网建设。预计到2015年，"三华"特高压同步电网将形成"三纵三横"，锡盟、蒙西、张北能源基地通过三个纵向特高压交流通道向"三华"地区送电，陕西、宁夏煤电和西南水电通过三个横向特高压交流通道向"三华"地区送电。建设锡盟—南京、张北—南昌、蒙西—长沙三个纵向输电通道。建设陕北—潍坊、靖边—连云港、雅安—上海三个横向输电通道。

同时，"十二五"期间，配合西南水电、"三北"地区煤电和风电基地开发，建设15回特高压直流输电工程。

到2020年，我国特高压电网将形成以"三华"特高压同步电网为中心，满足大煤电、大水电、大核电和大可再生能源基地电力输送，交直流协调发展的坚强网络平台。

（二）加快各级电网建设

未来在加强特高压主网架建设的同时，需要统筹推进各级电网建设，完善电网

---

❶ CIGRE Working Group B4-41, Systems with multiple DC infeed, 2008。

❷ 特高压网架建设目标依据国家电网公司2011年有关规划研究资料整理。

结构，合理分层分区，实现各电压等级电网有机衔接、交直流协调发展。

1. 加快750千伏电网建设

加快西北特别是新疆750千伏电网建设，将750千伏电网延伸至陕北、海西和南疆地区，满足西北经济社会和新疆经济跨越式发展需要，为哈密、准东、彬长、陇东等煤电基地，哈密、酒泉等风电基地以及西北地区太阳能发电基地特高压/超高压直流外送工程提供坚强的支撑。西北主要负荷中心均形成750千伏环网结构，电网供电可靠性显著加强，为区内电源汇集、省间电力交换、跨区电力外送等提供安全可靠保障。

2. 继续发展500（330）千伏电网

在特高压骨干网架逐步发展与形成过程中，需要继续加强和完善各地区500千伏网架，通过各级电网建设与改造，优化调整各级电网结构，适时解开各级电网间的电磁环网，合理控制短路电流水平，解决区域电网500千伏短路容量超标问题，提高主要断面的输送能力。要重视系统电压稳定问题，增强电网动态无功支撑能力。在西北地区，要继续加强330千伏电网建设，与750千伏电网协调发展。

3. 继续发展220千伏电网

进一步加强各省220千伏电网，增大220千伏电网覆盖范围，由主要城市逐步延伸至各县，围绕负荷中心逐步形成双回路供电和环网供电，以地区500千伏站为中心形成相对独立的220千伏环网结构。通过加强主要送电通道220千伏电网建设，使220千伏电网与500千伏/750千伏电网能够很好地衔接和运行，同时满足电源送出需要。

4. 加强110（66）千伏电网建设

在负荷快速发展的地区增加110（66）千伏变电站布点，加强110（66）千伏网架结构建设，保证县域电网至少有两条主干线路与系统联络。

5. 积极发展直流输电

我国高压直流输电起步较晚，但发展迅速。目前，我国已形成了±500、±660、±800千伏直流输电电压等级序列，累计输电容量和线路长度居世界第一位。

西南大型水电基地、西部北部大型煤电基地、风电基地和太阳能发电基地地理位置偏远，远离东中部负荷中心，外送电力规模大，要实现电力安全、高效送出，发展直流输电是重要技术选择。利用直流输电方式从周边国家引进电力资源，可以更好地避免因建设标准、运行规约不同而带来的电网安全稳定问题。

根据我国能源基地外送需求和技术水平发展趋势，我国未来需要进一步提高直流输电的额定输送容量，简化直流电压等级序列，实现标准化和系列化的有机结合，以利于形成集约效应和规模效益，提高直流输电的经济性。根据不同输电容量和输电距离，我国直流输电工程应按照±500、±660、±800、±1100千伏4个序列进行选择。其中，±500千伏额定容量350万千瓦，经济输电距离在900公里以内；±660千伏额定容量460万千瓦，经济输电距离700~1350公里；±800千伏额定容量800万千瓦，经济输电距离1100~2400公里；±1100千伏额定容量1000万千瓦，经济输电距离2200~4500公里。

（三）加快城乡电网发展

我国配电网通常分为城市电网和农村电网两大部分，两者在技术标准、装备水平及管理等方面存在一定的差异。未来应继续加大城乡电网建设投入，推动城乡电网统一协调发展，满足城乡经济社会发展需要。长远来看，随着电网技术进步及农村经济和电网加快发展，城市电网、农村电网之间的差距将越来越小，最终将走向融合，城乡电网之间的界限也将逐渐模糊以至消失。预计到2020年，随着城市电网和农村电网的发展，城乡电网的设备水平和供电可靠性将大大提高，农网与城网的差距将逐步缩小。从中长期来看，2030年以后，城网、农网将趋向融合，实现配电网的城乡一体化、标准统一化，配网的建设和运行将迈入一个新的领域，基本建成结构合理、运行可靠、经济高效、智能化水平显著提升的配电网。

1. 城市电网

随着我国城市社会经济快速增长，城镇化建设的加速，城市人口将急剧增加，城市规模将迅速扩大，中心地区负荷密度也会更大。城市供电安全可靠性标准不断提高，对进一步加快城市电网发展提出了更高的要求。因此，城市电网建设必须结合城市发展，加强城市各电压等级电网网架的建设、不断优化电网结构，合理简化电压等级，提高城市电网供电能力，改善电能质量，降低网络损耗，提高供电可靠性，做到电力"落得下、用得上"，满足城市社会经济发展及人民生活水平不断提高的要求。为促进城市电网与景观和谐发展，在城市电网建设中要根据电网投入能力，因地制宜地在城市中心区与景观区适当采用电缆入地、户内变电站、地下（半地下）变电站、全地埋式（半地埋式）配电站和景观型预装式配电站。

2. 农村电网

1998年以来，经过一、二期农村电网改造，我国农村电网供电质量得到较大改善，供电靠性、农村用户通电率大幅提高，综合线损率下降较快，但改造覆盖面和改造标准依然偏低。随着社会主义新农村建设的全面推进，农村经济社会发展必将迎来更加快速的发展时期，对农村电网发展提出了更高的要求。2011年1月，国务院常务会议决定实施新一轮农网改造升级工程，提出建设"安全可靠、节能环保、技术先进、管理规范"的新型农村电网。"十二五"期间，国家电网公司将投资4600多亿，集中解决农网薄弱问题，基本建成安全可靠、节能环保、技术先进、管理规范的新型农网。

未来相当长的时期内，还需不断加强农村电网建设，科学组织实施农村电网改造升级工程，推进农网标准化建设，优化农村电网结构，使农网结构趋于合理，提高农网整体装备技术水平，提高农网的供电能力和供电可靠性。在加强农村配电网建设的同时，大力发展农村220千伏电压等级电网，优化110千伏（66、35千伏）电压等级电网，建设完善的10千伏电网，形成网架坚实、布局合理的农村电网结构，满足农村各类用电负荷增长的需求。优先解决县域电网与主网连接薄弱和重要用户的单电源问题，确保用电高峰期农村生活用电。因地制宜地解决无电户通电问题。

（四）加快跨国联网工程建设

我国特高压和直流输电技术的发展为实施跨国电力进口创造了有利条件。根据我国参与周边国家能源资源合作与开发的总体情况，今后应进一步加大与俄罗斯、蒙古、哈萨克斯坦、缅甸等周边国家的联网工程建设，积极引进国外电力。其中，俄罗斯、蒙古、哈萨克斯坦的电力将通过特高压直流分别送入东北、华北、华中电网。

俄罗斯、蒙古、哈萨克斯坦电网与我国电网运行规约不同，应采用远距离大容量直流或直流背靠背方式进行电能输送。根据各电压等级直流输电线路的经济输送距离，俄罗斯能源基地进口电力宜采用直流背靠背工程、±500、±660千伏和±800千伏直流方式输送；蒙古能源基地进口电力宜采用±500、±660千伏和±800千伏直流方式输送；哈萨克斯坦能源基地进口电力宜采用±800千伏和±1100千伏直流方式输送。

"十二五"期间，我国需要重点加强的跨国联网工程主要是中俄直流背靠背工

程。"十三五"期间以及2020～2030年间，需要根据周边国家向我国送电工作进展情况，结合东北、华北等地区负荷发展需要，推进俄罗斯、蒙古向辽宁、天津、山东等方向的直流输电工程建设。

五、电网技术研发和应用

科技创新是我国电网科学发展的必由之路，技术进步是保证电网发展战略顺利实施的关键因素。为实现我国坚强智能电网建设目标，必须坚持自主创新，抓住新一轮能源技术革命的机遇期，加大投入，争取在若干先进技术领域实现突破，为我国未来电网发展提供坚实的技术保障。

1. 新型电力电子技术

电力电子技术的应用和发展是传统电力工业的一次重大变革。电力电子技术可以提高输电效率，还可以提高电力系统的可控性，实现电网的快速、连续和灵活控制。

电力电子技术在电力系统中的应用主要包括柔性交流输电技术和直流输电技术。柔性交流输电将电力电子技术与现代控制技术相结合，可以实现对电力系统参数的连续调节控制。目前柔性交流输电技术应用较为广泛的主要有静止无功补偿器（Static Var Compensator, SVC）、静止同步补偿器（Static Synchronous Compensator, STATCOM）、可控串联补偿器（Thyristor Controlled Series Compensator, TCSC）、可控高抗装置（Controllable Shunt Reactor, CSR）等。基于晶闸管串联的常规高压直流输电技术向电压等级越来越高、输送容量越来越大的方向发展，研制中的±1100千伏直流输电容量在1000万千瓦级。通过多端直流输电、电容换相直流、三极直流输电等技术，直流输电应用领域不断扩展。随着新一代基于可关断器件的电力电子装置性能的不断提高，新型电力电子技术将在未来电网中发挥更加重要的作用。统一潮流控制器（Unified Power Flow Controller, UPFC）、基于电压源换流器的柔性直流输电（Voltage Sourced Converter-High Voltage Direct Current, VSC-HVDC）等技术将为提高电网的可靠性、经济性、环保性、灵活性提供坚强有力的支撑。

我国在电力电子技术领域已经取得了重要进展，自主研制的硅材料6英寸晶闸管在特高压直流输电领域得到成功应用，基于晶闸管半控器件的柔性交流输电技术已经成熟，部分处于国际领先水平，基于全控器件的静止同步补偿器也取得了重大技术突破。但是在高端电力电子器件的研发方面与世界先进水平有不小的差距；大容量高电压等级的柔性交流输电设备研究水平有待提高；多端直流输电（Multi-Terminal Direct Current, MTDC）、紧凑化换流站落后于世界先进水平。未来需要在基础元器件制造、电力电子技术系统分析仿真等方面进一步加大研发投入，缩小与先进国家的差距。

2. 超导电力技术

超导现象是指材料在低于某一温度时，其电阻变为零的现象。将超导材料用于制造电力设备，不但可以降低损耗，还可以减小体积和重量，节约基建投资，并使大容量和高密度送电成为可能。

超导电力技术总体处于研究和试验阶段，各类超导电力设备都已有试验性的装置问世。美国纽约州长岛地区2008年4月投运的138千伏超导电缆，总长610米，是目前世界上在运电压等级最高、输电距离最长的超导电缆线路。2004年4月，我国昆明普吉变电站投运了总长34米的35千伏超导电缆。2011年4月，我国首座超导变电站在甘肃省白银市正式投入运行，安装应用了包括高温超导限流器、高温超导储能系统、高温超导变压器和高温超导电缆在内的多种超导电力装置，集成了我国超导电力技术近10年来的最新研究开发成果。

超导技术的研究和应用已经取得了一定的进展，但技术瓶颈尚未突破。在高温超导部件之间的连接技术、进一步提高绝缘等级和传输容量等问题上还需要继续开展研究。由于超导材料要在极低的温度下才能体现超导特性，因此造价非常昂贵，对运行维护的要求也很高。在超导材料没有出现重大突破之前，超导技术只能应用于短距离或某些特殊场合下的输电，要真正用于远距离输电乃至于构建大规模超导电网还有很长的路要走。

3. 大电网安全稳定控制技术

随着特高压电网及全国联网工程的建设，我国电网将成为世界上电压等级最高、系统规模最大、资源优化配置能力最强的电网，开展超大规模交直流混联电网安全稳定控制技术研究，对提升我国电力系统运行水平，保障电网输送能力至关重要。

国内外在大电网安全稳定机理、特性等方面开展大量研究工作。在大电网安全

分析技术研究方面，国外对大电网在线分析和防御系统进行了研究，并在能量管理系统中进行了应用，但尚未大规模推广；我国开发了大电网在线动态安全评估和预警系统，并在部分调度部门进行了推广应用。

为了在加快电网建设的同时，大幅提升我国电网的安全稳定运行水平，需要在电网安全评估、交直流混合系统控制、电网故障恢复、保护及安全控制领域开展研究工作；建立复杂交直流系统稳定控制理论体系以及在线安全分析、评估和决策方法，实现电网安全评估的实时化、动态化和智能化；推广广域测量系统（Wide Area Measurement System, WAMS）技术，发展基于多信息源的协调控制技术，进一步完善我国电网"三道防线"措施的协调配合。

4. 微电网技术

为解决分布式能源给电网带来的不利影响，协调大电网与分布式能源的发展，微电网的概念得以提出并引起了高度关注。微电网采用大量现代电力电子技术，将电源、负荷、储能装置及控制装置相结合，形成一个单一可控的相对独立供电系统，能够实现自我控制、保护和管理。微电网技术可以提高分布式能源的供能质量，扩大系统运行调节的可选资源范围。将部分分布式能源以微电网的形式接入到大电网中并网运行，可以整合分布式能源系统的优势，消除对电网的冲击，是发挥分布式能源系统效能和价值的有效方式之一。

微电网技术作为适应分布式能源发展和配网智能化要求的一种新技术，与电力电子技术、储能技术的发展密切相关，微电网技术的应用与推广，有赖于后两种技术的进步与成熟。总体而言，微电网在工程领域的应用仍处于起步阶段，欧盟、美国、日本等国家和地区均开展了微电网实验示范工程的建设工作，主要目的是进行概念的验证、控制方案的检验及运行特性的研究。我国许多研究机构和企业也对微电网相关技术开展了研究，国家电网公司在河南、浙江、山西等地建设了微电网运行控制试点项目。作为大电网供电的有效补充，微电网在降低能源输送损耗、提高电力系统运行可靠性和灵活性等方面具有巨大潜力。为推动微电网技术的健康发展，未来需要在微电网结构、仿真分析、运行控制、保护设置、能源管理等方面开展专门研究，加快微电网技术的实用化进程。

5. 储能技术

电力的生产、输送和消费瞬间完成的特征决定了必须保持生产和消费实时平衡。储能技术的突破，可以实现电能的大规模存储，将对传统的电力生产消费方式产生重大影响。

电能存储方式多种多样，包括物理储能（如抽水蓄能、压缩空气储能、飞轮储能等）、化学储能（如铅酸电池、钠硫电池、液流电池、锂离子电池等）和电磁储能（如超导储能、超级电容器等）。各类储能技术在能量密度、功率密度等方面特性各不相同，很难有一种储能技术可以完全胜任在电力系统中的各种应用。

目前各类储能技术处于快速发展阶段。在大规模储能技术中，抽水蓄能技术发展相对成熟，但受到地理资源条件的限制；超导储能处于实验研究阶段，离大规模推广应用有较大距离；压缩空气储能、飞轮储能、超级电容器等处于产业化初期；化学储能中，铅酸电池技术较为成熟并得到大量应用，钠硫电池、液流电池、锂离子电池有望成为未来大型储能电站的优选技术之一，前景看好。

未来需要全面深入地分析储能技术在电力系统中的可能应用，在抓好抽水蓄能电站建设的同时，加强对各类储能技术的研究，积极开展应用试点。待技术成熟后，加快储能技术的商业化应用。

第四节　"三华"特高压同步电网构建

构建"三华"特高压同步电网，是我国电力发展面临的重大课题。国际经验表明，随着电网规模的扩大，电网电压等级将不断提高；而更高电压等级输电技术的发展，又进一步推动了电网规模的扩大。利用特高压技术，发展"三华"特高压同步电网，是我国能源可持续发展的客观需要和必然选择。

一、国外同步大电网发展情况

1. 国外典型的同步大电网

纵观世界电力工业发展史，电网规模不断扩大是一个基本规律。一些地区还出现了跨国互联的同步大电网，比较典型的有北美东部同步电网、俄罗斯及东欧同步

电网、欧洲大陆同步电网。此外，南部非洲和中东地区也出现了各国电网互联的跨国同步电网。

（1）**北美东部同步电网。**北美东部同步电网包括美国的东、中部和加拿大的五个省，覆盖地理面积约520万公里²，电网最高电压等级为750千伏，装机总容量超过7亿千瓦。

美国的最高负荷出现在夏季，加拿大的最高负荷出现在冬季；加拿大电源结构以水电为主，丰富的水电资源与美国火电之间可以形成良好的互补调节。两国间南北联络线超过100条，电力交换能力约2000万千瓦，2009年跨国交换电量达到726亿千瓦·时。

（2）**俄罗斯及东欧同步电网。**俄罗斯及东欧同步电网由苏联同步电网演变而来。苏联同步电网横跨欧亚大陆，装机总容量曾达4.6亿千瓦，覆盖面积近2000万公里²，从东到西6000公里，从南到北3000公里。苏联解体后，俄罗斯与东欧部分国家电网联成同步电网运行，覆盖面积约1000万公里²，电网最高电压等级为750千伏，装机容量超过3亿千瓦。

（3）**欧洲大陆同步电网。**欧洲大陆同步电网覆盖欧洲24个国家，是世界最大的同步互联电网之一，2008年装机总容量约6.7亿千瓦，最大用电负荷约4亿千瓦，年用电量约2.6万亿千瓦·时。

欧洲大陆各国电网间联系紧密，跨国互联线路将近300条，电力交换能力超过1亿千瓦。通过电网跨国互联，欧洲各国达到了充分利用发输电设备，促进国际间电力交换的目的，为建立欧洲统一电力市场奠定了物理基础。

欧洲还计划建设环地中海电网，将北非、中东等二十几个国家电网连接到一起，实现优势互补，充分利用北非地区丰富的风能和太阳能发电资源。

2. 国外同步大电网发展的启示

（1）**大范围优化配置能源资源是同步大电网发展的重要动力。**电网是能源资源优化配置的重要平台，因此电网形态在很大程度上由能源资源分布及供需格局决定。美国、加拿大并未形成各自的全国性同步电网，而是致力于加拿大与美国电网的南北互联，以便充分利用加拿大廉价的水电资源。欧洲同步电网的发展与欧洲电力市场的发展和能源结构的变化密切相关。在日本福岛核电站核泄漏事故发生后，德国宣布将逐步关闭国内核电站，意大利也否决了重启核电的发展计划。由此产生的电力缺口很大一部分需要从其他国家输入，未来对加强跨国联网、提高跨国输电能力的需求将更加迫切。

（2）同步大电网具有显著的联网效益。 发展大规模同步电网具有多方面的优越性。同步电网规模越大，接入的电源越多，抵御扰动和故障冲击的能力就越强，对电源结构、负荷分布、电力流变化的适应性较好；通过网间电力交换，同步大电网可以充分获取错峰、调峰、水火互济、跨流域补偿、互为备用和调剂余缺等联网效益；同步电网规模扩大后，接受远距离、大容量外来电力的能力也显著增强。

（3）同步电网的规模与大停电事故没有必然联系。 国际大规模同步电网都经历了由初期弱联系到结构逐步加强的阶段。随着电网联络的增强和电网网架的完善，同步电网的输送能力和安全稳定性也相应地经历了一个由弱到强、不断提高的过程。但大停电事故的发生与同步电网的规模之间没有必然联系。分析近些年来全球重大电网停电事故的机理和发展过程可以发现，事故的一个重要原因在于电网缺乏统一规划、统一调度和协调控制，信息沟通和应急响应机制不完善，未能建立可靠的电网安全防线。在电网统一调度、统一管理机制保障下，如果采取果断正确的控制措施，阻断恶性连锁反应发生，电网大停电事故应该可以避免。

二、构建"三华"特高压同步电网的必要性

电网形态的选择是由国情和电网发展的技术规律决定的。我国能源资源和消费逆向分布的基本国情，决定了能源及电力流动具有跨区域、远距离、大规模的特点。未来我国电网发展面临的是一个电力从西向东、由北向南大规模流动并在中间分散落点，大煤电、大水电、大核电、大风电基地集中开发、分散消纳的格局。"三华"地区包括我国华北、华东和华中地区，是我国主要的电力负荷中心。通过特高压交流网架将我国华北、华东和华中电网联结起来，构建"三华"特高压同步电网，形成连接北方煤电基地、西南水电基地、西部北部可再生能源基地和华北、华中、华东负荷中心地区的坚强的特高压同步网架，是适应未来我国能源和电力发展要求的必然选择。

构建"三华"特高压同步电网，从联网效益、资源优化配置、电力市场建设等诸多方面看，具有明显的优越性，能够获取比独立的区域电网更大的效益，主要表

现在以下几方面。

1. 有利于发挥联网效益

构建"三华"特高压同步电网能够使网内电源和负荷形成强联系，可最大限度地发挥各类电网各个时段的作用，更方便、更经济地实现全网最优化运行，在更大范围内配置资源，带来巨大的备用共享、水火共济、减少投资、事故支援、提高可靠性、降低运营成本等综合效益。预计到2020年，在统一调度、统一安排检修的情况下，"三华"特高压同步电网可减少装机容量超过3000万千瓦。"三华"特高压同步电网扩大了水电消纳范围，大大提高了调节性能较差的径流式电站的经济性，可减少弃水电量约343亿千瓦·时。

2. 有利于大规模接受外来电力

西部、北部大型电源基地的电力在满足本地区需要的同时，许多都需要通过特高压输送到东中部地区消纳。东中部地区只有接受大量区外来电，才能平衡电力供需，保障电力供应。一回±800千伏直流特高压线路输送容量可以达到800万千瓦，对受端电网的承载能力要求很高。要更好地接受大规模外来电力，保证系统运行的安全性，客观上需要在华北、华东和华中受端地区构建坚强的特高压同步电网，使西部、北部大型电源基地的电力既能送得出，也能落得下。

3. 有利于大规模消纳清洁能源

"三华"特高压同步电网具有显著的错峰、降低峰谷差、充分利用水电调节能力等效益，有利于提高整个系统的风电消纳能力，加快清洁能源的发展。相关研究表明：如果不构建"三华"特高压同步电网，到2020年，华北、华东、华中电网的风电消纳能力合计约为6000万千瓦；而构建"三华"特高压同步电网后，风电消纳能力约为1.03亿千瓦，增加了4300万千瓦。

4. 有利于统一电力市场建设

华北、华东、华中三大地区地理位置相互毗邻，电源结构互补。构建坚强灵活的特高压同步电网，发挥电网的网络市场功能，既有利于消除网络阻塞，促进"三华"区域内电力交易，又能够更好地促进"三华"与区域外的电力交易，在更大范围优化配置电力资源，为构建全国统一电力市场搭建了平台。

三、"三华"特高压同步电网的安全性

1. "三华"特高压同步电网安全性分析

电网的安全取决于合理的电网结构、完善的安全稳定控制系统、科学的调度与管理。在一个同步电网内，所有发电机均以相同的频率同步运行，具有在扰动和故障后自动恢复同步运行的自然属性，电网规模越大，投入发电机越多，抵御扰动和故障冲击的能力越强，供电可靠性越高。

预计到2020年，"三华"特高压同步电网覆盖面积320万公里^2，装机总容量10亿千瓦，采用1000千伏联网，电网联系紧密，等效电气距离仅相当于采用500千伏时的1/4，电网形态由原来的东北—华北—华中"长链式"（2003年9月形成，2008年11月高岭背靠背换流站工程投产后调整为东北和华北—华中两个同步电网）优化为更加坚强的华北—华东—华中"团状"结构，与西北、东北、南方3个同步电网之间通过直流联网。

为论证"三华"特高压同步电网的安全性，国家电网公司对各水平年、各种规划方案、多种运行方式进行了大量的潮流、静态安全性、暂态稳定性、动态稳定性、严重故障校核等仿真计算，结果表明"三华"特高压同步电网符合电力系统安全稳定导则，安全性是完全可以保证的。

2. "三华"电网不同构建方案的安全性比较

为进一步论证"三华"特高压同步电网的安全性，国家电网公司还根据不同的技术条件，选取三种"三华"电网构建方案进行了比较。方案1：即"三华"特高压同步方案，华北—华中—华东通过特高压交流构建主网架，形成"三华"同步电网，全国形成4个同步电网，网间采用直流互联。方案2："三华"500千伏异步方案，华北、华中、华东电网分别以500千伏交流为主网架，相互间通过直流异步联网，全国形成6个同步电网。方案3："三华"特高压异步方案，华北、华中、华东分别采用特高压交流构建主网架，相互间通过直流异步联网，全国形成6个同步电网。

安全性分析表明，采用"三华"500千伏异步方案，短路电流大面积超标，没有长效的办法予以解决；大规模电力通过直流送入东中部负荷中心，形成典型的"强直弱交"电网结构，无论交流系统还是直流系统发生故障，都会引发大范围潮流转移和电压崩溃等连锁反应，导致大面积停电；即使考虑安装SVC/STATCOM措

施，仍不能满足《电力系统安全稳定导则》规定的第一级安全稳定标准，无法保证电网安全。

采用"三华"特高压异步方案，可以解决"三华"电网特别是华东电网短路电流大面积超标问题，还可以解决直流单、双极故障后交流系统功率转移能力不足问题。但在故障情况下面对同样的功率缺额，电网频率波动的幅度要明显大于"三华"特高压同步联网；而且馈入华东电网的直流规模超过交流电网承受能力时，交流线路引起的电压稳定问题仍然突出，即使大量加装SVC/STATCOM，也不能满足《电力系统安全稳定导则》"$N-1$"标准要求，发生大面积停电的风险依然存在。

采用"三华"特高压同步方案，为东中部负荷中心地区接受区外来电开辟了更为安全可靠的特高压交流电网通道，区外电力分别通过特高压交流和特高压直流送入，形成"强交强直"、交直流联合输电的格局，既能从根本上解决短路电流大面积超标问题，又彻底解决了因交直流系统相互作用而可能引发的华东500千伏电网不稳定的问题。"三华"特高压同步方案的安全稳定性、运行可靠性和抵御各种事故的能力比500千伏异步方案和特高压异步方案大幅提高，完全满足《电力系统安全稳定导则》规定的安全稳定标准要求。

目前华北—华中电网通过晋东南—南阳—荆门特高压工程实现同步联网，与华东电网通过直流异步联网，这是"三华"特高压同步电网构建过程中的一个阶段。未来应该按照"强交强直"的原则加快特高压发展进程，尽早构建坚强的特高压网架结构。需要指出的是，在特高压电网发展初期，由于同步电网网架尚未完全形成，单个特高压工程的运行水平受到设备、技术等方面条件的制约，特高压电网的安全稳定性和运行水平将经历一个由弱到强、不断提高的过程。随着特高压交流网架的不断完善，同步电网的联络将不断增强，电网智能控制等先进技术将广泛应用，电网设备可靠性以及管理水平将不断提高，"三华"特高压同步电网将更加安全、可靠。

第五节　电网智能化

当今世界，追求智能发展正成为一种新的趋势和潮流。所谓智能发展，就是推进信息化与工业化融合，不断创造新的经济增长点、新的市场、新的就业形态，提高社会运行效率，实现互联互通、信息共享、智能处理、协同工作[1]。智能电网是智能发展潮流在能源领域的体现，也是能源系统技术升级的内在需要，是全球范围内智能发展趋势深入推进的突出标志，同时也是正在孕育发展的新一轮能源变革的重要特征。世界主要发达国家纷纷把发展智能电网作为抢占未来低碳经济制高点的一项重要战略措施，掀起了一场全球范围的智能电网建设热潮。2009年，国家电网公司在我国率先提出坚强智能电网发展战略，引起社会各界高度关注，智能电网相关研究和实践工作全面启动，顺利开展。随着智能电网纳入国家"十二五"发展规划和战略性新兴产业，我国智能电网进入新的发展阶段。

一、智能电网的内涵和特征

关于智能电网，国际上没有统一的定义，各国由于经济社会发展阶段、电网发展现状、资源分布情况不同，智能电网发展的侧重点也不尽相同，但发展的总体目标和基本要求是一致的，就是要解决能源安全与环保问题，应对气候变化，保证安全、可靠、优质、高效的电力供应，满足经济社会发展对电力的多样化需求。

对我国来说，智能电网应是以特高压电网为骨干网架、各级电网协调发展，覆盖各个电压等级和电源接入、输电、变电、配电、用电和调度各个环节，集成现代通信信息技术、自动控制技术、决策支持技术与先进电力技术，适应各类电源和用电设施的灵活接入与退出，实现与用户友好互动，具有智能响应和系统自愈能力，能够显著提高电力系统安全可靠性和运行效率的新型现代化电网。

信息化、自动化、互动化是智能电网的基本特征。信息化是指以通信信息平台为支撑，信息流与电力流、业务流高度融合，实现实时和非实时信息的高度集成、共享与利用。自动化是指依靠先进的自动控制策略，全面提高电网生产、运行、调度、管理的自动化水平。互动化是电网与电源、用电设施和电力用户之间实现信息双向沟通，能够自适应交互调整，达到系统运行的最佳状态。

---

[1] 胡锦涛，在中国科学院第十五次院士大会、中国工程院第十次院士大会上的讲话，2010年6月。

二、智能电网的战略意义

智能电网的发展，使得电网功能逐步扩展为促进能源资源优化配置、保障电力系统安全稳定运行、提供多元开放电力服务、推动战略性新兴产业发展等多项功能。作为我国重要的能源输送和配置平台，智能电网从投资建设到生产运营的全过程都将对国民经济、能源生产和利用方式、生态环境等带来巨大效益。

1. 实现电力系统安全高效运行

现代电力系统的规模日益扩大，构成愈发复杂，系统运行需要考虑的影响因素越来越多，及时发现并尽快消除各种因素带来的安全隐患，增强电力系统的抗干扰能力，实现整个电力系统的安全高效协调运作十分重要。推进智能电网建设，有利于对电力系统进行全面监测和灵活控制，提高系统运行的稳定性和能源供应的可靠性。通过推广应用各种先进技术及装备，可以提升发、输、变、配、用、调度各个环节的生产效率和使用效率。

2. 满足用户日益多元化的用能需求

随着社会的不断进步和智能设备的大规模应用，用户对提高服务质量、丰富服务内容将提出更高的要求，需要能源系统提供更为安全可靠、经济高效、友好互动、透明开放、清洁环保的能源供应。通过发展智能电网，可以大大增强能源系统优化配置资源的能力和抗干扰能力，为用户提供充足、优质的电力供应；并可以使用户及时掌握用电状况、电力价格等信息，主动参与用电管理，设定用电设备运行策略，实现对用电的精益化控制，获得更加满意的用电服务。

3. 促进清洁能源发展

通过发展智能电网，运用先进的自动化技术、协调控制技术和储能技术，能够实现对包括风能、太阳能在内的各类能源资源的准确预测和合理控制，改善新能源发电的功率输出特性，有效解决风能、太阳能等可再生能源大规模开发带来的技术问题，扩大市场消纳空间，从而更好地推动能源结构优化调整，降低对传统化石能源的依赖。

4. 促进电力工业及相关产业发展

发展智能电网将推动电力工业向智能化方向升级，促进电力发展实现新的跨越。同时，还将促进与智能电网相关的新能源、新材料等高新技术产业和物联网、电动汽车等新兴产业的发展，对刺激消费和经济增长产生巨大的乘数效应。利用投入产出分析方法初步测算，相对于传统电网，2010～2020年，建设智能电网每年增加投资500亿元，每年将带动社会总产出增加约1940亿元，提供就业岗位约14万个，增加居民劳动报酬约35亿元。

三、智能电网发展重点和实践

从各国发展智能电网的驱动力和侧重点看，不同地区和国家的发展与实践有所不同。美国主要侧重于升级和更新现有电网基础设施，提高供电可靠性，最大限度地利用信息通信技术，并与传统电网结合，促进电网现代化，积极发展清洁能源、推广可插电式混合动力汽车、实现分布式电源的并网运行；欧洲主要侧重于研究和解决电网对风电，尤其是大规模海上风电的消纳、分布式电源并网和加强需求侧管理等问题，提高供电可靠性、电能质量以及对社会用户增值服务的完善。虽然不同国家在智能电网发展的侧重点等方面有所差异，但总体目标和基本要求是一致的，就是要解决能源安全与环保问题，应对气候变化，保证安全、可靠、优质、高效的电力供应，满足经济社会发展对电力的多样化需求。

从发展阶段来看，国内外的智能电网发展都处于起步阶段。国外发达国家对智能电网的研究相对稍早，但是真正在政府推动下开展实质性的投资和建设是从2008年开始。我国和国外发达国家在智能电网发展方面处在同一起跑线上。建设坚强智能电网，为我国实现电网技术跨越、占领国际电网技术制高点提供了良好机遇。

（一）我国智能电网发展重点

我国智能电网建设需要在系统研究、科学规划的基础上，突出重点、统筹推进。

1. 统筹推进电网各环节智能化

（1）**电源接入环节**。促进电源结构优化，强化网厂协调，提高电力系统安全运行水平。提升电网适应不同类型清洁能源发展的能力，促进清洁能源开发和消纳。针对风电、太阳能等清洁能源发电的间歇性、不确定性等特点，通过智能电网实现不同能源间的互补与调剂，促进清洁能源高效利用，提升能源综合利用效率。电源接入环节智能化的重点主要包括常规电源网厂协调关键技术研究及应用，风电和太

阳能发电的分析、功率预测和并网运行控制等先进技术的研发，大容量储能设备的研发和应用，以及相关标准的制定和常规电源关键设备、大规模可再生能源发电关键设备、大规模储能关键设备的研制及推广应用等方面。

（2）**输电环节**。充分利用现有电网资源，提高输电线路输送能力，降低输电成本；提高电力系统稳定水平；实现重要输电设备的状态监测，全面推广输电线路智能化巡检技术，广泛开展输电线路状态评估、状态检修和风险预警，实现对线路运行状态的可控、能控和在控。输电环节智能化重点是在输电环节集成应用新技术、新材料、新工艺，实现勘测数字化、设计模块化、运行状态化、信息标准化和应用网络化。积极采用柔性交流输电技术，提高线路输送能力和电压、潮流控制的灵活性；以通信、信息与控制技术为支撑，以卫星定位、智能监测与先进巡检技术为手段，深入开展分析评估诊断与决策技术研究，实现输电线路状态评估的智能化；加强输电线路状态检修、全寿命周期管理和智能防灾技术研究应用，实现输电线路智能化技术的高级应用。

（3）**变电环节**。变电环节智能化可以显著提高电网稳定性和可靠性、输送能力以及设备健康水平；加强智能化设备对电网优化调度和运行管理的信息支撑功能，为电网的智能调度和设备的运行管理等提供优化和决策依据；提升变电站资产管理和运营水平。变电环节智能化建设重点主要包括智能变电站自动化关键技术与装备、设备在线监测一体化和自诊断、变电一次设备智能化的关键技术及设备的研制与应用、智能变电站监测装置和自动化装置的检测检定、技术标准体系、运行环境监测、运维管理集约化等。

（4）**配电环节**。配电环节智能化有助于提高电网供电可靠性、系统运行效率以及终端电能质量；有助于实现分布式发电、储能与微网的并网与协调优化运行，实现高效互动的需求侧管理；有助于结合先进的现代管理理念，构建集成与优化的配电资产运维与管理系统。配电环节智能化重点是在加强坚强配电网架建设的基础上，积极推进配电自动化系统和配网调控一体化智能技术支持系统建设，实现对配电网的灵活调控与优化运行，提高配电网的可靠性水平与电能质量；加强配电网生产指挥与运维管理的信息系统建设，为配电网规划、运行维护和管理提供全面支撑，并实现各类应用系统的有机整合以及与调度、用电等环节的双向互动；加强对分布式发电/储能及微网接入与统一协调控制技术的研究与推广，充分发挥这些技术在提高供电可靠性和系统削峰填谷方面的作用，提高供电可靠性。

（5）**用电环节。**构建智能用电服务体系，实现营销管理的现代化运行和营销业务的智能化应用；全面开展双向互动用电服务，实现电网与用户的双向互动，提升用户服务质量，满足用户多元化需求。推动智能用电领域的技术创新，带动相关产业的发展。推动终端用户用能模式的转变，提升用电效率。用电环节智能化的重点是建设和完善智能双向互动服务平台和相关技术支持平台，实现与电力用户的能量流、信息流、业务流的双向互动，全面提升双向互动用电服务能力。具体包括全面推广智能电能表，建设用电信息采集系统，实现对电力用户和关口的全面覆盖，实现在线监测和用户负荷、电量、电压等重要信息的实时采集，为智能用电服务提供技术支撑；通过智能小区/楼宇建设智能用能服务系统、建设用户侧分布式电源及储能系统，实现智能电网与电力用户之间实时交互响应，增强电网综合服务能力，满足互动服务需求，提升服务水平，指导用户科学用电、节约用电，提高终端用户能源利用效率和电网运行效率。建设电动汽车智能充换电服务网络，形成科学合理的电动汽车充换电站布局，实现电动汽车与电网的双向能量交换，有效满足电动汽车等新型电力服务要求。

（6）**调度环节。**调度环节是智能电网的重要组成部分，与其他环节联系紧密，是坚强智能电网安全、优质、经济运行的重要保障。通过调度环节智能化建设，实现电网调度的信息化、自动化、互动化，实现对电力生产的科学组织、精确指挥、前瞻指导和高效协调，进一步精细化电网调度的计划安排，提高基础自动化和应用实用化水平，实现调度技术支持系统的一体化建设，强化电力二次系统的安全防护，提高电网调度驾驭大电网的能力，全面提升电网调度的资源优化配置能力、纵深风险防御能力、科学决策管理能力、灵活高效调控能力和公平友好市场调配能力，全面提升电网安全、经济运行水平。其建设重点包括构建涵盖电网年月方式分析、日前计划校核、实时调度运行等环节的调度安全防线，实现数据传输网络化、运行监视全景化、安全评估动态化、调度决策精细化、运行控制自动化、网厂协调最优化，建成智能电网调度技术支持系统，形成一体化的智能调度体系，支持可再生能源大规模集中及分布式接入。

2. 推进通信信息平台建设

通信信息平台是支撑坚强智能电网建设的重要手段，其建设将推动实现电网规

划、设计、建设、生产、运营、服务信息的全面采集、流畅传输和高效处理，提升设备和业务处理的自动化水平；形成包含全部业务的信息系统，提升业务管理的现代化水平，实现全网资源的优化配置、高效利用和风险的全面控制；搭建信息共享透明、流程规范集成、功能强大的业务协同和互操作平台，提升人与应用系统之间、电网各环节之间、各业务之间、各利益相关方之间的互动水平；充分利用坚强智能电网多元、海量信息的潜在价值，提升电网的智能分析和科学决策水平；利用智能电网把各种供电、用电设备连接一体，为物联网提供通信载体，拓展物联网应用。

通信信息平台的建设重点包括充分利用现代通信信息技术，在电网数字化和自动化发展基础上，不断深化发电、输电、变电、配电、用电和调度环节的数据采集、传输、存储和利用，实现数据采集数字化、生产过程自动化、业务处理互动化、经营管理信息化、战略决策科学化。以智能化电网发展需求为核心，促进各级通信网协调发展，提高对各级通信资源的调配能力、提高对各类通信业务的承载能力、提高对各种自然灾害和外力破坏的抵御能力。加强信息安全领域监管和运维系统建设，形成完善的信息等级保护纵深防御体系。

3. 促进智能公共服务平台建设

依托于智能电网及其伴生的智能信息通信系统，拓展网络服务功能，推进与公共服务资源的集成与融合，有助于实现能源流、信息流的高度集成和综合应用，打造出一个基于智能电网的新型智能化公共服务平台。

以智能电网电力光纤到户助推"三网融合"❶。电力光纤到户是用光纤复合低压电缆（OPLC）代替传统的从电力主干网到电力用户端的低压电缆，在实现电力线到户的同时实现光纤到户。通过电力光纤到户，可以形成一个基于电力光纤、深入千家万户的宽带通信网络，为"三网融合"提供重要的物理通道，破解网络通道整合的难题，解决信息高速公路的末端接入问题。以智能电网与电力光纤为载体推动"三网融合"具有较好的经济性，可以实现一缆多用和网络基础设施的共建共享，减少重复建设，提高网络的综合运营效率，实现社会资源利用最优化。电力光纤到户作为智能电网用户接入端的主要实施方案，具备向社会提供公共服务的网络资源和服务能力，为"三网融合"提供了一个高带宽、大容量、广覆盖、绿色节能

---

❶ "三网融合"是指电信网、广播电视网和互联网之间的相互融合发展。

的网络应用平台和更多的增值服务空间。

　　智能电网有助于推进智能小区建设并支撑智能城市发展。智能小区改变了传统单一供电的方式，实现了供电企业和用户间电力流、信息流、业务流的双向互动（见图4-17）。电力公司可以实时了解用户用电信息并掌握用电规律，针对用户用电特点开展灵活精细的需求侧响应工作，引导用户改变用电行为，科学合理用电，鼓励用户参与电力负荷平衡和电网运行；支持太阳能光伏、风能、电动汽车、储能等多种用户侧分布式电源接入电网，鼓励清洁新能源的使用。智能电网能更好地保证城市电力供应，促进城市使用更多的绿色能源。同时作为未来城市重要的公共服务平台，全面支撑城市智能化发展。

图 4-17　智能小区的主要功能

（二）我国智能电网发展实践

　　近年来，我国在智能电网规划研究、技术攻关、设备研制、标准建设和工程试点等方面开展大量工作，取得了一系列丰富的成果（见表4-4），智能电网的国际影响力显著提升，并使我国在智能电网领域始终走在世界前列。

表4-4 **国家电网公司智能电网实践**

工作类别	进展与成效
开展智能电网理论和规划研究	◆ 编制完成国家电网及所属各省（自治区、直辖市）电网智能化中长期规划和"十二五"规划 ◆ 发布《智能电网关键设备（系统）研制规划》，在国际上率先提出智能电网设备研制体系 ◆ 发布《智能电网技术标准体系规划》，在国际上率先提出智能电网技术标准体系 ◆ 编制智能电网全面建设行动计划 ◆ 形成《坚强智能电网战略研究总报告》
开展智能电网技术攻关、设备研制和标准建设	◆ 建成国家能源智能电网技术研发（实验）中心等一系列国家级智能电网技术研发和检测机构，综合试验检测能力达到国际领先水平 ◆ 在智能电能表、智能电网调度技术支持系统、智能变压器、智能开关设备、光纤复合低压电缆、电动汽车充换电设备及其控制系统、微电网运行控制系统等方面取得一系列技术突破 ◆ 发布企业级标准166项，受托制定、修订国家、行业标准42项
开展智能电网工程试点	◆ 累计安排了29类287项试点项目，2011年底建成投产238项 ● 国家风光储输示范工程一期建成投产 ● 建成投运上海世博园和中新天津生态城智能电网综合示范工程 ● 建成110千伏至750千伏智能变电站65座 ● 在23个城市核心区建设智能配电网 ● 建成并投运了覆盖26个省（自治区、直辖市）的电动汽车充换电站243座，交流充电桩超过1.3万个，在青岛、杭州等城市建成了智能充换电服务网络 ● 安装应用智能电表5162万块，累计实现7645万户用电信息采集 ● 建成投运具有电网全景监控、动态分析、实时预警功能的智能电网调度技术支持系统 ● 完成15个省的输电设备状态监测系统主站部署 ● 建成28个智能小区和智能楼宇，服务平台覆盖3.5万用户

注 截至2011年底。

上海世博园智能电网综合示范工程（见图4-18）是我国第一个智能电网综合示范工程，包括新能源接入、储能系统、智能变电站系统、配电自动化、故障抢修管理系统、电能质量监测、用电信息采集系统、智能楼宇与智能家居、电动汽车充放电设施9个子工程，以及特高压输电展示、智能电网调度技术支持系统、信息化平台、可视化展示等4个演示工程。

图4-18　上海世博园智能电网综合示范工程

中新天津生态城智能电网综合示范工程是目前国内外功能最齐全的智能电网综合示范工程，它遵循"可实行、可复制、可推广"的思路，建设内容包括分布式电源接入及储能系统、设备状态监测系统、智能变电站、配电自动化、电能质量监测、用电信息采集系统、智能小区、电动汽车充电设施、通信信息网络、电网运行可视化平台、互动化营业厅等11个子工程。

国家风光储输示范工程是国家"金太阳"工程重点项目、国家科技支撑计划重大项目，也是国家电网公司设立的首批智能电网试点项目。该工程是世界上第一个集风力发电、光伏发电、储能系统、智能输电于一体的示范工程。工程一期已于2011年12月25日竣工投产，建成风电10万千瓦、光伏发电4万千瓦、储能1.4万千瓦，建成风光储输联合控制中心及一座220千伏智能变电站。

在2011年9月举办的智能电网国际论坛上，我国智能电网的实践成果得到了论坛代表的高度评价，国家电网公司提出的"建设坚强智能电网"的理念受到广泛认同。论坛对国家电网公司在坚强智能电网理论研究、标准制定、关键设备研制、试点工程建设等方面的工作和取得的突破予以充分肯定。电气电子工程师学会（Institute of Electrical and Electronics Engineers, IEEE）标准化协会主席亚当·恰克明确表示，"中国在智能电网领域已经处于领军地位"。

2011智能电网国际论坛纪要

（2011年9月29日，北京）

2011年9月28日至29日，中国国家电网公司和电气电子工程师学会（IEEE）在北京联合主办了2011智能电网国际论坛，论坛主题是"坚强智能电网——21世纪能源发展驱动力"。来自国际电工委员会、国际电信联盟等国际组织代表和亚洲、欧洲、南北美洲的16个国家政府部门、行业组织、电力企业、研究机构、设计单位、制造企业、高等院校等方面的代表，共计400多人参加了此次论坛。

能源是经济社会发展的重要基础和保障。当前，世界各国大力推进能源领域的创新发展，以清洁能源利用和智能电网发展为特征的能源变革方兴未艾。坚强智能电网是对智能电网理念的发展，"坚强"和"智能"的高度融合成为现代电网发展的内在要求和必然趋势。

论坛认为，发展智能电网能够改善能源结构、优化资源配置和提高能源生产利用效率，对于保障能源安全供给、应对全球气候变化、提高民众生活品质、培育战略性新兴产业，将发挥重要作用。与会代表充分介绍了各国在智能电网领域所取得的最新进展，就智能电网各领域相关问题进行了广泛交流与研讨，提出了在智能电网标准制定等方面加强合作的意见与建议。本次论坛对推动世界智能电网发展具有里程碑意义。

IEEE在全球拥有40多万名会员，下设45个协会和专业委员会，其所拥有的跨学科专家对智能电网的发展发挥了作用。IEEE利用其坚实的基础和广泛的协作开发智能电网标准，分享最佳实践经验，出版能源转化方面的发展成果。IEEE还通过提供相关的教育产品和服务促进智能电网的发展。论坛充分肯定了其经验对世界各国的借鉴作用。

论坛充分肯定和高度评价了中国国家电网公司在智能电网方面的各项工作及取得的成果。在中国政府的支持下，中国国家电网公司大力推动和积极建设以特高压电网为骨干网架、各级电网协调发展，具有信息化、自动化、互动化特征的坚强智能电网，并在理论研究、标准制定、关键设备研制、试点工程建设、实验检测能力建设等方面开展了卓有成效的工作，实现了在多个领域核心技术的突破，积累了丰富的经验，为推动世界智能电网发展作出了重要贡献。

论坛倡议，各国同行共同努力，按照互利共赢、友好开放的原则，加强交流与合作，共享经验和成果，携手推动世界智能电网创新发展。

四、智能电网发展原则

世界主要发达国家都对推进智能电网予以重视，将其作为能源系统优化调整的重要方向。我国也应通过政府强有力的政策支持和引导，调整现有的管理体制、价格机制、定价方式、投融资机制，促进能源、通信、信息等行业、机构相互协同，统筹规划，将智能电网发展纳入国家经济社会发展规划和能源发展战略工作体系，推动其在我国能源、经济、社会发展中发挥更大的作用。

1. 坚持统一规划、分步实施

我国智能电网发展必须以国家整体能源发展战略为基础，以适应并促进风能、太阳能等清洁能源的开发利用为基本目标之一，为清洁能源开发利用提供坚强的电网支撑；提升电网运行效率，促进电网节能减排潜力的发挥，同时提高用户需求侧的电能使用效率、促进节能减排，实现我国能源及电力工业的可持续发展。因此，我国电网智能化发展必须以实体电网为基础，与国家电网总体规划、配电网规划、通信规划等协调统一。坚持上级规划指导下级规划、以国家电网总体规划为指导，统筹发电、输电、变电、配电、用电和调度各个环节及通信信息平台，实现电网各环节之间的协调发展。

2. 坚持自主创新、标准引领

智能电网的市场巨大，世界各国政府竞相推动智能电网技术进步与标准制定，抢占全球智能电网产业制高点。目前我国智能电网建设和世界主要经济体基本上处于同一水平，也具有比较完备的电力和信息产业基础，因此更应抓住新一轮能源领域技术创新的历史机遇，坚持自主创新、标准引领，提高我国电力工业及相关产业的整体技术水平和体系化创新能力。围绕关键业务领域和支撑技术领域，不断完善智能电网关键技术研究框架，形成具有自主知识产权的产品、技术和品牌，成为智能电网技术发展的重要引领者，在全球的激烈竞争中占得先机。通过智能电网标准体系的建设，推动和保障智能电网产业快速有序发展，提升我国在国际智能电网技术标准制定中的话语权。

3. 坚持统筹协调、合力推进

加强智能电网与新能源产业、节能环保、电动汽车、物联网、高端装备制造产业等的协调发展，强化核心关键技术研发，实现各技术领域的跨越式发展与产业整体推进的有机结合。智能电网建设是一项复杂的系统工程，是涵盖电力系统全产业链和所有电压等级的有机整体，离不开各方的参与和推动，应统筹安排各环节的发展重点、建设规模和建设时序，合理分配各种资源，实现各环节之间的协调发展；

也需要凝聚材料研发、设备制造、运营管理、能源服务等各方力量，建立健全协调互动、和谐共赢的合作机制，积极协调国内国外各方资源、形成互利共赢的智能电网建设局面。

第六节 油气输送管网

我国油气输送管网近年来发展较快，但还存在着里程和密度较低、网络化程度不够、调峰能力不足等问题，需要进一步加以完善，加快实现输配网络化，加强整体建设规划，加大调峰设施建设力度，不断提高技术水平。

一、油气输送管网现状

管道运输是指用加压设施加压流体并通过管道将流体运输到目的地的运输方式，具有运量大、占地少、污染小、成本低、安全可靠、全天候运输等优点，特别适合于石油、天然气等液、气态货物的运输。在发达国家，天然气、成品油主要通过管道进行远距离运输。

我国油气输送管网伴随我国石油工业的成长不断发展壮大。1959年，我国第一条长距离原油运输管道（新疆克拉玛依至独山子炼油厂）建成投产。20世纪70年代，随着东北石油基地的建设，我国掀起了油气管道建设第一次高潮，建成了连接东北、华北等地区的输油管网。20世纪90年代以来，随着西部油气田的开发和中亚地区油气资源的进口，我国油气管道建设进入快速发展时期，陕京线、西气东输线等天然气重要管线相继建成投产。截至2010年底，我国已建成原油管道2.2万公里，成品油管道1.8万公里，天然气管道3.9万公里，油气管道总里程约7.9万公里，是1978年的9.5倍（见图4-19）。我国已初步建成了覆盖全国的油气骨干管网。

在里程不断增长的同时，油气管道货运量及货物周转量也有了大幅增长。2010年，我国油气管道货运量达到49972万吨，是1978年的4.8倍；货物周转量达到2197亿吨·公里，是1978年的5.1倍（见图4-20）。

原油管道主要承担从原油产地到主要加工基地的运输任务。我国原油加工基地主要布局在长江三角洲、珠江三角洲、环渤海、长江沿岸及西北地区，原油管道也主要根据加工基地分布布局，在东北、华北、中南、华东和西北等地区形成了区域性的原油管网，陆上原油运输基本实现管道化。主干原油管道包括庆铁线、铁大线、铁抚线、铁秦线、秦京线、阿独线、西部原油管道、东黄线、东临线、鲁宁线、甬沪宁线、仪长线等。

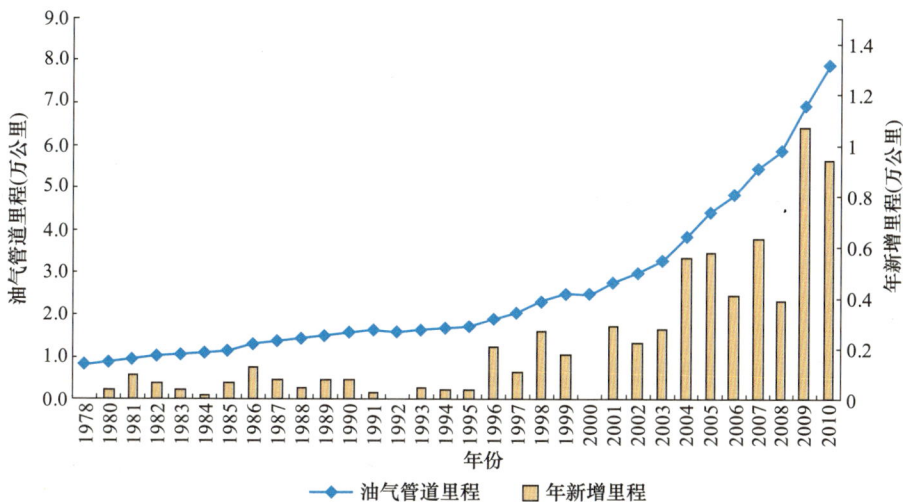

图 4-19　我国油气管道里程

数据来源：国家统计局，中国统计年鉴。

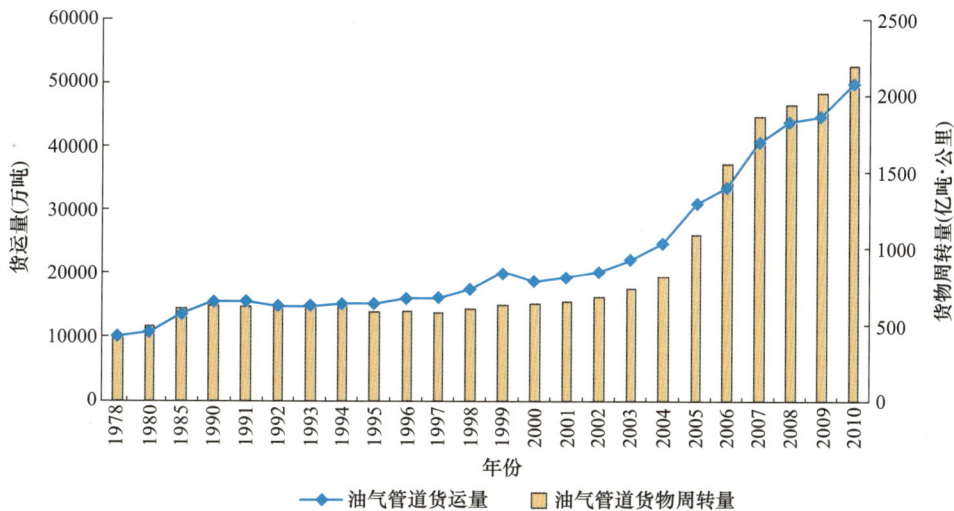

图 4-20　我国油气管道货运量及货物周转量

资料来源：国家统计局，中国统计年鉴。

成品油管道近年来得到了较大发展，成品油管道运输比重逐年增加，已在珠三角、西北、西南等地区建成了骨干成品油管道，华东、华北、东北地区的成品油区域性管网正在建设和形成之中。主干成品油管道包括西部成品油管道、兰成渝线、兰郑长线、茂昆线、鲁皖线、湛惠线等。

随着天然气工业的快速发展，我国天然气管道建设速度不断加快，在川渝、华北及长三角地区已经建设了较为完善的区域性天然气管网，在中南、珠三角地区，也已经建成了天然气区域管网主体框架，初步形成了以4大产气区外输管线及进口天然气管线为主线，连接海上天然气管道及进口LNG气源的全国性天然气管网。主要输气干线有西气东输一线二线、陕京一线二线、忠武线、涩宁兰线、长宁线、兰银线、淮武线、冀宁线、川气东送线等。

二、油气输送管网存在的主要问题

我国油气输送管网建设近年来不断实现突破，取得了长足的进步，但由于受到资源、资金、市场、技术等多方面因素的制约，在管网运输能力、网络化规模、调节手段、技术水平等方面还存在着一些问题和不足。

1. 油气管网里程偏少、密度偏低

我国油气管网长度占世界比重不到3%，在管道长度和密度上均远远落后于欧美发达国家。从管道长度看，美国2008年输油管道里程达23.6万公里，是我国2010年水平的6.4倍；欧洲天然气干线管道里程超过15.6万公里，是我国2010年水平的4.7倍。从管道密度上看，我国2010年天然气管道密度为0.0034千米/公里^2，而法国和德国2008年分别为0.0670千米/公里^{2}和0.1064千米/公里^2，相当于我国的20倍和31倍。

2. 管道网络化程度较低

我国油气管网仍处于发展初期，以干线油气管道建设为主，对支线和联络线建设力度不足，导致油气管道网络化程度较低，不同区域管道间互不连通，不利于输送能力的灵活调节，也阻碍了天然气终端消费市场范围和规模的扩大。

3. 成品油管道运输比例不高

我国成品油运输结构仍然以铁路、水路为主，管道运输比例不足30%，而在欧美等发达国家，管道运输是成品油运输的主要方式，部分国家成品油管输比例在

80%以上。与发达国家相比，我国成品油管道建设明显滞后，导致管道运输经济、高效的优势难以完全发挥。过度依赖铁路运输造成了我国成品油调运的不及时和不灵活，铁路运力不足带来的运输瓶颈也是"油荒"发生的重要因素之一。

4. 天然气调峰设施建设落后

我国天然气储气库等配套设施方面投入不足，应急和调峰储备能力整体偏弱。欧美等天然气管网发展较为成熟的国家，储气设施的储备能力一般占到年用气量的20%以上，而我国储气库实际工作气量仅占年用量的3%左右。在我国已建的各天然气干线管道中，仅西气东输管道和陕京线管道配套建设了储气库，其余管道均无有效的调峰设施。为了不影响上游气田的正常生产，调峰任务只能由干线管道承担，使得干线管道的输送能力得不到充分利用。

5. 部分原油管线老化情况严重

我国东北原油管网已经运行了30年以上，存在设施老化、超期服役等问题，已进入事故多发期，给原油运输带来了一定的安全隐患，一旦发生泄漏，还将对生态环境造成破坏。此外，这部分管网通信调度设施落后，自动化生产程度较低，越来越难以适应当前原油运输需求，需要逐步进行更新和替换。

6. 管道运输技术与先进国家存在一定差距

我国油气管道建设发展时间相对较短，在管道运输技术上与先进国家存在一定的差距。国外成品油管道正向着"大口径、大流量、多批次"方向发展，而我国仅能实现单一品种或几个品种的顺序输送，在实现多批次、多品种、多出口输油方面差距较大。天然气管道所使用关键设备部分依赖进口，国产化程度较低。

三、油气输送管网建设思路

1. 加快油气管网建设，实现输配网络化

未来随着天然气等能源在我国能源消费结构中比重的升高，对油气管道运输的需求将不断加大。因此，需要继续加大油气管网建设力度，做好主要油田开发基地的外输配套设施建设，针对我国油气资源分布特点，建设跨区域的远距离油气调运干线管道；在扩大和完善全国油气管道干线网络的基础上，增加成品油、天然气支线管道覆盖密度，加强联络线建设，构建油气管道网络化结构，形成较为完整的成

品油、天然气配送调运网络，提高管网供油、供气的灵活性、经济性和可靠性。加强进口油气输送管网及其他基础设施的建设，并实现与国内油气基础设施的有效衔接。

2. 加强油气管网整体建设规划，实现上下游协调发展

油气管网建设规划应纳入国家综合运输体系中统筹考虑，实现同类管线的共用共建和管道设施的综合利用，避免管廊资源浪费。油气产业是上、中、下游结合程度很高的一体化产业，油气管道是联系油气产业上下游的关键环节，在油气管网规划过程中，应充分考虑上游油气田资源分布、炼厂加工能力布局、市场消费需求等因素，从实现上下游协调发展的角度制定全面规划。在油气主干管线规划的同时，考虑支干管线的配套布局，将主干管线和配套支线作为一个整体进行规划建设，实现油气管网的整体优化。在成品油、天然气管道的前期规划设计中，应充分考虑未来对油气需求的快速增长，超前规划，适度加大管道的设计输送能力。

3. 加大天然气调峰设施建设，提高管网输送能力

调峰设施是保证安全稳定供气的主要手段，也是天然气管网为应对季节性用气负荷差异必备的基本设施，对充分发挥管网输送能力、实现管网的优化调度运行具有重要意义。因此，在天然气管网发展过程中，应高度重视配套调峰设施的建设，在靠近用气负荷中心地区，加快枯竭油气藏、岩石洞穴等多种形式地下储气库库址的筛选和储备工作，在地址条件允许的情况下，优先采用地下储气库作为天然气管网调峰手段；在建库条件受到限制的地区，可以考虑建设LNG调峰站、液化石油气（Liquefied Petroleum Gas，LPG）调峰站或利用LNG接收站进行调峰。

4. 加大科技投入，不断提高油气管网技术水平

利用税费政策、国家补贴等手段，鼓励企业加大对管网技术研发的投入，充分发挥企业的创新主体作用。加强政府对管道技术研发的协调力度，组织力量开展研制攻关，提高管道关键设备的国产化率，重点加强管道运行自动化等薄弱技术环节的研究工作，实现管线的全线集中监测控制，尽快赶上国际先进水平。加快科研成果的转化速度，鼓励在管道建设中使用国产化设备。

第五章
能源终端消费

　　转变能源发展方式，既要考虑能源开发转换和输送配置环节，也要高度重视能源终端消费环节。从终端消费领域入手，构建绿色能源消费模式，对优化调整能源消费结构和用能方式，促进节能减排，提高能源效率，实现能源可持续发展具有重要意义。绿色能源消费模式构建的重点，在于实施以终端节能为重点的节能优先战略、以提高电气化水平为主要目标的终端能源替代战略和以发展电动汽车为核心举措的绿色交通战略。

第一节　绿色能源消费模式

从消费侧来看，我国能源可持续发展也面临诸多挑战，亟待创新能源消费理念，构建与能源发展方式转变和能源战略转型相适应的绿色能源消费模式。

一、能源消费面临的挑战

改革开放以来，我国综合国力显著增强，GDP由1978年的3645亿元增长到2010年的40万亿元，年均增速近10%。随着经济的快速增长，我国能源消费总量不断增加，能源供需矛盾也逐渐凸显。2010年我国一次能源消费总量达32.5亿吨标准煤，是改革开放初期的5倍。能源消费的持续增长，给保障能源安全、保护生态环境等带来了巨大压力。

1. 能源需求持续增长

我国正处于工业化中期阶段，未来能源需求将长期持续增长。作为发展中大国，我国经济发展离不开基础原材料、装备等重工业，这些工业产品不可能依靠从国外大量进口来满足需求，绝大部分必须在国内生产。而且我国人口众多、能源资源相对不足，在粗放型的经济增长方式没有根本性转变之前，持续增长的能源需求将给我国能源供应带来巨大的挑战，对生态环境的影响也不容小视。

2. 能源消费的产业结构不合理

改革开放以来我国产业结构调整的主要特征是：第一产业比重下降、第三产业比重上升，第二产业比重变化不明显。工业比重一直比较高，工业用能在终端能源消费中也一直占据主导地位，比重超过70%。2010年工业终端能源消费量为15.6亿吨标准煤，比2000年增加了8亿吨标准煤，年均增长8.7%。此外，近年来我国高耗能行业不断扩张，能源密集型产品大量出口，且多为初加工产品，造成大量间接能源出口。2010年，我国钢材、铜材、铝材和水泥分别出口达4256万吨、50.8万吨、218万吨和1616万吨。据世界银行估计，我国超过40%的能耗最终用于出口商品的生产。

3. 能源利用粗放、效率较低

2010年，我国单位GDP能耗为1.03吨标准煤/万元（GDP按2005年可比价格计算），是世界平均水平的2.5倍。能源加工转换总效率为72%，比世界平均水平低10%~20%。主要高耗能行业的单位产值能耗平均水平比国际先进水平高15%左右[1]。部分耗能设备的能源利用效率较低，工业燃煤锅炉平均效率比国际先进水平低15%左右，中小电动机、风机、水泵的系统运行效率比国际先进水平低10%~15%，机动车燃油经济性水平比欧洲低20%左右。

4. 优质能源在终端能源消费中的比重偏低

从终端能源消费看，大量煤炭被用于终端消费，油、气、电等优质能源利用不足。2010年，我国煤炭终端消费10亿吨标准煤，占终端能源消费总量的44.0%，虽然比1980年的69.0%有所下降，但与不到10%的世界平均水平相比仍然很高。电能占终端能源消费比重与日本、法国等国家相比，低3~6个百分点。煤炭比重偏高、终端能源消费结构不合理是造成我国环境污染严重的重要原因，能源结构有待优化。

5. 居民消费结构升级增加了能源供应压力

根据国际经验，当人均GDP超过1000美元以后，居民消费结构将逐渐转型和升级，从以食品、衣服等为主转向住房、交通方面。随着城镇化进程不断加快和未来居民收入水平的提高，城市基础设施、住房的建设带动钢铁、有色金属、建材等高耗能产品消耗增加，城市汽车普及率迅速增长，机动化出行趋势不可避免，能源需求将较快增长。2000年以来我国民用汽车保有量年均增速超过15%，交通用油也成倍增长。预计到2030年我国城市家庭汽车普及率有望达到80%，石油消费在能源消费总量中的比重越来越高，将给石油供应和城市环境带来极大压力。

二、绿色能源消费模式的构建

从我国能源消费面临的形势看，当前这种结构不合理、效率较低的能源消费模式已经难以为继，必须转变观念，致力于构建绿色能源消费模式，建立科学的生产

---

[1] 根据我国主要高耗能产品的单位能耗水平估算。

和生活方式，实现能源的节约、高效、清洁消费，才能更好地促进我国能源发展方式转变和能源战略转型，支撑经济社会的可持续发展。

绿色能源消费模式是一种基于可持续发展理念的能源消费模式，其核心是以合理能源消费、总量减量化为基本原则，通过节约用能、提高能源利用效率、推动高品质能源对低品质能源的替代，追求以最小的能源消耗获取最优的效用，以实现能源可持续利用的目标。绿色能源消费模式强调能源消费与经济社会发展以及生态环境的动态平衡，其基本特征是绿色，即节约、环保和可持续，本质是实现人与自然和社会的协调发展。

绿色能源消费模式的构建可以促进社会生产、建设、流通、消费的各个领域，经济和社会发展的各个方面科学合理利用能源资源，提高能源利用效率，推动能源消费质量提高和能源消费结构合理化，对调整优化产业结构、促进经济增长方式转变、建设资源节约型和环境友好型社会具有重要意义。建立绿色能源消费模式的战略重点包括以下几方面。

（1）**实施以终端节能为重点的节能优先战略。**坚持在经济社会发展中，遵循科学的生产和生活方式，改变经济增长对能源投入的过度依赖，限制不合理的能源消费需求，倡导理性消费、节约消费、适度消费，以更集约高效的能源利用方式实现更高的能源经济效益，推进能源的可持续利用。终端环节节能具有倍数很大的放大效应，终端设备（风机、泵、压缩机等）每提高1%的相对效率就相当于能源生产环节提高4%~5%的相对效率；节约1千瓦·时电相当于节约3倍左右的一次能源。

（2）**实施以提高电气化水平为主要目标的终端能源替代战略。**推进终端能源替代，优化能源结构是能源发展的客观要求。我国能源资源以煤为主，油气资源不足，石油对外依存度高，决定了我国油气占终端能源消费的比重难以大幅度提升，以电气化提高和电能替代为主要方向推进终端能源替代更符合我国基本国情。未来随着我国能源消费总量的不断增长，提高工业、交通、商业、居民等能源消费不同领域的电气化水平，对优化我国能源消费结构、实现能源可持续发展具有战略意义。

（3）**实施以发展电动汽车为核心举措的绿色交通战略。**积极开发、推广和使用电动汽车等绿色交通工具是现代化交通发展的方向，也是构建绿色能源消费模式的客观需要和重要内容。电动汽车的发展对推动交通领域的能源消费转型、优化能源消费方式与结构、缓解能源供应和环境保护方面的压力、实现绿色能源消费具有重要意义。

第二节　节能优先战略

节约能源在我国具有重要的战略地位。2007年10月修订的《节约能源法》中指出，节约能源是"加强用能管理，采取技术上可行、经济上合理以及环境和社会可以承受的措施，从能源生产到消费的各个环节，降低消耗、减少损失和污染物排放、制止浪费，有效、合理地利用能源"。党中央、国务院对节能工作非常重视，党的十六届五中全会把节约资源纳入我国的基本国策，党的十七大报告强调要加强能源资源节约，坚持走中国特色新型工业化道路。单位GDP能耗和主要污染物排放总量作为约束性指标分别列入国家"十一五"和"十二五"规划纲要。"十一五"期间，全国单位GDP能耗下降了19.1%，二氧化硫的排放量和化学需氧量分别减少了14.29%和12.45%。"十二五"规划纲要中提出"十二五"期间单位GDP能耗降低16%、单位GDP二氧化碳排放减少17%的约束性指标。同时"坚持把建设资源节约型、环境友好型社会作为加快转变经济发展方式的重要着力点。节约能源，降低温室气体排放强度，发展循环经济，推广低碳技术，积极应对全球气候变化，促进经济社会发展与人口资源环境相协调，走可持续发展之路"。

我国节能减排工作已经取得了一些成效，但当前节能工作形势依然严峻，存在重开发、轻节约，重速度、轻效益的倾向，节能法律法规的可操作性有待改善，缺乏有效的节能激励政策，尚未建立适应市场经济体制要求的节能新机制，节能技术开发和推广应用不够，亟须进一步明确节能优先思路，加大节能工作力度。

一、节能优先战略思路

节能优先就是要在能源发展中坚持"开发与节约并举，把节约放在首位"的方针，在提高能源效率的基础上，把节约贯穿在能源开发、生产、运输、使用的全过程。坚持节能优先是建设资源节约型、环境友好型社会的必然要求，是保障我国能源安全和促进生态文明建设的重要前提，是顺应国际能源形势和应对全球气候变化的必然选择，是国家能源战略核心任务之一。坚持节能优先的基本思路包括以下几

方面。

（1）**坚持将节能纳入经济社会发展总体战略和能源战略。**节约能源既是我国的基本国策，也是国家战略的重要组成部分，应从战略和全局高度充分认识节能对缓解能源约束、保障国家能源安全、提高经济增长质量、保护环境的重要意义，将其纳入国家经济社会发展总体战略中统筹考虑，并在国家宏观经济政策、产业政策、贸易政策中具体体现。同时将节能视为第$N+1$种能源纳入能源系统规划管理体系，把能源供应侧和需求侧各种形式的资源作为一个整体进行统筹规划，把节能作为满足新增能源需求的首要途径，高效、经济、合理地均衡利用供应侧和需求侧资源潜力，不断提高能源综合效率，促进能源的合理和有效利用，尽量以最小的能源资源消耗支撑经济社会的可持续发展。

（2）**坚持政府调控与市场配置相结合。**充分发挥政府宏观调控功能，通过制定节能相关法规、标准，加强政策导向和信息指引，营造有利于节能的政策环境和体制环境，建立符合市场经济规律的节能激励和约束机制，促进全社会自觉节能、科学节能。同时，注重发挥市场机制的作用，明确企业等社会群体在节能减排中的主体地位，提高市场化节能的手段和能力，推动节能产业发展，形成有利于节能的市场环境。

（3）**坚持结构节能、技术节能和管理节能相结合。**通过调整产业结构、行业结构和产品结构，合理规划产业布局，提高产业集中度和规模效益，淘汰落后的高耗能企业，促进产业结构优化和升级。据测算，第三产业比重上升1个百分点，同时第二产业下降1个百分点，单位GDP能耗可相应降低约1个百分点。通过技术进步提高能源利用效率，开发和推广应用先进高效的能源节约和替代技术、能源综合利用技术以及新能源和可再生能源利用技术，变革生产工具、作业设备和工艺流程，改进工艺操作方法和技能，采用成熟的节能技术对设备或系统进行技术改造等。通过加强管理，在生产、流通和消费各领域减少能源浪费、跑冒滴漏等现象，树立健康、文明、节约的绿色消费理念，加强节能宣传和培训，提高全社会的节能意识。

（4）**坚持直接节能和间接节能相结合。**在能源系统各环节中加强能源合理利用，改革低效率的生产工艺，采用新设备、新技术和综合利用等方法提高能量有效利用率，从而降低单位产品（工作量）的能源消费。在进行直接节能的基础上，更广泛地发挥间接节能的作用。通过节约原材料、日常消耗品等各种经常性消耗物资，提高经济规模，提高产品产量和质量，合理调整产品结构，节约人力等多种途径达到间接节能的效果，提高每单位能源所创造的GDP。

二、节能优先战略重点

能源节约涉及生产、生活和全社会的每个单元，是一项复杂的系统工程。节能要坚持突出重点、分类指导、全面推进，当前应着重加强工业、建筑、交通等重点领域的节能，以此来带动我国全社会整体能效的提高。

1. 加强工业领域节能

工业是我国能源消耗最大的行业。过去十多年，我国工业以史无前例的规模和速度发展，2010年工业终端能源消费量比2000年增加了8.4亿吨标准煤。但与此同时，我国工业产品单位能耗与国际先进水平相比仍有较大差距。加强工业领域能源节约是我国节能工作的重点，应加快调整工业结构，淘汰工业落后产能，降低工业产品能耗，尽快提高工业能源利用效率。

（1）**调整优化工业结构**。近些年，在我国规模以上工业增加值中，重工业增加值一直保持较快的增长速度，特别是钢铁、有色金属、石油化工、建材等高耗能行业增加值年均增长超过20%。遏制高耗能行业过快增长已成为宏观经济调控和优化工业能源消费结构的重要任务。据测算，行业结构和产品结构的变化对降低工业领域的产值能耗有着重要作用。按照目前的工业部门行业结构，如果高新技术产业增加值的比重提高1个百分点，同时冶金、建材、化工等高耗能行业的比重下降1个百分点，则单位GDP能耗可降低约1.3个百分点。因此，应大力调整工业结构，坚持走新型工业化道路，加快发展高新技术产业，促进传统工业产业的升级换代，推进装备制造、船舶、汽车、冶金、建材、石化、轻纺等重点行业结构调整；提高新兴制造业在工业结构中的比重，合理控制钢铁、有色金属、建材、石化等高耗能行业发展，降低高耗能重化工业在工业能源消费当中的比重；优化工业产品结构，从资源密集型产品为主向技术密集型产品为主转变。

（2）**淘汰工业落后产能**。在我国高耗能行业中，许多中小企业仍在采用落后生产工艺和高耗能技术路线，技术装备和管理水平较低。据调查，中小型企业单位产值能耗比大型企业高30%～60%。在"十一五"期间，我国加大淘汰落后产能工作力

度，成效显著，累计关停小火电机组7200万千瓦，淘汰落后炼铁产能12172万吨、炼钢产能6969万吨、水泥产能3.3亿吨。未来一段时期内，淘汰落后高耗能工业产品、设备和生产工艺，转变工业发展方式仍是推动我国工业节能的重要手段。有必要通过制定淘汰目标任务并分解落实，加大奖励惩罚力度，完善相关技术标准，制定实施主要用能产品能耗限额标准等政策措施，充分发挥市场机制作用，有效控制落后高耗能行业产能的不合理增长。

（3）**提高工业技术水平，降低工业产品能耗**。近年来我国主要耗能工业整体技术水平明显提高。2010年与2005年相比，电力行业30万千瓦以上火电机组占火电装机容量的比重由47%上升到73%，钢铁行业1000米^{3}以上大型高炉的比重由21%上升到52%，电解铝行业大型预焙槽产量的比重由80%上升到90%，建材行业新型干法水泥熟料产量的比重由39%上升到81%。但总的来看，主要耗能工业仍然存在技术与设备水平参差不齐、一些企业生产工艺和设备落后等问题，导致能源利用效率较低、单位产值能耗高。需要通过制定主要耗能工业行业的节能技术政策，指导重点耗能工业加快研发和推广节能新技术、新工艺和新材料等措施优化生产过程，推动高耗能行业节能技术进步和企业节能技术改造，全面提高黑色金属、有色金属、电力、化工、建材、机械等重点行业的生产技术水平，促进钢铁、电解铝、水泥、乙烯、合成氨、烧碱、电石等主要高耗能产品能耗水平的下降。到2020年，按照《节能中长期专项规划》中我国主要高耗能产品单位能耗指标目标（见表5-1），工业重点行业主要产品单位能耗将进一步下降，能效整体水平得到提高。

我国电力工业整体技术水平较高，部分已经达到或接近世界先进水平，未来节能的重点主要包括：大力发展60万千瓦及以上超（超）临界机组、大型联合循环机组；采用高效、洁净发电技术，改造在运火电机组，提高机组发电效率；实施"以大代小"、"上大压小"和小机组淘汰退役，提高单机容量；发展热电联产、热电冷联产和热电煤气多联供；推进特高压和智能电网发展，实施电网经济运行技术；采用先进的输、变、配电技术和设备，逐步淘汰能耗高的老旧设备，降低输、变、配电损耗；加强管理，减少电厂自用电等。

表5-1　　　　　　　2020年我国主要高耗能产品单位能耗指标目标

类别	单位	2020年
火电供电煤耗	克标准煤/（千瓦·时）	320
吨钢综合能耗	千克标准煤/吨	700
吨钢可比能耗	千克标准煤/吨	640
10种有色金属综合能耗	吨标准煤/吨	4.45
铝综合能耗	吨标准煤/吨	9.22
铜综合能耗	吨标准煤/吨	4
炼油单位能量因数能耗	千克标准油/（吨·因数）	10
乙烯综合能耗	千克标准油/吨	600
大型合成氨综合能耗	千克标准煤/吨	1000
烧碱综合能耗	千克标准煤/吨	1300
水泥综合能耗	千克标准煤/吨	129
平板玻璃综合能耗	千克标准煤/重量箱	20
建筑陶瓷综合能耗	千克标准煤/米^2	7.2

注　表中数据来源于国家发展和改革委员会，节能中长期专项规划，2004年。

2. 加强建筑领域节能[1]

从国际上看，建筑能耗占全球能源消耗总量的30%左右，其中发展中国家和地区（如印度、巴西、非洲等）的建筑能耗占其社会总能耗的20%~25%，而发达国家（如美国、加拿大、日本等国）已达30%~40%。建筑能耗在全社会能源消耗总量中的重要地位促使各国纷纷开展建筑节能工作。近年来我国城市规模不断扩大，迎来了房屋建设的高峰期，每年建成房屋超过20亿米^2，城乡既有建筑存量总量超过400亿米^2，居世界第一。此外，随着社会进步、生活观念的改变，人们也对建筑相关服务提出了更多元化的需求，这对建筑能源消耗提出了新的要求。预计到2020年底，全国房屋建筑面积将新增250亿~300亿米^2，如果延续目前的建筑能耗状况，每年将消耗1.2万亿千瓦·时电能和4.1亿吨标准煤，接近"十五"期初全国建筑能耗总量的3倍。未来随着人民生活水平的提高和城镇化进程的推进，我国建筑存量还会增加，建筑能耗占全社会能耗总量的比重将不断增长，建筑领域节能潜力很大。

---

[1]　根据国际能源统计方法，居民和商业的能耗包含在建筑能耗中。

（1）**重视建筑领域的节能规划。**建筑节能涉及面很广，任务非常艰巨，在制定城市规划和建筑规划之初就必须充分考虑节能问题。因此，关键在于地方政府特别是城市政府对建筑节能的重视程度和工作力度。为了从规划这个源头环节上推进建筑节能工作，必须从构建和谐社会和建设节约型社会的目标和内容出发，科学合理、适度超前进行城市规划，确定新建建筑的发展方向，避免因规划环节考虑不周造成"短命建筑"，也不宜盲目追求建筑时尚而忽略建筑功能；同时要做好既有建筑的维护、修缮和合理使用。在保障使用功能的前提下可以降低对建筑面积的需求，以减轻因建筑规模快速增加产生的对钢材、水泥、玻璃等高耗能产品的大量需求，降低能源供应压力。

（2）**加强新建建筑的节能。**关键是要全面实施新建建筑节能设计标准。在建筑设计、施工、监理和验收等各个环节落实相应的建筑节能设计标准和技术要求，特别是对于建筑用能强度更高的大型公用建筑，更要加强其节能准入。同时加强对建筑节能设计标准执行情况的监督检查，并适时提高建筑节能设计标准。目前全国现行的建筑节能的设计标准仍然是自1996年以来实施的节能50%标准，部分省市已经将建筑节能设计标准提高到了节能65%的水平。随着全国建筑节能要求的不断提高，2020年前后新建建筑应全面推广65%~75%的节能设计标准，2030年后应提高到85%❶。

（3）**推进既有建筑节能改造。**针对不同建筑的特点和能源消费类型，对不符合建筑节能强制性标准的既有建筑的围护结构、供热系统、采暖制冷系统、照明设备和热水供应设施等实施节能改造。通过设定既有建筑节能改造的比例、期限等目标，强制推动既有建筑节能改造工作。通过对新建建筑严格执行建筑节能设计标准以及不断推行既有建筑节能改造，预计到2020年，每年可节约4200亿千瓦·时电能和2.6亿吨标准煤，减少二氧化碳等温室气体排放8.46亿吨❷。

---

❶ 我国于1986年8月1日起实施第一阶段节能30%的《民用建筑节能设计标准（采暖居住建筑部分）》。节能30%是指在当地1980~1981年住宅通用设计能耗水平的基础上节约30%。1996年7月1日起实施第二阶段节能50%的《民用建筑节能设计标准（采暖居住建筑部分）》，节能50%是指在当地1980~1981年住宅通用设计能耗水平的基础上节能50%。随着全国建筑节能要求的不断提高，部分省市实施了第三阶段节能65%的设计标准。节能65%是指在当地1980年住宅通用设计能耗水平的基础上节能65%。

❷ 汪光焘，在第二届国际智能、绿色建筑与建筑节能大会暨新技术与产品博览会上的讲话，2006年。

（4）**加强建筑运行能耗管理**。建筑运行能耗是建筑节能的重点。在建筑全生命周期中，建筑材料的生产和建造施工过程所消耗的能源一般只占其总能源消耗的20%左右，大部分的建筑能源消耗发生在建筑物运行过程中。其中，建筑采暖和空调能耗约占建筑运行用能总量的一半。与同纬度气候条件相近的发达国家相比，我国单位建筑面积的采暖和空调能耗约高出2倍。降低我国建筑运行能耗水平，一方面要优化采暖能源结构，推动优质能源和可再生能源在建筑供暖中的应用，因地制宜发展太阳能与地源热泵供暖，降低燃煤分散供暖的比例；另一方面要积极推广节能空调、节能灯、节能冰箱等各种高效节能产品，充分发挥节能技术在建筑节能中的作用。同时通过发展先进能量管理系统，提高建筑能耗管理水平。如果国家各种建筑节能标准及措施得到大力推行，预计到2020年，我国住宅和公共建筑能耗水平有望接近或达到现阶段中等发达国家水平。

3．加强交通领域节能

近年来，我国交通运输能源消耗增长较快。据《中国能源统计年鉴》数据测算，2010年交通运输业终端能源消费量约占全国终端能源消费总量的10.6%，与2000年相比增加了1.4亿吨标准煤，年均增长9%。交通运输领域的主要能源消费品种是石油。其中，公路运输（不含私人交通）是消耗能源最多的运输方式，占交通运输能耗总量的60%左右，水路和铁路运输各占15%左右，民航运输占9%左右。随着经济快速增长、城镇化进程加速以及第三产业的发展，未来我国人员、货物的流动将持续增加，各种运输需求都将快速增长。因此，交通领域是我国未来加强节能的重要环节，其重点是节省石油消费。

（1）**推进现代综合交通运输体系建设**。目前我国交通运输网络结构不尽合理，铁路、公路、水路、民航和管道等运输方式各自的比较优势没有得到很好发挥。未来应根据不同运输方式的技术经济特征，结合我国经济地理特点与国情因素，促进交通运输领域的结构优化与升级，充分发挥各种运输方式的比较优势，优化配置交通运输资源，发挥综合运输的组合效率，实现交通运输系统中不同运输方式之间以及每种运输方式内部不同环节之间的协调发展。同时，要充分发挥电网在能源运输方面的重要作用，坚持输煤输电并举，加快发展输电，构建现代能源综合运输体系，与综合交通运输体系建设统筹考虑，促进交通运输领域整体节能水平的提高。

（2）**加强交通领域节能技术的研发利用和节能管理**。在公路运输领域，主要包

括提高机动车燃料效率，实施强制性燃料效率标准，鼓励发展小排量汽车，发展新能源汽车，建立快速公共交通系统等。在铁路运输领域，主要包括发展电气化铁路、加强机车节能管理等手段。在航空运输领域，主要包括采用节油机型，提高载运率和客座率等。在水上运输领域，主要包括促进船舶大型化，改进船舶动力设计，优化船舶运力结构等。

三、实施节能优先战略的保障措施

（1）**完善落实节能法律法规和经济激励政策**。利用法律和经济手段共同促进全社会节能秩序的建立。一方面要制定和完善节能相关的法律、法规及配套标准，使节能工作逐步走入制度化、常态化的轨道。加快建立和完善以《节约能源法》为核心，配套法规、标准相协调的节能法律法规体系，强化节能监督管理和节能法规的落实。另一方面健全完善能源价格体系和促进节能的财税金融政策。加快能源产品价格改革，建立更加科学合理的能源价格体系使能源产品价格充分体现资源的稀缺程度、反映供求关系和环境成本等外部性因素，充分发挥价格的节能导向作用。同时完善向节能倾斜的财政、税收、信贷等经济政策，引导和激励企业和社会各方面的节能行为。加大节能的财政支持力度，建立节能发展专项资金（基金）。研究实施能在生产和消费领域推动节能的税收优惠政策。调整投融资政策，为节能项目提供贴息贷款，引导商业银行向节能领域投资。

（2）**加快节能技术研发、示范和推广**。组织对共性、关键和前沿节能技术的科研开发，实施重大节能示范工程，促进节能技术产业化。建立以企业为主体的节能技术创新体系，加快科技成果的转化。引进并消化吸收国外先进的节能技术。组织先进、成熟节能新技术、新工艺、新设备和新材料的推广应用，重点推广列入节能设备（产品）目录的终端用能设备（产品）。制定节能技术开发、示范和推广计划，明确阶段目标、重点支持政策，分步组织实施。加大资金投入，建立节能共性技术和通用设备科研基地（平台）。提升能源装备制造业技术水平和生产能力，加强政府政策引导和激励，在能源密集行业普及高能效设备和工艺，力争达到或接近世界先进水平。

（3）**推行合同能源管理、电力需求侧管理等市场化节能新机制**。积极探索和推广符合我国国情的市场化节能新机制，是促进能源节约的重要措施。积极推行合同能源管理，鼓励节能服务公司发展，为企业实施节能改造提供诊断、设计、融资、改造、运行、管理一条龙服务。制定实施促进节能服务产业发展的投资、税收和信贷等支持政策，引导和促进节能服务机构扩大服务领域和范围，加快推进节能服务产业化发展。加强电力需求侧管理，充分发挥电网企业的实施主体作用，出台相关激励政策。

（4）**实施能效标准、标识和节能产品认证制度。**推动节能产品认证和能效标识管理制度的实施，促进产品能效标准的不断提高和节能技术的不断进步。加强节能产品认证制度，扩大能效标准和标识范围，增强节能产品认证的强制性和监督管理，充分发挥其节能引导作用。运用市场化机制，引导用户和消费者购买节能型产品。如美国1992年开始实施的"能源之星"认证，目前已覆盖家用电器、消费电子产品、建筑物等领域的近四千种产品，每年可减少超过5%的电力需求。

（5）**开展全民节能行动。**实施节能优先战略是一项浩大的系统工程，需要发动全社会力量共同完成，形成以政府为主导、企业为主体、全民共同推进的工作格局。充分发挥政府机构节能导向作用，家庭、社区、学校的基础作用，特别是企业在节能中的主力军作用。要突出抓好高耗能企业的节能工作，强化政府对重点耗能行业节能的监督管理，推动企业加快节能技术改造，加强节能管理，提高能源利用效率。同时要发挥企业的能动性，促进企业自觉履行社会责任，通过有效的激励和约束机制，促进企业自发自愿节能。"十一五"期间以企业为主体的"十大重点节能工程"❶和"千家企业❷节能行动"取得了良好成效。国家电网公司作为大型国有公用事业企业，在加强自身节能的同时，积极发挥电网的优势促进电力行业和全社会节能减排。2010年，国家电网公司通过降低线损率，节约电量折合超过130万吨标准煤；通过优化电网调度，提高水能利用率，节水增发电量折合标准煤600万吨；通过推动发电权交易节约1266万吨标准煤；通过实施绿色照明、高效电动机、无功补偿设备、节能变压器等电力需求侧管理项目8.8万个，实现节约电量25.8亿千瓦·时。

---

❶ "十大重点节能工程"是燃煤工业锅炉（窑炉）改造工程，区域热电联产工程，余热余压利用工程，节约和替代石油工程，电机系统节能工程，能量系统优化工程，建筑节能工程，绿色照明工程，政府机构节能工程，节能监测和技术服务体系建设工程。"十一五"期间，十大重点节能工程的实施共节能3.4亿吨标准煤。

❷ "千家企业"是钢铁、有色金属、煤炭、电力、石油石化、化工、建材、造纸、纺织9个重点耗能行业独立核算、年耗能18万吨标准煤以上的998家企业。"十一五"期间，千家企业节能1.5亿吨标准煤。

第三节 经济社会建设中的电气化

　　未来随着我国能源消费的不断增长，能源资源、环境容量的约束对经济快速增长带来巨大挑战，推进工业、交通、商业和城市居民、农村等各领域电气化，提高电能在终端能源消费中的比重，可以更好地提高能源效率，缓解石油进口压力，促进能源消费结构的改善和优化，改善人民生活，提高环境质量，推动经济、社会、能源、环境的可持续发展。

一、终端能源消费的电能替代

1. 终端能源品种之间具有一定的可替代性

　　能源的品种多样，特性各有不同，但在用途上存在共性，即都可以作为动力或热源，因此不同能源品种之间具有一定的可替代性。比较常见的能源替代现象有电动车替代燃油车、燃气锅炉替代燃煤锅炉、电热水器替代燃气热水器等。

　　终端能源替代是指终端使用的煤炭、石油、天然气、电力等能源的相互替代。需要指出的是，煤炭、石油、天然气等化石能源之间作为工业原料时的相互替代作用比较明显，但在其他很多重要领域，电能也可以对这些化石能源产生替代作用。

　　能源替代要充分考虑我国能源资源禀赋，其基本方向是在科学指导、技术可行、经济合理和不影响终端用户使用效用的前提下，以储量丰富的替代稀缺的、以低碳的替代高碳的、以高效的替代低效的，以使用安全便利的替代危险性相对较高的，最终实现能源消费结构的调整。通过各种可能的手段和措施推进能源替代、优化能源消费结构，是推动我国能源战略转型，促进经济社会可持续发展的重要举措。

2. 电能替代是终端能源替代的重要趋势

　　从国内外的经济社会发展历程来看，能源替代始终贯穿其中，反映了能源领域科技进步的成果和人们对能源资源合理利用的要求。在人类历史上已经先后经历过用煤炭替代薪柴，用石油、天然气替代煤炭的过程，目前正在逐步进入用新能源和可再生能源替代传统化石能源的阶段，从终端来看则主要体现为电能对化石能源的替代。无论从发展趋势、现实要求，还是从技术条件分析，电能替代都是终端能源替代的重要趋势。

（1）**电能消费比重逐步上升是全球趋势。**2009年电能占世界终端能源消费的比重为17.3%，比1980年上升了6.4个百分点；与此同时，煤炭和石油占终端能源消费的比重呈下降趋势，分别降低了3.2和3.7个百分点。虽然各国资源禀赋存在较大差异，但世界主要国家的电气化水平都呈不断升高趋势。美国、日本、法国、德国等发达国家的电能占终端能源消费比重平均比20世纪70年代初提高了约10个百分点以上，印度、巴西等发展中国家的电气化水平也显著提升，巴西电能占终端能源消费的比重比20世纪70年代提高了12个百分点。世界终端能源消费构成见图5-1。

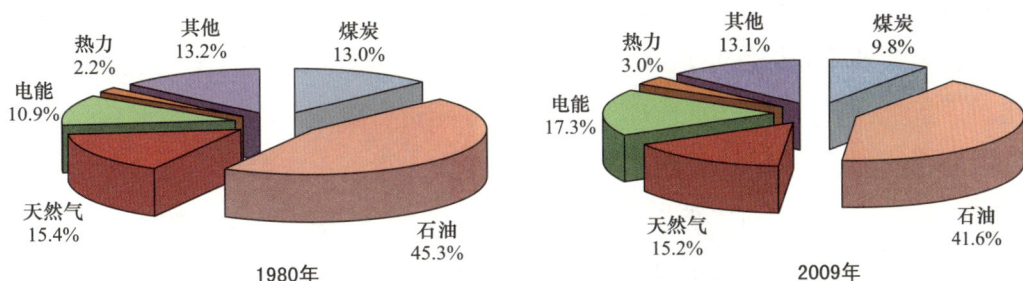

图 5-1　1980年、2009年世界终端能源消费构成

数据来源：IEA。

我国电能在终端能源消费中的比重高于世界平均水平，2010年达到21.3%，但还低于日本（2008年）5个百分点左右。同时我国煤炭占终端能源消费的比重较大，2010年达到44.0%，虽然比1980年下降了25个百分点，但与同期世界平均水平相比仍然较高，电能消费比重上升的空间较大。我国终端能源消费构成见图5-2。

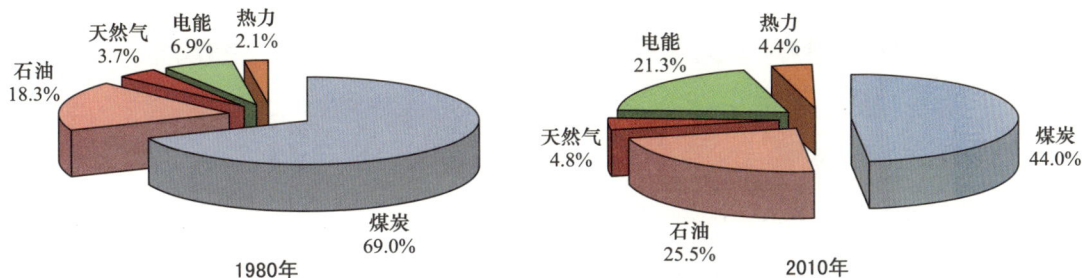

图 5-2　1980年、2010年我国终端能源消费构成

数据来源：国家统计局，中国能源统计年鉴。

（2）**保障能源安全需要电能替代。**未来煤炭、石油、天然气等化石能源将面临

枯竭，新能源和可再生能源将得到大规模利用。发展电能替代是新能源和可再生能源发展利用的必然选择。从我国来看，相对于煤炭，石油资源储量较为稀少，通过发展以电代油，能够降低对石油进口的依赖，更好地保障能源整体安全。

（3）**突破环境约束要求电能替代**。随着能源的大规模开发和利用，未来生态和环境的约束将日益凸显。煤炭的大量终端消费是引起我国环境问题的主要因素之一。发达工业国家几乎把全部或大部分煤炭用于发电，煤炭在终端能源消费中的比重很低。现代大型火电厂采用先进的燃烧技术和完善的除尘、脱硫、脱硝装置，减少烟尘、二氧化硫等对大气的污染，可以有效减少有害物质的排放总量和排放浓度实现对污染的集中规模化治理。因此，将煤炭转换成电力再投入终端使用是减轻煤炭对生态环境破坏的最好办法之一。同时，水电等清洁能源在我国发电装机总容量的比重不断上升，电源结构日益优化。通过电网进行更大范围内的资源优化配置，可使得电力的使用更加绿色、清洁。在城市中大力发展电能替代，减少煤炭直接燃烧，推广电动汽车，也可以促进城市大气质量的提高和生态环境的改善。

（4）**提高能源效率要求电能替代**。在能源生产侧，煤炭高效利用的主要方式是发电，我国能源资源禀赋条件下，将更多的煤炭转换为电力是我国能源发展和提高效率的最佳选择。同时在能源的使用效率上，电能的终端利用效率比其他能源都高。提高电能在终端能源消费中的比重，可以增加经济产出，提高全社会整体能效。

（5）**技术进步为电能替代提供了条件**。随着科技的发展，各个领域的技术进步日新月异。从电能供应侧来看，燃煤发电技术效率逐渐提高，风能、太阳能、生物质能等可再生能源发电技术日趋成熟并逐渐得到规模化应用。从电能利用技术来看，用电技术和设备得到大规模开发应用，动力电池等相关技术突破并实现商业化应用，储能技术迅速发展，这些都将对电能替代和全社会电气化水平的提高起到积极的促进作用。

二、工业领域电气化

随着工业化不断推进，工业用能也将持续攀升。提高工业电气化水平可以促进工业生产结构的改变和升级，促进工业自动化水平的提高和工业能源的高效利用，带动工业整体效率的提高，减少环境污染，支撑我国新型工业化发展。

（1）**以工业信息化促进电气化**。信息化与电气化是相辅相成的，电气化是信息化的基础，信息化对电气化发展具有带动作用。随着信息产业在国民经济中比重的提高、信息技术在传统产业中的应用越来越广泛，以及信息基础设施建设的增加，信息产业将在国民经济中的主导地位越来越突出，由此带动的工业信息电气化也将迈向新的台阶。

（2）**提高工业电气化水平的主要环节。**主要是在动力和加热方面，其中在动力方面，电能有明显的优势；在加热方面，电加热是目前对金属材料加热效率最高、速度最快、低耗节能环保型的感应加热技术。与一般燃料加热方式相比，电加热可获得较高温度（如电弧加热温度可达3000℃以上），易于实现温度的自动控制和远距离控制，热效率高，升温速度快，并可根据加热的工艺要求实现整体均匀加热或局部加热，容易实现真空加热和控制加热。在电加热过程中，产生的废气、残余物和烟尘少，可保持被加热物体的洁净，不污染环境。因此，电加热可广泛用于生产、科研和试验等领域。

（3）**提高工业电气化水平的主要领域。**从工业主要行业来看，制造业中的钢铁、建材、通用设备及电气电子设备制造、橡胶、医药制造、食品、纺织等行业有一定电能替代潜力，其中钢铁、建材、轻工业等行业是工业电能替代的重点。钢铁行业主要是通过大力发展电炉钢，对炼钢环节进行结构调整，发挥其能效、环保方面的突出优势，优化钢铁行业的能源消费结构。建材行业通过在陶瓷和玻璃行业推广与使用电加热窑炉，有利于保护环境，提高工艺操作的安全性、稳定性和产品的质量。轻工业中的纺织、造纸、食品等行业，在烘干、加热、蒸煮等环节，通过蓄热电锅炉替代燃煤、燃油锅炉，可以实现能源消费的安全、经济和环保。

三、交通领域电气化

交通运输业[1]是第三产业中能耗较高的行业之一。2010年我国交通运输业终端能源消费总量达到2.4亿吨标准煤，其中89%为油品。未来随着交通运输业的快速发

---

[1] 为了数据的一致性及可比性，交通运输业能源消费及构成数据来源于历年《中国能源统计年鉴》，其中交通运输用油只统计交通运输部门运营的公共交通工具的用油量，未统计其他部门和私人车辆的用油量。

展，交通运输业能源消耗将持续增长，对我国能源安全和供需平衡都将产生重要影响。在交通领域推进以电代油，提高交通行业电气化水平可以减少石油消费，调整交通行业能源消费结构，促进交通行业能源的高效利用，减少环境和污染问题，构建绿色综合交通体系。交通行业电气化的重点主要包括以下几个方面。

（1）**发展电气化铁路**。电气化铁路具有运输能力大、行驶速度快、消耗能源少、运营成本低、工作条件好等优点，在技术上、经济上均有明显的优越性。电力机车平均牵引总重比内燃机车高近500吨/列，能耗仅为内燃机车的1/3左右，大力发展电力牵引是我国铁路牵引动力发展的主要方向。根据国家发展和改革委员会《综合交通网中长期发展规划》，预计到2020年，我国铁路营业里程将达到12万公里以上，其中电气化铁路比重将达到60%。

（2）**发展城市轨道交通**。城市轨道交通种类繁多，包括城市铁路、地下铁路、轻轨铁路、有轨电车、磁悬浮线路等，主要以电力作为驱动，具有运量大、速度快、安全、准时等优点。为了缓解现代化城市地面交通拥挤的问题，城市轨道交通的应用越来越广泛，成为大中型城市交通的重要组成部分。我国已成为世界上城市轨道交通发展最快的国家，地铁以每年2000亿元的投资速度增长。预计到2020年，全国城市轨道交通累计营业里程将达到7395公里。其中北京2020年地铁规划里程将超过1000公里，四环内每平方公里平均路网长度将达到1.9公里左右，达到东京、纽约的线网密度水平。预计到2030年，全国城市轨道交通累计营业里程将达到1万公里。

（3）**发展电动汽车**。电动汽车是新能源汽车中的一个重要类别，是未来我国汽车产业发展的重点，包括纯电动汽车、燃料电池汽车和插电式混合动力汽车。发展电动汽车是实现交通行业"以电代油"的重要举措。随着未来电动汽车各项技术的成熟、生产成本的降低、配套政策和设施的逐步完善以及市场接受程度的逐步提高，电动汽车运行成本低、高效环保的优势将充分体现。预计到2020年，我国电动汽车产业将进入发展期，电动汽车保有量占汽车总保有量的比重将达到5%~8%。到2030年，我国电动汽车产业发展将进入普及期，届时各种电动乘用车都将得到发展，电动汽车的性能、成本、产量等都将明显改进，电动汽车保有量将达到汽车总保有量的10%~15%。（发展电动汽车具有重大战略意义，下节还将进一步论述。）

（4）**发展电动自行车**。电动自行车能耗低、占用空间少、没有停车问题、使用便捷，在技术、经济、环保、安全等各方面都有替代摩托车的可行性，未来我国应逐步提高电动自行车在日常短途交通出行中所占比重。我国电动自行车发展速度较快，自2003年开始已成为世界上电动自行车产量最大的国家。2010年我国电动自行车保有量已超过1.2亿辆，而且正以每年30%的速度增长，未来市场发展空间仍然很大。我国应尽快完善电动自行车有关配套措施，保障行业规范有序发展。

四、商业和城市居民用能电气化

我国商业和城市居民能源消费增长较快，2010年商业❶终端能源消费量4285万吨标准煤，城市居民终端能源消费量达到1.5亿吨标准煤，分别占终端能源消费总量的2%和6.5%。商业和城市居民的能源消费结构和种类有相似之处，都曾经以煤炭为主，但后来煤炭比重下降较多，电力比重逐渐上升。2010年煤炭在商业能源消费中的比重为35%，在城市居民能源消费中的比重为13%；电力在商业能源消费中的比重为37%，在城市居民能源消费中的比重为25%。

未来随着我国经济结构的调整和城镇化水平的提高，人民生活水平将不断改善，第三产业和城市居民的能源消费还将有较大幅度的增长。推动商业和城市居民的电能替代，增加电能等清洁能源消费的比重，不但可以调整优化能源消费结构，也可以更好地支撑城市的发展，改善生活条件、提高生活质量，促进城市清洁、环保、高效的能源消费。可以重点从以下几方面入手推动商业和城市居民用能电气化水平的提高。

（1）**发展电采暖和电热水器**。电采暖是以电能为采暖能源的供暖系统，包括电暖器、空调、蓄热电锅炉、发热电缆和电热膜等各种装置和设备，具有清洁无污染、噪声较小、运行安全、操作方便、可分户计量等优点，可满足各种环境及条件的要求，在商业和住宅等很多领域具有巨大的推广潜力，可作为集中供暖系统的有益补充，充分利用低谷电能替代燃煤锅炉。电热水器以电作为能源进行加热，具有经济、环保、方便、安全等优点，可以因地制宜地应用于商业和居民用热水领域。未来随着人民生活水平的快速提高，家庭热水的消耗量将逐步增长，电热水器等高效节能器具有着良好的发展前景。

（2）**推广和应用热泵技术**。热泵是一种使热量从低位热源流向高位热源的装

---

❶ 根据国民经济及电力行业划分标准，文中商业主要指批发零售业及餐饮业等。

置，按热源获取来源的种类可分为水源热泵、地源热泵、空气源热泵和双源热泵（水源热泵和空气源热泵结合）等；其中地源热泵作为一种利用地下浅层地热资源既可供热又可制冷的高效节能空调系统，近十几年来在北美和欧洲取得了较快的发展和广泛使用。美国地源热泵每年以10%的速度稳步增长，到目前为止已安装了40多万台。与传统空调和供热系统相比，热泵技术可再生利用、运行费用低、占地面积小、节约水资源、绿色环保、自动化程度高、安全可靠，具有广泛的应用前景。近几年，我国地源热泵技术已开始起步，发展势头看好，截至2010年全国推广应用热泵设备的建筑面积超过3000万米^2，下一步应加快推广。

（3）**推进家居电气化。**随着经济发展和生活水平的不断提高，人们对生活品质的要求越来越高。在居民生活用能中，电能清洁、高效、安全、可控、便利等优点日益凸显，厨房电气化、洁卫电气化乃至整个家居电气化成为重要发展趋势。美国厨房用能的65%来自电力，电磁炉等电炊具的终端利用效率可达90%以上，同燃煤和燃气炊具相比，电磁炉热效率高、污染小、安全可靠、易于维护控制。推动居民生活领域的电能替代，可以提高电能在居民生活用能中的比重，优化居民用能结构。

五、农村电气化

农村能源问题关系到全国一半以上人口的用能和生活质量改善。农村能源发展是国家能源体系优化的重要组成部分。推动农村用能领域的电能替代，提高农村电气化水平，既可以促进农村生活质量的提高，也可以更好地支撑农村经济和社会发展，服务新农村建设。以电力等优质清洁能源替代煤炭、薪柴、秸秆的直接燃烧，还可以减轻农村环境污染和生态破坏。农村电气化水平提高主要从以下几方面入手。

（1）**促进农业生产电气化。**未来二三十年，随着人口的不断增加和生活水平的提高，我国粮食需求将继续呈刚性增长，到2020年全国耕地保有量应不低于18亿亩，全国耕地有效灌溉面积将在9亿亩以上。未来我国在农业排灌和农作物生产等环节推动电能替代大有可为。在农业排灌方面，利用电动机作为动力替代柴油机带动水泵抽水进行排灌。潜水电泵技术广泛应用于农田排灌、喷灌、园林喷浇灌、水塔送水、养殖业给排水等领域，可以减少设备投资，降低运行成本，提高综合效益。在农副业生产领域，通过普及农村用电，发展用电新技术，促进农作物深加工和提高自动化水平可以更好地提高农作物产量和质量。

（2）**推动农民生活电气化**。我国农村生活能源结构有待改善。在农村生活能源消费中，以秸秆和薪柴为主的传统生物质能一直占有很大的比重，而电能等商品性能源所占比重偏低，农村用能电气化发展潜力较大。通过加大家电下乡力度，提高农村居民家用电器拥有率，促进农民生活电气化水平的提高。以电炊替代煤炭和秸秆、薪柴的直接散烧，可以提高能源利用效率，改善农村居民居家环境和卫生状况，大幅提高农民健康水平和生活质量。

（3）**加强农村电气化基础设施建设**。为了更好地增强农村电力供应保障能力，推进农村电气化水平的提高和"户户通电"工程，要积极推进农村电网建设与改造，实施新农村电气化建设工程、小水电代燃料工程、新一轮农网改造升级工程。根据农村电网和农村用电需求的特点，首要考虑延伸大电网满足无电地区的用电需要，在大电网不能覆盖的地区因地制宜地发展小水电和分布式发电。同时推广应用先进实用的新技术、新设备，不断提高农网技术装备和自动化水平，加快农网智能化建设，实现城乡居民生活用电同网同价。"十一五"期间，国家电网公司大力实施"新农村、新电力、新服务"的农电发展战略，经营区域全部实现"户户通电"，累计为134万无电户、509万无电人口解决了通电问题，并极大地促进了新通电地区的经济增长。通过全面实施新农村电气化战略，"十一五"期间国家电网公司系统累计建成新农村电气化县407个、新农村电气化乡镇4991个、新农村电气化村90053个。电气化村居民拥有的家用电器比工程实施前均有大幅增长，电视机、电冰箱、洗衣机、电风扇、空调和电炊具分别增长了18.9%、32.4%、28.3%、19.4%、64.5%和42.2%，促进了农村经济全面发展。

第四节　电动汽车发展

电动汽车是21世纪世界汽车工业发展的重要方向，其背后反映的是能源消费方式的深刻变革。很多国家已经制定了电动汽车产业发展战略，并出台了一系列配套和扶持政策。全球电动汽车研发投入与示范力度前所未有，其发展进入了市场化推

广阶段。美国、法国、日本、德国、英国、瑞士等国已率先跨入电动汽车产业化、商品化的行列。电动汽车在我国具有很大的市场发展潜力，国家已将发展电动汽车作为新能源汽车发展战略的主攻方向。发展电动汽车，对优化能源消费方式和结构，缓解石油供应和环保压力，构建绿色能源消费模式，促进汽车产业升级与技术跨越具有重要意义。

一、发展电动汽车的重要意义

1. 发展电动汽车是保障我国能源安全的重要战略举措

我国能源资源总量比较丰富，但优质化石能源相对不足，原油对外依存度不断上升，2011年已达到56.5%，能源安全形势严峻。交通运输业用油是石油消费量增长的主要推动力，预计到2020年中国汽车保有量将超过2亿辆，控制交通运输石油消费增速是能源结构调整的重要内容。通过推广应用电动汽车，能够实现"以电代油"，降低石油在能源消费结构中的比重，减少石油对外依赖，保障国家能源安全。美国通过大力发展电动汽车，预计到2030年每年节约的石油约占其年需求量的15%，增加的电力需求比不考虑电动汽车的情景要高出5%~6%。根据工业和信息化部《节能与新能源汽车产业发展规划（2011~2020年）》（征求意见稿），到2020年，纯电动汽车和插电式混合动力汽车市场保有量达到500万辆。我国电动汽车的快速发展可能超过此规模，预计到2020年我国电动汽车保有量有可能达到500万~1000万辆，据此估算，每年可以减少汽油消耗为1000万~2000万吨。随着电池等电动汽车关键技术的成熟，到2030年电动汽车保有量有望达到3000万辆左右，每年将减少汽油消耗超过6000万吨。

2. 发展电动汽车是推进节能减排的现实选择

汽车尾气排放是目前城市污染的一个重要原因。电动汽车相比传统燃油汽车具备显著的节能减排和环保优势，发展电动汽车可以有效应对温室气体排放和环境保护问题。借助电动汽车与电网互动技术，在电动汽车大规模替代传统汽车的情况下，不仅能够直接降低汽车使用周期内的能源消耗以及二氧化碳和其他污染物的排放，还可以促进风能、太阳能等清洁能源的发展。据测算，相比常规汽油乘用车，到2015年和2020年，电动乘用车每百公里可实现减排二氧化碳分别约为6千克和7.6千克。

3. 发展电动汽车是我国汽车工业赶超国际先进水平的历史机遇

虽然我国已经成为全球第一大汽车生产国和消费国，但是汽车工业多年来存在的研发能力薄弱、产业核心竞争力缺乏的问题并没有得到根治，发展电动汽车为我国汽车工业实现技术赶超提供了难得的历史机遇。从技术条件来看，我国在电动汽车的三大关键技术方面已经具备一定研发能力和加快推进产业化的条件，形成了大量专利，完全有可能借助本轮汽车动力技术革新的机遇改变过度依赖国外技术的被动局面，实现电动汽车核心技术的突破，率先实现电动汽车的产业化，在即将到来的电动汽车市场竞争中赢得先机，促进世界汽车产业新格局的形成。

二、发展电动汽车的关键环节

经过多年的努力，我国电动汽车自主创新取得了重要突破，发展环境逐步改善，产业发展具备了较好基础，具有加快发展的有利条件和比较优势。政府高度重视电动汽车产业发展，出台了一系列相关政策，启动了节能与新能源汽车示范推广和购买新能源汽车补贴试点工作，并将其列为我国战略性新兴产业之一和"十二五"期间促进我国经济结构调整的重要战略举措。电动汽车的发展目标和纯电驱动的技术路线初步确立，通过产学研紧密合作，在电动汽车的整车集成技术、动力系统集成技术以及动力总成关键零部件技术方面也取得了重要技术突破。电动汽车专利、标准与产品准入体系初步建立，目前我国已制定电动汽车相关标准40多项，形成了整车、动力蓄电池、驱动电机等相关检测评价和产品认证能力，电动汽车研发、生产等相关机构已形成约1800项专利，并开发出了多款电动汽车样车。这些都为我国自主知识产权的电动汽车产业化奠定了良好的基础。

未来，进一步推进电动汽车发展，还面临技术不成熟、成本高、配套设施不健全等诸多障碍和困难。其中，动力电池技术和充换电设施建设是决定电动汽车能否实现跨越式发展的两大关键因素。

（一）突破动力电池技术瓶颈

电池是电动汽车的核心部件，是汽车驱动系统的动力源，其性能指标和经济成本决定了电动汽车的产业化进程。我国是全球第二大锂电池生产国，产业规模庞

大，产业基础较好，近些年对动力电池投入不断加大，动力电池开始进入产业化阶段，呈快速发展势头，同时锂资源丰富也为电池发展提供了较好的资源保障能力，电动汽车的商业化有条件加速推进。但同时电池在安全性、续航能力等方面存在技术瓶颈，要坚持自主创新，争取尽快掌握电动汽车电池关键技术，形成有较强竞争力的电动汽车工业体系。

突破动力电池核心技术，提高电池的能量密度和寿命，提升电池的安全可靠性，降低电池的成本是当前阶段推动电动汽车市场化发展的重要工作。提高电池的能量密度应重点开发具有高比容量的新型正负极材料。电池的一致性水平和成组技术与电池的寿命相关，应开展电池结构设计与生产工艺研究，开展电池成组技术研究。动力电池的安全可靠是最为重要的，应开发高性能隔膜以及阻燃电解液，开展电池运行状态评估技术研究，研发高效可靠的电池管理系统，提升电池的安全可靠性。同时，应开展电池关键材料的低成本量产化技术研究，开展电池梯次利用技术研究，降低动力电池的使用成本。

加快推进动力电池关键材料和生产装备自主化。重点支持具有技术基础和发展潜力的企业，自主研发和生产锂离子电池正负极材料、隔膜、电解质等关键材料。同时，鼓励和支持有条件的装备制造企业自主研制动力电池及关键材料的生产、控制与检测装备，打破国外垄断。依托国家级动力电池研究试验基地，建立动力电池技术发展体系，开展新一代高比能动力电池新材料、新体系的前瞻性研究以及新结构、新工艺等应用技术研究，取得核心知识产权。力争到2020年，动力电池系统能量密度达到200瓦·时/千克，成本降至1.5元/（瓦·时）。

（二）科学规划充换电设施建设

1. 充换电设施是电动汽车产业的重要环节

充换电设施为电动汽车提供电能供给，高效完善的充换电服务是电动汽车推广应用的必备条件。建立充换电服务网络，提供标准一致的充换电服务，以满足电动汽车用户跨城际、跨区域的自由行驶要求，促进电动汽车的推广应用。

电动汽车用电具有新的特征。首先具有移动性，相对于一般的电力用户，电动汽车的充电需求会随着车辆停放位置而发生移动；其次具有多样性，电动公交车、环卫车、出租车和私人轿车等不同种类电动汽车的用电需求存在较大差异；同时具有可引导性，通过智能电网技术和一定激励措施，能够引导电动汽车用户把充电安排在夜间停驶时的负荷低谷时段，发挥削峰填谷作用。

为了适应电动汽车对电能补给移动性和多样性等要求，必须配套建设充换电服务网络，合理配置服务网点和服务方式，为用户提供网络化和规范化的充换电服务，推动电动汽车真正走向市场，尽快实现产业化。

2. 推进电动汽车充换电设施的网络化、智能化和标准化

为应对未来电动汽车的规模化发展，需要构建基于统一运行管理平台的充换电服务网络。充换电设施的网络化建设能够适应电动汽车用电对移动性和多样性的要求，有利于促进充换电服务产业规范有序发展，有利于发挥规模效益、降低系统运营维护成本。

实现电动汽车与智能电网的信息交互是电动汽车充换电设施发展的必然趋势。利用先进的智能电网技术，引导电动汽车在电网低谷时段充电，参与负荷管理和系统调峰，从而提高电力系统整体运行效率；同时利用动力电池的储能特性，将电动汽车作为移动储能单元，为实现电动汽车综合效益最大化提供基础平台。国家电网公司编制了"十二五"电动汽车智能充换电服务网络发展规划，结合我国电动汽车充换电需求分布特征，以国家示范应用推广试点城市为重点，选择环渤海和长三角地区作为示范区域，建设了区域智能充换电服务网络，并力争实现两个地区充换电网络的互联。国家电网公司电动汽车充换电设施见图5-3。

图 5-3　国家电网公司电动汽车充换电设施

充换电基础设施需要实现建设与运营的标准化，为各类型电动汽车提供规范一致的充换电服务。加快电动汽车的发展，需制定电动汽车及充换电设施相关标准，建立规范一致的充换电服务体系，以切实提升电动汽车充换电设施的标准化服务水平。

3. 统筹推进充换电网络建设与配电网的升级改造

电动汽车的发展与电力和电网紧密相关，电动汽车的规模化应用在很多方面需要与电网的规划、建设和运行相协调。一方面，充换电网络的规划必须与配电网的规划紧密衔接。电动汽车的充电负荷在时间和空间上具有一定的随机性，必须加以科学的控制和引导，降低电网高峰负荷，避免因大规模充电出现谐波污染、电网峰谷差加大、电网设备过载等情况。发展充换电网络不只是建设充换电站与充电桩，还必须配套开展配电网的升级改造，以应对电动汽车大规模的充电需求带来的压力。另一方面，将充换电网络与智能电网的建设和管理结合起来，可以发挥更大效益。从建设方面来看，充换电网络在建设阶段要考虑与高级量测系统以及各种能量管理系统的结合，形成连接电网与电动汽车用户的互动平台，从整体上成为智能电网的重要组成部分。从运营管理方面来看，充换电网络运营管理平台可与智能电网管理平台实现友好互动，根据电网负荷水平、实时电价等信息提供智能充换电服务。充换电网络中的大型集中充电站还可作为储能电站和应急电源。

三、电动汽车的能源供给模式

能源供给是电动汽车产业链中的重要环节，应确立科学合理的电动汽车能源供给模式，促进电动汽车商业化发展。

（一）电动汽车能源供给模式

1. 充电模式

充电模式可分为常规充电和快速充电。

常规充电模式又称普通充电或慢充模式，是采用小电流的恒压或恒流充电的方法，充电时间一般为5~8小时。常规充电模式要求电动汽车可较长时间停放，电池续驶里程尽可能长。由于充电时间较长，可充分利用电力低谷时段进行充电，但难以满足车辆的紧急运行需求。常规充电站主要位于居民小区或者大型办公场所附近的大型停车场。

快速充电模式又称应急充电，是以较大电流短时间（在电动汽车停车的20分钟至2小时内，具体的充电时间由电动汽车动力电池的接收能力而定）为其提供快速充电服务。快速充电模式适用于在车辆运行的间隙进行快速补充电，以满足特殊情况下的运营需要。由于大电流需求可能会对公用电网产生有害影响，快速充电模式需要专用的充电站，主要可以建在机场、火车站、医院和购物中心等公共场所，相应的工作和安装成本较高，需要统一电动汽车充电设备、普及快速充电站技术和计量方式，其规模化发展的关键是能够研制生产出"容量大、成本低、充电快、寿命长"的电池产品，在便捷性上满足用户的需求。

2. 换电模式

换电模式是通过直接更换电动汽车的电池组来达到为其充电的目的。由于电池组重量较大，更换电池的专业化要求较强，需配备专业人员借助专业机械来快速完成电池的更换、充电和维护。更换电池的模式中用户可租用充满电的蓄电池，对更换下来的蓄电池利用低谷时段进行集中充电，有利于提高电池的循环寿命，降低充电成本，这种模式应用需要电池与电动汽车的标准化，需要规范电动汽车的设计改进、充电站的建设和管理以及电池的流通管理等。

（二）研究适合我国国情的电动汽车能源供给模式

国际上对于电动汽车的能源供给模式已进行了不同程度的尝试和应用。美国启动了大规模充电基础设施完善项目"EV Project"，计划三年内建成11210处充电点；美国能源部资助开展的"Charge Point American"项目计划在9个试点地区建设近5000处充电点。法国电动汽车示范项目在充电基础设施建设、电池租赁等配套服务方面也开展了积极的探索，截至2008年，全法国已有200座公共充电站。英国政府实施电动汽车普及计划，建设了500个充电站。德国计划在柏林市区建立至少550个充电站。葡萄牙计划在全国建造约1300座电动汽车充电站。日本东京电力公司积极参与电动汽车相关基础设施建设，宣布将在2013年建成1000个以上充电站，到2010年底已建成超过250处。Better Place公司2011年初联合法国雷诺汽车公司在丹麦开办了其欧洲第一家运营中心，提供包括公共充换电服务与私人专用充电桩服务的完整充换电服务方案。

我国也积极开展充电设施建设工作。2008年，在北京奥运中心区建设了占地5000米²的电动公交车电池更换站。2010年，在上海世博园区建成世界规模最大的电动公交车电池更换站。截至2011年底，国家电网公司共建成投运243座标准化充换

电站和1.3万个交流充电桩，使我国成为世界上投运充换电设备最多的国家。浙江省电力公司已建成全国第一个省内跨城际的智能充换电服务网络。2011年，青岛薛家岛电动汽车充换电站建成投运，在国内首次实现了充换储放一体化智能服务。2012年，北京高安屯电动汽车充换电站正式投运，该站集充电、换电和电池配送功能于一体，是迄今世界上规模最大、服务能力最强的电动汽车充换电站。

在我国电动汽车快速发展的关键时期，能源供给模式的选择，应结合技术发展趋势和现实条件，综合考虑能源供给网络建设的难易程度与成本、用户使用的经济性以及能源供给服务的商业模式等多种因素。

第一，网络建设的难易程度和用户使用的便捷性是决定网络普及性、易用性的最关键因素。 城市是发展电动汽车的重点，但与发达国家居民家庭多为独立楼房建筑、普遍拥有自己的车库或专用停车位不同，我国城市人口密集、多数居住在高层建筑，停车位极其紧张，长远来看也很难实现多数车辆都有固定车位的目标。在居民小区和公共场所大面积建设充电站，变压器、线路、电表等电网设施和装置也都面临改造与更新的问题，是一项投资大、时间长的复杂系统工程，在社区普遍建设充电设施的难度较大。快充模式目前对电池寿命有较大影响，仍有待电池技术性能进一步突破。换电池模式不受居住和办公条件的限制，电池可进行集中充电，对用户没有任何特殊要求，结合高效物流配送，可以实现换电服务网点的大面积覆盖，在便捷性上具有突出的优势。电动汽车用户可以像加油一样，从散布在城区和交通节点的服务网点更换电池。但换电模式在电池箱尤其是尺寸与换电接口的标准化方面存在一定困难和阻碍，需要政府部门的统筹组织、统一协调。

第二，用户使用的经济性关系到能源供给模式的竞争力。 自充电模式可以充分利用低谷电力充电，电费相对降低，但是初次购买及后续更换电池的费用很高（占车辆总费用的30%~50%）。换电池模式能够减低用户初次购置费用，但日常运营费用相比自充电模式有一定程度增加。

第三，商业赢利模式决定着能源供给网络的可持续发展能力。 换电池模式属于新型能源物流模式，有利于电池生产企业规模化、标准化生产，有利于能源供给企业的规模化采购与集约化管理，能够显著降低总的运营成本。采用换电池模式时，能源供给企业作为一个相对独立的中间运营商，有利于政府实施更具针对性的扶持和优惠政策，如电价政策、购买电池补贴政策等，建立起清晰的盈利模式；但需要考虑用户、电动汽车生产企业、电池生产企业、能源供给企业等各相关方的利益。自充电模式相对简单，涉及的各方主体可在公平合理、平等协商的基础上进行利益平衡。

总的来看，不同的能源供给模式各有其特点，有着不同的适应范围和局限性，如果只发展单一的供给模式，将不利于电动汽车产业的健康发展，同时考虑到电动汽车用户的需求存在明显的差异性和多样化，充电和换电模式协调发展的"充换结合"模式是我国电动汽车能源供给服务发展的合理选择。可以根据电动汽车车型和用途，结合电动汽车的发展方向，因地制宜建设不同类型的充换电设施，满足各类电动汽车用户的需求。

在电池快充技术发展成熟安全的前提下，可以通过电池快充方式，实现电动汽车电能的快速补给，满足电动汽车用户缩短充电时间的要求。通过建设换电站，也可以实现电池的快速更换，满足用户快速补给能量的要求。通过电池集中充电站和换电站建设，可以实现集中负荷管理，通过一定范围的配电网改造就能满足电动汽车能源补给方面的需求。通过智能电网技术，对电池集中充电站和换电站能够实现高效的智能充电管理，提高系统整体运行效率。电池集中充电站和换电站还可以作为城市的应急电源和备用电源，提高城市电网运行的灵活性和可靠性。随着未来电动汽车及其充电技术、设备、管理系统的快速发展和相关政策、法律、标准、规范体系的逐步健全完善，我国电动汽车充换电设施的规模化建设进程将不断加快。

四、发展电动汽车的政策保障

电动汽车产业发展初期，需要国家政策的支持和引导。

（1）**建立有效的协调机制，促进各方共赢发展。**电动汽车产业链的形成以及充换电服务网络的建立涉及社会、经济的方方面面，需要在政府的统筹指导下建立有效的协调机制，协调有关部门、汽车厂商、能源供给商、研究机构等相关主体，搭建电动汽车可持续发展的平台，充分调动各方的积极性，促进电动汽车及相关产业的健康发展。

（2）**加强对电动汽车关键技术研发和整车销售的支持。**支持我国电动汽车企业和相关研究机构等实行产学研联合攻关，加快突破电池、电动机、控制系统领域关

键技术瓶颈。加强科技支撑，建立电动汽车重要科研设施和基地、重点实验室、技术（研究）中心。加快电动汽车相关高新技术成果转化，政府应给予专项资金支持，提供有关税收优惠政策，同时加强对电池生产企业、电动汽车关键零部件和销售企业等相关产业的支持。

（3）**加强对充换电服务网络建设的政策支持。**电动汽车充换电服务网络作为电动汽车产业链的重要环节，应作为城市基础设施的重要内容，纳入城乡发展规划和土地利用规划。在发展初期，本着灵活、实用、适用的原则，给予电动汽车充换电服务网络建设与运营企业一定比例的财政补贴、税收优惠和用地审批、投融资等方面的政策支持，加快培育相关产业和市场。

（4）**建立技术标准体系，实现电动汽车产业链相关技术标准的有效衔接与配合。**统一的技术标准是电动汽车产业实现跨越式发展的关键。我国电动汽车的标准化工作还不能满足当前电动汽车发展的需要。应加快建立统一的电动汽车技术标准体系，尤其是规范电池、充换电设施，以及电池和充换电设施接口相关标准，避免出现各地方标准不统一，产业链各方难以有效衔接、无序发展的问题，引导和规范电动汽车产业标准化、规模化发展。同时还要考虑与欧美等国家相关标准的衔接，为以后电动汽车出口奠定基础。

第六章
能源市场

改革开放以来，随着社会主义市场经济体制的建立和完善，我国能源领域的市场化改革逐步推进，能源产业发展活力明显增强，市场在能源资源配置中的基础性作用逐步体现。面向未来，深入推进中国能源发展方式转变，必须进一步加强能源市场建设，引导煤炭市场健康发展，完善油气价格机制，稳步推进电力市场化进程，积极改进和创新能源市场监管，为中国能源可持续发展营造良好的体制机制环境。

第一节 能源市场概况和发展思路

我国能源领域的改革从20世纪80年代初实施利用外资、多渠道集资办电、石油产量包干等政策开始，逐步放开市场准入，调整管理体制，实行政企分开，放松价格管制，引入竞争机制。在不同能源部门，虽然改革步骤不一致，具体情况也各有特点，但总体上，市场对能源发展的引导作用日益突出，多元化主体竞争的局面已经形成，国际市场和国内市场的联系逐步加深。

在能源市场化改革的过程中，也暴露出一些有待解决的问题与矛盾，如市场配置资源能力不足、能源比价关系不合理、监管体制与能源领域发展实际不相适应等。所以，还需继续完善与社会主义市场经济体制相适应的能源市场体系和运行机制，进一步明确能源市场建设和监管配套思路。

一、能源市场发展概况

由于不同的行业特点、发展阶段和改革进程，我国煤、电、油、气等各能源领域市场化程度不尽相同。总体来看，当前我国能源市场建设具有以下基本特点。

1. 多元竞争的市场格局基本形成

我国煤炭行业市场化程度较高，煤炭价格基本上实现了市场定价，形成了动力煤、焦煤等不同煤种煤炭市场。2010年底全国共有各种所有制的煤炭企业一万多家，市场竞争激烈。我国已明确电价改革基本思路，初步建立了煤电价格联动机制，电源开发领域的竞争激烈，开展了短暂的以竞价上网为核心的电力市场建设试点，出现了跨省区电力交易以及"以大代小"发电权交易、水火置换交易、大用户与发电企业直接交易等多种新的市场交易方式。我国原油价格由企业参照国际市场价格自主制定，已实现与国际市场接轨。国内成品油价格实行政府指导价或政府定价，实现了与国际市场原油价格有控制的间接接轨。除中石油、中石化、中海油三大公司外，其他中央企业和众多地方国企、民营企业、外资公司也积极参与石油勘测开发、炼油、油品零售等领域的竞争中。目前，地方和民营炼厂原油加工能力约占全国的1/5，40%的加油站由三大公司以外的企业拥有。随着2010年天然气价格双轨制取消，由政府定价、政府指导价并存改为统一实行政府指导价，天然气价格改革向市场化方向又迈进了一步。

2. 市场交易和资源配置的范围越来越广

为适应我国能源资源与能源需求分布在空间上的不均衡性，在市场竞争、科技进步等各种力量的推动下，我国能源交易的地域界限逐渐被打破。煤炭行业已经建立了东北、西北和西南三大区域性煤炭市场，并形成了从"三西"重点产煤地区向东部缺煤地区大规模调运煤炭的"北煤南运"、"西煤东运"的全国性流通格局。大规模、远距离输电工程和油气管道建设为电力和油气资源全国范围配置提供了基础。跨省、跨大区交易成为电力市场的重要内容，电力供应逐渐由就地平衡、局部地区自求平衡向大范围优化配置转变。2011年国家电力市场交易电量3999亿千瓦·时，是2006年的2.4倍。

3. 国内国际能源市场相互影响不断加深

在全球化深入发展的背景下，我国经济同全球经济日益融合，国内能源市场逐渐成为全球能源市场的重要组成部分，在受到国际能源形势影响的同时也深刻影响着国际能源格局。我国煤炭进出口贸易一直较为活跃，国际市场已成为国内煤炭市场的重要补充，2010年净进口煤炭达到14580万吨。近年来我国同周边国家的电力进出口也得到较快发展，虽然交易规模还比较小，但发展前景很好，特别是由俄罗斯、蒙古等国向国内输电具有很大的发展潜力。同煤炭和电力相比，国际油气市场对我国能源市场的影响更为显著，我国已经成为全球第二大原油进口国，2010年石油、天然气对外依存度分别约为55%和15%。一种较为普遍的观点认为，中国快速增长的油气进口需求是推高国际市场油气价格的重要原因。总的来看，我国与国际能源市场的联系日趋紧密，一方面为保证国内能源市场供应提供了更多的选择，另一方面也对我国如何化解来自国际能源市场方面的各种风险提出了挑战。

4. 市场机制建设有待进一步健全

从煤炭市场来看，由于体制机制问题，市场发展较为无序，产运销不能有效衔接，合同电煤兑现率偏低，质量得不到保证。电煤价格方面，目前存在国家宏观调控

指导下，通过产运需衔接会适度干预形成的重点合同煤价格和在现货市场自主协商定价的两种价格机制。近年来，受需求增长、中间环节多等因素影响，我国煤炭价格持续大幅上涨，推动燃煤发电成本不断增加。电价方面，发电上网电价和终端销售电价均由政府监管审批，虽然建立了煤电价格联动机制，但发电成本上涨因素难以在电价中得到及时有效的疏导，"市场煤"和"计划电"矛盾突出，电价对供需的调节作用得不到充分体现。由于缺乏科学的电价形成机制，电网发展和跨大区电力交易缺乏有效的电价保障，还没有形成统一开放、竞争有序的电力市场体系。石油价格形成机制离真正的市场化还有距离，成品油调价时间滞后，难以及时反映国内市场供求关系和消费结构变化，还没有与石油消费和进口大国相称的国际石油价格话语权。天然气与石油等替代能源的比价不合理，国内与进口市场价格存在较大价差，尚未形成有效竞争的市场模式。

5. 市场监管需要进一步完善

在实施政企分开、推进能源市场化改革的过程中，我国能源市场监管工作正逐步得到重视和加强。但同能源市场快速发展的形势相比，目前能源市场监管建设情况还很不适应。我国能源监管存在的突出问题：**一是监管职能过于分散**。目前我国能源市场监管职能分散在许多政府部门中，除电力市场外，煤、油、气都缺乏专门的市场监管机构，导致监管职能交叉分散，责任主体不明。电力监管机构的定位和职能也不够清晰，与市场监管相关的大量职能依然分散在相关政府部门中。**二是监管制度和相关法规建设滞后**。能源立法滞后，能源监管主要依靠行政性审批和政策性文件，缺乏透明度，监管越位与监管缺位的现象并存，一些市场扭曲问题不能得到有效解决。**三是市场调控手段不足，缺乏有效的能源统一规划实施机制**。能源储备体系尚处在起步建设阶段。煤炭开发、电源建设等市场领域缺乏有效的市场调控能力。

二、能源市场化的基本思路

能源市场化是有效引导能源市场主体行为、促进能源资源优化配置的重要手段，也是我国健全社会主义市场经济体制、参与国际能源市场竞争与合作的客观要求。要实现我国能源发展方式转变和能源战略转型，必须高度重视、积极发挥市场的调节作用，积极推进能源市场化进程。

相对于一般的商品市场，能源市场建设更具基础性、战略性和复杂性，而且关系国家安全，因而无论西方发达国家，还是广大发展中国家在推进能源市场化改革中普遍都持积极审慎的态度。我国的经济发展阶段、能源资源禀赋、基本经济制度和国际发展环境，以及各国能源市场化建设的经验教训，都启示我们能源市场化进程必须坚持从本国国情出发，立足现实，面向未来，既要毫不动摇地坚持市场化改革的方向，善于把握改革时机，及时破解改革难题；又要充分考虑能源市场化对经济和民生的影响，避免急躁冒进，无谓地加大改革成本。要增强改革的坚定性，保持改革的自主性，讲究改革的策略性，提高改革的科学性。

未来，深入推进我国能源市场化的基本思路，应该以促进中国能源战略转型和可持续发展为出发点，以能源价格改革为核心，以市场体系建设和监管体系建设为重点，以构建市场配置与宏观调控有机结合、科学高效的能源运行机制为关键，以保障国家能源安全、提高能源发展效率、改进能源服务质量、共享能源发展成果，为我国现代化建设提供可持续的能源支撑为目标。在推进我国能源市场化的过程中，应该坚持有利于满足能源供应，维护国家能源安全；有利于促进能源产业发展，提高能源效率；有利于应对全球能源形势，提高国际能源竞争力。

第二节　煤炭市场建设

在我国能源领域各行业中，煤炭的市场化程度最高，未来应在规范煤炭市场秩序、推进煤炭市场体系建设、增强对煤炭市场调控力方面着力采取措施，促进煤炭市场健康发展。

一、煤炭市场秩序治理

良好的市场秩序是充分发挥煤炭市场作用的前提。要形成良好的煤炭市场秩序，需要通过规范市场准入、推动重组整合等方式，塑造合格的市场主体，提高煤

炭产业集中度；需要整顿煤炭流通环节，实现产供销有序衔接；同时，要减少各级政府对煤炭市场的不当干预，避免各种市场扭曲现象的发生。

1. 提高煤炭产业集中度

自20世纪80年代以后，世界煤炭工业发展呈现企业经营集团化和生产规模大型化两种趋势。一些国家的煤炭公司通过合并或购买煤矿股份等方式，形成了大型跨国经营的现代煤炭企业集团。在美国、俄罗斯、澳大利亚等主要产煤国家中，前4家煤炭企业市场占有率已提高到40%以上。

近年来，在各级政府和市场力量的推动下，我国煤炭企业重组整合力度加大，产业集中度持续提高，2010年排名前四位的煤炭企业的煤炭产量总和已达全国煤炭总产量的22%（见表6-1），但是同世界主要产煤国产业集中度水平相比仍然偏低。2010年底全国各类煤炭生产企业依然高达上万家，平均产能不到30万吨，煤炭产业"散"、"乱"的特征仍较为明显。

表6-1　　　　　　　　　2010年全国煤炭企业煤炭产量前十名　　　　　　单位：万吨

名次	企业名称	煤炭产量
1	神华集团有限责任公司	35696
2	中煤能源集团有限公司	15370
3	山西焦煤集团有限责任公司	10214
4	山西大同煤矿集团有限责任公司	10118
5	陕西煤业化工集团有限责任公司	10039
6	河南煤业化工集团有限责任公司	7401
7	冀中能源集团有限责任公司	7332
8	山西潞安矿业（集团）有限公司	7098
9	淮南矿业（集团）有限责任公司	6619
10	开滦（集团）有限责任公司	6087
	合计	115974

注 表中数据来源于中国煤炭工业协会，关于发布2011中国煤炭企业100强的通知，2011。

我国应进一步整顿煤炭行业，鼓励煤炭企业开展跨行业、跨地区、跨所有制合作，加大企业兼并、联合、重组力度，加快大型现代化煤矿建设，依照有关主管部门的部署，尽快形成一批具备相当规模的亿吨级煤炭企业、千万吨级现代化煤矿。

当然，考虑各地煤炭资源禀赋的地区性差异，在煤炭资源较为分散的地区，还应该给中小煤矿保留发展的空间。适度提高产业集中度是对煤炭资源的高效集约化利用，是对落后生产能力的淘汰，是对煤炭企业建立现代企业制度、自觉承担社会责任、自觉依法经营的推动。

2. 理顺煤炭流通环节

近年来，我国煤炭价格呈现快速上涨态势，给我国电力、钢铁、化工、建材等重点用煤行业发展带来严重影响。煤炭价格的过快增长，既有煤炭需求快速增长的原因，也有煤炭流通环节层层加价的原因。有关研究表明，煤炭流通环节的运输费用、税费及加价等非煤费用的总和，已经占到了终端用户煤炭价格的55%～60%。

为形成良好的煤炭市场秩序，防止中间加价导致煤炭价格畸高和供需失衡，未来应进一步理顺煤炭流通环节，实现产运销有机衔接。一是改革煤炭运销体制。推进煤炭供需直接见面，鼓励煤矿同终端用煤企业直接签订合同。二是依法打击煤炭流通环节中的各种不法行为，包括煤炭经销商和中间商囤积居奇、倒卖合同、哄抬煤价等行为，以及煤炭运输过程中的各种寻租行为。三是推进现代煤炭物流体系建设。依托区域性大型煤炭交易市场或煤炭集散地，建立现代煤炭物流管理平台，推动各种运输方式协同运作，更好地满足煤炭运输需求。四是按照输煤输电并举、加快发展输电的原则，大力建设煤电基地，推进煤电就地转化，对区外实施大规模、远距离输电，实现"煤从空中走"，缓解过度依赖输煤带来的运力紧张矛盾。

3. 规范涉煤收费和行政干预措施

我国煤炭价格虽然已经放开，但是目前随煤炭征收的各种基金和收费项目依然繁多，且收费标准缺乏统一规范。这些收费项目不仅增加了煤炭企业的负担，同时也成为煤炭价格走高的重要推手。此外，一些煤炭输出地区对煤炭销售实行较强的行政干预，变相控制输出煤炭的数量和价格，对煤炭交易体系的健康运转造成影响。

规范煤炭市场秩序，一方面需要严格按照国家有关要求，加强对各种涉煤收费项目的清理整顿，规范收费项目、收费标准和政府行政干预措施；另一方面需要科学核定煤炭成本，从国家层面积极研究对煤炭输出地区的各种补偿措施，增强煤炭输出地区可持续发展能力。

二、煤炭市场交易

当前，完善我国煤炭市场体系建设已经成为建立现代煤炭交易市场的核心任务，要结合煤炭大市场、大流通的发展方向，构建我国科学的煤炭市场交易体系。

1. 建立全国统一的煤炭交易平台

我国现有煤炭交易主要是通过集中召开煤炭交易会议（如煤炭产运需衔接会、区域煤炭订货会、全国重点煤炭合同汇总会等）的方式进行，交易方式较为初级和单一，存在市场交易不透明、交易信息不对称、价格不能及时反映市场供需情况等弊端。虽然各地依托煤炭产地和集散地建立了多个地区性煤炭交易市场，但由于多方面条件的限制，并未对全国煤炭供需平衡发挥太大作用，真正具有全国影响力的煤炭交易平台尚未形成。

为适应我国煤炭市场交易规模和交易范围不断扩大的趋势，有必要建立全国统一的煤炭交易平台，实现煤炭价格发现、交易信息公开、供求关系调控等功能，为参与煤炭交易的各方主体提供公开、公平、公正的市场交易环境。通过建立市场准入制度、实现交易合同标准化管理等手段，增强煤炭市场的规范化和透明度，改变我国煤炭市场存在的无序竞争现象。构建统一的煤炭交易平台还有利于科学配置煤炭运输资源，减少中间交易环节，并为政府部门加强对煤炭的宏观调控提供必要的窗口和手段。在此基础上，建立健全我国煤炭价格指标体系，有利于发挥煤炭价格的市场信号作用，提高对市场供需和价格走势的预测能力。

2. 强化煤炭长期合同交易

我国煤炭市场短期交易比重过大，不利于煤炭价格的稳定。为保证煤炭及相关行业的平稳发展，应积极推行煤炭长期合同交易。美国20世纪90年代以后，在电力用煤持续增长的情况下，由于60%以上的电煤供应是通过5年以上的长期合同来保障的，因此煤炭供需基本处于稳定状况。

不同的能源禀赋和消费特点决定了我国的煤炭供需形势相对美国要紧张一些，煤炭长期合同交易规模可能不会像美国那么大。但是，针对用煤规模较为稳定的大型用煤企业，由政府主导，按照这些大型用煤企业煤炭消耗的一定比例强制推行长期合同交易，既有利于提前准备好产运衔接，又有利于煤炭市场的稳定。

3. 发展煤炭期货交易

煤炭期货无论对煤炭企业来讲，还是对电力企业来讲，都是一种有效的风险管理工具。通过卖出期货合约，煤炭的生产方可以将未来一段时间计划生产的一定量的煤炭销售价格锁定在一个固定的水平，而用煤企业也可以根据对煤炭价格变化的预测，买入相应的期货合约，避免煤炭价格大幅上扬带来的压力。20世纪90年代中期以后，一些主要产煤国或用煤国分别选取一定煤种，从价格发现和套期保值角度出发，进行了期货、期权风险管理方面的探索，如南非的电煤期货交易、澳大利亚的动力煤期货交易、日本的炼焦煤期货等。

随着国内煤炭市场规避价格风险需求的提高，应积极推动我国煤炭期货市场建设。考虑煤炭期货交易受交割品质不易统一和铁路运力等瓶颈约束的影响，可以在运输能力相对富裕的煤炭产地，选择特定煤种，开展期货交易试点，制定相关交易规则，同时开展大型交割储备仓库的建设。

三、煤炭市场调控

鉴于煤炭在我国能源发展中的基础地位以及与下游电力行业市场化改革的不同步，国家在推进煤炭市场建设的同时，必须高度重视对煤炭市场调控能力的建设。

（一）稳妥推进煤炭价格机制改革

我国自2009年以后，除电煤以外，各种煤炭产品已经基本上实现了市场化定价。电煤价格实现重点合同价和现货市场价双轨制。近年来，在煤炭市场价格持续大幅上涨、电价受到国家严格管制的情况下，重点合同价的存在对缓解发电企业燃料成本上涨压力、维持发电企业正常经营方面发挥了重要作用。

长远来看，电煤价格最终也要实现市场化定价，但考虑到对下游行业的影响，电煤价格改革的时机要与电价改革进程相协调。在电价市场化改革没有迈出实质性步伐之前，重点合同煤价格应继续保留。相对于煤炭，电价的市场化面临的问题更为复杂，过程更为漫长。现阶段，应继续坚持煤炭供需双方自主衔接、自主协商、自主定价机制与政府一定程度干预的重点合同煤价格机制并存。未来，随着电价市场化的推进和煤炭市场的不断完善，逐步推进两种电煤价格机制并轨，最终建立起

反映煤炭供求关系、煤炭资源稀缺程度、煤矿安全和矿区生态环境补偿成本的煤炭市场价格形成机制。

（二）健全煤炭市场调控措施

1. 征收煤炭特别收益金

征收煤炭特别收益金是通过税收的方式抑制煤价不合理上涨的调控形式。国家可考虑煤炭行业的具体情况，根据煤炭热值和煤质的差别，确定一定时期内起征煤炭特别收益金的基准煤炭价格，在煤炭交易时，对超过基准煤炭价格的价格上涨部分，依照分级累进的方式进行征收。征收后按照一定比例返还下游购煤企业，剩余资金纳入中央财政用于支持煤炭行业的可持续发展。这一制度安排，可减轻下游企业受煤炭价格波动的冲击程度，有利于调节煤炭企业和下游企业的利益关系。

2. 建立煤炭应急储备制度

通过完善政府煤炭储备机制和社会储煤机制，形成相当规模的煤炭储备，作为调节煤炭市场淡旺季市场变化的蓄水池，平抑煤炭市场供需异常变化和价格异常波动。在保障国内煤炭市场有序运行，保持煤炭价格稳定的同时，也有助于维护我国对外贸易的利益，把进口煤炭价格保持在合理水平。目前，我国的煤炭储备数量相对国际经验还显得偏低。以电煤为例，根据煤炭市场存在的风险程度和保证安全供电的需要，可参照美国40天的电煤储备可用天数标准，相应调高我国电煤储备标准水平。

3. 鼓励煤炭进口

在经济合理的前提下，应选择多个目标国进口煤炭，保证煤炭进口渠道的畅通，维持一定的进口规模。通过国内外煤炭市场接轨推动国内煤炭价格保持合理的水平，既可以防止国外煤炭市场价格因我国进口增加出现异常波动，又可以维持国内煤炭市场供需平衡和价格稳定。为减轻国内煤炭资源供应压力，鼓励用煤企业进口煤炭，可参照民用煤炭制品13%的增值税税率，将煤炭进口增值税税率从现在的17%下调至13%甚至更低。对签订长期协议的进口煤炭，还可给予纳入运输通道和运力计划的优惠。

（三）积极发展煤电联营

发展煤电联营是煤炭、电力企业可持续发展的重大选择。从近期来看，发展煤电联营，有利于降低电煤交易成本，突破煤电困局，缓解发电企业经营困境，保障电力可持续供应。长远来看，有利于煤、电企业优势互补，增强抗风险能力，实现共赢。从能源战略层面来看，发展煤电联营，有利于降低能源生产供应成本，促进煤炭集约化开发和综合高效利用，培育具有国际竞争力的大型能源企业。

发展煤电联营，既可以通过电力或煤炭企业收购兼并上、下游企业的方式实现，也可以通过将国有煤炭、电力企业直接合并的方式实现。发展煤电联营，特别是中央电力企业与地方煤炭企业的合并重组，涉及中央与地方的关系，需要国家加强政策引导并从税收政策等方面给予大力支持。

第三节　电力市场建设

我国电力改革始于20世纪80年代初期。随着改革开放的推进，多渠道集资办电、电力政企分开等一系列改革举措陆续推出，有力促进了电力工业的持续快速发展。20世纪90年代，全球电力行业兴起了放松政府管制并伴有国有电力资产私有化的市场化改革潮流。我国也在实施电力政企分开的基础上，于2002年出台了国务院《关于印发〈电力体制改革方案〉的通知》（国发〔2002〕5号），全面启动了以市场化为导向的电力改革。当前，电力改革发展的内外环境，同10年前相比已经发生了深刻变化。未来，应继续坚持以改革促发展的方针，认真总结我国以往电力改革实践，科学把握国际电力改革趋势，从我国电力工业发展的实际出发，与时俱进地完善改革战略，走中国特色的电力市场化道路。

一、国际电力市场化改革

20世纪80年代，在复杂的政治经济背景下，一些信奉新自由主义经济理论的

国家试图通过引入市场机制来改造电力工业。智利是最早进行电力市场化改革的国家，早在1982年就对电力行业进行重组和私有化，建立批发电力市场。1990年开始实施的英国电力工业市场化改革，引起了全球的广泛关注，此后一些欧美发达国家和发展中国家开始效仿，研究推进本国电力市场化进程，由此形成了电力市场化改革潮流。中国电力市场化改革在相当程度上也受到其影响。

（一）国际电力市场化改革的基本特点

1. 改革没有统一或公认的标准模式

各国国情和改革指导思想上的差异，决定了电力改革模式的多样性。从电力行业结构重组方式上看，既有早期的英国、阿根廷和俄罗斯等发、输、配、售电各环节完全分开的改革模式；也有法国、日本、巴西和美国部分电力公司目前采取的发、输、配、售电集中在一个集团公司的模式。英国在改革初期将发电和输电资产拆分，形成发电、输电、配售电独立的市场结构，之后在市场作用下发电和配售电重新实现了融合，6家发配售一体化公司占据了88%左右的市场份额。从竞争性电力市场构建方式上看，既有早期的英国和现在的澳大利亚采用的全电量电力库模式；也有目前欧盟各国普遍采用的双边交易为主、集中交易为辅的电力市场模式；同时还有以美国PJM为代表的集中交易、电量市场和容量市场并存的电力市场模式。

2. 电力资产的大规模私有化是改革的重要驱动力

大多数推进电力市场化改革的国家，如智利、英国、新西兰、阿根廷等，在对电力资产拆分的同时，也大力推进了电力企业私有化。这些国家电力市场化改革的过程，某种程度上也是电力资产私有化的过程。

3. 改革坚持立法先行、依法推进

电力市场化改革涉及各种利益关系和生产关系的调整，从各国改革的实践来看，无论是发达国家还是发展中国家，在推进电力市场化改革时都坚持先立法、后改革。改革方案首先由政府提出，经过充分酝酿讨论后通过立法确定，之后依照法律的规定进行落实。每一步改革实施前，都会先行出台相关的法律法规，予以引导和规范，确保每项重要改革举措都有法可依。电力监管部门的职责、权限也由法律明确。英国1990年开始的电力市场化改革，依据的是1989年通过的电力法案。日本

自1995年以来三度修改《电气事业法》，保证了电力市场化改革依法有序推进。

4. 改革思路和重点持续动态调整

鉴于电力市场化改革的复杂性，世界各国普遍采取了分阶段推进改革的做法，并根据改革的阶段性进展情况和形势变化动态调整改革思路和重点。英国在总结以往改革经验的基础上，于2001年用双边交易为主的新的市场交易机制（New Electricity Trading Arrangement, NETA）取代实施10年之久的全电量竞价的电力库（Power Pool）交易模式，2005年又改为在英格兰、苏格兰和威尔士全面推行统一的电力交易和输电制度（British Electricity Trading and Transmission Arrangements, BETTA）。欧盟也对电力和天然气改革方案多次进行调整。美国联邦能源监管委员会（FERC）颁布的2000号法案（1999年）对888号法案（1996年）颁布后电力市场开放中出现的问题做出了调整。新西兰于2010年重新允许配电企业从事电力零售业务，并推进三大国有发电企业资产重组。

5. 改革的成效具有差异性

通过电力市场化改革，部分国家在提高电力行业运营效率和服务水平方面取得了较好效果，但也有一些国家或地区在电力改革后出现电力供应紧张、电价快速上涨、投资出现不足等问题。美国加利福尼亚州（简称美国加州）先期进行的市场化改革是电力市场化改革不成功的典型案例。由于改革设计和市场监管出现严重问题，这个美国最富有的州在2000~2001年出现严重的电力危机。据美国公共电力协会（American Public Power Association, APPA）分析，1997~2010年间，美国实施电力改革的州的零售电价平均上涨4.0美分/（千瓦·时），而未实施改革的州平均上涨2.7美分/（千瓦·时），明显低于实施改革的州。俄罗斯于2008年完成了对电力工业的拆分重组，此后三年间居民电价平均上涨41.9%，预计未来还将大幅上涨。竞争市场环境下的电力投资不足是许多发达国家电力改革后面临的共性问题。美国加州电力改革后近十年一直没有大的发电厂和输电工程建成投运。根据英国天然气与电力市场监管办公室（Office of Gas and Electricity Markets, OFGEM）的分析，按现有市场机制，预计2020年英国发电备用率将低于5%。除上述问题外，一些国家还出现了电网资产被国外资本控制的情况。如英国最大的两家配电商分别为香港李嘉诚财团和美国PPL电力公司拥有，此外，PPL还拥有英国另一家配电商，两家境外财团和企业共同控制着英国50%左右的电力供应。

（二）国际电力市场化改革的新趋势

1. 各国对放松电力管制更加审慎

21世纪初全球范围发生的多次电力危机，促使许多国家对本国电力市场化改革进行反思，包括美国在内的一些国家放缓了电力市场化改革的步伐。巴西通过总结以往改革的经验教训，强化了对电力发展的中长期规划和对电力供应安全的监督。日本于2008年决定推迟售电侧的全面放开，将50千瓦以下及居民用户选择权的放开问题留到2013年再行讨论。欧盟2009年通过的关于电力和天然气改革的第三能源法案不再强制拆分能源企业，允许电力发、输、配、售集中在一个集团内管理。以英国为代表的许多前期大幅放松电力管制的国家，根据改革暴露出的问题和新的能源发展形势，又重新加强了对电力市场的干预。

2. 促进清洁能源和可再生能源发展成为改革的重要目标

近年来，随着国际能源安全和全球气候问题的日益突出，越来越多的国家将促进清洁能源和可再生能源发展、实现能源可持续供应作为电力改革的重要目标，对全球电力市场化进程产生了深远影响。2011年英国发布了《电力市场化改革白皮书》，计划改进电力市场机制以吸引更多的低碳投资，促进新能源和清洁能源发展。许多国家纷纷出台相应的价格机制和补贴政策，如德国建立了固定电价制度、英国建立了绿色证书交易制度、西班牙建立了溢价电价制度，以提高清洁能源和可再生能源的市场竞争力。

3. 电力市场的规模和范围不断扩大

在经济全球化的背景下，随着国际能源供需格局的变化，在更大范围内优化配置资源成为全球能源利用的内在需求，跨国、跨区联网和远距离输电工程建设受到重视，电力市场的边界和交易范围呈现日益扩大的趋势。欧盟计划2014年前建成欧盟统一能源市场，确保电力和天然气在欧盟范围内自由输送和供应。法国、比利时、荷兰、德国和北欧电力（能源）等交易所已实现联合交易和业务合并，形成了一个覆盖北欧、中西欧和南欧部分地区的联合市场。美国区域电力市场也不断扩大，各区域输电组织（Regional Transmission Organization, RTO）加强了相邻市场之间交易机制及规则的协调，2010年FERC批准了纽约、PJM等5个独立系统运营商联合提交的电力市场扩大提案。

二、中国电力市场化改革的原则

我国新一轮电力市场化改革自2002年启动以来，取得了积极进展，也暴露出一些问题。面向未来，深入推进我国电力市场化改革，必须立足国情，从我国的实际出发，走中国特色的电力改革道路，而不能简单照搬国外某种改革模式。

与多数实施电力市场化改革的国家相比，我国电力市场化改革面临的条件有几点不同：**一是不同的发展阶段**。我国经济社会正处于快速发展阶段，电力需求增长快、规模大，加大电力投资、促进电力发展、保障电力供应压力很大。**二是不同的资源禀赋**。我国能源资源以煤为主，能源需求与能源资源呈逆向分布格局，优化煤电布局、发展清洁能源、推进能源资源清洁高效开发利用和大范围优化配置任务艰巨。**三是不同的基本经济制度**。我国实行的是以公有制为主体的基本经济制度，建设的是中国特色社会主义，电力市场化改革不是以私有化为目标。

综合考虑国际电力市场化改革经验和我国现实国情，深入推进我国电力市场化改革应坚持以下原则。

1. 促进电力工业科学发展

我国人均用电水平远低于发达国家，在工业化、城镇化的带动下，未来电力需求将长期较快增长，电力工业发展任务艰巨。与多数欧美发达国家电力市场化改革的指导思想不同，我国电力市场化改革必须把促进电力工业发展、保障电力供应放在首位。

要通过深化改革，完善体制机制，吸引电力投资，促进电网电源统一规划、合理布局、协调发展，促进清洁能源大规模开发利用和化石能源清洁高效发电，促进坚强智能电网建设，促进电力资源在全国范围优化配置和城乡电力协调发展。

2. 保障电力系统安全

电力安全事关经济发展、社会和谐。保障电力系统安全是电力市场化改革的前提，也是必须坚持的基本原则。由于电网电源发展不协调、系统运行日趋复杂、外部影响因素增多等原因，我国电力安全面临诸多风险。电力市场化改革必须在电力安全风险可控、能控、在控的基础上推进，绝不能以牺牲系统安全性为代价。要通过改革，巩固和发扬我国制度优势，构建有利于保障电力安全的体制机制。

输配电一体化、电网调度一体化，能够实现各级电网之间、电网与调度之间的

信息畅通和高效协调运作，使电网调度运行方式更加灵活，故障处理更加及时有效，从而最大限度地降低电力系统瓦解和大面积停电风险。最近十多年来，国外屡屡发生大面积停电事故，而我国电网在结构薄弱、负荷大幅增长、风险因素增多的情况下持续安全运行，重要原因就是我国具有输配电一体化、调度电网一体化的制度优势。

3. 综合发挥市场机制和宏观调控的作用

电力是重要的基础产业，推进电力市场化改革，一方面需要借助市场手段改进电力工业体制机制，提高电力发展质量和资源配置效率；另一方面，需要同步加强和改进宏观调控，保持政府对电力发展的调控力，纠正市场失灵问题。从行业特征来看，电力行业本身就存在可竞争环节和自然垄断环节，需要在引入市场机制的同时，加强市场监管。通过协调发挥市场机制和宏观调控"两只手"的调节作用，构建起科学高效的电力工业管理体制和运行机制。

4. 提升电力企业的国际竞争力

推进电力市场化改革要把培育具有国际竞争力电力企业作为重要考虑因素。法国政府正是出于保持法国电力集团（Electricite de France, EDF）在国际市场竞争力的考虑，因此坚持将发、输、配电业务保留在一个企业。

我国以公有制为主体的基本经济制度和在能源安全方面更为严峻的国际形势，决定了电力改革不能走部分国家以全面拆分和私有化为导向的"破碎式"改革道路，而是要维护国有经济在电力工业中的主导地位，培育具有规模优势和国际竞争力的电力企业，从而更好地参与国际能源竞争。

5. 总体设计、依法逐步推进

电力市场化改革是一个系统工程，必须总体设计，分步实施。需要重视加强顶层设计，根据我国国情和发展实际，科学确定改革目标、框架、重点和实施路径。同时，增强改革决策的民主化、透明化，明确改革的责任主体，确保改革决策的科学性。

市场经济是法治经济。电力市场化改革要坚持立法先行、依法改革。大力加强电力法律法规建设，重大改革思路要通过法律的形式明确下来，依法推进和实施，逐步改变电力立法滞后于改革实践的状况，把电力市场化改革纳入法制化轨道，增强严肃性，避免随意性。

三、中国电力市场体系建设思路

总体来看，基于我国国情，需要构建政府监管下的统一开放、竞争有序的电力市场体系，打破电力交易的地域界限，通过建立统一、规范的交易机制和公平的市场规则，促进资源在全国范围内的优化配置。

（一）统一开放、竞争有序的电力市场体系的内涵

我国电力市场化改革的核心任务，是构建统一开放、竞争有序的电力市场体系。所谓统一开放、竞争有序的电力市场体系，是集统一性、开放性、竞争性、有序性为一体的电力市场体系，是有效运作的电力市场体系，其建设目的在于为电力资源和电力工业各种生产要素在全国范围内自由流动和优化配置提供安全高效的市场平台。

统一，是指以统一的市场规则和运行机制促进电力的全国范围交易，各级市场之间协调发展。开放，是指要破除省间和区域性市场壁垒，打破各种行政性和经济性垄断，对市场主体实行公平准入，市场运作公开透明。竞争，是指市场主体能够在市场平台上进行公平的、有效的竞争，价格机制的市场调节作用得到有效发挥，既要避免滥用市场地位等不正当竞争行为，也要避免过度竞争。有序，是指电力市场在法律法规和市场规则的规范下有秩序地运行，且能够在出现扰动的情况下做出合理反应，保持市场正常有效运转。

在我国电力市场体系的四个基本特征中，统一是电力市场体系得以生存的共同基础，开放是保证市场活力的前提，竞争是市场效率的源泉，有序是市场秩序的保证。

（二）统一开放、竞争有序的电力市场体系的构建思路

建设统一开放、竞争有序的电力市场体系的基本思路是"放开两头、监管中间"，即统筹推进发电侧市场和售电侧市场建设，逐步推进发电侧竞争，有序放开售电侧市场，完善电网科学发展和管理机制，改进电网监管，最终形成"多买方—多卖方"的市场格局，建成具有中国特色、运转高效的电力市场体系。

1. 建设发电侧市场

进一步完善煤电价格联动机制、标杆电价和可再生能源定价机制，健全电源发展统一规划机制，引导电源合理布局、科学发展；继续加强电力交易平台建设，有序开发各种交易品种，促进跨省区电力交易，加快推进电力交易的合同化、规范化和市场化；推进发电侧竞价上网试点，逐步扩大市场竞争电量，实施节能发电调度与市场竞价相结合的上网机制。

随着坚强智能电网的发展、资源配置范围的扩大和市场规则的完善，逐步推进各级电力市场之间的融合与重构，加快构建适应全国范围优化配置电力资源的国家电力市场和基于安全控制区（省或跨省）的平衡市场构成的电力市场体系。交易方式以中长期交易（年度及以上）为主，短期（月度或日前）交易为辅，实时交易为补充。

2. 建设售电侧市场

继续稳妥推进大用户与发电企业直接交易试点，并将大用户直接交易纳入省级电力交易平台中统一管理；逐步解决大用户直接交易的交叉补贴、输配电价和辅助服务等关键问题，为大用户直接交易的规范发展打好政策基础；全面推进电价机制改革，健全电力普遍服务机制。

远期，在解决好交叉补贴等问题、形成科学的输配电价机制的前提下，研究开展放开大用户选择权试点，培育独立售电主体，逐步形成包括电网企业在内的多家售电主体的竞争格局。

3. 完善电网科学发展和规范管理机制

建立电网、电源统一规划机制，改进电网项目投资管理体制，简化项目审批程序；加快健全与坚强智能电网建设和资源大范围优化配置相适应的输配电价形成机制，按照城乡电力统筹发展的原则理顺农电管理体制，增强电网可持续发展能力；继续坚持输配一体化、调度电网一体化，依法实施对电网环节的监管。

远期，逐步建成在统一规划引导下、在科学的电价机制保障下、基于市场化原则的电网投资和发展机制，建成有利于保障电力安全、提高发展效率、促进公平竞争和城乡协调发展的电力工业运行机制。

从国外来看，在电网管理体制方面没有统一的模式。从输配电关系看，既有输配电业务分开的，也有输配电业务合一的；从电网与调度的关系看，既有电网与调度合一的，也有电网与调度分离的，选择哪种体制是历史和现实多种因素综合影响的结果。日本、法国、加拿大等许多国家的实践表明，在保留一体化企业的情况下，通过建立和完善电力监管机制、规范电力市场交易机制等，完全能够实现引入市场机制的改革目标。

就我国而言，坚持输配一体化、调度电网一体化的管理体制具有多方面的意义。**一是有利于保障电力安全。**2003年8月14日美加大停电事故发生的一个重要原因，就是美国电网分散管理体制导致的内部信息沟通不畅。美加大停电事故发生半个月后，我国华东电网也险些发生大停电事故，但在电网统一管理和统一调度的体制保障下，经过及时果断处置，最终成功化解风险、渡过危机。意大利在改革初期曾将调度从电网企业中独立出来，2003年9月28日发生全国大停电后，又重新合并在一起。**二是有利于促进电网的科学规划与发展。**输配一体化、调度电网一体化可以更好地对各级电网进行统一规划，优化电网结构，促进输配电网、城乡电网协调发展，促进新能源消纳和大范围优化配置电力资源。**三是有利于提高效率。**实施输配电网结构分拆，有时候不仅不会提高电力工业效率，相反会带来效率损失。美国学者John Kwoka对美国73家配电公司1993～2004年期间的经营效率开展研究发现，经历了分拆的配电公司改革后效率降低了4%，并且损失逐年增加。中国社会科学院张昕竹的量化分析表明，我国实行输配分开将增加成本600亿～1800亿元。**四是有利于增强电网企业的国际竞争力。**由于不以配网私有化为目的，我国实施输配分开的必要性较小，输配一体化能够保持电网企业的规模优势，更好地参与国际能源竞争，实施国家能源战略。如法国电力集团，其50%左右的收入来自国外业务，在国际电力市场上具有很强的竞争力，这与其同时拥有发、输、配、售资产密切相关。综合来看，输配一体化、调度电网一体化是符合我国国情的合理选择。

四、电价体系和电价机制建设

电价是电力市场建设的核心问题。建设统一开放、竞争有序的电力市场体系，推动电力工业又好又快发展，需要不断深化电价改革，逐步构建起科学的电价体系和电价机制，充分发挥价格杠杆对电力工业发展的调节作用。

（一） 我国电价现状和存在的问题

我国现行电价体系按环节划分，包括上网电价、输配电价、销售电价以及大用户直购电电价。上网电价主要由政府制定，实行经营期电价、标杆电价、煤电价格联动等，此外还有招标定价、跨省区电力交易协商定价等市场定价方式。输配电价分为跨区电网、跨省电网和省级电网三个层次，其中跨区电网、跨省电网实行政府定价和企业内部协商定价，省级电网主要通过购销价差的形式体现。销售电价由政府制定，按用电性质和用途分类，按电压等级分档。大用户直购电电价仅有少数试点，采取双边协商定价方式。

目前，我国电价方面存在的问题主要包括以下几方面。

1. 电价整体水平偏低，不利于节约用电和提高能效

我国煤炭、石油价格已基本同国际市场接轨，但电价在国际上仍处于较低水平。2010年我国平均销售电价为0.605元/（千瓦·时）（含基金与附加），合0.089美元/（千瓦·时），比美国低约0.008美元/（千瓦·时）（见图6-1）。相对较低的电价水平，直接导致社会节电意识淡薄，电能利用效率不高，而且放大了电力需求，加剧了电力供应紧张的局面。

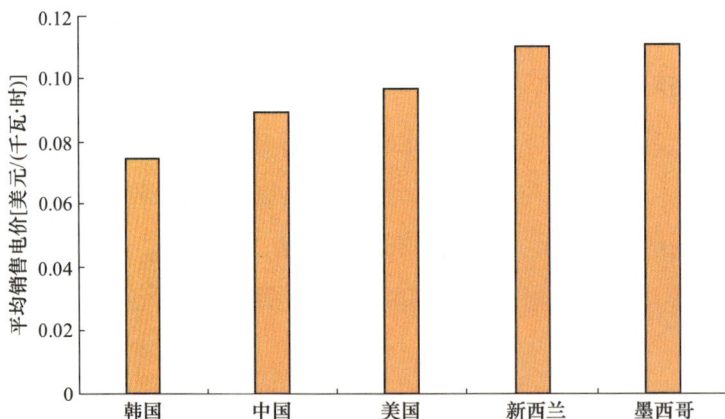

图 6-1　2010年部分国家平均销售电价水平比较

近年来，我国电价上涨幅度远远落后于其他能源和消费品价格涨幅。2003～2010年，电能出厂价格指数涨幅为19%，低于煤炭（119%）、石油（114%）、冶金（47%）、食品（30%）、化学（26%）等许多行业，也低于工业品出厂价格总指数（26%）、居民

消费价格指数（22%）、原材料、燃料、动力购进价格指数（56%）、固定资产投资价格指数（27%）。

2. 电价结构不合理，制约了电网电源协调发展

国外输配电价占销售电价的比例平均为40%～60%，我国约为26.8%，明显偏低。2010年我国输配电价为0.024美元/（千瓦·时）（含税，与其他国家同口径），不仅低于美国［0.0345美元/（千瓦·时），2009年］，也低于巴西［0.0741美元/（千瓦·时），2007年］、墨西哥［0.0256美元/（千瓦·时），2009年］等发展中国家（见图6-2）。

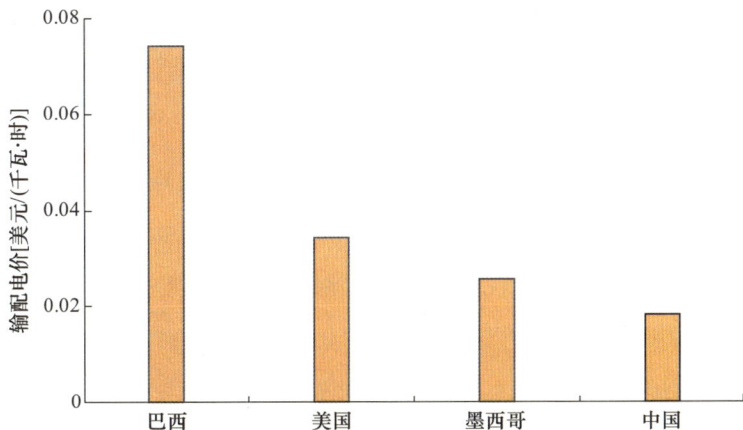

图 6-2   2010年部分国家输配电价水平比较

数据来源：美国，能源信息署（EIA）；巴西，国家电力局（ANEEL）；中国，国家电力监管委员会《电价执行情况监管报告》；墨西哥，能源部（SENER）。

3. 电价机制不完善，不能真实反映供需关系和生产成本

我国还没有建立起科学的电价形成机制和传导机制。上网电价和销售电价主要由政府制定，输配电价空间受到上网和销售两头的挤压。已经建立的煤电价格联动机制不够完善，而且常常由于各种原因导致执行不及时、不到位。在煤炭价格快速上涨的影响下，电力企业生产经营困难，许多发电企业亏损严重。

风电等可再生能源标杆上网电价未建立随造价调整的机制。例如随着风机等价格的降低，2011年同2008年相比，风电场综合造价平均下降1000～2000元/千瓦，而风电标杆上网电价并未相应调整。

4. 电价体系和配套政策不健全，不利于非化石能源的发展

缺乏配合大规模风电吸纳的峰谷上网电价和鼓励抽水蓄能电站发展的电价政

策。可再生能源附加征收标准偏低，仅能满足70%的补贴资金需求。在可再生能源发电工程补贴方面，仅考虑了电量就地消纳的接网工程建设运行费用，没有考虑大型可再生能源发电远距离送出、送受端电网扩建等因素。用电侧未普遍实行峰谷电价，已经实行的峰谷价差偏低，不利于错峰用电充分消纳风电。

（二）深化电价改革的目标和思路

我国电价改革的目标是：与电力市场改革进程相适应，构建科学的电价体系和电价机制，发挥价格信号对电力投资、消费和资源配置的引导作用，促进电力工业布局优化、结构调整、科学发展和电力能源资源的清洁高效利用。

深化我国电价改革的思路是：在改进完善既有电价政策和电价机制的基础上，逐步推进竞争环节价格市场化、垄断环节价格规范化（政府定价机制科学，执行规范），逐步实现由政府定价为主向市场定价与政府定价协同并重转变。具体来说：

在发电环节，完善标杆电价和一次能源价格与电价联动机制，建立有利于清洁能源发展要求和反映成本变动情况的可再生能源与综合利用发电上网电价，建立能够反映一次能源价格变化、促进调峰能力建设的煤电、核电、燃气发电上网电价，以及有利于抽水蓄能电站建设的相应电价；长远来看，随着竞争性发电市场的建设，除可再生能源和综合利用发电外，其他发电上网电价均应逐步实行市场定价。

在电网环节，逐步建立充分发挥特高压电网技术和经济优势的跨省区输电价格体系和机制，促进大型煤电基地、水电基地、核电基地、风电等可再生能源发电基地的电力集约化开发和外送；理顺跨省区电网与省级电网价格传递关系；完善可再生能源接入系统工程的价格补贴机制，将电动汽车充换电设施投资纳入电网成本。

在销售环节，实行有利于大规模利用可再生能源和节能减排的用户电价体系与电价机制，建立销售电价与上网电价和输配电价的联动关系；逐步解决电价交叉补贴问题；远期，随着大用户选择权和售电侧市场的放开，通过采取双边交易、集中竞价等方式，逐步形成较为完善的市场定价机制。

（三）近期电价改革的重点措施

1. 完善煤电价格联动机制，健全一次能源价格与电价联动机制

2004年，为理顺煤电价格关系，政府出台了煤电价格联动机制：原则上以不少

于6个月为一个煤电价格联动周期，若周期内平均煤价比前一周期变化幅度达到或超过5%时，在电力企业消化30%的煤价上涨因素的基础上，将上网电价随煤炭价格变化调整；上网电价调整后，相应调整电网企业对用户的销售电价。

煤电价格联动机制的建立，对缓解煤电价格矛盾发挥了积极作用，但在实际执行中也暴露出联动不及时和不到位等情况。究其原因，主要有三个方面：一是煤炭价格的上涨往往与物价总水平的上涨相伴，政府为控制物价总水平经常会推迟或停止煤电价格联动。二是受企业短期行为、铁路运力瓶颈制约等因素影响，煤炭市场价格扭曲，给煤电联动机制的正常实施制造了障碍。三是电价长期承担许多公共政策目标，社会公众心理对价格上涨预期不足，加大了实施煤电价格联动面临的压力。

未来，应在总结煤电价格联动实施情况的基础上，加强对以下问题的研究。

（1）**完善煤电价格联动机制，加大实施力度。** 实施煤电价格联动，能够将煤炭价格变动情况传导给用户，有利于理顺煤电价格，调节供求关系，促进煤、电行业健康发展，应继续坚持并不断完善。当上网电价调整时，应对销售电价同步进行调整。

（2）**扩大联动机制的应用范围，构建一次能源价格与电价联动机制。** 随着天然气资源的大规模开发利用，我国燃气发电等将会迎来较快发展，为缓解燃气价格变动的影响，有必要将煤电联动机制扩展为一次能源价格与电价联动机制，使发电燃料价格变动情况通过电价反映出来。

（3）**改革用户电费收取形式，直观反映一次能源价格上涨的影响。** 目前电费的收费方式是单一价制，用户按照实际用电量和国家核定的单一电价支付电费。实行煤电联动时，容易造成用户误解。可以借鉴美国煤电联动的经验和国内机票价格设置燃料附加费的做法，改革用户电费的收费形式，将用户电价分为基础价格与燃料附加费两部分。煤电或气电联动时，将一次能源价格变动对电价的影响，通过调整燃料附加费反映出来，使用户对电价的调整更易理解和接受。

（4）**建立上网电价平衡账户，避免电价大幅波动。** 由于电价频繁调整的工作量和成本太高，因此从全球看，在实行政府定价的情况下，没有一个国家对上网电价进行实时调整以反映燃料价格的变化情况。当上游环节价格波动幅度过大时，终端用户可能也难以承受电价的大幅波动。可以通过建立电价平衡账户制度，平抑上游环节成本变化对电价的直接冲击，适度延长电价调整周期。

2. 适应可再生能源发展形势，完善可再生能源电价机制

将国外已经施行的可再生能源发电价格机制归纳起来，可以分为四种：一是固定电价，即由政府直接确定可再生能源发电价格；二是溢价电价，即根据竞争电力市场的浮动价格，乘以一个比例或增加一块固定价格补贴，作为可再生能源发电价格；三是招标电价，即由政府对一个或一组可再生能源发电项目进行公开招标，按照最后中标者报出的电价确定上网电价；四是绿电电价，即由政府根据机会成本方法制定可再生能源发电价格，电力消费者按规定价格自愿认购。

目前，我国可再生能源发电上网电价由价格主管部门根据不同类型可再生能源发电特点和不同地区情况，按照有利于促进可再生能源开发利用和经济合理的原则确定。风电、太阳能发电和生物质能发电先后采取招标定价、标杆定价等方式，目前主要实行标杆定价。同时，国家还在销售电价中征收可再生能源附加，补贴风电等可再生能源发电项目。

未来，可以从三个方面完善可再生能源电价政策：

（1）**研究建立上网电价逐年降低机制。** 借鉴国际经验，尽快研究出台风电上网电价随造价等逐年降低机制，促使风电企业不断降低成本和技术创新，并让利于社会。

（2）**研究建立可再生能源电价附加（基金）动态调整机制。** 根据国家关于可再生能源发展的相关规划，预计今后可再生能源的增长速度将远远大于电价附加计征电量的增长速度，补贴将会出现缺口，且将呈现越来越大的趋势。研究建立可再生能源电价附加（基金）动态调整机制，以保证可再生能源健康发展。

（3）**加大对可再生能源发电接网工程的支持力度。** 现行1~3分/（千瓦·时）的可再生发电项目接网工程补贴难以满足接网工程投资还本付息的需要。对于风电基地的配套电网工程项目的投资和运行费用回收，可以考虑采取不同的政策。对于规模比较小的风电基地，接网工程补贴标准采用标杆方式，根据风电上网电量收取；对于规模庞大、需要向外远距离输电的大型风电基地，可单独核定配套电网工程电价补贴标准，对配套电网工程高于常规能源的建设运行费用，通过可再生能源电价附加在全国范围分摊。

3. 在试点的基础上，逐步建立独立的输配电价形成机制

为了保证电网可持续发展，促进能源资源大范围优化配置，需要建立独立的输配电价形成机制。独立输配电价机制的建立，与输配电网管理体制没有必然联系。

（1）**稳妥推进省级电网独立输配电价改革。**选择有代表性的省份，组织开展省级电网独立输配电价改革试点，根据试点情况，研究部署改革深化方案。

（2）**建立跨区跨省电网输电价格传导机制。**跨区跨省电网统一制定输电价和安全价，输电价可作为购电省的购电费在电网销售电价中回收；安全价则由联网的各省级电网支付，并入省级输配电价，通过电网销售电价回收。

（3）**理顺输配电价与上网电价和销售电价的关系。**将独立输配电价机制的建立纳入建设统一开放、竞争有序的电力市场体系中统筹考虑，做好与发电侧竞争、大用户直购电和售电侧市场放开等改革的衔接，建立销售电价与上网电价和输配电价的联动机制，近期尤其要加快建立能够及时疏导电价矛盾的正常的输配电价调整机制。

4. 完善销售电价机制，合理疏导电价矛盾

长远来看，销售电价最终应通过市场竞争形成。近期来看，在销售电价改革方面，可以采取以下措施。

（1）**完善销售电价形成机制。**政府制定的销售电价由上网电价、输配电价、输配电损耗和政府性基金及附加顺加形成。实现销售电价总水平与上网电价和输配电价联动，销售电价总水平的调整要反映一次能源价格变动。

（2）**继续推进销售电价分类改革。**实行工商业及其他用户用电同电压等级、同负荷率同价。工商业和其他用电统一实施峰谷电价或季节性峰谷电价，加大峰谷或季节性价差。同时，将电动汽车充换电作为新的用电类别，价格列入政府目录电价。

（3）**推进居民电价改革。**居民用电实行阶梯电价，并逐步过渡到峰谷分时阶梯电价。

（4）**理顺不同类别用户电价关系。**通过销售电价分类改革和居民电价改革，逐步解决历史欠账矛盾和交叉补贴问题。

第四节 油气价格机制建设

我国原油价格已与国际市场接轨，石油市场化面临的主要问题是改进成品油定价机制和防范国际市场油价大幅波动对国内市场的冲击问题。相对于石油，我国天

然气市场还处于快速成长阶段，未来改革的重点首先是改进管制而非放松管制，长远来看也必须走市场化的道路，如何理顺天然气价格是改革的重点和难点。

一、成品油定价机制改革

世界各国的成品油价格形成机制都有其自身特点，但概括起来不外乎市场定价和政府定价两种。目前，全球多数国家都实行市场化的成品油定价机制。欧美等发达国家实行成品油市场定价由来已久。亚洲国家成品油市场化改革起步较晚，但参与的国家和地区越来越多，其中日本、韩国及我国台湾地区已经平稳过渡到市场定价。

1. 我国成品油定价机制及存在的问题

目前，我国成品油价格实行政府管制下的与国际市场原油价格间接接轨的办法，即在布伦特、迪拜和米纳斯三地原油连续22个工作日移动平均价格变化超过4%时，调整国内成品油最高零售价格。国家在调价时会统筹考虑宏观经济、CPI等多方面的因素。

根据国内成品油定价机制，2010年以来国家对国内成品油价格先后进行了9次调整，其中上调7次，下调2次（见表6-2）。

表6-2　　　　　　2010年以来我国成品油价格调整情况　　　　　单位：元/吨

调价时间	汽油调整幅度	汽油调整后价格	柴油调整幅度	柴油调整后价格
2010年4月14日	320	7420	320	6680
2010年6月1日	-230	7190	-220	6460
2010年10月26日	230	7420	220	6680
2010年12月22日	310	7730	300	6980
2011年2月20日	350	8080	350	7330
2011年4月7日	500	8580	400	7730
2011年10月9日	-300	8280	-300	7430
2012年2月8日	300	8580	300	7730
2012年3月20日	600	9180	600	8330

注　表中数据根据国家发展和改革委员会相关文件整理。

现行的国内成品油调价机制有其内在缺陷。一是国内成品油价格被动跟踪国际石油价格，不能及时反映国内市场供求关系和消费结构变化。二是调价不够及时，滞后于国际油价走势。三是机制过于透明，容易导致市场出现存油套利等投机行为，不利于成品油市场的稳定。

2. 逐步加大成品油定价机制市场化程度

我国应借鉴国外经验，进一步改进成品油定价机制，有计划地推进成品油定价市场化，有两种改进方式可供选择。

（1）**提高国内成品油价格调整的灵活性**。缩短国内油价与国际市场接轨的时间跨度，改变目前的22天时间跨度、降低4%的价格变化幅度要求，并改变政府审批制为企业根据政府调价公式调整备案制，从而向更合理的完全市场规则迈进。通过上述过渡措施，使国内成品油逐步接近完全市场定价。但成品油价调整周期也不宜太短，否则容易将国际油价的不正常波动引入国内市场，只有调价周期适当，才能够既保证国内成品油价格与国际市场的及时接轨，又能过滤或熨平非正常价格波动对国内的影响，保证国内石油市场的供应稳定。

（2）**增加企业调价自主权**。根据我国成品油的供需关系制定成品油价格的最高与最低界限，只要价格在规定的范围内波动，政府只行使监管者的职能。当成品油价格超出规定的界限时，政府则采取相应的干预措施及管理办法。由企业根据调价机制自动确定调价时间和调价幅度，使市场逐步发挥其基础性的调节作用，政府的价格管理职能逐步由直接定价向协调、监督方面转变，并运用货币和财政政策积极影响、调节油价，同时仍要保留油价超出宏观经济所能承受的某种极限时直接实行价格管制的权力，以保护国内成品油市场与成品油工业的健康发展。

市场化是我国能源价格改革的基本方向，长远来看，成品油价格将由市场形成。考虑市场体系完善程度、社会承受能力和国家能源安全等因素，改革的步伐既要积极又要稳妥。要逐步放松成品油批发、零售市场的市场准入和出口限制，增加市场供应的弹性，随着竞争性市场结构的形成以及市场体系的不断完善，最终由市场竞争产生成品油价格。要在推进成品油价格市场化的同时，健全配套的法律法规和税收、补贴等政策，依法加强对石油市场的监管，增强对国内石油市场的宏观调控能力，切实维护市场秩序。

二、天然气价格改革

未来20年，天然气将是我国需求增速最快的化石能源，根据IEA的预计年均增速约为6.4%。满足天然气快速增长的需求，推动天然气行业快速健康发展，客观上要求推进天然气价格改革，理顺天然气价格结构及其与可替代能源的比价关系，改进市场监管，逐步引入竞争机制，充分发挥价格的引导作用，合理调节生产消费关系，促进能源结构优质化和低碳化。

1. 国际天然气定价模式

目前全球尚未形成统一的天然气定价模式，国际通行的天然气定价模式可以分为6种（见表6-3）。其中，第1种既适用于国际贸易定价又适用于国内市场定价，第2～4种主要适用于国际贸易定价，第5、6种主要适用于国内市场定价。

表6-3　　　　　　　　　　　国际通行的天然气定价模式

序号	模式	特点
1	竞争定价	根据开放性市场中的自由竞争形成价格
2	油价指数定价	根据与石油燃料价格挂钩的公式来定价
3	与日本进口原油平均价格（Japan Crude Cocktail, JCC）挂钩	根据与JCC挂钩的定价公式来定价，设定封顶和封底价格
4	双边垄断定价	买卖双方通过谈判的方式确定价格
5	市场净回值定价[①]	以天然气市场价值为基础确定终端销售价、门站价格以及出厂价格或边境价格
6	成本加成定价	由生产经营各环节成本加核定利润确定价格

① 市场净回值定价方法是指以可替代能源的市场价值为基础，确定可承受的天然气市场价格，再扣除运输、配送、储存等各种费用，倒算出厂价格或边境价格。

在国际天然气贸易中，北美地区和英国实行多种气源的竞争定价，欧洲大陆实行油价指数定价，日本、韩国等东北亚地区采用与JCC挂钩的定价方式，俄罗斯及中亚地区多采取双边垄断定价。在各国国内市场，美国、加拿大、英国实行竞争定价方式，其他国家和地区大多采用参照可替代能源价格的净回值定价方法。

2. 我国天然气定价机制及存在的主要问题

目前，我国进口天然气实行市场定价，国产天然气主要采用成本加成法定价，实行政府指导价。其中，出厂价和管输价格（二者相加即为城市门站价）实行国家指导价，终端消费价格（即城市门站价加上地方配气费）由地方政府审批。

我国天然气定价机制存在的主要问题包括以下几方面。

一是价格水平偏低，与国内供需关系和国际市场价格脱节。近年来，我国天然气需求增长迅猛，天然气价格并没有充分反映市场供需关系，部分地区甚至存在终端销售价低于城市门站价的批零倒挂现象，由此加大了天然气供给压力。近年来频频出现的气荒，与此密切相关。较低的国内天然气价格，也导致国产天然气与进口天然气价格存在较大的价差。西气东输一线平均出厂价为0.71元/米^3，到达上海的门站价为1.41元/米^3，而通过中亚管道进口天然气到达中国口岸的完税价格即超过2元/米^3。

二是与石油等替代能源比价关系不合理。国家有关部门提供的数据表明，国内天然气价格相当于等热值液化石油气价格的1/4、燃料油价格的1/3。用单位热值能源价格分析美国、英国、日本、中国等10国天然气与原油比价关系（见表6-4和表6-5）可以看出，2005～2009年间，我国工业用天然气与原油的比价平均为0.69，居民用天然气与原油的比价平均为0.68，在10国中处于次低和最低水平。

表6-4 各国工业用天然气与原油比价

国家	2005年	2006年	2007年	2008年	2009年	平均值
意大利	1.05	1.11	1.07	1.02	1.41	1.13
韩国	1.20	1.21	1.20	0.78	1.20	1.12
日本	1.19	1.04	0.99	—	—	1.07
希腊	0.95	—	0.97	1.05	1.12	1.02
法国	0.96	0.99	0.88	0.95	1.09	0.97
西班牙	0.77	0.89	0.85	0.79	1.11	0.88
英国	0.85	0.90	0.69	0.69	0.79	0.79
美国	1.02	0.78	0.67	0.60	0.53	0.72
中国	0.72	0.60	0.63	0.53	0.95	0.69
加拿大	0.86	0.65	0.56	0.54	—	0.65

注 中国2005～2006年数据来自《中国物价年鉴》36个大中城市工业用天然气价格平均值，2007～2009年数据来自国家发展和改革委员会价格监测中心；其他国家数据来自《Energy Price & Taxes, 2nd Quarter 2010》；各种能源价格均为含税价，单位均为美元/吨标准油。

表6-5　　　　　　　　　　各国居民用天然气与原油比价

国家	2005年	2006年	2007年	2008年	2009年	平均值
日本	3.70	2.96	2.70	—	—	3.12
意大利	2.46	2.29	2.22	—	2.67	2.41
希腊	1.83	—	2.19	1.99	2.65	2.16
西班牙	2.07	1.90	1.93	1.66	2.37	1.99
法国	1.71	1.70	1.67	1.44	2.11	1.73
英国	1.37	1.52	1.56	1.27	1.96	1.54
韩国	1.61	1.56	1.56	0.99	1.32	1.41
美国	1.54	1.37	1.14	0.83	1.20	1.22
加拿大	1.26	1.15	1.06	—	—	1.16
中国	0.75	0.64	0.64	0.49	0.86	0.68

注　中国2005～2006年数据来自《中国物价年鉴》36个大中城市工业用天然气价格平均值，2007～2009年数据来自国家发展和改革委员会价格监测中心；其他国家数据来自《Energy Price & Taxes，2nd Quarter 2010》；各种能源价格均为含税价，单位均为美元/吨标准油。

三是价格体系不够科学、健全。管输定价缺乏公开透明的定价原则和程序。用户分类不够科学、存在交叉补贴。终端价格只是根据用途不同来进行分类，缺少差别化定价的机制，比如峰谷价、季节价以及可中断与不可中断用户价格等。

总的来看，我国目前的天然气定价机制和管理方式已经落后于天然气工业发展形势，天然气价格不能充分反映市场供求关系和资源的稀缺程度，市场机制在天然气领域配置资源的基础性作用难以有效发挥。

3. 稳步推进我国天然气价格改革

长远来看，我国天然气价格改革的最终目标是放开天然气出厂价格管制，该价格由市场竞争形成，政府只对具有自然垄断性质的天然气管道运输价格进行管理。通过放松管制，引入竞争，逐步在天然气领域建立以市场为导向的价格机制，届时天然气价格不仅准确反映国内供需形势，反映与替代能源的合理比价关系，而且与国际天然气市场价格有效联动，实现国内外市场的接轨。

从当前来看，我国天然气市场还处于向成熟市场的过渡阶段，未来天然气资源开发和管网等基础设施建设的任务繁重，加快发展、提高产量仍然是我国天然气行业的首要目标，短期内不具备全面放开的条件。

未来一个时期，我国天然气价格改革的重点：一是价格水平，合理提高天然气价格，逐步理顺天然气与石油等可替代能源的比价关系，逐步缩小国产和进口天然气的价差，促进节能减排。二是价格结构，合理确定出厂价、管输价和配气费在终端销售价格中的比重，促进资源开发和管网建设。在终端环节逐步理顺交叉补贴，实施差别化定价。三是定价机制，逐步改变成本加成的定价方式，探索推行市场导向色彩更强的市场净回值定价方式，并建立与可替代能源价格挂钩、反映市场供求和资源稀缺程度的价格动态调整机制，逐步由政府直接定价向市场定价为主、政府指导价为辅的定价模式过渡。四是配套政策，逐步研究放松对天然气资源勘探开发领域的管制，构建多元化供气格局。

总的来看，我国天然气价格改革，应从实际出发，把握时机，逐步推进，既要考虑与可替代能源价格机制之间的衔接，又要考虑与天然气市场化改革整体进程相协调；既要有利于促进天然气勘测开发、管网建设和进口，又要考虑社会承受能力和通货膨胀等因素。虽然受北美非常规天然气迅速发展、国际金融危机后全球需求疲软等因素影响，国际天然气价格近年来一直在低位徘徊，但是从我国来看，由于国内价格扭曲、需求旺盛且进口天然气长期合同都是照付不议协议，短期内我国天然气价格上涨将难以避免。

三、国际油气定价话语权

我国是石油进口大国，天然气进口规模也持续快速增长，国际石油、天然气价格的波动对我国能源供应和经济社会发展具有重要影响。目前我国缺乏对国际石油、天然气定价的影响力，双边或多边贸易中的议价能力也明显不足，在油气进口价格谈判方面常常处于被动接受状态。对于这种局面，要采取措施逐步加以扭转。

1. 发展石油期货市场，增加在国际石油市场定价中的话语权

目前全球每年石油交易量在130亿吨左右，其中高达110亿吨左右的交易量通过期货市场完成，期货市场价格在国际石油定价中扮演着关键角色。国际上通常将国际石油期货市场上形成的期货价格作为石油基准价格，影响力较大的两个石油基准价格，一是通过纽约商品交易所进行交易的美国西得克萨斯中质基准原油，二是通过伦敦国际石油期货交易所进行交易的英国北海布伦特轻质基准原油。东京工业商品交易所的

石油期货市场虽然发展历史很短，但交易量增长很快，在亚洲地区影响力不断增强。

我国目前没有自己独立的石油期货市场，难以将国内石油市场状况以价格的形式反馈到国际市场。上海商品期货交易所燃料油期货的成功运作为我国发展石油期货积累了经验。未来，应在总结燃料油期货运作经验的基础上，积极研究推进我国石油期货市场建设，建立包括原油、燃料油、成品油等多个交易品种，场内、场外多种交易方式相结合的石油期货交易市场，争取在国际石油市场交易、交割规则等方面的话语权，增强对国际石油定价的影响力。我国每年巨大的石油生产、消费规模，是谋求话语权、增强影响力的重要基础。

优化市场投资者结构是我国石油期货市场建设的重要内容。近年来，国际石油期货市场的参与者已不仅限于石油开采、冶炼、贸易等相关企业，许多金融机构也开始涉足石油领域，并且发挥着极为重要的作用。我国应借鉴国际石油期货市场经验，逐步放宽对金融机构投资商品期货的限制，着力吸引包括投资基金、投资银行、保险公司等在内的机构投资者，从而提高市场流动性和价格形成的科学性。同时，也为国内金融资本参与国际石油期货市场、增强对国际石油价格的影响力"练兵"。

2. 加强国际合作，提高在国际石油天然气贸易中的议价能力

加强能源领域的国际合作，大力开展"能源外交"，积极参与地区和国际合作体系，继续保持与国际上各石油天然气组织的联系，建立与美国、俄罗斯、亚洲周边等石油天然气消费国和生产国的对话与合作机制，通过建立双边、多边、地区性或国际性能源合作体制，形成相互保障、相互制约的完善的仲裁机制，提高在国际石油天然气贸易中的议价能力。

构建多边国际能源供给体系，实现供应来源和贸易渠道的多元化、分散化。我国进口石油绝大部分来自于中东，对中东石油的需求弹性较小，在国际贸易中处于劣势。随着天然气进口所占比重逐年递增，未来也将面临这一问题，必须通过拓展石油天然气来源，与其他石油天然气输出大国建立石油战略伙伴关系，签订长期油气购买合同，提高从其他国家进口石油的比重，提高石油天然气的议价能力。除直接购买外，还可以考虑贷款换石油、共同开发以石油收回投入等方式，通过直接投资、参股、并购等多种方式，投资购买国外油气股份及开采权，加强对海外石油天然气资源的开发利用，以拥有和掌握更多的油气资源，加强买

方市场的影响力。

3. 加强能源信息管理，建立权威的能源信息发布制度

能源信息是影响国际能源市场运行的重要因素。我国是世界最大的能源生产国和消费国，能源进口规模持续增长，能源勘测、生产、需求等相关信息受到广泛关注，对国际能源市场运行的影响也日益显现。为营造有利于我国能源安全特别是石油安全的外部环境，我国应学习借鉴一些国家的经验，从战略层面重视和加强对能源安全信息的规范管理，有组织、有导向地开展能源信息发布工作。信息发布前，要深入分析对国际能源市场的影响，超前做好应对准备。

第五节　能源市场监管

推进能源市场化改革与创新能源市场监管是解决能源发展问题的两个方面。能源市场化改革对理顺政府与市场的关系，改进能源市场监管提出了客观要求；创新能源监管则为解决市场失灵，促进能源市场健康发展提供了有力保障。针对当前能源监管存在的问题，适应能源工业加快发展和市场化进程不断推进的形势，未来，我国应创新监管体制和监管模式，着力加强统一规划机制和市场规则建设，依法强化对价格、安全、质量等方面的监管。

一、大能源监管格局的构建

所谓大能源监管，是在一定的经济社会条件下，由某个政府部门或专业监管机构将煤炭、石油、天然气、电力等整个能源产业作为特定的监管对象，依据相关法律法规，对能源市场各个利益主体的行为进行监督和管理。大能源监管的"大"，一是指对整个能源产业进行监管，有别于按能源品种实施的分散监管体制；二是指能源监管职能相对集中于某个部门或专业监管机构，区别于令出多门、相互掣肘的多头监管体制。

（一）构建大能源监管格局的必要性

1. 能源的经济技术属性要求国家进行统筹管理

能源生产、运输、供应和消费之间联系紧密，煤、电、油、气、新能源和可再生能源等各能源行业之间也存在较为密切的关联关系，特别是围绕着电力生产、运输与替代的关系密切而复杂，只有实施统筹管理才能够实现彼此间合理的匹配与衔接，实现能源结构整体优化和高效、协调发展。此外，由于能源行业普遍具有明显的规模效益，尤其是电网和油气管网具有显著的规模经济性和网络经济性，属于自然垄断业务，需要由政府进行有效监管。

2. 能源的战略地位要求国家统筹管理

能源是国家基础产业和经济命脉，具有重要的战略地位。能源发展一旦出现问题，将严重影响我国现代化建设和国家安全。面对日趋复杂的国家能源安全形势和全球气候变化问题，面对以新能源和智能电网快速发展为标志的新一轮能源技术革命，能源工业成为我国突破资源环境制约、实现和平崛起、占领全球能源经济制高点的关键，只有由国家进行统筹管理，才能够更好地规划和布局，从而集中力量、突出重点、加快发展。

3. 多头分散监管体制不能适应能源发展需要

我国能源管理体制几经变革，目前总体上看依然是多头分散监管的模式。由于监管职能分散，各方面出台的政策往往缺乏统筹，降低了管理效率，使能源企业常常无所适从。各个能源行业之间和同一行业不同环节之间发展不够协调，缺乏对能源战略重大问题的系统深入研究。未来推进能源战略转型和能源工业持续健康发展，需要下决心构建大能源监管格局。

（二）大能源监管格局的构建思路

1. 国外能源监管体制的经验

从世界一些国家的情况看，虽然能源管理体制类型（见表6-6）不尽相同，但是多数国家特别是绝大多数发达国家都采取大监管的方式，将能源作为一个特定的监管对象进行统筹监管，这为我国调整能源管理体制、构建大能源监管格局提供了有益借鉴。

表6-6　　　　　　　　　国际能源管理体制模式分类

种类	特点	管理机构名称	代表国家
1	较高级别的集中管理模式	国家能源部或燃料动力部	美国（能源部）、俄罗斯（工业能源部）、委内瑞拉（能源和矿业部）、墨西哥（能源部）、泰国（能源部）、沙特阿拉伯（最高石油委员会，下设石油和矿产资源部、工业电力部）等
2	较高级别的分散管理模式	国家煤炭部、国家石油部等	印度（石油天然气部、煤炭部和电力部）等
3	较低级别的集中管理模式	国家经济部内的能源厅（局）等	日本（经济产业省资源能源厅）、德国（经济和劳动部第九总局）、英国（贸工部能源局）等

注　该表根据石红艳《能源安全视角下的中国政府能源管理体制研究》整理。

2. 构建职能更为集中、更具权威性的能源管理机构

调整我国能源管理体制，构建大能源监管格局，需要全面梳理政府现有能源管理职能，在此基础上优化政府组织机构，将分散在各个部门的能源管理职能尽可能集中于一个管理机构。不能够集中的管理职能，也要清晰界定权力边界和职责范畴，建立沟通协调机制。同时，加强能源管理组织体系建设，优化能源管理机构与政府其他部门之间、中央与地方能源管理机构之间的权力配置。探索建立涵盖煤炭、电力、石油、天然气等各种能源在内的综合能源监管制度。在职能界定上，要注意厘清政府与能源市场的关系，科学定位政府和市场在能源发展中的功能作用。政府应更多地在改革能源体制、完善法规政策、制定并监督执行市场规则方面发挥主导作用，减少行政审批，减少对市场运行的直接干预，充分发挥市场对配置资源的基础作用。同时，也要重视加强能源调控能力建设，保持对能源市场的调控力，以有效解决各种原因导致的市场失灵。

3. 健全能源监管法律法规体系

依法对能源市场进行监管是各国能源市场建设的基本原则。相对市场经济体制非常成熟的西方发达国家，我国能源法律法规建设较为滞后，能源市场规则不够完善，对能源发展和能源市场建设中出现的新情况、新问题缺乏统一规范，常常陷于无法可依的境地，已经存在的法律法规也存在协调不够和相互冲突的情况，导致监管工作的随意性大，煤炭、电力等不同能源行业市场建设缺乏统筹，监管缺位与越位的现象并存。未来，应进一步加快能源法治化进程，协调推进能源市场和能源法

制建设，依法确定能源监管的职责权限，使能源监管机构依法履责，增强能源监管严肃性和监管机构的权威性。

二、能源市场监管思路创新

（一）监管目标要统筹考虑能源与经济、社会、环境的协调发展

1. 把保障能源可持续供应作为根本目标

能源监管部门需要密切关注、科学分析评估国内能源供需和能源投资变化情况，及时调整能源监管政策，包括能源及相关产品进出口政策，优化能源资源开发的重点、布局和结构，促进国内能源资源高效开发利用，促进能源产供销有机衔接和能源储备体系建设，促进能源进口多元化，确保我国能源市场平稳运行，能源供应保障有力。

2. 把促进清洁低碳能源发展作为重要监管目标

适应能源结构转型和低碳化发展趋势，对新能源和清洁能源的发展从投资、准入、价格、税收等方面给予政策支持，并保证各项支持政策的贯彻执行。对新能源和清洁能源发展中暴露出的问题及时予以引导和规范。同时，在能源开采、生产、加工、运输和消费的全过程，全面贯彻节能减排的要求。

3. 积极开展社会责任履责监管

在进行优化投资、效率等经济性监管的同时，针对市场主体履行社会责任的情况，包括员工健康、劳动关系、安全生产、环境影响、能源效率、普遍服务等方面的情况开展监管，促进社会和谐、节能环保等社会目标的实现。

（二）实施全产业链监管

1. 加强需求侧监管

用户是能源市场的重要参与主体，对能源市场运行具有重要影响。缺少用户的协作与配合，能源市场不可能健康发展。随着智能电网和能源系统智能化的发展，加强对用户行为的引导、充分利用需求侧资源对提高能源利用效率、节能减排意义重大。加强需求侧监管，一方面需要规范用户市场行为，维护市场秩序和能源系统

安全；另一方面，需要建立需求侧响应机制，最大限度地开发利用需求侧资源，促进削峰填谷和高效、清洁用能，提高能源系统运行水平；同时，出台各种激励政策，引导终端能源需求，在交通等领域实施电能替代，降低对石油的依赖程度。

2. 改进供应侧监管

根据法律和市场规范，围绕能源开发、转换、运输、配送、销售等各生产供应环节，积极开展监管，维护市场秩序，保证市场公平，促进市场有效运转。加强能源价格监管，推动能源价格改革，理顺能源比价关系，查处各种价格违规行为。加强服务质量监管，严格执行能源服务标准和电煤、成品油等能源产品质量标准，查处各种不正当竞争行为和损害用户利益的行为。加强能源安全生产监管。从全局和战略层面强化对核安全的监管，尽快建立核安全设备管理法规体系，确保核能发电技术的安全利用。落实煤炭安全生产责任制，保证煤矿安全投入，依法关闭淘汰不符合产业政策、不具备安全生产条件、破坏环境的小煤矿，提升煤炭安全生产水平。严格对石油、天然气开采和运输环节的安全监管，降低重大安全生产和生态环境损害事故风险。健全电力安全生产事故隐患排查治理长效机制，坚持依法统一调度，落实发电、供电和用户的安全责任，严格并网标准，促进厂网协调，确保电力系统正常运行和电网安全稳定。

（三）坚持事前监管与事后监管并重

1. 建立能源发展统一规划机制

根据不同能源行业的发展特点和相互关系，建立健全由政府主导、各方参与的能源发展统一规划机制，统筹煤炭、电力、石油、天然气、核能以及新能源和可再生能源发展，形成由能源综合规划和系列专项规划构成的能源规划体系，与社会经济发展规划和交通运输、科技发展等规划相互衔接，促进能源与经济社会发展之间、一次能源与二次能源之间、能源生产、输送和利用各环节之间、城市与农村能源建设之间相互协调，为整个能源产业健康有序发展奠定基础。

2. 健全能源市场运行规则和技术管理标准

完善能源市场准入规则，规范能源市场参与者的资格，简化项目核准与审批程序。按照公开、公平、公正的原则，完善能源市场运行规则和技术管理标准，包括投资、入网、交易等涉及市场运行的各种规则、标准和规范，明确市场主体的责任

与义务，增强规则规范的针对性和可操作性，促进能源市场公平交易、有序竞争、安全高效运行，确保市场调节作用有效发挥和能源工业健康发展。

三、能源市场配套制度建设

1. 完善能源市场信息披露制度

加强能源政务信息公开，完善能源价格公示制度，增强政府对非涉密能源问题决策的透明度。建立能源企业自愿与强制性相结合的信息披露制度，引导能源企业及时向用户及社会披露能源产品与服务信息，定期发布企业社会责任报告。建立能源市场信息平台，动态发布能源市场运行状况和交易情况。

2. 健全能源市场信用制度

根据能源市场主体行为和信用衡量标准，建立动态的能源行业资信系统，实时反映能源企业和大用户在能源市场的信用情况。同时，强化对能源市场主体信用评级情况的应用，将信用等级与筹资成本、客户关系等挂钩，促使能源市场主体自觉规范行为，维护市场秩序。

3. 健全能源市场监测预警和应急机制

加强能源市场运行情况的监测和分析，对市场形势可能发生重大变化进行预警，提醒市场参与方及时规避风险，切实稳定能源市场运行秩序。同时，加强应急体系和应急机制建设，及时化解和减轻各种突发因素对能源市场的影响，最大限度地减少损失。

第七章
能源预警与应急

进入21世纪，我国能源问题的复杂性、不确定因素进一步增加，能源安全面临诸多风险。为超前预判能源安全风险，及时消除能源安全隐患，增强应对突发事件的能力，保证能源安全可靠供应，必须大力加强能源预警与应急能力建设。

第一节　能源预警与应急建设的重要性

20世纪70年代的两次石油危机后，世界主要发达国家都非常重视能源预警与应急管理，将其纳入国家能源战略体系，作为保障能源供应、维护国家安全的重要手段。受国际形势和内外部环境的影响，我国能源安全面临诸多风险因素，学习借鉴国际经验，加强能源预警与应急能力建设，对保障国家能源供应安全、实现经济社会可持续发展意义重大。

一、能源安全面临的风险

我国能源系统庞大复杂、涉及面广，影响能源安全的风险因素很多。从风险来源看，主要有以下三个方面。

1. 复杂的国际能源政治经济形势引发的能源安全风险

能源进口规模逐步扩大，对外依存度持续提高是未来20年我国能源发展的重要特点。认识到这一点对统筹利用国际国内两个市场、两种资源，构建内外互补的能源供应格局具有积极意义。对进口能源依赖程度的增加，意味着国际能源政治经济形势对我国能源安全的影响增大，由此造成的潜在风险不容忽视。

一是能源出口国家和地区局势动荡引发的风险。在全球化背景下，国际能源问题受地缘政治因素的影响日益突出。主要大国在部分能源富集国家和地区争夺激烈，形势错综复杂。一些重要能源出口国家和地区政治、社会问题突出，一旦局势动荡，将给我国能源供应带来影响。自20世纪60年代以来，世界上发生过10多次石油天然气供应中断事件，其中多数是由于地缘政治原因导致的战争或冲突而引发的，如第四次中东战争、两伊战争、海湾战争、伊拉克战争等。

二是能源进口运输通道过于集中可能引发的风险。我国油气进口通道高度集中。以石油为例，我国大部分进口原油需要经过印度洋航线和马六甲海峡运输，这种相对单一的能源进口运输格局蕴含着较大的风险。而且，相关地区在全球竞争格局中具有重要战略地位，历来是大国角力的重点，国际关系较为复杂，海域内的海盗活动也非常猖獗。运输通道也是影响我国能源安全特别是石油安全的重要风险因素。

三是能源金融投机引发的风险。随着国际能源市场与国际金融市场的相互渗透与融合，能源金融化趋势日益显著，国际金融投机资本不断介入国际能源市场特别是国际石油市场，成为近年来国际石油价格剧烈波动的重要推手。根据美国商品期货交易委员会（Commodity Futures Trading Commission, CFTC）的统计报告，在2008年的石油价格暴涨时期，投机商持有的多头头寸远远高于正常的贸易商，当价格达到高位后，投机商反手做空，仓位的巨幅改变导致了市场价格波动被急剧放大。此外，作为国际石油市场的主要计价货币，美元汇率的波动也会造成国际石油价格的波动。这些都对我国能源安全具有重要影响，加大了保障国内能源供应的风险和成本。

2. 不科学的能源发展方式引发的能源安全风险

近年来，我国能源工业快速发展，较好地满足了经济社会的需要，但发展方式不科学、不合理的问题也日益显现，由此导致的安全风险因素也越来越突出。

一是能源配置方式不合理引发的风险。我国能源资源与能源需求逆向分布的格局，决定了完善的能源运输体系和科学的能源配置方式对保障我国能源安全至关重要。目前，我国能源运输体系建设较为滞后，能源配置方式过于依赖输煤。电煤从西部、北部煤炭产区最终运至东部沿海地区燃煤电厂，中间环节很多，这既推高了终端销售价格，也加大了运输风险，增大了东部地区能源和电力供应的不确定性。近年来我国反复出现的煤、电、运紧张局面，过度依赖输煤的不合理能源配置格局是其重要原因。

二是能源系统结构不合理引发的风险。合理的能源系统结构是保障能源安全的基础，不合理的能源系统结构往往潜藏着影响能源安全的风险因素。以电力为例，由于长期重发轻供，导致电源、电网发展失调，电网发展欠账严重，网络结构不合理，跨大区骨干网架薄弱，抵御严重自然灾害和事故风险的能力不强。在需求快速增长、新机组大量投产、外部环境日趋复杂的情况下，发生电网大面积停电的风险客观存在。

三是新能源发展缺乏规范引导引发的风险。为应对化石能源日渐枯竭、生态环

境日趋恶化的严重压力，积极开发利用新能源势在必行。然而，任何一种新能源，在开发利用初期，都需要进行必要的引导和规范，否则很可能留下安全隐患。特别是风电、太阳能发电都具有间歇性的特点，将其大规模接入电网是对系统安全性的重要考验。近年来，我国风电、太阳能发电等新能源发展迅猛，同时也暴露出技术标准制定滞后于行业发展等问题。2011年2月24日发生的甘肃酒泉风机脱网事故中，10座风电场的274台风电机组因不具备低电压穿越能力而脱网，从而引起系列反应，损失出力占到事故前酒泉地区风电出力的54.4%，造成西北电网主网频率由事故前的50.034赫兹降至最低49.854赫兹。

四是能源安全管理基础薄弱引发的风险。 近年来，我国各种能源安全生产事故频发。"十一五"期间累计发生重大煤矿事故上百起，一次死亡30人以上的特别重大事故22起。这些事故的发生，有煤矿地质条件差、技术水平落后等方面的原因，但更主要的还是安全监督和管理方面的原因。由于安全生产管理不到位导致的油气泄漏、爆炸等事故也呈多发趋势。随着城镇化和汽车工业发展，未来加油站、充气站、充电站等将遍布城乡，安全风险管理的点更多、面更广，难度也更大。核电事故无论对人身安全还是环境安全都具有极强的破坏性。由于尚未从核能开发利用技术上实现固有安全，因此对核电站安全风险的管理应要求更高、标准更严。

3. 自然灾害和外力破坏引发的能源安全风险

近年来，自然灾害和外力破坏等外部因素对我国能源发展的影响日益凸显，特别是一些突发性因素，给能源安全供应带来了重大风险。

一是严重气象灾害引发的风险。 受全球气候变暖的影响，近年来，高温、低湿、干旱、风灾、水灾、暴雪、飓风等极端气候事件频发。我国极端气候事件也呈现多发趋势，且破坏程度越来越强，给保障能源供应带来巨大挑战。2008年发生在南方地区的严重冰雪灾害，使交通、电力、通信等遭受重创，大量电力设施遭到破坏，十余个省市的能源和电力供应受到严重影响。

二是严重地质灾害引发的风险。 近年来，各种地质灾害呈现明显的多发趋势。如2008年以来先后发生的四川汶川里氏8.0级地震（2008年5月12日）、青海玉树里氏7.1级地震（2010年4月14日）、甘肃舟曲泥石流（2010年8月7日）等，在使人民群众生命财产遭受严重损失的同时也严重破坏了能源的生产和供应。由地质灾害引发的次生灾害对能源安全的影响也不容忽视，日本福岛核电站核泄漏事故（2011年3

月）就是由地震形成的海啸引起的。国外的事故教训也给我们敲响了警钟。

三是各种外力破坏引发的风险。能源设施遍布城乡，安全防护的难度大，来自外部的违章作业、野蛮施工、盗窃以及无意或蓄意破坏能源设施等各种行为，均可能对能源安全造成危害。近年来，我国外力破坏引发的能源安全事故一直居高不下，风险不容忽视。

二、加强能源预警与应急建设的意义

化解我国能源安全面临的各种风险，最根本的是靠科学发展，同时也必须重视加强能源预警和能源应急能力建设。所谓能源预警，就是对可能发生危害能源安全的风险因素进行实时监测、分析，在系统运行出现非正常状态时，及时分析和判断警情，进行警情预报，发出预警信号，以采取应对措施，消除和化解安全隐患。所谓能源应急，是指在正常生产生活过程中，当出现能源供应严重短缺、供应中断、价格剧烈波动等突发事件时，通过采取各种措施，积极应对，维护基本能源供应和正常消费秩序，保障经济平稳运行。加强能源预警与应急能力建设意义重大。

1. 提高能源安全风险处置的主动性

加强能源预警体系和机制建设，增强能源预警能力，提高能源预警水平，有利于超前发现危及能源安全的各种风险因素和事故的先兆，进行分析判断，评估可能的影响范围和危害程度，及时采取针对性措施，把危机解决在萌芽状态，避免破坏性后果的发生。有些风险和事故因素即使不能全部化解与消除，也可以通过积极有效地应对争取到最有利的结果。

2. 增强突发事件对能源安全影响的可控性

能否及时对突发事件做出反应，把影响和损失降到最低，是衡量我国能源安全水平的重要内容。近年来发生的严重自然灾害使我们加深了对加强能源应急能力建设重要性的深刻认识。健全能源应急体系、加强能源预警和各种应急制度建设并提高能源应急处置的科学性、有效性，保障能源生产供应秩序，有利于把突发事件的影响控制在最小范围、损失控制在最低限度。有关统计分析表明，有效的应急系统运作可将事故损失降低到无应急系统时的6%。

3. 维护社会和谐与稳定

能源安全事件具有明显的公共性和社会性。突发性能源事件一旦处置不当，很容易引发连锁反应，波及社会经济生活各方面，破坏社会公共秩序。加强能源预警和应急能力建设，不仅关系到能源供应，而且关系到人民群众的生命财产安全和生产生活秩序，关系到自然和生态环境，关系到和谐社会建设大局。

从国际上看，美国、欧盟、日本等均高度重视能源预警和应急问题。美国在国家整体危机管理和能源安全战略框架内，建立了能源危机应对机制，将能源危机应对与国家整体危机管理、能源安全战略管理有机联系在一起，实现了三者的宏观统筹与微观协调，并通过立法等形式，制订了针对各种能源事件的一系列措施，完善相关的预警准备和应急响应程序。如针对核电厂安全，美国按照国际原子能机构的要求制定了一套应急响应程序。为应对电力供应的突发问题，美国2005年《能源政策法》明确提出了关于电力安全性与可靠性的规定。欧盟健全了能源应急管理法规体系，明确了维护能源供应安全，提高能源工业竞争力和保持能源供应的可持续性战略目标。日本把能源预警和应急管理放在战略的高度来对待，自第一次石油危机开始，就大力加强能源应急能力建设，逐渐形成了目前较为完善的包括石油储备制度在内的能源应急管理制度。

第二节　能源预警机制

我国对能源预警工作日益重视。2005年5月成立的国家能源领导小组办公室，主要职责之一就是跟踪了解能源安全状况，预测预警能源宏观和重大问题。2008年1月，国务院办公厅印发《关于加强能源预测预警工作的意见》，明确提出抓紧建立健全能源统计制度，稳步推进能源预测预警信息系统建设，着力提高能源预测预警能力和水平。2008年8月国家能源局成立后，开展能源预测预警成为其一项重要职责。各级政府按照国务院文件要求，在加强能源预测预警工作方面进行了积极探索。国内研究机构、行业协会和能源企业等也从不同层面加强了能源预测预警研究。总体而言，目前我国能源预警工作已经有了好的开端，但由于开展这项工作的时间较短，还没有形成科学、完善的能源预警机制，许多工作都还需要继续加强和改进。

一、能源预警的重点

能源预警的程序一般包括分析能源安全和能源运行可能出现的非正常状态（即明确警情），然后查找导致这些非正常状态出现的根源（即查找警源），然后对风险征兆进行监测分析（即分析警兆），最后根据警情严重程度及时发出警报（即预报警度）。

从时间上分，能源预警一般分为短期预警和长期预警。短期预警主要是针对当前或近期，一般是对5年以内可能对能源安全造成重大影响的风险因素进行预警。长期预警是对未来较长一个时期，一般是10年、20年甚至更长一段时间内对能源安全造成重大影响的风险因素进行预警。

（一）能源短期预警

能源短期预警主要针对能源运行中可能发生的能源供应中断、能源供求关系严重失衡、能源价格大幅波动、灾害性能源事故等非正常状态进行风险警示。需要指出的是，上述四种状态之间具有内在关联性，有可能一种风险因素（如严重自然灾害）会同时导致几种或全部四种状态的出现。

1. 加强对能源供应中断的风险预警

能源从开采出来到终端用户，其间需要经过加工转换、运输配送、销售供应等多个环节，任何一个环节出现问题都可能导致能源供应中断。尤其是能源生产供应链上的薄弱环节、重要部位和关键节点都是能源供应中断风险的潜在来源。

做好能源供应中断的风险预警，需要重点从以下几方面进行跟踪研究和监测分析：① 能源出口国家和地区的政治经济社会形势、大国战略、地缘政治动向；② 主要能源进口通道安全状况（包括海上通道和陆上通道）和能源进口承运公司运营状况；③ 国内重点能源生产加工基地安全情况；④ 国内重要能源运输通道（包括能源运输干线、骨干电网、骨干油气输送管道等）和能源转运储存枢纽安全情况。

2. 加强对供求关系严重失衡的风险预警

导致供求关系严重失衡的因素，既可能来自能源供给侧，也可能来自能源需求侧，亦可能同时来自供给、需求两个方面。原则上，导致能源供应中断的因素都可能造成供求关系严重失衡。此外，政策调整、自然环境变化等都可能导致短期内能源供求关系严重失衡。特别是当前我国尚未形成市场调节与宏观调控有机结合、科学高效的能源运行机制，由于政策不当、价格扭曲导致能源供求关系严重失衡的风险不容忽视。自然环境的变化既会影响能源供给，也会影响能源需求，如来水丰枯影响水电出力、气候冷热影响供热和空调负荷。目前夏季空调负荷已占到城市最大用电负荷的1/3，持续酷暑将带来夏季用电需求显著增长，电力供应压力很大。

根据导致能源供求关系严重失衡风险的原因分析，做好能源供求关系严重失衡的风险预警，除关注导致能源供应中断的风险因素外，需要重点对以下几方面进行跟踪研究和监测分析：① 国家宏观调控政策，特别是涉及耗能产业调整的相关政策（包括产业政策、财税政策、投资政策和进出口政策等）；② 国家和地方能源政策（包括资源大省的能源调控政策，如主要产煤省限制煤炭出省政策等）；③ 能源投资变动情况（包括投资总量的变化，也包括投资结构的变化）；④ 能源设备利用情况（如发电设备年利用小时数等）；⑤ 自然环境变化情况（主要是天气因素）。

能源投资变动情况和能源设备利用情况是分析预测能源供求关系的重要指标。能源投资的持续增加，表明未来能源供应能力将快速增长；能源投资结构中输送环节的比重降低，则预示着未来能源供应可能受制于运输瓶颈；能源投资的地区结构差异，则意味着地区之间能源供需矛盾的差异。能源设备利用率大幅走高，说明能源供需矛盾趋于紧张；能源设备利用率持续大幅走低，一般来说预示着市场供过于求。

3. 加强对能源价格大幅波动的风险预警

对一般商品而言，价格主要由供求关系决定。能源价格的变动除受到市场供求关系影响外，还受到各种非市场因素的影响。从我国来看，国内的电力、天然气价格均受到政府严格管制，价格大幅波动的风险主要来自于定价机制的变化，即能源价格市场化进程。近期来看，能源价格大幅波动的风险，主要来自于煤炭和各种进口能源（主要是原油、天然气等）。石油输出国组织（Organization of the Petroleum Exporting Countries, OPEC）的政策变化、主要能源产地地缘政治动向、主要能源进口国能源政策调整、国际能源金融投机、世界主要货币汇率变动以及局部战争等各种因素，均对国际能源价格具有重大影响，是我国进口能源价格存在大幅波动风险的重要因素。

根据导致能源价格大幅波动风险的来源分析，做好能源价格大幅波动的风险预警，除关注导致国内能源供求关系严重失衡的风险因素外，需要重点对以下几方面进行跟踪研究和监测分析：① 国内能源价格市场化改革的举措；② OPEC的政策变化，主要能源出口国政治经济形势和能源出口政策；③ 地缘政治动向（尤其是我国海外能源主要来源国的政治经济形势），局部战争风险；④ 国际能源金融投机资金动向，世界主要货币汇率变动趋势（重点是美元）；⑤ 主要能源进口国（包括美国、日本、德国、法国等传统能源需求大国和印度等新兴经济体）的能源政策。

4. 加强对灾害性能源事故的风险预警

灾害性能源事故比如矿难事故、核泄漏事故、水电厂溃坝事故、电网瘫痪事故、油气管网和重要炼油设施破坏事故等，对能源供应安全带来很大危害，对经济社会发展和人民生产生活的影响巨大，是引发能源危机乃至社会危机的重要因素。灾害性能源事故风险主要来源于气象灾害、地质灾害、外力破坏、违章生产等方面。

根据导致灾害性事故风险的来源分析，做好灾害性事故的风险预警，需要重点对以下几方面进行跟踪研究和监测分析：① 气象条件变化情况（包括高温干旱、暴雨、飓风、雷击、低温冰冻等各种灾害性天气发生的时间、地点、概率和危害程度）；② 地质条件变化情况（包括地震、泥石流等地质灾害发生的时间、地点、概率和危害程度）；③ 外力破坏因素（包括野蛮施工、蓄意破坏等）；④ 安全生产管理薄弱环节（包括重特大事故隐患和苗头性因素）。

概括起来说，做好灾害性能源事故的风险预警，一要加强能源部门与气象、地质部门之间的信息沟通，实现自然、地质灾害风险预警与能源安全预警的协调联动。一旦发现重大自然、地质灾害的明显征兆，要及时警示能源部门做好应对。二要加强对外力破坏和重特大安全事故苗头的早发现、早防范。近年来，我国发生的许多特大安全生产事故，事先都已出现明显的事故苗头。

（二）能源长期预警

能源长期预警主要是从战略层面对能源发展不可持续的风险进行预测评估和警

示。其关注的重点主要包括国内资源支撑能力、环境承载能力、能源系统安全性、国外资源获取能力等。

1. 国内资源支撑能力

能源资源远景储量、地质储量、可采储量、储采比等都是反映能源资源支撑能力的重要指标。其中，前三个是绝对量指标，后一个是相对量指标。从绝对量指标看，我国煤炭、石油、天然气等传统化石能源的储量均排名世界前列。但从相对量指标看，由于我国每年能源开采和消费量较大，国内资源的支撑能力不容乐观。根据BP统计资料计算，2010年，我国煤炭储采比为35年、石油储采比为10年、天然气储采比为29年，分别只相当于世界平均水平的29.7%、21.4%和49.5%。随着资源勘探力度的加大，煤炭、石油、天然气的储量有望进一步增加，特别是天然气储量增加的空间还比较大，但由于用能需求的持续增长，包括天然气在内的各种传统能源储采比大幅增加的可能性极小。传统能源资源支撑能力不足是我国未来能源发展面临的巨大挑战。

除各种总量指标外，衡量国内资源的支撑能力还要考虑结构性指标，如油气等优质能源在能源储量中的比重。相对来说，我国煤炭储量较为丰富而优质能源储量明显不足的结构性问题，也是影响资源支撑能力的重要因素。

2. 环境承载能力

自人类开始大规模使用化石能源以来，环境发展问题与能源发展相伴而生。一方面过量利用能源资源造成了环境负担的加重，另一方面大量污染物的排放对环境质量造成巨大的负面影响，能源开发和消费所引发的生态环境恶化与环境承载能力弱化问题日益突出。如能源资源开采对矿区生态环境的破坏，能源燃烧后大量排放温室气体和其他废气，石油泄漏对海洋环境的破坏，核电站事故对环境的巨大影响等。

此外，我国环境状况对能源发展的承载能力，还要放在应对全球气候变化的大背景下去考虑。控制温室气体排放、减缓气候变暖速度是世界各国共同面临的重大课题，同时也构成了中国能源发展的一个重要约束条件。

实现能源可持续发展，必须高度重视对环境承载能力的监测分析与评估，并及时进行风险预警。主要监测范围包括：各种能源开发利用对生态环境的影响和损害情况；全国生态环境总体状况；不同地区环境容量情况与生态修复能力，特别是主要能源输出地和主要能源消费地的生态环境状况等。要考虑不同区域经济发展的差异性，对能源开发利用与环境因素进行综合评估，及时发现风险，加强调控、合理布局、适度发展，减少能源开发的环境成本。

3. 能源系统安全性

从较长的周期来审视能源系统的安全性并进行风险预警，主要内容是监测分析和评估能源系统在长期发展过程中积累的一些重大结构性风险。这些重大结构性风险有可能来自：① 能源生产与运输布局不合理、发展不协调（如输煤输电比例不协调问题）；② 能源输送网络的物理结构不合理；③ 进口能源在能源消费总量中的比重（即能源对外依存度）过高；④ 一次能源结构中可再生能源比重过低等。

实现能源可持续发展，重视对能源系统安全性的监测、分析与评估，尤其要重点跟踪分析影响能源系统安全性的各种结构性风险因素，及时预报警情，以便提前应对，增强能源系统对重大安全风险的防范能力。

4. 国外资源获取能力

一个国家获取国外能源资源的能力，是一个国家实力的综合反映。在全球化的背景下，较高的国外能源资源获取能力往往意味着较高的国家能源安全保障水平。随着我国能源对外依存度的不断提高，科学地分析评估我国获取国外能源资源的能力，在获取国外能源资源能力下降时及时进行预警，对保障我国能源安全和可持续发展意义重大。

评估我国获取国外能源资源的能力，可以从以下几方面考虑：① 与能源资源出口国的合作关系，包括民间合作关系；② 对进口能源运输途经国的影响力和对重要能源进口通道的军事保障能力；③ 与能源进口大国的协作关系；④ 在国际能源机构中的影响力；⑤ 我国能源企业的国际竞争力；⑥ 外汇储备等。

二、能源预警组织体系和管理制度

1. 健全能源预警组织体系

能源预警工作需要综合考虑的因素多、涉及面广、意义重大，必须从国家层面进行统一组织和管理。为此，要在梳理现有能源预警工作体系的基础上，加快建立

健全一个职责清晰、层次分明、统一高效的能源预警组织体系。该组织体系可由国家能源主管部门牵头，国家有关部委、地方政府、能源行业协会、研究机构、大型能源企业等各方面共同参与，对国家能源委员会负责，在国家能源委员会办公室领导下开展工作。该体系要能够覆盖能源预警工作的方方面面，各参与方职责清晰、任务明确，确保整个组织体系协调、高效运转。

省级政府也要建立和完善相应的能源预警组织体系，对本省（自治区、直辖市）范围内的能源预警工作进行组织和管理。省级预警组织体系是国家能源预警组织体系的延伸和重要组成部分，在国家统一指导下开展工作。

2. 建立能源形势分析研判制度

能源问题非常复杂，涉及长期、短期各种目标和利益关系的平衡，而国际能源竞争以及与此密切相关的气候变化问题还涉及大国之间的战略博弈。因此，为科学判断能源发展形势，提高能源预警和能源决策的科学性、准确性，需要建立高层次的能源形势分析研判制度，定期或不定期地组织各有关方面的领导和资深专家，对能源发展趋势和一些热点、敏感问题及深层次问题进行深入分析，综合评估国家能源安全状况，预测各种发展动向，制订具有前瞻性的应对措施。

建立能源形势分析研判制度可以有两种方式：一种是成立跨部门的国家能源安全预警工作部际联席会议，并吸纳能源行业协会和大型能源企业参加，及时会商、分析、协调重大能源安全和预警问题。另一种是成立国家能源安全政策委员会，作为国家能源委员会办公室或国家能源主管部门的咨询议事机构，凝聚多方智慧，准确分析判断能源安全形势，以科学决策，及时预警、超前防范重大能源风险。

3. 建立统一的能源预警发布制度

及时准确地向社会公众发布能源预警信息，是防范应对能源灾害的关键环节，是有效减少人员伤亡和财产损失的重要措施。预警信息具有严肃性、敏感性、超前性，因此，要科学评估发布的时机和范围，综合考虑可能带来的影响，保证正常的秩序。

能源预警信息必须实行统一发布制度，由各级能源主管部门统一负责，按照能源预警级别，逐级授权发布，确保能源预警发布的严肃性和权威性。建立统一的能源预警信息发布平台，对涉及国家能源安全、重大能源突发事件及其处理信息，通过政府网站、公报、发布会、新闻媒体等多种渠道向社会统一发布。对于突发性能源灾害事件预警，应减少审批环节，建立快速发布的"绿色通道"，第一时间无偿向社会公众发布。

能源企业要主动加强与电信、交通、铁道、水利、气象、地震、公安、安全监管、国土资源、环境保护等部门以及军队、武警和地方各级政府之间的信息沟通，对可能影响多个领域的能源突发事件预警信息要及时通报，积极配合政府部门做好能源预警信息发布工作。

4. 完善能源数据统计制度

开展能源预警研究离不开高质量统计数据的支撑。目前，我国能源数据统计工作比较薄弱，能源统计数据难以完整准确地反映能源运行的全貌，给能源预警研究带来很大困难。为满足能源预警工作要求，应尽快在国家统一领导下，建立和完善覆盖能源生产、供应、运输和消费全过程的统计制度，明确政府部门、行业协会和企业等在能源数据统计中的责任。建立国家统一的能源数据收集和统计平台，增强能源统计数据的及时性、全面性和权威性。

第三节　能源应急体系

能源应急的主要目的是减轻或消除突发事件给能源供给和消费带来的影响，最大限度地减少损失，保障能源供应，维护经济社会秩序。通过吸取国内外重大安全事故教训，总结应对煤、电、油、气、运紧张局面、开展抗冰抢险保供电等工作经验，我国能源应急工作不断加强，能源应急能力显著提高。展望未来，我国能源安全形势复杂严峻，不确定因素多，必须继续加强能源应急能力建设，不断健全能源应急体系，切实把好保障国家能源供应的最后一关。

一、能源应急组织管理体系

近年来，我国在应急管理实践中依靠体制优势，充分发挥强大的动员能力，有

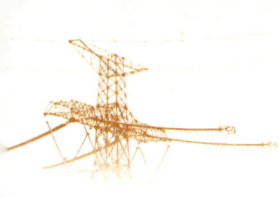

效应对了一次次危机。在这一过程中，能源应急管理工作也不断得到完善。但总体而言，与发达国家相比，我国能源应急管理还有较大差距，还没有形成机构健全、运转高效的能源应急组织体系。

　　未来，我国应充分借鉴发达国家能源应急管理的成熟经验，从上到下逐级设立能源应急指挥协调机构，健全能源应急组织管理体系，统一指挥重大突发性能源事件和能源应急工作。全国性的能源突发事件，由国家统一指挥和协调，有关部门、地方政府和能源企业分工协作。区域性的能源突发事件，由各省（自治区、直辖市）政府具体负责，国家有关方面予以指导，并帮助协调有关跨省事宜。各能源企业一方面要在企业内部建立健全应急体系，并实现与各级政府能源应急体系的有效衔接，另一方面要积极参与政府能源应急工作，充分发挥在能源应急中的重要作用，切实履行企业社会责任。

二、能源突发事件应急预案

　　2003~2010年，在国务院应急预案工作组的统一组织、指导下，国家有关部门先后完成了25个国家专项应急预案、80个部门应急预案。国内大型能源集团也均建立了突发事件应急预案，形成了具有各自企业特征的、以防范重大安全事故为重点的应急预案体系。

　　目前，无论是国家应急预案还是企业应急预案，大多数都还只是针对突发事件处置本身，适用于单一类型的突发事件应对，而能源系统多维度的综合应急管理尚未形成完整体系，有些专项预案、部门预案之间衔接不畅。

　　面对能源应急新形势、新要求，国家需要尽快健全和完善相关能源应急预案，形成"横向到边、纵向到底"的能源突发事件应急预案体系。这一体系主要包括：① 建立国家能源应急总体预案。明确各级政府、企业、公众在能源应急中的责任和义务，确定基本能源供应顺序，维持重要国家机关、国防设施、应急指挥机构、交通通信枢纽、医疗急救等要害部门运转，保障必要的居民生活和生产用能。② 建立能源专项应急预案。包括国家能源进口中断应急预案，煤、电、油、运综合协调应急预案，电网大面积停电事件应急预案，矿山事故灾难应急预案等。③ 健全和完善国家有关部门、地方各级人民政府能源应急预案。各部门、各地区的预案要与国家能源应急总体预案和各专项预案做好衔接。④ 建立能源企业突发事件应急预案。⑤ 建立重点用户能源中断应急预案。重点用户包括主要耗能企业和关系公共安全的单位，如医院、学校、大型社区、交通通信枢纽、大型基础设施以及人员密集的公共场所等。国家能源应急预案体系框架见图7-1。

为保证能源应急预案的针对性和有效性，应定期对能源应急预案进行分析评估，及时修订不完善的地方，并不断充实预案体系，使应急预案体系始终与实际情况相符，保持较强的可操作性，为确保能源应急效果奠定基础。

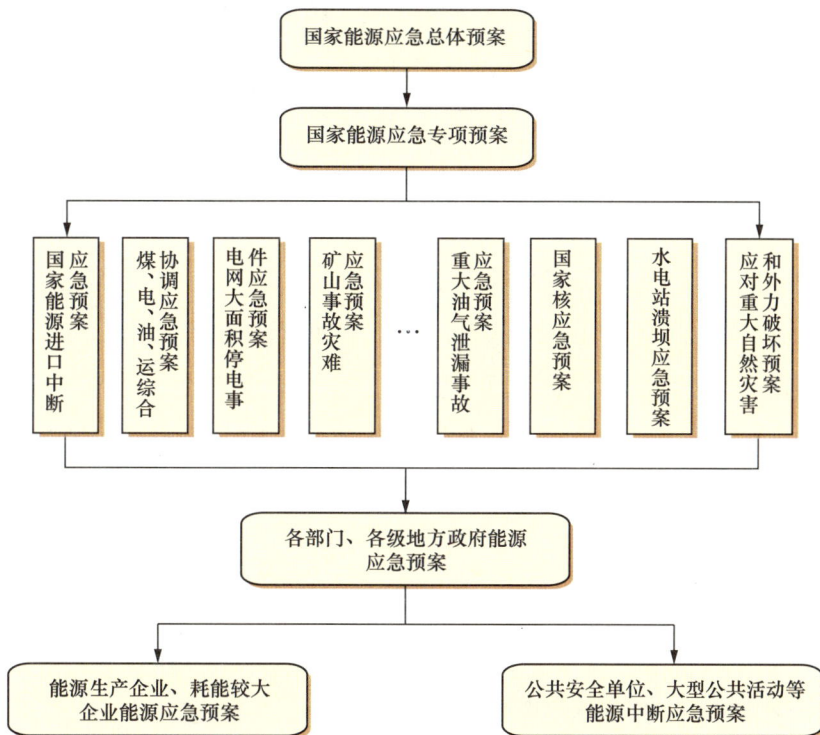

图 7-1　国家能源应急预案体系框架

三、能源应急物资储备

应急物资是应对能源突发事件的重要保障。发达国家在应急处置时，都有充足的物资用品储备作为后盾。如日本建立了应急物资储备和定期轮换制度，美国建立了应急物资和医药用品储备。

我国自1998年张北地震后，在全国范围内建立了救灾物资储备制度。目前已设

立了10个中央级生活类救灾物资储备仓库，在多次严重自然灾害救灾中发挥了重要作用。综合考虑我国救灾物资储备现状，借鉴发达国家应急物资储备的一些经验和做法，我国需要按照统一管理、科学分布、信息共享、统一调配的原则，开展能源应急物资储备建设。

（1）**能源应急物资储备主体**。以企业为主，同时构建多层次、多元化能源应急物资储备保障体系。特别要加强地方政府能源应急储备，建全地方政府与企业之间能源应急物资保障协调机制，提高能源应急物资保障能力。

（2）**能源应急物资储备布局**。重点在我国主要经济圈（如环渤海经济圈、长三角经济圈、珠三角经济圈）、重点城市（如北京、上海等）、重大自然灾害多发地区加强能源应急物资储备，增加应急物资储备库点，保障能源应急物资供应。

（3）**能源应急储备种类**。优先储备生活、工程抢险、消防、通信、照明、防洪等基础物资。对于大型能源应急机械工程设备、交通工具，如应急发电车等专用性较强的特种产品、特种装备、特殊材料等应急物资，建立预备能源应急物资联系跟踪制度和基础数据库，一旦发生应急需要可以就地就近租赁调用。

（4）**能源应急物资管理**。积极探索实物储备、协议储备、动态储备等多种能源应急储备方式。合理确定储备数量，做好应急物资收储、轮换等。特殊情况下，依据有关法律、规定，及时动员和征用社会资源，补充能源应急物资。

四、能源应急宣传和应急演练

1. 扎实开展能源应急教育和宣传

能源突发事件与社会其他突发事件相比较，具有危险性高、专业性强、处置难度大等特点，在公众中极易造成严重的心理恐慌。通过常态化、社会化的能源应急宣传教育，提高公民的能源应急能力，是防患于未然的最佳途径。要加强能源应急意识教育，利用各种媒介和传播手段广泛宣传应对能源危机事件的相关知识，提高公众对能源危机的认识。要加强能源应急基础教育，培训应急能力，帮助和引导公众了解有关能源危险因素辨识、重大能源风险源辨识、能源应急预案构成及实施步骤，树立和强化安全意识，开展以危机预防、自救互救基本技能为主要内容的普及培训。要加强能源应急专业知识和技能教育，有针对性地进行危险化学品、煤矿、核、电力等安全知识教育，对社会普通公众普及基础专业知识，对危机应对和处置的专业人员进行专业化的强化训练。如对核电厂附近的公众，要加强开展核安全、辐射防护和应急知识的普及教育，强化公众对核辐射的科学、理性认识，争取社会公众的理解和配合。

2．定期开展能源应急演练

应急演练是应急预案中必不可少的组成部分，也是应急管理体系最重要的活动之一。仅有良好的应急预案，并不能保证相关政府、企业、个人能够对突发性能源事件有效响应。能源突发事件往往发展迅速，应急救援刻不容缓，不可能拿着应急预案照本宣科，逐条对照操作。只有通过经常性地开展能源应急演练，在应急演练实战中熟悉技能，积累经验，才能不断提高应急救援水平，圆满实现应急救援目标。

西方发达国家普遍开展经常性的能源应急演练。美国经常以危机应对计划和预案为基础，组织联邦和各地区进行演习，并根据演习情况，对计划和预案进行修改、完善，强化各部门之间的协作和专业人员的抢险救灾技能。针对不同电力设施种类进行的专门应急演练中规模比较大、演练次数比较频繁的是核电设施突发安全事故的应急演练。法国每年要组织8次左右的全国核事故应急演习。日本经常针对石油应急开展应急仿真演练。

近年来，我国不断加大能源应急演练力度，先后针对核应急、电网大面积停电、海上溢油等重特大能源事件开展了综合应急实战演练。2009年11月，为适应我国核工业发展的需要，检验核应急预案及执行程序的有效性，保持和提高核应急响应能力，我国举行了代号为"神盾2009"的首次国家核事故应急演习。国家、省、核设施运营单位三级联动、军民协同，国家核应急协调委员会成员单位及专家咨询组、军队、江苏省核应急组织、田湾核电站及公众共2000多人投入实战演练，取得成功。国家电网公司非常重视应急演练工作，经常组织开展应急演练。2009年8月国家电网公司应急指挥中心建成投运后，组织开展了大规模的"防汛抗台"联合演练。2011年8月，国家电网公司又成功举行了联合应急演练暨华北区域地震灾害应急救援实战演练。国家电网公司下属各省（自治区、直辖市）电力公司和部分直属单位结合各自实际组织开展有针对性的演练，以实战演练为主、桌面演习为辅，如上海市电力公司的轨道交通停电事故联合应急演练、福建省电力有限公司的电网防汛

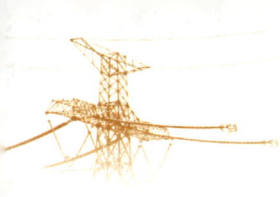

抗台综合应急演练等。

但总体来说，我国开展能源应急演练投入不足，特别是实战演练不够。在当前和今后一个时期，还需要进一步加强能源应急演练机制和制度建设。一要切实做好能源应急演练方案的策划编制，增强演练的实效性。二要积极为能源应急演练落实经费，为能源应急演练提供强有力的人力、物力和财力保障。三要认真做好能源应急演练的评估、分析和总结，及时对演练方案及能源应急预案进行修订，保证应急预案体系的有效性。

五、能源应急处置的科学管理

现代社会能源突发事件概率增高、破坏性加大，如核泄漏事故、危险化学品爆炸、大面积停电等都具有严重的危害性，能源应急处置的难度进一步加大。根据主要发达国家能源应急管理实践，需要进一步提高我国能源应急处置的科学性。

1. 坚持统一指挥，科学组织

"9·11"事件后，美国注重利用国家和社会两方面应急能力，设立了国土安全部，将联邦应急管理署等一系列机构划归国土安全部，进行统一指挥和协调应对。美国集中从中央到地方的救灾体系，建立了集军、警、消防、医疗、民间救难组织等一体化的指挥调度体系，在灾难发生的第一时间迅速动员和救援，将损失降到最低程度。英国政府提出将警察、消防和医疗急救合为一个整体应急系统。欧盟各成员国在各地域内建成良好的能源互济网络，建立了统一领导、通力协作的能源应急管理合作体系。

从总体上来看，我国能源应急管理与当前能源安全的现实要求还有着较大差距，各方面还存在着一些不适应的现象。能源应急救援力量分散，应急指挥职能交叉，地方和社会应急救援力量还没有充分调动起来。当发生涉及多种灾害或跨地区、跨行业和跨国的重特大能源事故时，难以实现资源共享、形成合力、协同应对。我国应积极借鉴发达国家能源应急管理的成熟经验，在应对突发能源事件过程中，坚持统一领导指挥。同时，应当科学组织、充分调动地方政府、社会资源和力量，引导有关各方积极有序参与、协同应对，形成政府、企业和社会公众共同参与的能源应急处置机制。

2. 开展科学救援，提高应急处置能力

长期以来，我国在事故预防和事故调查处理方面打下了较好的工作基础，但应急管理与救援工作起步较晚，一直是一个薄弱环节。在能源应急全过程管理中，开展科学救援，尽量降低和减少灾害损失，避免发生次生灾害，是一项十分重要的工作。

要注重运用科技手段，提升能源应急处置能力。以美国为例，在应急处置中先进可靠的应急通信系统作为保障起着关键作用。在应急调度指挥时，通过先进的网间连接设备，能够沟通警察、消防等部门各系统之间的通信联系，实现了连接互通，保证了在紧急状态下应急指挥调度的效率。我国在能源应急处置中应大力发展科技应急。特别是提高通信系统的支撑能力，加快开发和利用包括计算机系统、数据库系统、地理信息系统、卫星定位系统、遥感系统和视频系统在内的先进通信技术，提高监测、预警和应急处置等技术装备的科技水平，改善能源应急装备，切实提升能源应急处置能力。

要高度重视科学施救，防止扩大事态、发生次生事故灾害。事故险情发生之后，通过科学的应急处置会有效避免事故的扩大或恶化，减轻损失和伤亡。2003年12月23日，位于重庆市开县境内的罗家16H天然气井在起钻过程中发生井喷失控，大量含有高浓度硫化氢的天然气喷出并扩散，如果能够及时点火，就会减少或避免造成大量人员中毒和死亡。另外，核电站事故中如何避免放射性物质辐射、电力事故救援中如何避免触电等，都需要加强科学应对、科学施救，使灾害事故损失降到最低。

3. 坚持公开信息，正确引导舆论

及时准确地将有关信息传递给公众，积极引导、组织和动员群众，是我国近年来成功应对各种突发与公共事件的重要经验。在能源应急处置中，要高度重视能源突发事件信息公开和舆论引导，保障公众的知情权，促进有利于应急处置的社会氛围形成。一方面，充分利用各种传统和现代媒体，如广播、电视、互联网等发布信息，及时通报情况进展，掌握舆论主动权，争取公众对能源应急处置工作的理解和支持；另一方面，规范能源应急信息公开程序，加强能源应急信息统一管理、统一发布，保证信息的准确性、全面性、及时性和权威性，增强能源应急信息发布的公信力，维护人民群众利益和社会稳定大局。涉外能源突发事件应急信息处置应考虑

国际影响，树立良好的国际形象，更好地维护国家利益。

4. 应急处置后应适时转入常态

应急处置是一种临时性的非正常状态。应急结束后应适时将各项工作转入常态工作轨道，否则，一些应急工作措施有可能成为未来的隐患。应当及时组织灾后恢复与重建，减轻突发事件造成的损失和影响，妥善解决处置突发事件过程中引发的矛盾和纠纷，配合各方面尽快使生产、生活、工作和社会秩序等转入常态。

在能源应急状态转为常态过程中，要注意做好各项措施之间的衔接，避免引发新的问题。同时，要做好总结工作，完善应急措施和预案体系，及时补充已调用的应急物资，制订相关改进措施。

第四节 能 源 储 备

能源储备是指国家为防范能源供给风险，应对能源供应严重短缺、供应中断、价格剧烈波动等能源紧急事态，避免使社会经济遭受巨大损失，保障国民经济正常运转而在平时有计划地储存一定数量的能源产品和能源资源的活动。从某种意义上说，能源储备建设是一项造血工程，也是一项保险政策，是能源供应安全的重要保障。目前，我国能源储备还处在建设的初期，储备规模较小、储备能力较低、储备制度不够完善。为保障国家能源供应安全，满足我国经济快速增长的需要，进一步加强能源储备建设已势在必行。

一、中国能源储备现状

相对于西方发达国家，我国对能源储备建设的重视比较晚。进入21世纪，由于国际能源形势日趋紧张，原油价格持续上涨，我国经济深受影响，石油安全问题日益突出，我国政府开始着手推进石油等能源储备体系建设。"十一五"、"十二五"规划纲要均就石油等能源储备建设作出部署。当前，加大能源储备建设已成为保障我国能源安全的重大战略举措。

1．石油储备情况

2004年，我国全面启动国家石油储备工作，规划用15年时间分三期完成油库等石油储备硬件设施建设。截至2010年底，我国第一期石油储备建成浙江镇海、浙江舟山、辽宁大连和山东黄岛4个国家石油储备基地，石油战略储备和商业储备分别达到1.78亿桶和1.68亿桶，形成了36天消费量的储备能力。第二期8个国家石油储备基地建设正在进行，预计2012年全面完工。第三期石油储备基地选址工作正在开展。

2007年12月18日，国家石油储备中心正式成立，负责国家石油储备基地建设和管理，承担战略石油储备收储、轮换和动用任务，监测国内外石油市场供求变化。

总的来看，目前我国石油储备能力还十分有限，石油储备规模较小，石油储备体系还处在建设初期。

2．天然气储备情况

我国天然气储备建设刚刚起步，储备规模不大，全国储气量不到天然气消费总量的3%。

国际上广泛采用的天然气储备方式有储气库、气田、LNG三种，我国是以地下储气库为主。目前，地下储气库已建成18.7亿米^{3}的调峰能力，其中环渤海地区18.2亿米^3，长江三角洲地区0.5亿米^3。"十二五"时期，我国地下储气库的建设将进入加速期，计划在河南、江苏、四川等地建设多座储气库群。LNG储备作为天然气储备调峰气源，动用周期短，能够快速应对天然气的供应短缺，适用于没有合适地质条件建设储气库或储气库储备不足的地区。如上海、深圳、沈阳等地建设的LNG调峰站对当地天然气的调峰起到了重要作用，可作为地下储气库的补充，适当发展。

3．煤炭储备情况

2005年6月，国务院下发《关于促进煤炭工业健康发展的若干意见》明确提出要建立煤炭资源战略储备制度，对特殊和稀缺煤种实行保护性开发，启动国家煤炭储备计划。

2011年5月，为提高应急状态下煤炭供应能力，国家有关部委印发了《国家煤炭应急储备管理暂行办法》。按照"企业所有、政府补助、加强监管、应急保障"的原则，明确了建立国家煤炭应急储备。第一批储备规模计划为500万吨，第二批储备项目争取在2011年底达到1000万吨的应急储备规模，2013年前实现2000万吨左右的应急储备规模，届时可保障7～10天的用量。

4. 天然铀储备情况

作为一种清洁能源，核电对实现我国节能减排目标具有重要作用。按照核电发展规划，未来我国天然铀的需求将急剧增长。建立铀资源储备是保障铀资源稳定供应的重要举措。

目前，我国铀资源储备还基本停留在企业生产储备。从事核资源勘探、开发、运营管理的公司主要有中国核工业集团和中国广东核电集团。由于天然铀具备军民两用的特点，其海外勘察开发和国际贸易严格地被控制在用于和平目的范围之内，并受到包括国际原子能机构等国际组织的严格监督。

二、国际能源储备经验

自1974年OECD成立IEA，着手建立石油储备系统以来，经过30多年的发展，历经几次重大危机考验，IEA成员国的能源储备体系已日臻完善。各国在能源储备建设中虽然具体运作规则各有不同，但都积累了较丰富的经验和做法，为我国开展能源储备建设提供了重要启示。

1. 石油

石油储备是各国能源储备体系建设的重点。综合考察和分析各国石油储备建设情况，归纳起来主要有以下经验和做法。

一是实行政府主导，政府、企业、民间相结合的多层级石油储备体系。世界各国石油储备体系大致由三部分组成：一是政府石油战略储备；二是石油公司的商业储备；三是处于两者之间的协会或者联盟储备。每个国家又有不同的组合。美国石油储备主要由政府战略储备和企业商业储备构成。战略石油储备完全由政府承担，并授权能源部具体负责，以储备原油为主，主要用于国家安全需要和应急。企业商业储备完全是市场行为，用于调节石油市场的供求和价格的波动。日本是官民一体的石油战略储备体系，分为政府储备、法定企业储备和企业商业储备三个层次。法定企业储备是法律规定的企业储备任务。日本法律规定企业必须储备够全国使用70天的石油。德国政府不直接进行石油储备，而是通过立法和制定政策对全国的石油储备进行调控。德国主要是由石油储备联盟组织来承担国家法定石油储备，联盟会员涵盖德国所有原油及成品油进口贸易公司和炼油厂，储备量约占德国石油储备总额的3/4。另外，德国企业也可以根据自身需要和能力，建立生产和商业性石油储备。

二是建设石油战略储备法律体系。西方主要发达国家为保障石油储备建设的顺利进行都制定了相关法律。如美国的《能源政策与储备法》、日本的《石油储备法》与《日本国家石油公司法》、德国的《能源安全法》与《石油及石油制品储备法》等。这些法律对国家石油储备体系的构建、运行机制的设立、储备量的确定、动用储备的条件等进行了规范，就政府、地方、企事业单位、公民在能源储备和供给方面的责任义务也做了明确的规定。

三是选择运输加工便利、储存成本低、安全性能高的储备地址及储存方式。以美国为例，美国选择了具有独特地质条件和地理位置的墨西哥湾沿岸。墨西哥湾是美国石油管线和炼油厂最集中的地区，有便于油品运输的油罐、管道、驳船和码头，紧靠油品生产企业，不仅大大提高了战略石油储备的快速反应能力，还降低了释放储备时的运输成本。同时墨西哥湾沿岸有多个巨型盐质洞穴，非常适合储藏石油。

四是规定了严格的石油储备动用条件和程序。在美国，动用石油储备的权力掌握在总统手里。一旦总统决定动用，能源部将采取招标方式向市场公布投放数量，确定中标购买石油的公司。联邦政府向市场投放战略储备的方式主要有三种：一是全面动用（主要应对严重供应中断）；二是有限动用（主要应对大范围和较长时间的供应中断）；三是测试性动用（主要是测试储备设施系统是否能够正常运行）。日本石油储备的动用分为动用民间储备和国家储备两个层次。在国内石油供应短缺或中断的情况下，首先考虑需求抑制；其次是动用民间储备；最后才动用国家储备，动用的权力归经济产业省大臣掌握。

2. 天然气

目前世界主要天然气进口国普遍都建立了天然气储备。由于在天然气对外依存度、地理环境、经济体制等方面的不同，各国天然气储备的方式（见表7-1）和体制机制有所区别。归纳世界各国天然气储备建设经验，各有其特点。

表7-1   部分国家天然气储备建设情况

国别	储备方式	储备规模
美国	地下储气库为主、LNG储备为辅	400座地下储气库，5个LNG接收站。储气库工作气量为年消费量的17.7%（2007年）

国别	储备方式	储备规模
俄罗斯	地下储气库为主	24座地下储气库。工作气量约为年消费量的25.0%（2005年）
加拿大	地下储气库为主	52座地下储气库，1个LNG接收站。工作气量约为年消费量的17.8%（2007年）
英国	地下储气库为主、LNG储备为辅	5座地下储气库，4个LNG接收站。总工作气量为年消费量的4.6%（2008年）
法国	地下储气库为主、LNG储备为辅	12座地下储气库，2个LNG接收站。储气库工作气量为年消费量的27.7%（2008年）
西班牙	LNG储备为主、地下储气库为辅	3座地下储气库、5个调峰站、1个再液化厂。总工作气量为年消费量的10.6%（2008年）
意大利	地下储气库为主	9座地下储气库。工作气量为年消费量的18.4%（2008年）
德国	地下储气库为主、LNG储备为辅	45座地下储气库和1个LNG调峰站。总工作气量为年消费量的23.9%（2008年）
日本	LNG储备为主	26个LNG接收站，5个LNG战略储备基地。国家承担全民30天的使用量，企业储备够企业使用50天的天然气（2008年）

注　该表根据马胜利、韩飞《国外天然气储备状况及经验分析》整理，发表于《天然气工业》2010年第8期。

一是在储备模式上，普遍以生产储备为主，推行战略储备的国家还不多。如美国、英国、法国、西班牙等国天然气储备的目的都是为了应对季节调峰、供应暂时中断。只有那些天然气高度依赖进口的国家才推行或者准备推行天然气战略储备。如日本推行天然气生产储备和战略储备并重，意大利正在考虑天然气战略储备，以尽可能消除战争、重大突发事件等对天然气供应带来的不利影响。

二是在储备方式上，大部分国家都以地下储气库为主，也有LNG储备和气田储备。不同国家根据地理情况和资源状况选择不同的储备方式。总体来看，地下储气库由于其成本较低、容量大以及技术水平要求较低而成为主要储备方式，但通常面临选址的难题。LNG储备比较适合人口密集、经济发达、缺乏管道气来源的国家和地区，日本就主要采取LNG储备。

三是在储备管理上，各国天然气生产储备主要是由能源企业来管理运营。政府重点关注的是安全、环保、技术操作标准等，战略储备则以国家为主。

3. 天然铀

从天然铀储备管理运行体制来看，各国主要有三种方式：政府直接承担、政府储备与企业储备相结合、政府储备与机构储备相结合。随着核电的发展，美国、法国、日本等国家早已将天然铀储备上升到国家层面。特别是日本，从20世纪60年代开始进行海外铀矿资源调查，到2000年已基本实现了海外铀资源的稳定供应，并以政府的名义建立了完备的储备制度。

三、中国能源储备建设思路

我国能源储备建设正在加快推进，许多工作还需要进一步加强和完善。对于能源储备立法、能源储备模式、能源储备方式和布局、能源储备规模等，都需要进行深入研究和分析，并在此基础上全面加强我国能源储备建设。

1. 健全能源储备体系

我国能源储备建设应综合考虑我国国情、制度、财力等客观情况，按照保障供应、安全性、经济性、多样化原则，统一规划，积极推进，把握时机，分步实施，加快健全多层次的能源储备体系。

要进一步完善石油储备体系，加强天然气储备建设，适度建立煤炭应急储备，尽快启动国家天然铀储备建设。我国石油储备应选择政府储备、企业义务储备和企业商业储备三种模式相结合。政府储备和企业义务储备属于国家战略储备，不到十分危急时刻不能动用。商业储备是企业储备减去义务储备后剩余的部分。在储备过程中，允许企业的商业储备进行流转，但必须保证国家规定的义务储备量不能变。目前我国正在进行的石油战略储备是政府储备，而企业商业储备尚未受到重视，民间储备尚未正式启动，未来石油储备还需要进行多级建设。我国天然气需求增长迅速，为保障天然气供应，加强天然气储备建设日益迫切。在煤炭关键运输枢纽以及消费地建立煤炭应急储备，可以增强在重大自然灾害和突发事件状态下的煤炭供应保障能力，一定程度上可以成为消费地供需调节的缓冲器。我国核电发展规模大、速度快，对天然铀的需求量大，要保持核能发展的稳定安全，需要有较高的战略储备水平，应从国家层面加快布局。

我国能源储备建设应在中央统一监管下，健全完善三级能源储备体系，即中央政府为一级、地方政府为一级、企业为一级，将中央、地方和企业的储备权利和义务有机地结合起来，形成国家战略储备、企业义务储备和企业商业储备协同的格局。国家能源战略储备、企业义务储备主要为保障能源安全、应对重特大突发事件等，商业储备主要是维持能源市场日常调控需求。

2. 完善能源储备管理制度

由于能源储备涉及主体多、利益多，稍有不慎就会造成巨大损失，因此各国都有关于能源储备建设、收储、轮换、动用等严格的管理和制度。我国应积极借鉴西方发达国家能源储备管理经验，加快完善相关能源储备管理制度建设，加强对能源收储、轮换、动用的监督管理。不断优化储备布局和收储，科学设计轮换环节，提高能源储备运营效率和效益。严格动用权力和程序，根据不同情况可以采取部分动用、全面动用等方式，在政府的调控下有针对性地予以投放。

进一步完善我国能源储备管理体制，明确储备决策管理层、执行层、操作层的相关责任和义务。加快完善石油等能源储备相关法律法规建设，依法开展能源储备建设工作。

3. 丰富能源储备品种

储备品种多样化是各国能源储备的普遍特点。美国石油储备的品种包括原油、成品油和燃料重油，但以原油为主。日本石油储备品种包括原油和成品油，政府储备全部为原油，民间储备56%为成品油、44%为原油。德国石油储备的品种为原油、汽油和中间馏分油，现有储备中大约50%为原油、50%为汽油和中间馏分油。

从我国能源产品储备来看，应当形成包括石油、天然气、天然铀产品等能源品种丰富的储备建设。在石油产品储备中，政府储备应以原油为主，成品油为辅；企业储备可根据企业特点，发展与企业规模相适应的原油或成品油储备，还可以更多地发展燃料油库，包括重油和汽油、柴油。在天然气、天然铀产品储备中，特别要考虑加强石化工业、居民、核电企业用能情况，满足我国经济发展和城乡居民对天然气、天然铀产品日益增长的需求。

同时还要加强能源资源储备。将可能蕴藏有油气、铀矿、稀缺煤种等能源资源区域加以保护，作为后备资源在紧急情况下使用；或者是将一些已经生产或没有投产的矿产地（如油井、已探明储量的油田等）封存起来，以备非常时期使用。可以把一些储量高、有开采潜力,但开采难度大、运输距离远的气田,作为国家天然气资源储备。同时,在以LNG接收站供气为主的地区,应考虑建立一定规模的LNG储备。对焦煤、肥煤等特殊和稀有煤种资源加强储备。加大铀资源储备,积极开展国内铀矿勘探开发,加快海外铀矿资源收购,满足核电持续稳定发展需要。

4. 合理确定能源储备规模

能源储备规模依据各国具体情况来定,没有统一的标准。IEA要求各成员国战略石油储备定额不得低于90天的净进口量。但实际上,目前各国石油储备的规模都超过了IEA要求。日本政府和民间的石油储备加起来,可以满足160多天的消费需求。对于天然气储备规模,欧盟向各国提出了储备量为年进口量10%的要求;日本建立了液化天然气储备制度,保证民间企业储备50天,政府储备30天的使用量。

我国石油战略储备以多少为宜,目前国内对此没有一致意见。按照我国石油储备建设规划,到2020年三期工程项目全部完成,国家石油储备能力提升到约8500万吨,相当于90天的石油净进口量。综合考虑我国石油储量、进口情况、经济承受力等因素,这一石油储备规模比较符合我国实际。

未来需要进一步加大天然气储备规模并完善储备机制。参照国际上不同国家的做法,并根据我国未来天然气消费需求,国家有关部门初步确定的天然气储备量占到需求量20%~25%的标准是合适的。另外,要充分发挥企业作用,负责日平衡和月平衡的企业(主体)按照各自定位分担相应的储备责任。

从煤炭来看,我国煤炭资源储量丰富,近年来出现的煤炭供应紧张是结构性矛盾,而非总量问题。2011年5月,国家印发了《国家煤炭应急储备管理暂行办法》,启动第一批煤炭应急储备,计划为500万吨。这一举措对应对重大自然灾害、突发事件等导致的煤炭供应中断或严重不足将会产生作用,但长远看,解决不了煤炭供应紧张的结构性矛盾。煤炭储备成本和储备规模是比较大的两个问题。从煤炭的特性上看,极易风化、变质,甚至自燃,加上堆放室外占地大,又容易造成环境污染,露天存放时间越长,储存成本越高,煤炭本身的价值越低。煤炭应急储备点分布较广,但与石油、天然气可以靠管道运输不同,煤炭更多的是依赖火车、汽车运输,成本较高。当发生极端天气情况或者突发事件时,运输成本将是一笔非常巨大的费用,也会大大降低煤炭应急储备的性价比。解决问题的根本办法是:一方面,进一步加大煤炭应急储备规模,考虑煤电装机容量相对较大、自然灾害频发等

情况，以5000万吨左右的应急储备规模为宜。另一方面，在火电厂增加电煤储存规模。美国火电厂的煤炭库存量一般在40天左右，日本火电厂也有数十天运行库存。我国目前燃煤电厂的电煤库存可用天数一般是7～15天，一旦发生突发事件，难免捉襟见肘。为保证电力的安全稳定供应，应适度提高燃煤电厂的电煤储存规模，尤其是在远离煤炭供应基地的东中部地区，燃煤电厂的电煤库存可用天数应提高到30天左右。

5. 优化能源储备方式和布局

结合我国能源进出口布局，能源加工设施、输油管道建设、交通设施建设，以及消费群体的分布等具体情况，进一步完善和优化能源储备地点。

石油储备近期可以在沿海地区依托现有原油码头、设施布点。从长远看，可以考虑在临近俄罗斯、哈萨克斯坦地区和我国石油主产地建立储备基地。成品油储备要面向消费市场，主要安排在大城市和油品集散地。储存方式上，原油储存可以借鉴美国、德国、法国等国家的经验，未来优先考虑采用地下盐穴储藏。

天然气储备可在东北、华北、长三角和珠三角等天然气消费量较大的大中城市或天然气集散地建立以调峰为主的地下储气库；在西气东输线等骨干线建立全局性、连接重点天然气骨干管网的地下储气库；在有天然气跨国管线进入的主要省市选点建库；在进口LNG数量较大的沿海省市建设相应的储备设施。

煤炭应急储备的布局要重点考虑煤炭产地、煤炭转运地、煤炭消费地，同时考虑交通便利程度、与重要经济中心的距离等因素。由于我国煤炭产地集中于西北，煤炭消费地集中于东南，因此可以重点考虑在煤炭中转的港口、陆路码头以及东南经济发达地区设置应急储备，具体地点应根据具体的条件来考察。煤炭产地也应适当建设一部分煤炭储备基地。

天然铀储备要立足国际与国内两个市场，落实更多的经济可采天然铀资源生产能力储备。在国内，科学制定铀资源勘察开发规划，加大铀资源勘探开发力度；在海外，广泛调研世界产铀国家的铀资源生产及相关铀业公司的生产状况，制定科学合理的海外铀资源开发方案，通过参股、控股和购买矿产地等方式适时推进海外铀资源开发基地建设，掌控更多的经济可采铀资源。

第八章
能源科技创新

科技创新是解决人类发展面临的能源挑战和能源危机的根本举措。能源科技创新能力是国际能源竞争力的决定性因素之一。推动我国能源发展方式转变，必须深入贯彻科教兴国战略，落实建设创新型国家的部署，加大对能源科技创新的投入力度，确立我国能源科技攻关的战略方向和重点，完善能源科技创新体制机制，掌握一批能源领域的关键技术和核心技术，尽快缩短我国在能源科技研发方面与发达国家之间的差距，推动我国在世界能源科技创新领域树立竞争优势。

第一节　能源科技创新形势

为更好地保障国家能源安全、应对气候变化，在全球竞争中抢占先机，世界许多国家都高度重视能源科技创新。2003年八国集团首脑会议通过的《科学技术与可持续发展行动计划》将能源技术的研究、发展与广泛应用作为实现可持续发展的三大关键领域之一。在科教兴国战略和建设创新型国家部署的引领下，我国能源科技工作不断得到加强，取得了可喜的成绩，但与主要发达国家相比，与能源科技创新面临的形势相比，未来的任务还很艰巨。

一、国际能源科技创新

近年来，世界许多国家都把能源科技创新作为能源战略的重要支撑和科技战略的重要内容，加大了政策支持力度，形成了明显的竞争态势，推动全球能源科技创新进入一个新的活跃期。这对我国加强能源科技创新提出了要求。

1. 美国力图保持全球科技领先地位

美国是具有能源科技创新传统的国家。从20世纪60年代就开始了非常规天然气勘探开发技术的研究，并不断取得突破，推动了煤层气、页岩气开发利用技术的发展。对洁净煤技术的研发，自20世纪80年代启动以来也一直不曾停止。进入21世纪以来，美国对能源科技创新的支持力度进一步加大，核能、氢能、可再生能源、超导输电、燃料电池等技术受到重视。2007年通过的《美国能源独立及安全法》规划到2025年，将美国对清洁能源技术和能源效率技术的投资规模提高到1900亿美元。奥巴马担任总统后，提出了"新能源计划"，从国家战略层面推进对新能源、智能电网、电动汽车等技术的研发。1974～2009年，美国政府能源领域的研发经费投入总额为1598.6亿美元，是同时期能源科技创新投入最高的国家。

美国还特别重视能源科技政策的落实。作为美国能源科技创新的主导者，美国能源部专门设立了能源前沿研究中心、能源高级研究计划局、能源创新研究计划局分别负责推进能源科技方面的基础研究、应用研究以及商业化。

2. 日本谋求以技术优势应对资源劣势

由于能源禀赋方面的劣势，日本对能源科技创新格外重视，常常以超前视野来部署能源科技创新工作。20世纪70年代，日本颁布了新能源技术开发计划。80年代，日本对本国风能的科技研发和产业推广进行了整体规划。2001年，公布了长达18年的可燃冰勘探开发计划。2012年2月，日本率先在全球启动可燃冰钻探实验作业。近年来，日本对新能源、低碳能源、电动汽车及相关技术的研发力度也进一步加大。2008年出台的《凉爽地球——能源创新技术计划》规定了到2050年优先发展的创新能源技术路线图。

日本希望通过建立能源科技的研发优势，促进节能，实现能源结构多元化以及化石能源的高效利用，寻找新的自有能源资源，构建世界最先进的能源供需结构，扭转能源资源高度依赖进口的被动局面；并希望通过增加能源技术出口保持其在世界能源领域的话语权，实现对世界能源上游产业链的控制，以推动日本能源产品的市场份额不断扩大。目前，日本在节能、清洁煤、核能、氢能、可再生能源等领域的科技研发和产业化都居世界领先水平。1988～2007年间，日本在清洁能源领域的专利数量几乎是美国同期的2倍。

3. 德国引领可再生能源科技研发

作为传统的工业强国和科技强国，德国高度重视能源科技创新，始终坚持能源发展、科技先行的原则。在2002年决定大规模发展海上风电之后，德国政府即把大部分针对风能的研发资助投入到了海上风机技术、生态影响、电网接入等关键问题的研究当中，并取得了世界领先水平的创新成果，使德国在海上风电项目尚未大规模展开之前，就已占据了世界海上风机市场1/3以上的份额。

由于能源资源严重依赖进口，德国在20世纪90年代通过《可再生能源入网法》后，就把可再生能源科技研发作为本国科技发展的基础任务。目前，德国在新能源科技方面已经显示出巨大优势，并提出了2050年本国电力供应80%来自可再生能源发电的目标。

德国在能源科技创新方面取得的成就主要得益于有力的政策、资金支持以及成熟的联合攻关机制。针对重大能源科技研究计划，德国设立了专门性的能源科技研

究政策协调平台。专门的研究基金和大规模的政府采购在推动能源科技研究和成果转化方面起到了重要作用。

4. 各国普遍重视能源科技发展

近年来英国、法国均把新能源技术作为能源科技发展的重中之重。可再生能源发电、核能以及温室气体排放控制技术是英国能源科技创新的重点领域。英国还决定建立技术创新中心网络，以促进企业和研发机构在低碳科技研究方面的合作。法国希望把核电技术发展的成功经验复制到风电、太阳能和新能源汽车领域，并加大了相关投资。

作为资源型国家，加拿大、俄罗斯和巴西也积极推进能源科技创新。目前，加拿大在氢能与燃料电池领域的研究开发方面具有明显的优势，目前世界50%以上的氢能燃料电池汽车采用了加拿大的技术。俄罗斯在投入大量资金维持核能与可燃冰技术领域优势地位的同时，近年来又把节能、提高能效技术作为能源科技发展的重点。巴西则在生物乙醇技术方面取得了领先优势。

总的来看，全球能源科技创新正处于新的活跃期，新能源技术、清洁能源技术、智能电网技术和重要的能源基础研究是研发的重点领域。任何一个国家要想在这一竞争中占据主动，不但要由政府主导对能源科技创新作出战略性部署，还要在政策配套、资金投入方面作出周密安排，只有在基础研究、技术研发、成果转换及产业化运作之间形成一个紧密的链条，才能凝聚各方形成最大合力，充分发挥能源科技对能源产业发展的支撑和引领作用。

二、中国能源科技创新情况

1. 我国一直重视能源科技工作

能源科技一直是我国科技工作的重要组成部分。新中国成立以后，我国在油气勘探开发、核能利用、大中型水电建设等方面取得一系列重大成果。改革开放以后，科技作为第一生产力的地位和作用受到高度重视，能源科技创新进入了新的阶段。建成了独立完整的能源技术研发和装备制造体系，能源技术水平持续提升。以秦山核电站、三峡电站、西气东输等大批重点工程项目为依托，大量能源发展核心技术难题得到攻克。我国也成为世界上为数不多的在几乎所有能源科技领域都具备了相当研发基础的国家。

进入21世纪以来，随着资源、环境和发展方式对能源发展的约束越来越明显，能源可持续发展的压力越来越突出、形势越来越严峻，对能源科技创新的期望也前所未有的迫切。2006年，党中央、国务院作出了建设创新型国家的重大战略部署，把能源作为自主创新的重点领域，《国家中长期科学和技术发展规划纲要（2006~2020）》进一步部署明确了能源科技创新的领域和方向，能源科技创新受到前所未有的重视。

2. 我国能源科技创新取得显著成绩

在国家政策支持和产、学、研等各方面的共同努力下，2006年以来我国能源科技在过去几十年打下的坚实基础上，又取得了显著的成效。

一是能源科技创新体系初步形成。建成了包括科研机构、企业研发基地、科技园区❶、各类实验室与研究中心❷等在内的一系列能源科技创新平台和一支具有较强创新能力、初具规模的能源科技创新队伍，形成了产、学、研等各方面围绕能源领域关键、核心技术分工协作、联合攻关的格局。

二是掌握了一批先进能源技术。在能源勘探开发技术、清洁能源技术、能源运输转换技术等方面取得一系列重大突破。特高压输电技术和设备制造达到国际领先水平，百万千瓦超超临界燃煤发电、快堆、千万吨级煤炭综采设备、深水半潜式钻井平台等技术和设备制造均达到国际先进水平。基本掌握3兆瓦以下容量风机的制造技术，形成了较为完整的光伏产业链。2006年以来，能源科技项目获国家科技进步一等奖的数量明显增加（见表8-1）。

表8-1　　2001~2011年获国家科技进步一等奖的能源科技项目

获奖年份	获奖数量	获奖项目
2001	2	克拉2大气田的发现和山地超高压气藏勘探技术
		大庆减压渣油催化裂化成套技术开发及工业应用

❶ 4个国家自主创新示范区（中关村科技园区、武汉东湖高新区、合芜蚌自主创新综合试验区、上海张江高新区）均把能源作为重要的主攻方向。
❷ 包括18个国家重点实验室、8个国家工程技术研究中心、6个企业国家重点实验室、38个国家能源研发（实验）中心。

获奖年份	获奖数量	获奖项目
2002	2	苏里格大型气田发现及综合勘探技术
		200万吨/年渣油加氢处理（S－RHT）成套技术开发
2003	2	苏丹muglad盆地1/2/4区高效勘探的技术与实践
		神东现代化矿区建设与实践技术
2004	2	陆相断陷盆地隐蔽油气藏形成机制与勘探
		秦山600兆瓦核电站设计与建造
2005	1	塔里木盆地高压凝析气田开发技术研究及应用
2006	2	海相深层碳酸盐岩天然气成藏机理、勘探技术与普光大气田的发现
		10兆瓦高温气冷实验反应堆
2007	3	中低丰度岩性地层油气藏大面积成藏地质理论、勘探技术及重大发现
		超超临界燃煤发电技术的研发和应用
		750千伏交流输变电关键技术研究、设备研制及工程应用
2008	2	超临界600兆瓦火电机组成套设备研制与工程应用
		输电系统中灵活交流输电（可控串补）关键技术和推广应用
2009	3	石脑油催化重整成套技术的开发与应用
		超高压直流输电重大成套技术装备开发及产业化
		电力系统全数字实时仿真关键技术研究、装置研制和应用
2010	5	大庆油田高含水后期4000万吨以上持续稳产高效勘探开发技术
		三峡输电系统工程
		西气东输工程技术及应用
		塔河奥陶系碳酸盐岩特大型油气田勘探与开发
		中国海洋油气勘探开发创新体系建设
2011	3	青藏高原地质理论创新与找矿重大突破①
		特殊环境下复杂类型油气田规模高效开发关键技术
		高压直流输电工程成套设计自主化技术开发与工程实践

注　表中数据来源于国家科学技术奖励工作办公室网站。

①　该项目为国家科技进步特等奖。

　　三是部分重要能源装备国产化率提高。 千万吨炼油和百万吨乙烯装置实现自主设计和自主制造；二代改进型核电关键设备国产化率达到80%以上；晋东南—南阳—荆门1000千伏特高压交流试验示范工程设备国产化率达到90%以上；向家坝—上海±800千伏特高压直流示范工程设备国产化率接近70%；10兆瓦级光伏发电系统主要部件全部实现国产化。

　　四是大量能源科技成果得到推广使用。 大电网控制、特高压输电等先进技术在电网建设中得到应用，地下气化、重介质选煤等先进技术在煤炭行业得到推广，煤制油、煤制烯烃、煤制天然气技术装备规模世界最大，一批节能技术和设备得到普及，大量具有广阔市场前景的能源科技成果实现了产业化。

3. 我国能源科技创新存在的不足

　　总体而言，我国能源科技水平与主要发达国家相比仍存在差距，还不能适应我国能源可持续发展的需要。

　　一是在基础研究和前沿技术领域，我国尚未形成能源技术源头，煤炭、石油、电力等产业的关键领域仍存在较严重的对外技术依赖。 洁净煤技术，石油勘探、开采、炼制、替代技术，储能技术，可燃冰技术，超导技术等能源领域的前沿性科技问题的研究都还没有达到国际先进水平。

　　二是在装备制造方面，高技术含量的能源装备产品的设计、制造还没有完全摆脱引进、仿制的模式。 高效率的发电设备、硅基太阳电池乃至部分薄膜太阳电池的关键设备、与浅层地热利用有关的大功率热泵核心组件、核能关键设备等都还严重依赖进口或者还没形成自主创新能力以及相应的制造产业。

　　三是能源科技创新体系性和前瞻性不强。 虽然我国个别能源科技项目研究具备一定的连续性，但是，由于起点低和管理经验缺乏，相关联的不同能源科技创新项目之间互动不够，对清洁能源的研究开发缺少整体部署，也缺少根本性、突破性的成就，能源科技创新能力仍有待提高。

第二节　能源科技创新的原则和重点

　　我国能源科技创新应深入贯彻科教兴国战略和建设创新型国家的部署，以支撑、引领能源可持续发展为出发点和落脚点，坚持自主创新、重点突破、超前部署、产业带动的原则，统筹推进基础研究、关键技术研究和前沿技术研究，着力解决重大科技难题，努力取得一批具有国际一流水平的研究成果。

一、能源科技创新的基本原则

　　今后20年，是我国能源发展战略的重要转型期。在这一时期，可持续发展将成为我国能源发展的主要导向，能源的开发、转换、运输、利用全过程将发生深刻变革，提升能源发展质量、提高能源效率、优化调整能源结构、推动能源资源优化配置将成为未来我国能源发展的主线。为此，必须把大力推动能源科技创新作为能源战略转型的重要基点，用能源科技领域的重大突破推动能源战略转型。

　　能源科技创新是一项规模浩大的系统工程，为提高投入产出效果，必须统筹规划、科学组织，树立并坚持自主创新、重点突破、超前部署、产业带动的原则。

　　一要坚持自主创新。自主创新是科技发展的灵魂，也是提升能源产业核心竞争力的关键所在。实践一再表明，在激烈竞争的国际能源市场里，真正的核心技术是买不来的，而且有些技术国外也无处可买，只有依靠自己的力量，通过自主创新实现突破。不掌握知识产权，仅靠简单模仿和技术引进来发展能源工业，我国能源产业大而不强、核心技术受制于人的状况将永远无法改变。只有提高自主创新能力，我国能源科技才能实现跨越式发展，我国也才能真正实现从能源大国到能源强国的转变。

　　二要坚持重点突破。作为发展中国家，我国能源技术研发的基础较为薄弱，科技资源相对稀缺，能源科技投入与科研需求相比明显不足。为了使我国能源科技水平尽快进入世界先进行列，在科研组织上必须突出重点，选择一批具有一定研究基础和优势、对我国能源发展具有重大影响的核心和关键技术作为主攻方向，集中力量予以突破，解决我国能源发展的突出问题，实现对主要发达国家的技术赶超。

三要坚持超前部署。能源技术的研发特点决定了从启动研发到最后投入实际应用并转化为生产力，可能要经过几年、十几年甚至更长的时间。这就要求我们在组织开展能源科技创新时，既要立足当前，积极攻克能源发展面临的各种技术难题；又要着眼长远，超前部署一批基础研究和前沿技术研究项目，增强能源科技储备和技术创新后劲，争取在未来能源科技竞争中赢取主动，充分发挥科技的引领作用。

四要坚持产业带动。能源科技项目从立项开始，就要充分考虑应用前景和市场需求问题，增强科技攻关的针对性。科技创新成果要及时推广应用，尽快向现实生产力转化，并加快产业化进程，积极培育新兴产业。坚持产学研用相结合的能源科技创新机制，坚持以国家为主导、企业为主体、项目为依托的研究体系，重视发挥企业的创新主体作用，使能源企业真正成为能源科技研发投入的主体、能源科技创新活动的主体和能源科技成果应用的主体。

二、能源科技创新的重点领域[1]

根据我国能源发展方式转变需求以及我国能源科技创新的指导方针及原则，未来我国能源科技创新的重点攻关方向主要分布在能源相关基础研究、传统化石能源勘探开发和生产转换技术、新能源技术、高效能源输送和储存技术、节能技术、污染物及温室气体排放控制技术、能源相关前沿技术等领域。

1. 基础研究

我国能源科技创新如果想赶超发达国家，必须重视与能源科技相关的基础研究，增加相关研究的原创成果。因为只有基础科学的重大发现才能带动新的技术变革和成规模的技术提升，只有在能源科技相关的基础研究领域陆续取得突破，能源科技发展才能获得持久动力，我国对一些能源关键技术、前沿技术的攻关部署才可

---

[1] 根据《国家中长期科学和技术发展规划纲要》（科技部，2006）、《中国至2050年能源科技发展路线图》（科学出版社，2009）整理。

能获得支撑。

与能源相关的重要基础研究包括：① 化石能源高效洁净利用与转化的科学理论基础；② 高性能热功转换及高效节能储能中的关键科学问题；③ 可再生能源规模化利用原理和新途径；④ 电网安全稳定和经济运行理论；⑤ 大规模核能基本技术和氢能技术的科学基础；⑥ 新材料；⑦ 地球系统过程与资源、环境和灾害效应等。

基础性研究对改进和提高能源勘探、开发、生产、利用起着直接的作用，并可以增强人们对能源的认识，防止和减少人类使用能源带来的不利影响，对改变用能方式或者采用更好的勘探、开发、生产、利用技术有着直接的推动作用。这是我国能源科技创新整体提升的前提条件。如电网安全稳定和经济运行理论的研究将为发展高效智能的输配电技术、实现电网安全有效运行提供最基础的理论支持。地球系统过程与资源、环境和灾害效应的研究，对推测人类开发、利用能源的活动对大气环流、地质活动以及自然环境造成的影响，有效预测、防备一些开发利用能源诱发的自然灾害，以及更合理、更科学地开发利用能源有着重要的理论指导意义。海相成油地质理论的研究，将对提高低渗透油气藏、非常规油气资源的勘探开采技术水平，研究复杂地质条件和深海油气的勘探开采技术、老油田采收率提升技术提供重要的理论储备。

2. 传统化石能源勘探开发和生产转换技术

能源结构的调整与转型需要经过长期的过程，未来较长时期内传统化石能源在能源结构中的主体地位不会改变，传统化石能源勘测、开发技术研究和设备研制将始终是我国能源科技创新的重点领域之一。

需要重点攻关的传统化石能源勘探开发和生产转换技术有：① 煤、油、气资源勘探开发技术。主要包括高效找矿和快速精细探测技术，深海油气勘探开发核心技术等传统化石能源勘探开发技术的研究以及适应复杂、深层地质条件的煤矿综合采掘设备，大型石油天然气勘探、钻采设备，适合深海作业的大型海洋石油平台成套装备等能源装备的自主研制。② 煤、油、气清洁生产和高效转换技术。主要包括煤炭洗选技术，煤化工转化过程产物定向转移控制技术，700℃超超临界发电技术，循环流化床技术，IGCC技术，大型空冷机组技术，天然气发电技术等技术的研究以及相关设备的自主研制。③ 煤、油、气勘探开发事故防治相关技术。主要包括煤矿重大安全隐患防治技术、海洋油气开发事故处理技术、海洋环境污染处理技术等传统化石能源资源开发事故防治技术研究，以及相应救援设备的自主研制。

这些技术的进步将有利于增强国内能源生产供应能力，减少或消除传统化石能源开发、利用过程中对环境造成的破坏。

3. 新能源技术

加大新能源的开发利用力度是世界能源发展的趋势和潮流。我国能源科技创新中要特别注意紧跟世界发展步伐，加大新能源开发利用技术的研发和产业化发展。

需要重点攻关的新能源技术有：① 可再生能源开发利用相关技术。主要包括大型风机核心部件的设计制造技术，大型风电场的协同控制和并网技术，海上风力发电技术，海洋能发电技术，高硅基太阳电池技术，能源植物筛选与培育技术，生物质燃料技术，高温传热核心技术等技术的研发；以及耐高温、耐腐蚀、高效率吸热器，大功率风电机组及海上风电关键设备，地热能、潮汐能与波浪能发电成套设备，先进光伏及光热发电设备等装备的自主研制。② 非常规化石能源的开发利用技术。主要包括煤层气、页岩气、砂岩气、水溶气、可燃冰、页岩油、油砂等非常规油气勘探开发技术的研究，以及相关装备的自主研制。③ 新型核能开发利用相关技术。主要包括三代核电、四代快堆、核废料处理和受控核聚变等关键技术，以及相关装备的自主研制。

4. 高效能源输送和储存技术

能源运输和储存问题是影响我国能源开发利用与稳定供应的关键问题。如果不解决好这两个问题，煤、电、油、气、运紧张状况将难以根本解决，新能源和可再生能源的开发利用也将受到严重制约。

需要重点攻关的能源输送和储存技术有：① 安全高效输电技术。主要包括大规模交直流混合电网运行控制技术、智能电网技术、实时量测技术、全数字实时仿真技术、±1100千伏特高压直流关键技术、柔性交流输电（Flexible Alternating Current Transmission System, FACTS）技术和超导电力技术、大电网安全保障技术等技术的研发，以及特高压输变电成套设备、电网安全防护设备、可再生能源并网群控设备等装备的研制。② 油气输送技术。主要包括大口径、高压力管道技术，油气管道运行调度管理的自动化和通信技术的研发以及石油天然气长输管线成套设备、大型原油运输船和液化天然气运输船等装备的研制。③ 能源存储技术。主要包括高容量储氢技术，压缩空气储能技术，高能量密度储能电池、超级电容器等储能装备的研制。

5. 节能技术

节能在我国能源发展战略中处于首要位置，因此节能技术也是我国能源科技创新的重点领域。我国整体能源利用效率较低，节能潜力巨大，节能技术在我国具有广泛的应用前景。

工业是我国最主要的用能行业。工业节能技术的应用一是要推广高效的用能设备，如高效工业锅炉和电机，采用先进的技术手段提高生产过程的用能效率，并注重工业用能过程中的余热余压循环再利用。二是注重过程节能技术的应用，要敢于突破传统的工艺流程，使节能设备和节能技术更好地与工业生产流程相结合，发挥最好的效果。三是要注重系统节能技术的应用，工业生产全过程的整体节能，强调生产流程的优化设计，改变单一产品加工模式，提高对资源的深加工和综合利用，更加合理地利用能源。

交通行业节能技术的创新，一方面是提高常规车辆的燃油、燃气经济性；另一方面是发展电动汽车等新能源汽车技术，发展电动轨道交通技术，重点研究电池技术、电机驱动技术和电动汽车整车集成控制技术。

在建筑节能技术方面，主要是发展新型保温材料和先进的能量管理系统，同时研发先进照明技术、节能型空调技术，降低建筑能耗水平。

6. 污染物及温室气体排放控制技术

我国能源的大规模消费给生态环境造成了严重的负面影响，为保证能源与生态环境的协调发展，一方面要努力优化我国能源消费结构；另一方面要高度重视发展污染物控制技术，重点是燃煤机组的脱硫脱硝技术、除尘技术以及重金属污染物控制技术。

温室气体排放也是国际社会高度重视的热点问题。我国煤炭消费比重高，温室气体排放居世界前列，CCS技术是控制我国温室气体排放的重要技术手段。CCS技术的研发重点是燃煤锅炉烟气中的二氧化碳的分离和捕集技术，以及二氧化碳的地质封存、化学封存技术。

7. 前沿技术

需要跟踪和加强研究的与能源相关的前沿技术主要包括：① 燃料电池技术、新型高温超导材料及制备技术等；② 智能感知、自组织网络信息技术、智能材料与结构技术等智能技术；③ 大洋海底多参数快速探测技术、航空地球物理勘察技术等勘察探测技术；④ 深海作业技术等。

这些前沿技术与我国能源开发利用的未来方向相吻合，值得能源行业密切关注。如新型高温超导材料及制备技术，便可应用于电机、高能粒子加速器、电力电缆、储能设备制造领域以及受控热核反应装置中。

三、能源科技创新的目标

我国能源科技发展目标分为两个阶段。

第一个阶段是2030年之前，在我国成为创新型国家后，步入世界先进能源科技国家行列。

这一阶段的标志是能源科技领域自主创新能力显著增强，重大能源装备自主创新能力和生产能力达到世界先进水平，在对现有成熟技术进行规模化普及和改进的基础上，争取一批先进能源技术进入产业化应用、推广阶段；同时，实现某些先进能源装备制造关键环节的突破，大幅提升我国重大能源装备国产化水平。

具体来说，就是风能太阳能等可再生能源开发利用技术、煤炭清洁高效利用技术、特高压和智能电网技术、工业和建筑节能技术、大口径高压力管道技术、油气管道运行调度管理自动化和通信信息技术得到普遍应用；700℃超超临界发电技术、循环流化床技术、IGCC、深海油气勘探技术、大规模电力储能技术、新能源汽车技术得到突破并进入规模化应用阶段，相关装备完全实现国产化或者国产化程度达到80%以上；我国在传统化石能源的高效清洁利用方面处于世界领先地位，在新能源开发部分技术领域和装备制造方面确立领先优势。同时，继续开展超导电力、第四代核电技术、碳氢比可调的煤气化技术、氢能利用技术、天然气水合物开发与利用技术的应用研究等。

第二个阶段是2031年到2050年，我国成为世界领先的能源科技强国以及世界主要的先进能源装备制造和供应基地，在能源科技自主创新的绝大多数前沿领域具备整体研发优势。实现核聚变、天然气水合物开发利用、太空太阳能发电、海洋能大规模发电等能源技术的全面突破。在此基础上，针对能源领域的新问题、新挑战，开展新一轮大规模能源科技难题的攻关与创新。

第三节　能源科技创新体系建设

增强能源科技创新能力，需要整合能源科技创新资源，完善能源科技创新机制，加强能源科技创新队伍建设，采取科学的能源科技创新策略，形成健全、完善的能源科技创新体系，着力突破制约能源科技创新活力的各种制度性束缚。

一、能源科技创新资源整合

1. 加强能源科技创新基础设施和平台建设

由能源研究实验基地、大型科学设施和仪器装备、科学数据与信息、能源科技资源等组成的能源基础平台是能源科技创新的基础。能源科技基础条件平台建设的重点主要是围绕能源科技领域前沿研究，根据国家能源战略需求，依托国家重点实验室、国家工程技术研究中心、国家企业重点实验室、国家能源研发（实验）中心的建设，按照国家能源科技攻关部署安排，推出一系列队伍强、水平高、学科优势明显的能源科技创新试验研究基地；推出一系列能源科学工程项目和基础设施，推进能源科学仪器、设施和关键技术的共享与建设；充分利用现代信息技术手段，建设基于科技条件资源信息化的能源数字科技平台；制定各类能源科技资源的标准规范，建立有效的能源科技资源共享机制，针对不同类型能源科技条件资源的特点，采用灵活多样的共享模式，打破当前不同能源品种条块分割、相互封闭、重复分散的格局。

2. 优化科技创新资源配置

在政府的主导下，充分发挥企业的主体作用，吸引专业优势突出的有关高等院校、科研院所积极参与，进一步深化产学研相结合的能源科技创新体系，以便在整个能源领域更有效地配置能源科技资源，激发各方的创新活力，使我国能源工业获得永续发展的科技动力。在大幅度提高企业自身技术创新能力的同时，建立科研院所与高等院校积极围绕企业技术创新需求服务、产学研多种形式结合的新机制。在"863计划"、"973计划"、"国家科技支撑计划"、"火炬计划"等国家综合科技计划中，设立独立的能源科技计划或者专题；协调不同能源行业的科技发展规划，防止能源科技资源的重复浪费；针对耗费研究资金较多、风险较大的科研项目或者发明创造，建立由政府、科研机构、企业共同参与的风险分担机制；在政府扶持下，通过产学研联合、用户和制造商联合、同行业企业之间联合，形成若干共性技术自主创新联合组织。

二、能源科技创新机制建设

1. 营造能源科技创新氛围

创新文化是促进创新能力的沃土，大力提高我国能源领域的自主创新能力，需要营造体现时代要求、符合我国国情的创新氛围。通过营造有利于创新的公共和社会环境，发挥政府在能源科技创新中的战略规划、推动和服务作用，推动形成产学研结合、研发应用推广一体的创新集群和创新链，巩固并扩大企业已取得的创新成果。同时，大力培育鼓励成功、宽容失败的社会氛围，使一切有利于能源产业发展和技术进步的创造愿望得到尊重，创造才能得到发挥，创造动力受到肯定，培育钻研精神、团队精神、合作精神，让创新成为能源领域的共识，真正提高我国能源行业的创新水平。

2. 健全能源科技投入机制

科技投入是科技创新的物质基础，是科技持续发展的重要前提和根本保障。现在的科技投入就是对未来国家竞争力的投资。当今发达国家和新兴工业化国家都把增加科技投入作为提高国家竞争力的战略举措。与之相比，我国能源科技投入的总量和强度仍显不足，投入结构不尽合理，科技基础条件薄弱。为了在未来的能源科技创新中占据领先地位，必须加大对能源科技创新的投入力度。一方面增强国家对科技的投入，进一步提高能源科技资金在我国各种政府投入的科技资金中的比重，为我国能源科技创新提供稳定的、可持续的资金支持，用于扶持能源基础研究、前沿技术研究、重大共性关键技术研究等。另一方面引导企业加大能源科技创新投入。通过健全考核机制等措施，鼓励国有能源企业特别是大型央企推进能源科技创新。国家能源科技计划要更多地反映企业重大科技需求，更多地吸纳企业参与。从税收、融资、土地等各方面大力支持和鼓励各类企业积极开展能源科技创新。

3. 完善能源科技成果转化机制

推动能源科技成果的顺利转化，需要综合运用市场化手段和政策扶持措施形成有利于能源科技成果转化的制度环境。大力发展各类科技中介和服务机构，建设能源科技成果信息数据平台，设立能源科技成果交易市场，推动科技成果供需双方有效对接。加强对能源科技成果转化和中小型能源科技企业发展的政策支持，包括税收减免、资金补助、贷款贴息等。同时，拓展科技成果转化的资金支持通道，充分调动风险资本、产业资本或金融资本参与科技成果转化，解决科技成果转化的资金瓶颈问题。积极推进具有能源产业集群特征的科技园区和产业基地建设，发挥产业集群对科技成果转化的促进作用。改进科技成果评奖办法，重视成果转化应用的社会效益和经济效益；或者建立科技成果转化奖励机制，发挥各种奖项的导向作用。

4. 保护能源科技知识产权

在完善知识产权保护法律法规的基础上，针对能源类知识产权的特性，建立有利于知识产权保护的能源科技从业资格制度和社会信用制度，依法保护重大能源科技知识产权。在大力发展各类科技中介及服务机构，促进企业之间、企业与高等院校和科研院所之间的知识流动和技术转移的同时，健全能源领域知识产权保护组织建设，推动各相关机构与工作人员增强自觉保护知识产权的意识，建立能源科技知识产权特别审查和保护机制，以避免能源企业改制、并购和技术交流与合作过程中的自主知识产权流失。另外，在对外能源科技交往与合作中，要切实增强保密意识，防止有关科研成果流失或者被窃取。

三、能源科技创新队伍建设

1. 加强能源科技人才队伍培养

人才资源是最重要的战略资源。开展能源科技创新，一定要把人才队伍建设摆在突出位置。要落实好《国家中长期人才发展规划纲要（2010～2020）》，依托重大能源科技项目和重大能源工程项目以及"长江学者奖励计划"等高层次人才培养计划，加强能源领域科技领军人才的培养。在职称评定、荣誉评定、政府特殊津贴授予、博士后工作站建设、科研资助等方面给予高水平专家更多的支持，对在能源科技关键领域作出突出贡献的高级专家给予更为优厚的待遇。改进和完善能源领域优秀人才选拔制度，改变论资排辈现象，为青年人才成长创造条件。抓好各领域、各专业、各年龄段的能源科技人才队伍建设，形成专业领域全覆盖、老中青结合、规模宏大、结构合理的能源科技人才梯队。围绕能源科技前沿和重大攻关项目，组建强强联合、优势互补的能源科技创新团队。

2. 重视引进海外智力人才

围绕能源战略重点和重大任务，在加强自主研究的同时，深入实施引进海外智力人才计划，加强人才国际化培养，坚持"不求所有，但求所用"。依托"千人计划"、"青年千人计划"等，积极引进高层次、紧缺型能源科技人才。吸引和资助活跃在国际能源领域前沿的海外知名学者来国内开展合作研究、访问交流和工作，提升我国能源创新队伍的全球眼光，提升把握能源科技前沿、前瞻未来的能力。重点开展战略性能源科技问题、重大能源装备、重要前沿领域和方向的国际能源科技合作，逐步拓展合作渠道，创新合作模式，提升合作层次。

四、能源科技创新策略

1. 统筹各种自主创新形式

自主创新主要有三种方式：原始创新、集成创新和引进消化吸收再创新。在创新方式选择上，需要具体问题具体分析。在能源基础科学和前沿技术领域加强原始创新，可以为未来发展奠定坚实的基础；在能源应用领域利用各种技术、设备和工具，对创新要素和内容进行选择、优化和系统集成，可以创造更大的经济效益；加强对引进技术的吸收、消化和再创新，是快速提升我国能源科技创新能力的重要途径，可以充分利用其他原始创新成果，使自己的创新能力借势成长。引进消化吸收再创新是世界各国特别是发展中国家普遍采取的方式，是我国较为薄弱的环节。2010年，我国大中型企业消化吸收经费支出与引进技术经费支出之比为0.43∶1，而发达国家这一比例一般在3∶1以上。重视技术引进之后的消化和吸收，并在此基础上谋求技术的升级改造和创新，加强统一协调，才能实现能源行业价值链某个或者某些环节的重大创新。

2. 扬长补短扩大已有研发优势

我国是世界为数不多的能源工业体系较为完整、能源科技基础较为扎实的国家之一，在部分能源科技领域具备了一定的优势。在组织推动能源科技创新、配置能源科技创新资源时，既要注意弥补短板，加大薄弱环节的研究投入，更要突出优势领域，加大对已有领先优势的技术领域的投入，进一步巩固和扩大已有的优势地位。否则，一旦放松下来，已经获得的领先优势也会很快失去。短时间内各个能源科技领域齐头并进全面实现突破是不现实的。在特高压和智能电网技术领域，目前我国已经具备了一定优势，如果进一步加快发展，我国将成为该技术领域的国际引领者；如果不能趁势而上，将来之不易的领先优势失去，对中国能源工业将是重大损失。

3. 积极参与国际能源科技交流与合作

能源安全、气候变化等是人类社会面临的共同难题，需要凝聚全人类的智慧共同应对与解决。我国与美国、欧盟、日本和俄罗斯等国家和地区在能源科技方面有着广泛的交流。在此基础上，需要进一步加强同世界各国在能源科技领域的交流与合作，更加积极地参与国际重大能源技术研究项目，积极开展双边或多边能源技术合作。支持能源企业"走出去"，扩大能源领域高新技术及其产品的出口，鼓励和支持企业在海外设立研究开发机构和产业化基地。在学习借鉴其他国家先进经验、提高自身研究能力的同时，也将我国的研究成果与他国分享，为解决人类社会共同面临的能源及环境问题作出贡献。

第九章
能源可持续发展保障

　　我国能源工业要实现又好又快发展，并在国际竞争中取得主动，需要健全相应的法律法规政策，需要建立统一完整的标准体系，需要发展一批具有较强国际竞争力的大型能源集团。

第一节　能源法律法规与政策

推进我国能源可持续发展离不开科学有效的制度保障。不断健全和完善我国能源法律法规政策，充分发挥制度的规范和引导作用，对我国能源产业持续健康发展意义重大。

一、能源法制建设

（一）坚持依法规范与引导能源发展

改革开放以前，我国能源行业基本上按照政府计划和政府指令在发展，能源法制建设尚未起步。改革开放以后，我国能源法制建设步伐逐步加快。20世纪90年代是我国能源立法活动密集期，伴随着政企分开和能源市场化变革，《电力法》、《煤炭法》、《节约能源法》等大批能源类法律法规相继出台。进入21世纪后，我国能源法制建设进入整体提升时期。一方面，气候变化、可持续发展、能源安全等一些新的现象和问题相继纳入法律约束的范畴，《可再生能源法》、《循环经济促进法》、《石油天然气管道保护法》先后出台，同时一些已经出台的法律法规也进行了不同程度的修订。另一方面，能源法律法规执行力度得到加强。各级人大强化了对能源法律法规执行情况的监督检查。

由于起步较晚，目前我国能源法制建设与市场经济高度发达的欧美国家相比仍然存在差距，突出表现在三个方面：一是我国能源法律体系不够完整。全面体现能源战略和能源政策导向的基础性能源法律缺位，部分能源行业的基本法律制度仍是空白，个别行业的配套法律法规缺失。二是我国能源立法质量仍需提高。有些法律法规之间存在不够协调甚至相互冲突和矛盾的情况。有的法律法规因为时间和形势的改变已经不能适应现实的要求。三是执法工作仍然有待加强。有法不依、执法不严现象依然存在。

当前，我国能源发展的内外部环境正在发生深刻变化，进一步加强能源法制建设的形势和任务非常紧迫。首先，近年来随着各项改革措施的推进，我国能源市场化程度越来越高，能源市场的参与主体日益多元化、利益关系日益复杂化，仅靠行政措施、行业规约和市场主体自律难以有效构建公平的市场秩序、形成合理的利益格局，必须大力加强能源法制建设，依法进行规范。其次，能源行业是重要的基础产业，关系国家经济安全和和谐社会建设，通过加强能源法制建设，依法推进能源的改革与发展，有利于能源发展目标的清晰与明确，将各方面力量有效引导到促进能源科学发展的方向上。最后，坚持依法治国、建设社会主义法治国家是我国的基本方略，社会主义市场经济本身就是一种法治经济，近年来各个领域法制建设全面加快，能源法制建设也需要协调推进。

（二）完善能源法律法规体系

1. 适时推出《能源法》

《能源法》是一个国家能源法制健全的突出标志，从整体上确立了能源法律法规体系的逻辑框架、基本脉络和总体立法思路，是能源领域其他法律法规制定和修订的主要依据。在专业性法律法规缺位的情况下，《能源法》可以为具体情境中的能源发展提供原则性、法理性的法律规范和法律保护作用。加强能源法制建设，完善能源法律法规体系，推动《能源法》的出台是重中之重。

多年来，《能源法》之所以迟迟难以出台，主要有以下几方面原因：一是在法律主体方面，我国能源管理体制一直处于不断调整变化之中，难以确定谁来负责履行监管责任并提供相应公共服务。二是在立法基础方面，缺乏具有高度前瞻性的统一能源战略，各种能源专门立法又具有很强的专业化、部门化色彩，互相之间缺乏统筹协调，从而增加了《能源法》的立法难度。三是在研究支持方面，《能源法》立法涉及领域宽、范围广，法律关系复杂，尽管在过去20多年的时间里，有关专家和单位通过工作实践和调查研究取得了不少成果，但整体而言，能源法的立法研究相对还比较薄弱。四是我国能源领域还没有完全摆脱计划经济的影响，如何深刻认识不同能源行业的区别和联系，进而有针对性地建立相应的促进机制，始终存在争议。

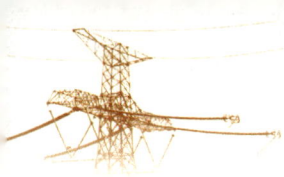

《能源法》的推出时机，取决于社会各方何时在能源发展战略、发展方式、管理体制等重大问题上形成充分共识。未来，随着我国能源战略逐步清晰、发展方式加快转变、管理体制不断完善以及《能源法》立法研究的持续深入，《能源法》出台的时机将逐步趋向成熟。

2. 加快出台油气行业和原子能发展基本法

我国在油气行业勘探、开发、储运经营、基础设施保护、环境保护等方面出台过一些法律法规，但是由于协调性不够或者历史条件的限制，像油气资源有偿使用、价格监管、经营管理、安全生产等许多重要的法律制度缺位或者有待完善，导致油气行业的发展无法获得法律法规的应有支持，部分事项处于无法可依的状态。面向未来，我国应在借鉴美国、德国、日本等国先进做法、总结油气行业立法经验的基础上，综合考虑社会各方面意见，尽快制定出台油气领域基本法，涵盖勘探、开发、炼油、储运、进出口和销售、安全生产、质量控制、国内石油市场监管等所有领域，并对油气行业战略规划、监管模式、市场准入制度、价格制度、油气储备和油气财税政策作出明确法律规范。这不仅有利于油气法律法规体系的完善，也有利于推动《能源法》的制定，为《能源法》有关油气发展和监管条款的制定提供借鉴和准备，而且也可以为非常规油气资源的勘探、开发、利用提供法律规范，促进非常规油气健康发展。

许多国家在涉足原子能之初便出台了调整原子能领域各种法律关系主体行为的原子能基本法，而原子能基本法对这些国家的核能发展和核能监管也起着重要的作用。例如，日本正是在其《原子能基本法》的基础上，通过了《核能灾害对策特别措施法》、《放射性物质核辐射危害预防法》等配套法律。而针对2011年3月日本大地震引发的核泄漏事故所采取的各种应对举措，也是围绕《原子能基本法》展开的。我国自20世纪80年代酝酿起草《原子能法》，迄今仍无结果，与我国作为原子能世界大国的地位很不相称。随着原子能开发实践的深入，目前制定《原子能法》的时机已经比较成熟。

3. 及时修订《电力法》、《矿产资源法》等已有法律法规

随着我国能源事业的发展，现行的《电力法》、《矿产资源法》等部分法律法规的内容已经不适应新的形势，需要及时予以修订。

现行《电力法》的主要问题在于：缺少电力行业可持续发展的原则性规定和制

度安排；缺少有关电力交易规则、电价形成机制、电力市场建设和电力管理体制方面的规定；有些条款已经不符合电力工业发展现状和未来趋势；有些条款则过于抽象，致使实施难以深入。因此，修订《电力法》，需要对上述有关内容进行充实、调整和完善，同时要充分考虑电力行业的未来发展趋势，鼓励清洁、高效、环保的电力供应，强化对发展新能源、建设坚强智能电网、大范围优化配置电力资源和推进电能替代其他能源等的鼓励与支持，明确各方面共同确保电力系统安全的责任。

现行《矿产资源法》的主要问题在于：规定的矿产资源税费制度无法反映煤炭等矿产资源的稀缺情况，且有关条款过于分散；缺少有关探矿权、采矿权转让的规定。因此，《矿产资源法》修订的重点是调整跟矿产资源相关的税费，把能源资源成本完全计入能源产品价格，以真实反映能源资源的稀缺程度，并增加规范探矿权、采矿权转让程序的条款。

4. 积极围绕能源领域重大问题开展立法研究

推进我国能源可持续发展的过程中，面临不少重大问题，有的问题目前尚没有从立法方面得到足够关注，如能源储备问题、能源预警问题、海外资源开发利用问题等。随着形势的发展，对这些问题也要及时开展立法研究，使我国能源事业始终在法治化轨道上发展。

（三）强化法律法规实施

1. 加强能源法律法规的宣传教育

广泛运用现代传播手段，借助各种媒介平台，积极开展能源法律法规的宣传，使能源法律法规主要内容深入人心，切实增强全社会遵守能源法律法规的意识。特别要把能源企业打造成能源法律法规宣传教育的重要平台，让能源法律法规的落实和能源企业依法治企的企业行为紧密结合在一起。

2. 加强对能源法律法规的执法力度

涉及能源的违法犯罪行为，如盗窃破坏能源设施的行为，对能源安全供应的危害很大，必须通过严格执法，切实加大打击力度。能源行业政企分开以后，增加了行业发展的活力，客观上也带来了我国能源执法力量特别是行政执法力量的削弱。这一问题需要引起重视，通过采取联合执法等方式，加强能源执法力量建设，加大能源执法力度，使有法必依、违法必究的方针在能源领域全面贯彻。

二、政策引导与保障

政策是传递政府主张的重要渠道，也是政府实施宏观调控的重要手段。我国正处于经济社会快速发展阶段，能源发展所面临的环境变化很快。在这种情况下，不仅要求加快能源法制建设，而且要求根据新的形势和新的要求，及时出台政策措施，解决发展过程中出现的新情况、新问题。推进能源可持续发展，离不开政策的支持与保障。发挥好政策的引导作用，要树立统一、明确的目标导向，要处理好政策制定实施涉及的各种重大关系，也要加强政策之间的统筹协调和政策实施的后评估。

（一）明确政策的目标导向

能源政策要以促进能源可持续发展，加快构建安全、稳定、经济、绿色的现代能源体系为基本导向。

1. 促进能源综合开发能力的提升

继续鼓励国内传统能源资源的勘探与开发。特别是要积极支持对石油、天然气、水电等优质能源资源的勘探开发力度。加强对煤炭资源规模开发、综合开发和煤电一体化开发的政策引导。继续对发展核电给予支持，强化对核电安全的政策要求。

进一步加大对新能源和可再生能源开发的支持力度。通过分拨财政专项资金、税收减免优惠等方式支持非常规油气的勘探、开发。综合采取各项政策措施，加大对新能源和可再生能源成熟项目的推广支持力度。对新能源和可再生能源发展过程中出现的不健康的苗头，及时进行调控。

积极鼓励国内能源企业参与国际能源竞争与合作。对能源企业"走出去"给予支持、规范与引导。适度放松对国外能源资源勘探、开发投资的外汇管制。降低能源资源进口关税，同时从外交层面为我国能源企业在海外勘探开发资源提供支持。加强对能源企业海外投资的风险管理和风险预警，督促"走出去"企业严格遵守相关国家法律，积极履行社会责任，确保海外投资安全。设立能源企业对外投资风险基金，应对能源企业可能出现的对外投资风险。

2. 促进能源布局优化和综合运输体系建设

科学规划能源布局。控制东中部地区燃煤发电项目过快发展。鼓励在具备条件的西部、北部建设大型煤电基地，实现煤电就地转化，向负荷中心地区远距离输电。优化核电和炼油项目布局。

推动现代能源综合运输体系建设。通过简化审批程序、优化能源定价机制和价格结构、加大财税支持力度等方式，鼓励铁路、公路、管道、电网等能源运输通道和运输体系建设。鼓励发展坚强智能电网，构建以特高压为核心的电网网架，提高电网智能化水平，实施大规模、远距离输电。支持我国海洋能源运输能力的发展壮大。

3. 促进能源资源的清洁高效利用

加强对节约能源的政策激励。提高资源税税率，并根据不同的资源等级实施差别税率，税基由按产量征收改为按储量征收，征收方式由从量征收改为从价征收，适度增加地方政府在资源收益中的分配比例。稳步推行阶梯电价和阶梯气价。鼓励合同能源管理等新型节能产业发展，强化对节能投资的支持力度，运用贷款贴息等政策带动社会投资，大力支持工业、建筑、交通等各领域节能。

对能源开发利用全过程实施严格的环保政策。严格执行各项环保政策。适时开征污染税，将环境污染和生态破坏的外部成本通过税收的方式内部化。设立自愿节能减排制度，对完成节能减排承诺表现突出的企业予以一定的政府奖励。逐步健全污染物排放额交易、碳排放交易、环境容量交易机制。

4. 促进能源科技进步和自主创新

积极营造鼓励科技创新的政策环境。协调推进国家能源科技创新体系建设。通过继续实施重大科技专项、设立能源科技创新基金等方式加大对重大能源技术攻关的支持力度。鼓励企业围绕能源可持续发展的重大技术难题，加大研发投入，对技术研发费用在缴纳企业所得税前予以扣除。为能源类高科技企业提供相应的金融政策优惠。

在立足自主创新的基础上，积极支持国外先进技术的引进。鼓励对配套生产线的引入及相关专利的收购，避免重复引进和单纯的设备进口。增加对引进技术设备消化吸收环节的资金投入，鼓励在引进消化吸收的基础上实施再创新，不断提高国产化水平。

加大对能源科技成果转化的支持力度。以财政补贴或税收减免的方式鼓励国内能源企业对国内重大能源科技装备的采购。在产权交易机构增加专门的能源科技类知识产权交易种类，力促能源科技成果尽快转换成现实生产力。

5. 促进能源市场运行机制的构建

坚持走中国特色的能源市场化道路，不断调整优化能源管理体制。积极稳妥地深化能源价格改革，加快构建反映市场供求关系、资源稀缺程度、环境损害成本的能源价格形成机制和反映能源资源开采、生产、运输、销售等各环节成本变动状况的价格传导机制。充分考虑能源发展的行业差异、地区差异、城乡差异，稳步推进能源市场化进程，不断健全和完善市场运行规则。在有序推进市场放开的同时，注意加强宏观调控能力建设，确保能源市场有序有效运转。健全能源储备制度，对义务进行能源储备的企业给予财政补贴或者税收优惠。改进能源市场监管，维护能源市场秩序和能源发展的规模经济性，保障市场主体的合法权益。建立针对低收入群体的基本能源供应补贴制度，促进能源普遍服务。

（二）处理好政策制定与实施所涉及的几个重大关系

1. 处理好近期发展与长远规划关系

能源战略的实施是一项长期的艰巨任务，在一定时期内，政策一般立足当前，针对能源领域的紧要事项、关键环节、重点问题优先安排，按照要事先立、急事先立的原则推出。但必须注意的是，制定和实施能源政策，一定要着眼长远，将近期发展部署与长远发展规划有机统一起来，以科学、清晰的能源战略为指引，在解决各种现实问题的基础上，着力增强政策的前瞻性和战略性，坚持不懈地推动解决影响能源可持续发展的一些深层次矛盾，减少结构性风险。

2. 处理好能源领域各个行业和各个环节之间的关系

从中国能源禀赋和发展阶段来看，未来二三十年乃至更长时间内，传统能源和非传统能源、化石能源和非化石能源都需要统筹发展，政策上要体现这一特点，同时要突出低碳、环保、高效、节约的导向，推动能源结构调整和发展方式转变。要坚持以电力为中心，推动电力二次能源与一次能源协调发展。要着眼于保证各环节之间的协调与衔接，在规划部署、项目安排、建设时序、投入规模、价格结构等问题上统筹考虑各环节的发展需要和利益平衡，统筹能源开发、能源输送、能源消费等环节。

3. 处理好国家和地方的利益关系

国家利益和地方利益具有内在一致性，但由于侧重点不同，在个别问题和个别事情上有可能存在不同的诉求。从能源领域来看，主要体现在能源资源价格机制、税费设置和分配比例、能源资源输出管制等方面。国家在出台涉及能源发展的相关政策时，需要统筹考虑资源输出地区与资源输入地区的发展，既要考虑国民经济发展的总体需要，保证持续稳定的能源供应，又要充分考虑各方面的合理需求，特别是能源资源输出地的合理要求，努力实现国家整体利益最大化。要使能源资源输出地在输出能源、支持全国建设的同时，能够充分获益并增强可持续发展能力。对由于能源资源开采、开发引起的环境污染和生态破坏治理以及资源枯竭后的产业接续等问题，国家给予大力支持。同时，坚持地方局部利益服从全局利益，能源资源输出地不能无限扩大地区利益，对能源市场运行进行不当干预，突破国家关于能源市场的调控政策，影响能源工业健康发展。

4. 处理好改革、发展、稳定之间的关系

当前，推动我国能源可持续发展还面临不少深层次的体制机制矛盾，必须坚定改革决心，正视问题的存在，积极探索有效的解决办法。同时，要充分考虑我国的现实情况，充分考虑经济社会发展的承受能力。要始终坚持以推动能源工业科学发展为主题，以确保国家能源安全和社会和谐为前提，把握改革的时机和发展的节奏，巩固稳定的局面，增强能源政策的科学性和有效性。特别是在能源市场建设问题上，一定要充分论证，科学决策，积极稳妥地推进。既要善于学习借鉴国际经验，又要坚决避免脱离国情生搬硬套国外做法。

（三）加强政策协调和后评估

1. 加强政策之间的衔接配合

由于推动能源发展可以使用的政策工具很多，可以出台涉及能源政策的部门很多，能源发展中需要政策支持和引导的方面很多，因此要充分发挥政策效用，必须在政策制定实施过程中切实加强各项政策之间的衔接与配合，避免出现政策错位、相互冲突或缺乏配套、孤军奋进的现象。比如，提高能源资源配置效率的政策，必须与打破区域市场壁垒、建设国家电力市场的政策衔接配套；鼓励大型煤电基地和新能源发电基地建设的政策，必须与发展特高压输电、建设坚强智能电网的政策衔接配套。对现有政策进行系统梳理，有效解决各种政策错位、冲突等问题，对不合时宜的政策要及时调整或废止。

2. 加强政策实施情况跟踪和后评估

政策的效力源于执行。在重视能源政策制定过程、不断提高政策科学性的同时，切实加强政策落实工作。加强对政策落实情况的跟踪分析，发现问题及时解决。在政策执行中，既要坚持原则，保持政策的严肃性，又要避免政策僵化和教条主义，确保政策能够真正落地、有效实施。建立能源政策实施后评估制度，及时对能源政策实施效果进行分析评估，为进一步完善和调整政策提供依据。

第二节　能源标准体系建设

根据发布主体的不同，我国的标准可以分为国家标准、行业标准、地方标准、企业标准等；根据客体的不同，可以分为技术标准、管理标准、工作标准等。建立和形成一套科学的能源标准体系，是我国能源工业和能源企业健康科学发展的需要，是提升我国在国际能源及相关领域竞争力的需要。

一、能源标准体系建设的意义

1. 加强能源标准体系建设是我国能源工业健康发展的需要

目前，我国的能源发展正在进入新的阶段。新的能源品种和能源产品、新的能源开发利用技术、新的能源服务内容和服务方式不断涌现，需要有与之匹配的标准予以引导和规范。已有的能源标准体系已经不能适应这种快速发展变化的形势，需要进一步加强能源标准化工作，在修订原有标准的基础上，加快新标准建设，不断充实完善能源标准体系，促进能源事业健康有序发展。

2. 加强能源标准体系建设是能源企业科学发展的需要

企业标准是对企业范围内需要协调、统一的技术、管理和工作事项所制定的标准。能源企业标准是能源标准体系的重要内容。标准化建设是企业重要的基础性工作，也是重要的战略性工作。能源企业加强标准建设，一方面可以降低经营发展成本，保证产品和服务的质量，更好地满足消费者和客户的需求，并树立良好的品牌和形象；另一方面可以藉此提高市场准入门槛，培育和打造竞争对手难以模仿的独特竞争优势。一旦能源企业标准上升为行业标准、国家标准甚至国际标准，则将在国内、国际市场竞争中占据非常有利的位置，赢得更多的发展机遇和更广阔的市场空间。近年来，我国许多大企业在实施国际化的过程中，也都把标准化作为重要抓手，"企业标准化—标准国际化—企业国际化"成为这些企业在国际竞争中取得优势地位的重要策略。

3. 加强能源标准体系建设是增强我国国际竞争力的需要

标准是构成国家核心竞争力的基本要素。进入21世纪以来，各国纷纷制定了标准化发展战略，欧盟、美国、加拿大的标准化战略在2000年前后相继出台，日本2006年推出国际标准综合战略。我国在2011年发布了《标准化事业发展"十二五"规划》，提出要"着力提升标准化发展的质量效益，促进创新型国家和质量强国建设，实现标准化对经济社会发展贡献率的大幅提升"。未来，能源及相关技术和产业的国际竞争将日趋激烈，新能源、坚强智能电网、新能源汽车等战略性新兴产业是重要的竞争领域。加强相关方面的标准建设，有利于我国在国际竞争中争取主动，并促进能源和装备制造企业"走出去"。

二、能源标准的制定

能源标准体系建设是一项长期的经常性工作。根据能源工业面临的形势和任务，近期应集中力量着力抓好一些急需的关键标准的制定，使我国在应对国际能源变革、保障国家能源安全、促进能源可持续发展方面能够处于较为主动的地位。

1. 加快完善新能源发展相关标准

标准建设滞后已经成为制约我国新能源健康发展的重要因素。由于缺乏统一的标准规范，我国新能源产业发展无序，标准混乱，设备、工程质量缺乏可靠保障，给能源安全埋下了不少隐患，对我国新能源产业的发展造成了不良影响。从国际上看，许多国家都在积极对国际新能源产业标准的制定施加影响，努力争取对本国有利的局面。我国应集中各方面力量，进一步加大新能源标准建设力度，尤其要加快出台较为系统的风电和太阳能光伏发电标准，为相关产业的发展提供技术导引和规范。

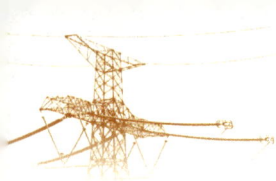

2. 继续完善特高压和智能电网标准

目前，国内企业在特高压和智能电网标准建设方面已经创造性地开展了不少工作，使我国在一些领域标准制定方面处于世界领先地位。国家电网公司在这方面的工作具有代表性。截至2011年底，在特高压领域，国家电网公司已发布企业技术标准130项，受托制定、修订国家标准16项，获得授权专利500多项，特高压交流电压标准被相关国际组织推荐为国际标准电压；在智能电网领域，提出了智能电网技术标准体系框架，已发布企业技术标准166项，受托制定、修订国家标准、行业标准42项；此外，经IEEE、IEC等国际组织授权和国家标准化委员会委托，还承担了12项电网技术国际标准的制定工作。下一步，国家需要根据特高压和智能电网技术发展状况，继续完善特高压和智能电网技术标准体系，将一批成熟的企业标准尽快升级为国家或行业标准，并争取更多国际标准的制定权。

3. 组织制定电动汽车技术标准

推动电动汽车标准体系建设，可以规范电动汽车的研发和制造，规范市场秩序，减少信息的不对称，同时可以促进电动汽车产业链条各环节的有效衔接，减少重复建设，提高投资效益。在电动汽车标准体系建设工作上，应充分发挥政府、行业协会的协调作用，依托大企业及企业联盟，在充分征求有关各方意见的基础上，确立技术发展路线，制定相关标准规范，引导电动汽车产业的健康有序发展。

4. 不断健全和完善强制性能效标准

对主要耗能设备和产品实施强制性能效标准，是落实国家节能优先战略的重要举措。目前，我国已经针对电机、空调、家用电器、照明器具等部分耗能产品出台了强制性能效标准。未来应进一步扩大强制性能效标准的覆盖范围，针对更多的耗能产品制定出台强制性能耗标准。同时，逐步提高我国强制能效指标的设定水平，充分发挥标准的引导作用。对于国家尚未出台强制性能效标准的产品，也可以借鉴国外经验，由地方政府根据本地情况率先建立地方标准。

5. 加强能源企业标准建设

积极引导和推动能源企业加强标准化工作，不断建立健全企业的技术标准、管理标准和各种工作标准。产品质量、节能减排等方面的标准一定要严于国家标准、行业标准或地方标准。有条件的企业，要积极采用国际标准和国外先进标准。要将标准化作为一种重要管理思维和管理模式，企业经营管理的方方面面，凡是能够建立标准的都要建立标准，实现企业整体运营的标准化。要定期对企业标准进行充实和复审，确保标准的适应性、先进性，以此持续提升企业的运营能力和竞争力。

三、国际能源标准制定的话语权

目前，发达国家在国际能源标准领域处于绝对控制地位。近年来随着自主创新能力的提升，我国在国际能源标准制定方面的话语权有所提升。以电力行业为例，我国在国际电工委员会已取得了3个主席职位，设立了3个国际秘书处。我国应继续采取针对性的措施，扩大我国在国际能源标准领域的影响力，增强我国的话语权。

1. 将国际标准作为国内能源标准制定的重要参照

随着我国经济与全球经济紧密融合，国内能源市场与国际能源市场的相互影响日益加深，能源领域的国际竞争日趋复杂激烈。在这样的历史背景下，我国能源及相关企业要想更好地"走出去"，我国要在国际能源及相关领域的竞争中赢取主动，在国内能源标准的制定中，在设定能源技术、产品、服务、设备等相关标准指标时，就需要充分考虑国际竞争与合作方面的因素，在保障国家能源和经济安全、不损害国内产业竞争力的前提下，可主动比照甚至直接采用国际标准；没有通用国际标准的，可比照或采用世界最严格的国家或地区标准，或国际先进企业的标准。即使考虑现实因素，短时间内无法比照国际标准或先进国家（或企业）标准，也应制定相应目标和计划，逐步向国际标准或国际先进标准靠拢。

2. 加强国际能源标准领域的交流与合作

通过各种方式，支持、推荐国内能源及相关领域人才加入国际能源标准机构工作，支持、推荐国内人才和国内企业参与国际能源标准的起草、制定与修改，在为国际能源标准体系建设作出贡献的同时，积极反映国内的意见和声音。同时，还要鼓励国内的企业、组织和专业人士以各种形式积极参与国际能源标准领域的交流与合作，及时了解和把握国际能源标准发展的最新情况，利用一切可能的机会扩大我国在国际能源标准领域的影响力。要善于利用国内能源行业快速发展带来的市场优势和技术优势，逐步增强我国在国际能源标准制定中的话语权。

3. 更多参与国际标准制定

我国一些大型能源企业在"走出去"方面迈出了重要步伐，与国际同行和

有关方面建立了较为密切的交流合作关系，有的在一些国际标准制定方面发挥了重要作用。如国家电网公司在特高压和智能电网方面的一些技术标准已经或者正在被相关国际标准机构确认、接受为国际标准。2008年，国家电网公司特高压交流1100千伏电压被国际电工委员会（International Electrotechnical Commisson, IEC）和国际大电网会议（Conference International des Grands Reseaux Electriques, CIGRE）推荐为国际标准电压。2010年，国家电网公司向IEC提出了包括用户侧接口、智能调度等方面在内的有关智能电网的18项标准提案，其中用户侧电源接入电网等12项已获得批准。此外，国家电网公司还承担了IEC智能电网标准体系战略工作组（IEC-SG3）和IEEE智能电网标准体系工作组（P2030）的部分工作。2011年2月，国家电网公司提出的储能系统接入电网测试标准被IEEE正式列为IEEE P2030.3标准❶。2011年6月，IEEE专门在北京就国家电网公司起草的4项国际电网标准❷召开工作组会议，正式批准成立项目工作组。下一步，需要进一步发挥大型能源企业参与国际能源标准制定方面的作用，支持大型能源企业的相关工作，推动大型能源企业逐步从国际能源标准的引用者、接受者转变成制定者、引领者。

第三节　大型能源集团

能源企业发展关系国家能源安全和经济命脉。随着工业化、信息化、城镇化、市场化、国际化的发展，特别是国际化程度和我国能源对外依存度的提高，我国能源发展的内外环境日趋复杂，能源企业面临日益激烈的国际竞争。作为能源企业中

---

❶ IEEE P2030.3标准由电气电子工程师学会与美国国家标准与技术研究院（National Institute of Standards and Technology, NIST）共同提出，致力于制定一套应用于智能电网可以在全世界推行的标准和互通原则，主要内容包括电力工程（Power Engineering）、信息技术（Information Technology）和互通协议（Communications）等三个方面的标准和原则。

❷ 4项标准分别是：《1000kV及以上特高压交流系统过电压与绝缘配合》、《1000kV及以上特高压交流设备现场试验标准及系统调试规程》、《1000kV及以上特高压交流系统电压与无功标准》和《储能系统接入电网设备测试标准》。

的旗舰，大型能源集团是我国能源战略的重要实施主体，担负着确保国家能源安全的重任，不但代表了我国能源企业的竞争实力，而且在能源企业"走出去"过程中还扮演着引领者和主力军的角色。发展大型能源集团，是转变我国能源产业发展方式的客观要求，也是保障国家能源安全的关键。

我国应重视发挥大型能源集团的作用，为大型能源集团的发展创造有利的政策环境。积极支持能源企业进行业务的横向拓展和纵向延伸，推进管理和体制机制创新，并利用国内外有利条件加快"走出去"步伐，以加紧培育一批符合现代企业制度要求、具有较强国际竞争力和良好品牌形象的能源旗舰企业。

一、发展大型能源集团的意义

1. 大型能源集团是国家能源战略的重要实施主体和能源安全的基本保障力量

从国际上看，石油和电力等大型能源集团在各国不同的经济发展阶段始终是本国能源战略的实施主体，并通过发挥大企业的优势，有效地保障了本国的能源安全。例如法国电力集团积极实施法国能源发展战略，在法国经济高速发展阶段，有效推进了电力工业的建设，保障了法国经济发展对电力的需求；在法国经济进入工业稳定发展时期以后，通过对核电技术的创新研发，有效地提升了法国能源安全水平，实现了法国电力供应自给率的战略目标。

我国能源企业在支撑国民经济增长和社会发展中发挥了巨大作用，能源自给率一直保持在85%以上的较高水平。独有的创新力、组织力和资源配置力，决定了大型能源集团必将是实施国家能源战略的骨干力量。加快发展新能源和可再生能源、调整优化能源结构、促进能源发展方式转变等一系列战略任务，以及加强生态环境保护、应对全球气候变化问题等，也都需要发挥大型能源集团的主体作用。因此，必须加快发展大型能源集团，为我国工业化和现代化进程提供坚强的能源保障。

2. 大型能源集团是我国参与全球能源竞争的主力军

全球化背景下，国家之间的竞争更多地表现为企业之间的竞争。企业的国际竞争力问题，不仅关系企业自身的发展，更关系到国家的综合实力，是国家强盛的一种重要体现。为在国际能源领域竞争中占据优势地位，我国必须加快发展具有国际竞争力的大型能源集团。

当前，国际能源市场竞争呈现出新的特点：在国家层面，能源出口国与能源进口国之间、能源出口国与能源出口国之间、能源进口国与能源进口国之间，都存在着竞争与合作相互交错的关系；在企业层面，一些世界性大型能源集团不仅规模越来越大，业务发展也呈现多元化趋势，业务范围不断向产业链上下游延伸，向相关领域进行扩展。国际大型能源集团，不仅已成为各国参与能源竞争的主要支点，而且还是世界能源发展的主要力量。

通过"走出去"并购海外能源资源、占领海外能源市场，对保障我国重要能源资源的供给安全、落实国家能源外交合作政策，进而带动国内能源行业产业结构升级，推动我国经济发展方式转变、促进社会又好又快发展具有重要战略意义。因此，加快实施"走出去"战略是我国大型能源集团的重大战略使命。同时，这也是大型能源集团自身转型发展的客观需求，有利于提升企业国际品牌价值和国际市场竞争力。大型能源集团通过"走出去"，可以进入新的市场，调整业务布局，发展新的业务，寻求新的利润增长点；可以优化资产结构，以海外资产的经营发展促进集团整体经营绩效的提升，从资产、业务、管理、人员等方面实现能源集团的国际化；还可以与国际合作伙伴建立战略结盟，实现强强联合、共担风险、互利共赢。近年来，我国大型能源集团积极致力于实施"走出去"战略，并取得了积极成效（见表9-1）。华能集团早在2003年就成功收购了澳大利亚OzGen电力公司50%的股份，这是中国电力企业首次在发达国家收购电力资产。国家电网公司继2008年成功竞得菲律宾国家输电网特许经营权之后，2010年又成功收购巴西部分输电网特许经营权项目。2012年2月，国家电网公司成功中标葡萄牙国家能源网公司股权项目，成为该公司第一大股东，这是我国首次成功收购国家级输电网和天然气输送网，对于开拓欧洲能源市场具有重要战略意义。

表9-1　　　　　　　　我国大型能源企业"走出去"实例

序号	企业	时间	简介
1	中国水电	2003年6月	获得非洲最大水电工程苏丹麦洛维大坝土建工程承包合同
2	华能集团	2003年12月	以2.27亿美元收购澳大利亚OzGen电力公司50%的股份
3	兖矿集团	2004年12月	以3200万澳元收购澳大利亚南田煤矿
4	中国石油	2005年8月	以41.8亿美元收购哈萨克斯坦PK石油公司

序号	企业	时间	简介
5	中电投	2006年12月	获得缅甸7座梯级水电站开发权
6	中国海油	2008年1月	以25亿美元收购挪威海上钻井公司AWO公司全部股权
7	中国大唐	2008年1月	在缅甸投资建设太平江水电站项目
8	神华集团	2008年3月	投资印度尼西亚南苏煤电项目,建设2×15万千瓦燃煤电厂
9	华能集团	2008年3月	以42.35亿新加坡元收购新加坡大士能源公司全部股份
10	中国石化	2008年9月	以19.3亿美元收购加拿大坦噶尼喀石油公司全部股份
11	神华集团	2008年11月	获得澳大利亚沃特马克勘探区探矿许可权
12	中国石油	2008年11月	获得伊拉克艾哈代布油田开发与服务合同
13	国家电网	2008年12月	以39.5亿美元获得菲律宾国家输电网25年特许经营权
14	中广核	2009年4月	与哈萨克斯坦国家原子能公司共同成立开发其铀资源的公司
15	中国石化	2009年6月	以72.4亿美元收购瑞士Addax石油公司全部股份
16	中国石油	2009年6月	以14.7亿新加坡元收购新加坡石油有限公司45.51%的股权
17	中国石化 中国海油	2009年7月	以13亿美元联合收购美国马拉松石油公司持有的安哥拉一个石油区块20%的权益
18	兖矿集团	2009年8月	以33.33亿澳元价格收购澳大利亚菲利克斯能源公司
19	中国石油	2009年11月	获得伊拉克鲁迈拉油田开发与服务合同
20	中国石油	2009年12月	获得土库曼斯坦南伊洛坦气田开发合同,价值30亿美元
21	中国石油	2009年12月	收购加拿大麦凯河、多佛两处油砂田,价值约18亿美元
22	中国石油	2010年1月	获得伊拉克哈发亚油田开发生产服务合同
23	中国石化	2010年1月	以71亿美元收购西班牙雷普索尔公司巴西分部40%的股份
24	中国海油	2010年2月	以25亿美元从英国塔洛石油公司手中获得乌干达油田股份
25	中广核	2010年2月	以约1亿美元收购澳大利亚能源金属有限公司66%的股份
26	中国石油	2010年3月	与荷兰皇家壳牌合作以30亿美元购买澳大利亚箭牌能源公司
27	中国海油	2010年3月	以70.6亿美元从BP公司收购阿根廷泛美能源60%的股份
28	中国石化	2010年6月	以46.5亿美元购买加拿大辛克鲁德公司9.03%的股份
29	中国华电	2010年8月	投资印度尼西亚巴淡岛2×6.5万千瓦燃煤电厂项目
30	中煤集团	2010年9月	获准开发澳洲苏拉盆地哥伦布拉项目
31	中国华电	2010年9月	投资印度尼西亚阿萨汉一级2×9万千瓦水电站项目

序号	企业	时间	简介
32	中国国电	2010年11月	获得柬埔寨柴阿润和松博两个水电站开发权
33	国家电网	2010年12月	以9.89亿美元收购巴西7家输电特许经营权公司
34	中国石化	2011年2月	以24.5亿美元收购美国西方石油公司阿根廷子公司全部股份
35	中国华能	2011年4月	以12.3亿美元收购美国全球电力公司50%股份
36	中投公司	2011年8月	以32.4亿美元收购法国燃气苏伊士集团子公司30%股份
37	中国石化	2011年10月	以21.3亿美元收购加拿大日光能源公司全部股份
38	中国石化	2011年11月	以35.4亿美元收购葡萄牙高普石油公司巴西子公司30%股份
39	中国海油	2011年11月	以21.0亿美元收购加拿大欧普提油砂公司全部股份
40	中国三峡集团	2011年12月	以26.9亿欧元收购葡萄牙电力公司21.35%股份
41	兖矿集团	2011年12月	以20.9亿美元收购澳大利亚格罗斯特煤炭公司77%股份
42	中国石化	2011年12月	以17.7亿美元收购澳大利亚太平洋液化天然气公司15%股份
43	国家电网	2012年2月	以3.87亿欧元收购葡萄牙国家能源网公司25%的股份

3. 大型能源集团是推进能源科技创新的重要主体

能源行业是技术密集型行业，不论是在能源开发还是在利用方面，技术创新都能够带来巨大的发展驱动力。推进能源科技创新，既是能源企业抢占未来经济科技发展制高点、加快自身发展的客观需求，也是推动国家能源产业技术升级的重要要求。由于能源科技具有投资大、关联多、周期长、惯性强等特点，相对于小型能源企业，大型能源集团具有更强的投入实力和技术积累优势。纵观世界各国，大型能源集团都是本国相关产业科技创新的领头羊，而且许多大型能源集团已成为世界能源工业的研究中心和科技发展的引领者。

建设创新型国家是从社会主义现代化建设全局出发作出的重大战略部署。身为建设创新型国家的重要力量，大型能源集团是推动我国能源科技创新的主体。大型能源集团是能源科技创新的主力军，在科技投入、科技积累、人才培育、产研结合等方面具有不可替代的优势，在建设创新型国家的总体战略中，必须充分发挥创新主体作用。推动我国能源科技进步，保障未来我国能源安全，需要加大对能源企业技术创新的支持力度，通过技术创新来挖掘能源供应潜力，寻找能源替代方式，提高能源利用效率。近年来，大型能源企业集团进一步加大研发投入和科技投入，并取得了丰硕的科研成果。2011年国家科技进步奖特等奖和一等奖共10项，其中大型能源企业占3项。

二、支持大型能源集团发展

企业的发展不仅要靠自身努力，还要靠良好的政策环境。能源产业的资源稀缺性和战略特殊性决定了在推动我国能源企业发展壮大的过程中，既要注重发挥市场配置资源的基础性作用，又必须充分依靠政府的宏观调控作用。美国、英国、法国、日本等国大型能源集团的每次历史性飞跃，都离不开本国政府的支持。我国能源企业的发展壮大同样需要国家强有力的支持。

1. 支持大型能源集团进行业务的横向拓展和纵向延伸

企业做大做强是规模效益、协同效益和提升抗风险能力的驱动，也是企业持续发展、有效参与国际竞争的需要。从跨国能源公司的发展历程看，虽然企业的资产属性和发展背景各有不同，但都走过了做大做强以及国际化发展的道路。我国大型能源集团以国有资本控股企业为主，业务范围相对单一，专业性强。推进我国大型能源集团发展，需要借鉴国际能源企业发展经验，推动企业的横向兼并、纵向一体化发展以及跨能源领域的发展。

第一，支持大型能源集团开展整合兼并。较大的经营规模，不仅能发挥企业的规模经济效应，还可以大大增强企业的抗风险能力以及与国际大型能源集团抗衡的能力。法国电力集团在发展过程中整合了国内1400多家小型地方电力企业，40年来一直保持在法国电力工业的独家建设和经营的地位。埃克森美孚公司也是自19世纪中后期通过不断兼并弱小石油企业而逐步壮大起来的。我国部分能源行业和能源装备制造业当前依然存在企业规模小、数量众多、竞争力不强的问题。为提高我国能源企业竞争能力，应加快煤炭、新能源等行业的企业兼并重组，打破地域界限，发展大型企业集团，提高产业集中度，实现规模生产。

第二，支持大型能源集团沿产业链上下游整合。经济发展水平越高，上下游一体化程度越高，竞争力也越强。上下游产业一体化经营是世界大型能源公司发展的共同趋势。通过兼并联合可以实现能源企业的集团化、规模化发展，降低成本，提

高整个产业链的运作效能，提升企业经营管理水平和竞争优势。应支持大型能源集团对产业链高端环节和核心技术掌控，向上下游适度延伸产业链，优化整合业务的价值链，提升产业链集成能力和产业链附加值，努力拓展服务领域，提高企业的盈利能力。支持大型能源集团加快拓展对能源资源的勘探、开发、贸易、储备和经营等业务；加快煤、电集团并购重组，实现煤电产业协同发展；着力提升能源运输物流产业，推动煤电路港运产业协同发展；加快向化工、炼化、化肥等下游领域及专业技术服务等方向发展。

第三，支持大型能源集团向相关领域拓展。 能源企业向相关领域实行多元化发展，可以在保证企业经营稳定性和安全性的前提下，利用协同效应，充分发挥企业自身管理与技术优势以及相关资源优势，向用户提供多种能源和相关服务，扩大市场占有率，提升经营业绩。法国电力集团、德国意昂集团等电力公司不断向天然气等新的业务领域发展。世界前三大石油公司埃克森美孚、荷兰皇家壳牌、英国石油的业务领域不仅涵盖了石油天然气的上下游业务，而且扩张到港口、运输、煤炭开采、发电等能源相关领域。此外，由于大型能源企业普遍具有较大的现金流和资产规模，有条件地发展金融产业，积极探索产融结合的途径和模式，也是拓展企业发展空间的重要选择。

2. 支持大型能源集团加快"走出去"步伐

经过改革开放三十多年的努力，随着能源工业的快速发展，我国大型能源集团总体实力明显增强，在一些领域形成了明显的比较优势。2011年，中石化、中石油、国家电网公司都进入了《财富》全球500强企业的前10名，分别排名第5、6、7位，已经跻身全球最具影响力的企业行列。近10年来，许多国内能源企业在"走出去"方面进行了大胆尝试，从正反两个方面积累了较为丰富的经验。虽然与国外大型跨国能源公司相比，我国能源企业总体上还存在业务结构单一、国际化经营能力较弱等问题，但加快"走出去"步伐的基础和条件已基本具备。

我国大型能源集团正面临加快"走出去"步伐的重要历史机遇。一方面，金融危机后欧美发达国家复苏缓慢，投融资能力下降，资源禀赋较高的发展中国家对发展经济的资金需求迫切，海外资产价格有所降低、限制有所减少，大型能源集团境外投资面临较强合作意愿。另一方面，进入21世纪以来，随着经济全球化进程的不断加快，特别是国际金融危机以来，世界经济格局和国际分工出现重大变化，我国的国际地位和综合实力明显上升，人民币持续升值，购买力增强，外汇资金充裕。加快我国大型能源集团"走出去"步伐，当前正是机遇难求的有利时期。

国家可以从五个方面着手，支持大型能源集团"走出去"。

第一，从政策与管理上鼓励大型能源集团走向国际市场。加强对能源企业"走出去"的宏观政策指导，支持具有战略意义的资源型投资、技术获得型投资、市场开拓型投资，实现能源企业对外投资的微观目标与国家的宏观目标之间的战略协同。简化能源企业对外投资审批手续，建立健全能源企业"走出去"的资金支持措施，制定实施财政、税收、外汇、金融等方面的支持政策，并在国际化人才引进、交流、培训、薪酬体系等方面给予能源企业支持和指导，为能源企业加大"走出去"力度、开展国际化经营创造良好的政策环境。

第二，充分发挥外交资源的重要支持与配合作用。发挥驻外机构和对外经贸合作机构的作用和优势，加强对国内能源企业"走出去"的信息支持和指导，及时引导国内能源企业关注国外市场机会，在科学评估风险收益的基础上，采取合适的"走出去"策略。同时，有效整合外交资源，充分发挥国家在政治、经济、军事、外交等方面的影响力，减少目标国政治性和非商业性因素对我国能源企业"走出去"的干扰，促进"走出去"项目的顺利实施。

第三，引导能源企业在"走出去"过程中实现战略协同。我国能源企业跨国经营起步较晚，总体上看，多数能源企业在制定和实施跨国经营战略方面缺乏经验或认识不足，需要在"走出去"的过程中加强信息交流和协作，避免在海外投资、并购中的恶性竞争。国家有关方面应加强对能源企业"走出去"的引导和协调，加强信息共享，充分发挥各企业的特点和优势，形成合力，统一对外，避免各自为政、单打独斗。

第四，支持大型能源集团通过"联合收购、共同开发"模式实施"走出去"。强强联合是当前全球投资活动的主要趋势，有利于我国大型能源集团在"走出去"过程中分散市场风险。应积极推动国内大型能源集团与国际知名企业和目标地有影响力的企业建立长期稳定的合作关系，开展海外投资。

第五，加强对能源企业"走出去"风险的预警、防范和控制。由于国际业务的不确定因素较多，大型能源集团在"走出去"过程中，也将面临政治、经济、法律、安全和文化等多方面的风险。因此，大型能源集团"走出去"，既要积极，又

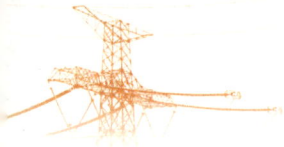

要稳妥。要把风险防范放在重要位置，健全风险控制和战略保障措施，推动境外业务稳步健康发展。国家层面也应发挥资源信息优势，建立国际市场和投资目标地区有关风险评估机制，指导企业建立内部风险管控制度，有效防范和应对"走出去"风险。一旦出现重大风险，及时进行预警，确保海外资产和人员安全。

3. 支持大型能源集团推进体制机制创新

大型能源集团绝大多数都是国有资本控股企业，在改革开放之前均实行高度集中、政企合一的生产和管理体制。随着我国计划经济体制逐渐向社会主义市场经济体制转轨，能源行业先后实施了政企分开和市场化改革，大型能源集团的管理体制和运行机制不断调整变化。由于复杂的历史沿革和能源市场化改革渐进性的特点，我国能源企业在建设具有国际竞争力现代大型能源集团的过程中，面临一些深层次的体制机制矛盾。这些深层次矛盾的解决，需要国家给予支持和引导。

第一，推动大型能源集团加快建立现代企业制度。 大型能源集团大多是由政府部门经过政企分开等改革，进行改制后形成的国有独资或控股企业，普遍存在治理结构不完善、管理机制不灵活等问题。虽然近年来通过在国有独资企业建立董事会、引入外部董事、党政交叉任职以及建立健全考核激励机制等方式，逐步改善了中央大型能源企业的治理模式和监督管理机制，但总体来看，还没有形成真正意义上的现代企业制度。发展大型能源集团，需要在总结以往经验的基础上，进一步完善法人治理结构，建立科学、规范的治理机制。同时，不断改进对大型能源企业集团的考核激励方式。要积极推进具备条件的大型能源企业集团上市特别是整体上市，通过上市促进企业完善治理结构，转换经营机制，深化现代企业制度建设。

第二，帮助大型能源集团有效解决各种历史遗留问题。 我国大型能源集团普遍存在着企业办社会、用工不规范等历史形成的问题，包袱比较沉重。这些问题都是特殊历史条件下形成的，涉及国家法规政策和职工切身利益，单纯靠企业力量难以有效解决。对此，国家一方面应加强指导，推动企业在现行法规政策框架下积极稳妥地解决这些历史遗留问题。对一些短期内确实无法解决的问题，按照尊重历史、实事求是的原则，采取分步走的办法。另一方面应从政策方面对企业解决历史遗留问题的举措予以支持，减轻企业由此产生的成本压力和安全稳定压力。

第三，支持大型能源集团开展内部管理创新。 我国许多大型能源集团发展方式都较为粗放，存在组织层级多、管理链条长等问题，资源缺乏整合，集团管控力度弱，管理不够科学。国家电网公司是一个非常典型的例子。由于历史原因，在其成立初期，内部管理层级最多的时候曾经有八级，下属的供电企业劳动组织方式也是几十年一贯制，已经远远滞后于生产力的发展。随着改革的推进，国务院国资委对中央企业压缩管理层级、加强集团管控、实施科学管理有了明确的政策要求。国家应进一步支持督促大型能源集团遵循企业发展规律，采用现代管理理念、方法和手段，按照扁平化、专业化、标准化、集约化的原则，调整组织结构，压缩管理层级，创新管控模式，优化业务流程，持续创新内部管理体制机制，推进核心要素资源整合，增强集团控制力和执行力，充分发挥集团化运作的规模优势和战略协同作用，增强资产运营效率和经济效益。

三、大型能源集团的市场地位

无论就市场影响力和社会影响力而言，还是从科技研发实力、装备现代化水平等关系到企业竞争力的关键要素看，在我国能源领域，大型能源集团都占据优势地位。近年来，伴随对"国进民退"、反垄断、能源价格调整等问题的讨论，大型能源集团所具备的这种优势地位一直备受关注，并常常遭受"垄断"质疑。对这个问题，需要全面、客观地分析和认识。

第一，能源行业具有规模经济性的特点决定了垄断是世界能源行业发展的客观现象，具有自然垄断属性的业务只适合垄断经营。能源行业的固定资产投资大，具有明显的规模经济性。这就决定了在能源领域的竞争中，胜出的将是掌握更多资源、拥有更强市场地位的特大型、超大型能源企业。正是由于这一原因，各国能源市场普遍由少数几家大型能源集团主导，具有寡头垄断的市场特征。如全球76%的国家只有一家石油公司，剩下的国家也不超过三家石油公司。德国意昂集团、法国电力集团等都是当今世界上有明显竞争优势的电力企业集团，长期保持了较强的市场影响力和控制力。

能源行业的部分环节，如电力的输配电网，石油、天然气的长距离输送管道以及城市管网，均具有典型的自然垄断特性。无论如何进行切割，这些业务领域的自然垄断属性不会改变。因此，对电网、油气管道和燃气管网，实施独家垄断经营是最有效率的制度安排。

第二，在经济全球化背景下，分析垄断问题不能仅仅着眼国内，而应放眼国际，充分考虑参与国际能源竞争的需要。随着经济全球化的不断深入，能源市场的竞争也日趋国际化。大型能源集团是我国参与国际能源竞争的主体。或许从国内来看，某个能源集团具有一定的垄断地位和较大的市场影响力，但从国际能源市场来看，它仅仅是参与国际能源竞争的众多市场主体之一。要增强我国在国际能源市场的竞争力，更好地保障国家能源安全，必须加快我国大型能源集团的发展，决不能无视国际竞争因素，单纯以国内垄断为由加以限制。不仅不应该限制，而且还应该积极支持我国大型能源集团积极参与国际市场竞争，在竞争中不断发展壮大，尽早在国际市场产生举足轻重的影响力。

　　第三，国际经验表明，实施有效监管能够弥补垄断的缺陷，反垄断反的是垄断行为，而非企业的垄断地位。在能源领域，通过创新监管制度、完善考核机制，能够在实现对垄断企业有效监管的同时，充分发挥其规模效益。这是许多市场经济发达国家的普遍共识和通行做法。因此，从国家来说，一方面，应通过完善能源市场规则，改进能源市场监管，进一步规范能源企业行为，促进能源企业改进管理、降低成本、提高效率，更好地维护市场公平，保障社会利益；另一方面，也要为大型能源集团健康发展提供稳定的政策预期和规范的体制环境，促使其更好地履行担负的责任与使命。

　　近20年来，西方发达国家也已经逐步调整了"垄断标准"，改变了以往仅以市场份额和产业集中度确定的"市场支配地位"作为垄断认定标准并进行处罚的立法原则，开始转向以注重企业"滥用市场支配地位的行为"的垄断认定标准。我国出台的《反垄断法》，主要也是防止企业利用垄断地位做出损害消费者利益和社会公共利益的行为。

　　第四，我国的基本经济制度要求发展国有大型能源集团以保持对能源行业的绝对控制力。以公有制为主体、多种所有制经济共同发展，是我国的基本经济制度，也是中国特色社会主义市场经济的基本特征。能源行业属于关系国家安全与国民经济命脉的重要基础产业和关键领域，必须由国有资本保持绝对控制力，培育发展国有大型能源集团成为必然选择。国有大型能源集团在落实国家宏观调控措施、保障能源供应安全、履行企业责任、促进和谐社会建设等方面，有着更强的内在动力，承担着更重要的社会责任。

四、大型能源集团的社会责任

大型能源集团是国民经济和能源产业发展的重要支柱，经营范围覆盖城市农村，影响到社会生产和生活的方方面面，所以，必须增强责任感和使命感，自觉站在落实科学发展观、保障国家能源安全、服务现代化建设的高度，坚持开放进取，严格自律，持续提高服务质量，自觉接受各种监督和监管，认真履行社会责任，努力实现又好又快发展。

1. 坚持开放进取，持续改进提高

大型能源集团必须充分认识自身所担负的重要责任，主动把企业发展放到经济社会发展的全局中去谋划，自觉贯彻和支持国家各项发展战略，服务社会主义现代化建设总体部署和地方各项事业的发展。要锐意改革创新，加强科技进步，转变发展方式，在为国家提供稳定、安全、可靠的能源供应的同时，不断提高企业资产运营效率。要立足我国实际，着眼国际国内两个市场，树立全球视野，以增强国家综合实力和国际竞争力为己任，决不能仅仅满足于国内市场称雄，而是要争取在复杂激烈的国际能源竞争中力拔头筹、抢占先机。

2. 严格自我约束，依法规范经营

由于受到长期计划经济和社会转型阶段不良风气影响，当前能源领域企业管理和行风建设方面存在不少薄弱环节，需要高度重视、严格自律。具有较强市场影响力的大型能源集团，更应该加强自我约束，不断改进作风，切实做到依法经营企业、严格管理企业、勤俭办企业。

3. 创新服务内容，持续提升服务质量

能源服务质量和可靠性的高低直接影响生产生活秩序，关系到国民经济的发展和人民生活水平的提高。大型能源集团要抓好能源设施建设，做好能源风险和应急管理，维护能源系统运行安全。要适应能源技术发展和用户需要，积极创新能源服务内容，改进能源服务方式，从被动式服务向主动式服务转变，从单一购销服务向综合智能服务转变，形成双向互动、多元优质服务格局。

4. 处理好经济效益和社会效益之间的关系

科学的企业社会责任观，要求大型能源集团既要提高效率和效益，又不能一味追求经济利益，在实施能源战略、加快企业发展的过程中要关注利益相关方的需

求，要充分发挥履责表率作用，带头贯彻落实国家相关方针政策，把节能减排、保护环境的要求贯穿到企业经营发展的每个环节；支持"三农"建设，主动做好能源普遍服务工作；维护职工合法权益，构建和谐的劳动关系，支持社会公益事业发展，努力实现经济、社会和环境的综合价值最大化。

5．加强与社会各界的沟通，自觉接受社会监督和政府监管

作为国家能源设施的主要建设、运营和维护者以及能源产品与能源服务的主要提供者，大型能源集团应正确处理与利益相关各方的关系，按照公开透明的基本原则，完善对外信息披露机制，畅通与各方的沟通交流渠道，改进沟通方式，关注各种诉求，正确表述自己的价值观念和发展主张，提高沟通效率和效果。同时，要自觉接受政府、用户、媒体等各方面的监督，积极对待各种不同意见，并据此不断改进工作，努力争取理解和支持。

内 容 索 引

C

超超临界发电 88
超导电力技术 173
成品油定价机制 252
城市电网 170
抽水蓄能电站 96
储能技术 174

D

大电网安全稳定控制技术 173
大能源观 48
大能源监管格局 259
大型风电基地 104
大型核电基地 100
大型可再生能源发电基地 104
大型煤电基地 79
大型能源集团 324
大型水电基地 91
大型太阳能发电基地 109
单位GDP能耗 39
低碳经济 49
地热能 114
电动汽车 217
电动汽车充换电设施 221
电价机制 245
电力电子技术 172
电力光纤到户 186
电力进口 129
电力流 156

电力市场 237
电力市场化改革 237
电力为中心 58
电力需求侧管理 208
电能替代 61, 210
电气化水平 62, 212
电网格局 168
电网智能化 180
电压等级 152
对外依存度 34

F

发电侧市场 244
发电量 22
发电装机容量 22
非常规石油资源 121
非常规天然气资源 123
非化石能源 3
分布式能源 114

G

供电可靠性 153
国际竞争格局 44
国际能源合作 27
国家电网 160, 191
国家风光储输示范工程 189

H

海洋能 117
核安全 102

核聚变能 118

核能开发利用 99

"户户通电"工程 217

化石能源 2

话语权 .... 257，323

J

坚强智能电网 151, 158, 189

节能技术 208

节能优先战略 201

晋东南—南阳—荆门1000千伏特高压交流
　　试验示范工程 162

经济发展方式 42

K

可燃冰 117

可再生能源 104

空间太阳能 119

空冷发电技术 81

跨国联网 171

跨区输电能力 154

L

"两头薄弱" 155

绿色能源消费模式 198

M

煤层气 123

煤电联营 237

煤化工 90

煤炭价格机制 235

煤炭洁净化开发利用 12

煤炭进口 129

煤炭清洁燃烧技术 88

煤炭市场 236

煤炭运输方式 137

煤炭资源开发 76

N

能源安全 7, 266

能源标准 320

能源禀赋 18

能源储备 284

能源发展方式 43

能源发展方式转变路径 55

能源法律法规 312

能源技术革命 8

能源结构多元化 9

能源开发利用效率 38

能源开发清洁化 10

能源科技创新 293

能源配置远程化 12

能源强度 62

能源生产 19

能源市场 227

能源市场监管 259

能源系统智能化 15

能源消费 23

能源消费电气化 13

能源应急 277

能源预警 270

能源战略 45

能源战略转型 52

能源政策 316

能源资源金融化 16

能源资源配置 36

农村电气化 216

农村电网 171

P

PM 2.5 34

配电网 155

Q

"强交强直" 167
强制性能效标准 322
氢能 119
清洁能源 10
全国联网 153
全社会用电量 66

R

柔性交流输电 172
柔性直流输电 172

S

"三华"特高压同步电网 175
上海世博园智能电网综合示范工程 188
社会责任 335
生态环境 33
生物质能 113
售电侧市场 244
输煤输电并举 144
水能资源开发利用 91

T

太阳能光伏发电 111
太阳能热发电 111
碳捕捉与封存 12
特高压电网 68, 161, 168
特高压交流 162
特高压直流 162
天然气定价机制 255
调峰电源 124
同步电网 175

W

微电网技术 174
温室气体排放 6

X

现代能源综合运输体系 132
向家坝—上海±800千伏特高压直流
    示范工程 164
小水电 95
新能源 104

Y

页岩气 124
一次能源消费 3, 23
"一特四大"战略 65, 151
油气输送管网 192
远距离输电 69
原油进口 126

Z

直流输电 169
智能电网 15, 181, 188
智能用电 185
中新天津生态城智能电网综合示范
    工程 189
终端能源消费 4, 26
"走出去"战略 28, 326

2006特高压输电技术国际会议 165
2009特高压输电技术国际会议 166
2011智能电网国际论坛 190

参 考 文 献

[1] 江泽民. 中国能源问题研究. 上海：上海交通大学出版社，2008.

[2] 李鹏. 电力要先行. 李鹏电力日记. 北京：中国电力出版社，2005.

[3] 张国宝. 中国能源发展报告2010. 北京：经济科学出版社，2010.

[4] 刘铁男. 中国能源发展报告2011. 北京：经济科学出版社，2011.

[5] 中华人民共和国国家统计局. 中国统计年鉴2011. 北京：中国统计出版社，2011.

[6] 国家统计局能源统计司. 中国能源统计年鉴2011. 北京：中国统计出版社，2012.

[7] 中国电力企业联合会，美国环保协会. 中国燃煤电厂大气污染物控制现状2009. 北京：
中国电力出版社，2009.

[8] 吴贵辉. 我国能源形势及发展对策. 中国工程科学，2011.4.

[9] 陈佳贵. 中国工业化进程报告——1995~2005中国省域工业化评价与研究. 北京：社会
科学文献出版社，2007.

[10] 陈元. 能源安全与能源发展战略研究. 北京：中国财政经济出版社，2007.

[11] 王庆一. 中国煤炭工业面临根本性的改革. 中国煤炭，2007.2.

[12] 陈岳，许勤华. 中国能源国际合作报告（2009）. 北京：时事出版社. 2010.

[13] 夏义善. 中国国际能源发展战略研究. 北京：世界知识出版社，2009.

[14] 吕政，郭克莎，张其仔. 论我国传统工业化道路的经验和教训，中国工业经济，2003（1）.

[15] 张昕竹，冯永晟，马源. 中国电网管理体制改革研究. 南昌：江西人民出版社. 2010.

[16] 史丹. 中国能源工业市场化改革研究报告. 北京：经济管理出版社，2006.

[17] 王海运. 2010年我国能源外交形势回顾. 能源外交研究中心，2011.3.

[18] 强世功. 碳政治：新型国际政治与中国的战略抉择. 中国经济，2009.9.

[19] 斯·日兹宁. 国际能源：政治与外交. 强晓云译. 上海：华东师范大学出版社，2005.

[20] 林伯强. 中国能源政策研究. 北京：中国财政经济出版社，2009.

[21] 林伯强，黄光晓. 能源金融. 北京：清华大学出版社，2011.

[22] 魏一鸣，范英，韩智勇. 中国能源报告（2006）：战略与政策研究. 北京：科学出版
社，2006.

[23] 翟光明，何文渊. 抓住机遇，加快中国煤层气产业的发展. 天然气工业，2008.3.

[24] 一舟. 大型油气运输船舶研发制造获突破. 中国石化报, 2011.5.5.

[25] 陈伯庚. 把握好城乡和谐发展的着力点. 上海农村经济, 2005.10.

[26] 郭建军. 我国城乡统筹发展的现状、问题和政策建议. 经济研究参考, 2007.1.

[27] 胡鞍钢. 如何看待现代中国崛起. 开发研究, 2005.3.

[28] 游亚戈, 李伟, 刘伟民, 等. 海洋能发电技术的发展现状与前景. 电力系统自动化, 2010.7.

[29] 冯开明. 可控核聚变与国际热核实验堆ITER计划. 中国核电, 2009.9.

[30] 欧阳予. 先进核能技术研究新进展. 中国核电, 2009.6.

[31] 阎维平. 洁净煤发电技术, 2版. 北京：中国电力出版社, 2008.

[32] 于立宏. 能源资源替代战略研究. 北京：中国时代经济出版社, 2008.

[33] 北京国际能源专家俱乐部. 国际天然气定价新趋势. 国际石油经济, 2011.3.

[34] 龙筱刚. 韩国、日本成品油价格形成机制比较及其启示. 价格月刊, 2009.11.

[35] 范英, 焦建玲. 石油价格：理论与实证. 北京：科学出版社, 2008.

[36] 顾钢. 国外氢能技术路线图及对我国的启示. 国际技术经济研究, 2004.

[37] 清华大学环境资源与能源法研究中心课题组. 中国能源法（草案）专家建议稿与说明. 北京：清华大学出版社, 2008.

[38] 谭爽. 科研经费管理制度当改革. 人民日报, 2010.11.11.

[39] 叶荣泗, 吴钟瑚. 中国能源法律体系研究：能源立法战略安全可持续发展. 北京：中国电力出版社, 2006.

[40] 黄振中, 赵秋雁, 谭柏平. 中国能源法学. 北京：法律出版社, 2009.

[41] 《节约能源法》修订起草组. 中华人民共和国节约能源法释义. 北京：北京大学出版社, 2008.

[42] 张广荣. 中国的资源能源类境外投资基本问题研究:基于中国企业实践和政府政策的角度. 北京：中国经济出版社, 2010.

[43] 谢纪刚. 中央企业并购重组报告2010. 北京：中国经济出版社, 2010.

[44] 王辉耀. 中国海外发展：海外看中国企业"走出去". 北京：东方出版社, 2011.

[45] 奥利弗·E·威廉姆森, 西德尼·G·温特. 企业的性质：起源、演变和发展. 姚海鑫, 邢源源译. 北京：商务印书馆, 2007.

[46] 王天宁, 丁巍. 从电力机车的应用看节能减排的成效. 上海节能, 2009.3.

[47] 李继尊. 中国能源预警模型研究. 北京：科学出版社, 2008.

[48] 王思强, 杨玉峰, 田志勇, 等. IEA等国际组织能源预测预警工作经验及对我国的启示. 中国能源, 2008.1.

[49] 应急救援基础知识编委会. 应急救援基础知识. 北京：中国石化出版社，2010.

[50] 侯慧，周建中，张勇传，等. 国内外电力应急演练现状分析及对中国的启示. 电力系统保护与控制，2010.12.

[51] 崔民选. 中国能源发展报告（2011）. 北京：社会科学文献出版社，2011.

[52] 马胜利，韩飞. 国外天然气储备状况及经验分析. 天然气工业，2010.8.

[53] 吴曜圻. 新能源创新发展模式——能源范畴的产业规律研究与应用. 北京：科学出版社，2010.

[54] 阿兰·V·尼斯，詹姆斯·L·斯威尼，等. 自然资源与能源经济学手册（第3卷）. 李晓西，史培军等译. 北京：经济科学出版社，2010.

[55] 吴晓明. 通向大国之路的中国能源发展战略. 北京：人民日报出版社，2009.

[56] 张军，李小春. 国际能源战略与新能源技术进展. 北京：科学出版社，2007.

[57] 《中国经济形势与能源发展报告》编委会. 中国经济形势与能源发展报告2010. 北京：中国电力出版社，2010.

[58] 《中国能源》杂志社. 2010年中国能源发展年度报告. 北京：中国科学技术出版社，2011.

[59] 联合国政府间气候变化专门委员会（IPCC）. 气候变化综合报告. 2007.

[60] IEA. Energy Balance of Non-OECD Countries 2011. 2011.

[61] IEA. Energy Balance of OECD Countries 2011. 2011.

[62] IEA. Electricity Information 2011. 2011.

[63] IEA. World Energy Outlook 2011. 2011.

[64] IEA. CO_2 Emissions from Fuel Combustion 2011. 2011.

[65] IEA. Energy Price & Taxes, 2nd Quarter 2010. 2010.

[66] WNA. World Nuclear Power Reactors & Uranium Requirement. 2011.6.

[67] GWEC. Global Wind Report 2010. 2011.4.

[68] REN21. Renewables 2011 Global Status Report. 2011.7.

[69] NREL. Eastern Wind Integration and Transmission Study. 2010.1.

[70] IMF. World Economic Outlook Database. 2011.

[71] U.S. Energy Information Administration. Annual energy outlook 2011 with projections to 2035. 2011.4.

[72] BP. Statistical Review of World Energy 2011. 2011.

后　记

　　回顾新中国成立六十多年来的能源工业发展历程，每一个能源工作者都会备感自豪。经过一代代能源工作者的艰辛努力，中国能源事业取得了举世瞩目的成就，为社会主义现代化建设提供了有力保障。作为能源战线上的一名老兵，我从20世纪70年代开始投身祖国电力事业，一晃40年过去了，期间参与了许多重大电力工程建设，见证了中国电力工业的发展和进步。每一个困难时刻，老一辈创业者艰苦奋斗、锐意进取、一心为公、敢于负责的精神都是激励我攻坚克难、不断前行的动力。

　　进入21世纪以来，伴随着中国经济的快速发展和世界能源形势的深刻变化，中国能源面临一系列考验和挑战，能源供应紧张局面反复出现，资源、环境、技术、体制等成为制约中国能源可持续发展的重要因素。作为国家能源领域的重要骨干企业，国家电网公司也面临着如何发展才能更好地保障电力供应的问题。要保证国家电网公司的正确发展方向，必须树立战略思维和全球视野，将电网发展放到国家能源发展大局，乃至整个国家现代化建设全局中去考虑和谋划。由此，引发了我对中国能源战略问题的系列思考。

　　我一直认为，解决中国的能源问题，"头痛医头、脚痛医脚"的做法是不行的，需要树立大能源观。书中无论是统筹推进经济发展方式转变、能源发展方式转变、国际竞争格局转变的基

本思路，还是能源开发与能源节约并举、传统能源与新能源开发并举、利用国内资源与利用国外资源并举、优化能源布局与优化能源输送方式并举、科技创新与制度创新并举的战略实施路径，抑或是以电力为中心、实施"一特四大"战略的核心观点，均是基于大能源观提出来的。

推动能源发展方式转变，需要一个清晰的战略基点。我认为，这个战略基点就是"一特四大"。通过实施"一特四大"战略，推动电力发展方式转变，实现电力科学发展，进而推动能源发展方式转变和能源战略转型，是一条符合能源实际和发展规律的通途。实施"一特四大"战略，关键在于特高压。我于2000年到北京工作后，得以在更高的平台上全面思考电力与能源问题，结合着工作实际，对发展特高压电网的认识不断深化。在早些年完成的学位论文中，对此有过较为系统的研究。

像其他重大创新工程一样，近年来特高压在我国发展过程中，除了掌声、喝彩声之外，也存在质疑声。对构建"三华"特高压同步电网，也有不同的认识。我想任何新生事物的发展都会经历这样一个阶段。只要各方一心为公、客观公正，无论赞成与反对，最终总会在国家利益面前达成共识。

厘清中国能源战略思路并不容易，推动能源战略的有效实施更为不易。市场体系的构建与监管、法规政策的规范与支持、科技创新的支撑与引领、现代能源集团的培育与发展都是关系我国能源战略实施的重大问题。解决这些问题首先要解放思想、转变观念，破除陈旧观念的束缚；其次要处理好各种利益关系，始终从中国能源战略全局和国家根本利益出发推动工作。但要处理好各种利益关系，最终还要以思想观念的转变为先导。

中国能源面临的形势是严峻的，在深深的忧虑之中，我始终对中国能源发展的前景充满信心。既然我们能够经过努力，在新中国成立初期一穷二白的基础上成功建立起今天较为完整、规模庞大的现代化能源工业体系，那么，未来只要以科学发展观为统领，凝心聚力、开拓创新，我们一定也能够战胜面临的各种挑战，为国家发展、民族复兴和人民生活水平提高提供安全、可靠、可持续的能源保障。

我深知，由于学力和精力的原因，这本书还有不少需要提升之处。比如，由于对油气、煤炭领域的熟悉程度不如电力，本书很多观点的论述都是从电力展开，对油气方面的论述较电力要薄弱得多。其他方面的问题，也肯定还有不少。衷心希望各位读者朋友给予批评指正。

本书在成稿的过程中，得到了方方面面的协助与支持。许多电力和能源行业的领导、专家提出了宝贵的意见和建议。国家电网公司的有关同志在资料收集整理方面做了大量扎实细致的工作。在此，表示衷心的感谢！

作　者

2012年3月